〈増補新版〉
社会人類学入門
多文化共生のために

ジョイ・ヘンドリー

桑山敬己／堀口佐知子 訳

法政大学出版局

Joy Hendry
AN INTRODUCTION TO SOCIAL ANTHROPOLOGY, 3rd edition
Copyright © 1999, 2008, 2016

First published in English by Palgrave Macmillan, a division of Macmillan Publishers Limited under the title An Introduction to Social Anthropology, 3rd Edition by Joy Hendry.
This edition has been translated and published under license from Palgrave Macmillan. The author has asserted her right to be identified as the author of this Work.
Japanese translation published by arrangement with Palgrave Macmillan, a division of Macmillan Publishers Limited through The English Agency (Japan) Ltd.

見守ってくれた母に本書を捧げる

目　次

序 …………………………………………………………………… xi
日本語版への序 ………………………………………………… xv
増補新版まえがき ……………………………………………… xvii
凡　例 ……………………………………………………………… xix

序　章 …………………………………………………………… 1
　　新たな出会い ……………………………………………… 1
　　社会人類学者の仕事 ……………………………………… 2
　　社会人類学の歴史 ………………………………………… 8
　　社会人類学の現代的意義 ………………………………… 12

第1章　世界を見る …………………………………………… 20
　　おみやげとハンカチ ……………………………………… 20
　　分類の学習 ………………………………………………… 23
　　生・死・生き埋め ………………………………………… 25
　　文化相対主義と人類学者のバイアス …………………… 27
　　分類法の変化——ジェンダーの問題 …………………… 32

第2章　嫌悪・禁断・絶句 …………………………………… 39
　　観察領域 …………………………………………………… 39
　　タブー ……………………………………………………… 41
　　穢　れ ……………………………………………………… 45
　　清浄と分類 ………………………………………………… 47

　　　　動物の範疇と言葉の乱用 ……………………………………………… 50

第3章　贈答・交換・互酬性 ……………………………………………… 55
　　　　人類学者の到着 ………………………………………………………… 55
　　　　贈　答 …………………………………………………………………… 56
　　　　インド人の贈り物 ……………………………………………………… 60
　　　　交　換 …………………………………………………………………… 62
　　　　互酬性 …………………………………………………………………… 65
　　　　不可譲なモノ・もつれたモノ・包まれたモノ ……………………… 68

第4章　儀　礼 ……………………………………………………………… 77
　　　　靴と空虚な儀礼 ………………………………………………………… 77
　　　　儀礼の定義 ……………………………………………………………… 78
　　　　通過儀礼 ………………………………………………………………… 80

第5章　象徴体系としての社会 …………………………………………… 97
　　　　象徴とは何か …………………………………………………………… 97
　　　　身体の象徴 ……………………………………………………………… 99
　　　　関係の象徴化 ………………………………………………………… 105
　　　　集団的象徴とその解釈 ……………………………………………… 107
　　　　シンボリズムの人類学的解釈 ……………………………………… 108

第6章　美と賜物，宝と戦利品 …………………………………………… 114
　　　　鑑賞と価値 …………………………………………………………… 114
　　　　生きた芸術 …………………………………………………………… 115
　　　　「世界を見る」窓口としての芸術 …………………………………… 119
　　　　芸術と社会的地位 …………………………………………………… 121
　　　　芸術と意味 …………………………………………………………… 125

審美性 ………………………………………………………… 127
　　　芸術の定義 …………………………………………………… 128

第7章　宇宙論Ⅰ——宗教・呪術・神話 ………………………… 133
　　　宗教・科学・宇宙論 ………………………………………… 133
　　　定義と区分 …………………………………………………… 134
　　　宗教の起源 …………………………………………………… 138
　　　宗教現象の説明 ……………………………………………… 141
　　　カルト——根強い宗教運動 ………………………………… 148

第8章　宇宙論Ⅱ——妖術・シャーマニズム・シンクレティズム …… 155
　　　宇宙論に見る固有の範疇 …………………………………… 155
　　　用語について ………………………………………………… 156
　　　妖術信仰と邪術信仰の役割 ………………………………… 158
　　　エヴァンズ＝プリチャードへの反論と異論 ……………… 161
　　　憑依とシャーマニズム ……………………………………… 165
　　　シンクレティズム …………………………………………… 167

第9章　法律・秩序・社会統制 …………………………………… 177
　　　規則と規範 …………………………………………………… 177
　　　制裁（サンクション） ……………………………………… 180
　　　秩序と紛争 …………………………………………………… 186
　　　競合的規範と社会統制の文脈 ……………………………… 189

第10章　政治の技法 ………………………………………………… 196
　　　政治の可能性 ………………………………………………… 196
　　　政治制度の類型 ……………………………………………… 198
　　　政治権力と地位の獲得 ……………………………………… 210

第11章 家族・親族・結婚 …………………………………… 218
　　親族の多様性 ……………………………………………… 218
　　親族関係の分類 …………………………………………… 222
　　単系出自集団 ……………………………………………… 226
　　多文化社会における親族──事例研究 ………………… 230
　　結　婚 ……………………………………………………… 234

第12章 経済と環境 ……………………………………………… 250
　　結論に向けて ……………………………………………… 250
　　生業と生存 ………………………………………………… 251
　　財産と土地保有 …………………………………………… 256
　　市場経済 …………………………………………………… 258
　　環境の社会観 ……………………………………………… 261
　　環境が社会生活に及ぼす影響 …………………………… 267
　　結　語 ……………………………………………………… 269

第13章 「つながりあった世界」のアイデンティティ
　　　　──観光・トランスナショナリズム・グローバリゼーション
　　はじめに …………………………………………………… 274
　　娯楽としての文化的差異 ………………………………… 275
　　旅と観光の研究 …………………………………………… 277
　　エコツーリズムと聖地 …………………………………… 279
　　パフォーマンス・アイデンティティ・オーセンティシティ … 283
　　国境を越えたつながり …………………………………… 289
　　グローバル化するビジネス・モノ・思想 ……………… 292
　　アイデンティティの選択？ ……………………………… 295

　　　　おわりに ……………………………………………………… 297

第14章　現代世界と人類学
　　　　はじめに ……………………………………………………… 305
　　　　フィールドワークとその効用 ……………………………… 305
　　　　グローバルな文脈における研究――「グローボグラフィ」…… 309
　　　　世界はなぜ人類学者を必要としているか ………………… 314
　　　　おわりに ……………………………………………………… 320

補　遺　一人称の語り
　　　　ハウについて――寛大性と贈答の霊性（マヌカ・ヘナレ）………… 326
　　　　イニシエーション儀礼について（レシカール・オレ・ンギラ）…… 329
　　　　同性婚カップルの子育てについて（メアリー・マーサ・ビートン）… 331
　　　　空間-場-場所と聖性について（ラアラ・フィッズノア）………… 333
　　　　国境を越えたアイデンティティについて（ウォング・シ・ラム）… 336

映像誌 …………………………………………………………………… 338
訳者あとがき …………………………………………………………… 343
索　引 …………………………………………………………………… 349
世界地図（本書で言及した民族と場所）

序

　私は幸いにも「異民族」(other people) と世界を共有することができた．彼らに非常に多くのものを負っていることを，本書の冒頭で述べておきたい．その中には，本文でほとんど触れることのなかった人も含まれている．あえて触れなかったのは，彼らの世界を深く研究することが結果としてなかったからだが，私が人類学という学問を発見する上で，彼らの存在は疑いもなく大きい．

　まず，1966年から翌年にかけて，モロッコで出会ったさまざまな人々，そして滞在中に知り合い，以降パリやアルプ‐マリティム (Alpes-Maritimes) でも私を歓待してくれたフランス人一家に，感謝の言葉を述べたい．また，1967年から68年にかけて滞在したカナダで出会ったフランス系の人々にも，ずいぶんとお世話になった．とりわけ，私が生まれたとき，たまたま戦友の父に会いに来ていたカナダ人の名親 (godfather)，およびモントリオール中心部にある Beth Jacob School の教職員と生徒にお礼を言いたい．この学校で，私は一学年の後半を教師として過ごしたが，それは奇しくも第三次中東戦争が勃発した年であった．私はそこで，伝統を頑なに守り続ける正統派ユダヤ教徒（の女性）に接することもできた．さらに，1967年から70年，および1972年に仕事で滞在していたメキシコでは，人類学との出会いがあった．アステカ王国の古都テスココ (Texcoco) や旧ナワトル族 (Nahuátl) の村落で，正式な研究の一環としてフィールドワークを実施した．最後に，日本では長年にわたっていろいろな人々と接触した．既に公表した著作との関連では，福岡県八女市にある農村と千葉県館山にある海岸沿いの町の方々，および東京その他の大学都市の友人や同僚に感謝したい．以上の他にも知己を得た「他者」(others) は多いが，貴重な人生を私と一緒に過ごしてくださった方々すべてに，深い感謝の念を表明したく思う．

　私は列記できないほど多くの人に影響されて，社会人類学を理解するに至った．その中には，本書を手にして「人類学をあまりに簡略化しすぎている」と思われる方がいらっしゃるかもしれない．だが，本書は初心者に分か

りやすく書いたものなので，そういう批判は甘受したい．この場を借りて，最初の指導教官であったリヴィエール先生（Peter Rivière）には，特に感謝の意を表したい．先生の言葉は私の心にしっかりと焼きついているので，本書の執筆にあたっても自然と出てきてしまったかもしれない．また，ニーダム先生（Rodney Needham）にも大変お世話になった．先生の象徴的分類に関するご研究は，大学での私の講義および本書のアプローチ全体に，非常に大きな影響を与えている．お二人の教えから私があまりにも逸脱し，先生方のご研究を読者に誤って伝えるということがないように祈りたい．

　本書は私の講義ノートを基に作成したものである．草稿の段階では，以下の方に目を通していただき，有益なコメントや示唆をいただいた．お名前を列挙すると，第6章についてはボーデン（Ross Bowden），マックランシー（Jeremy MacClancy），モーフィ（Howard Morphy），オハンロン（Mike O'Hanlon）の各氏，第11章についてはテンヴァー（Nazia Tenvir）とサワール（Haroon Sarwar）の両氏，そして全般についてはバーバー（Renate Barber），ビックネル（Genevieve Bicknell），ブラック（Annabel Black），コリンソン（Paul Collinson），フラットマン（Martin Flatman），ファウラー（Ian Fowler），ゲルナー（David Gellner），ホール（Clare Hall），ハースチョン（Renée Hirschon），コーン（Tammy Kohn），マックドナゥ（Chris McDonaugh），マーティン（Diana Martin），マルティネス（Lola Martinez），パークス（Peter Parkes），パーキン（Bob Parkin），ペニングトン（Sue Pennington），レイネル（Josephine Reynell），リヴィエール（Peter Rivière），A. ショー（Alison Shaw），C. ショー（Cris Shore），ウッド（Felicity Wood）の各氏にご協力いただいた．また，学生諸君からも長年にわたって有益なコメントを貰ったし，オックスフォード大学出版局のマムッチロフ（Peter Momtchiloff）氏は，人類学関係の文献作成時に，わざわざ草稿を読んでくださった．さらに，匿名で本書を審査していただいた複数の研究者からは，鋭いコメントばかりでなく事例の示唆も受け，出版の最終段階で本文に組み込ませていただいた．

　写真の版権については個々に記してあるが，本書のために快く貸してくださった友人や同僚に感謝したい．特に，オックスフォード大学のピット＝リヴァーズ博物館（Pitt Rivers Museum）には，館内のトーテムポールの写真を掲載することにご同意いただき，ありがたく思っている．また，同博物館

館長のオハンロン（Michael O'Hanlon）氏と，主事クーティ（Jeremy Coote）氏からは，既に公表された写真の転載許可をいただいた．ポムフレット（Bob Pomfret）氏には，技術的な面から写真作成にご協力いただき，ブラック（Gerry Black）氏には図表と地図の作成を担当してもらった．その他の細々とした作業については，マッシンガム（Bev Massingham）氏や社会科学研究班の諸氏に協力を仰いだ．

　最後になるが，私の両親に対しても感謝の言葉を述べたい．スコットランド出身の父と，イングランドのヨークシャー出身の母は，よく郷土愛を丸出しにして細かなことを議論し，それを楽しんでいるようであった．そういう両親を見て育った私は，文化の境界線がいかに形成されるかを自然と学んだように思う．また近年，人類学における異人化が政治的に問題視されているが，その危険性についても両親の会話から学んだと思う．

　　　　　　　　　　　　　　　　　　　　　　ジョイ・ヘンドリー

日本語版への序

　社会人類学の研究に日本の読者を迎えることができるのは，私にとって大きな喜びである．私は世界のどの国よりも，日本でこの分野について学ぶことが多かった．研究を支援して下さった多くの日本の方すべてに，私は多くのものを負っている．日本を研究対象としてから既に30余年が経つので，感謝すべきことはあまりに多い．温かく迎えていただいた国への恩返しとして，社会人類学という私が愛する学問の理解に少しでも貢献できれば，望外の喜びである．読者の方が本書を読まれて，何かを得られることを祈っている．友人であり同僚の桑山敬己氏には，日本語版を用意してくださったことにお礼を言いたい．翻訳という仕事はけっして小さなものではない．ご自身の忙しい学究生活にもかかわらず，本書を辛抱強く完成まで導いてくださったことに，私は深く感謝している．

　本書の日本語版の出版を，私が特に喜んでいる理由が実は他にもある．長年，社会人類学は第三世界の小規模社会の研究と同一視され，経済学や政治学といった一見グローバルな問題を扱う分野に比べて，周辺的な存在であった．その点，本書はこれまでの社会人類学の特色を失うことなく，日本（私の主な調査地）とイギリス（私の祖国）という，二つの大規模な第一世界の事例をふんだんに用いている．「異民族」の理解は，その出身や背景を問わず，他のどの問題にもまして重要であり，かつ複雑であるということを，私は本書を通じて明らかにしたい．こうした理解に対する日本の世界的貢献は大きいが，それをここに認めることができることを私は喜びたい．

　日本の人類学者には，研究を進める上で大変お世話になった．この場を借りてお礼申し上げたい．非礼を承知で，数人の方のお名前だけ挙げさせていただくと，まず青木保氏は，私が最初の調査をしに日本を訪れた際，人類学のセミナーに参加するよう誘ってくださった．そこで出会った吉田禎吾先生には，東京大学での指導教官を引き受けていただき，懇切丁寧にご指導賜った．吉田先生は学問ばかりでなく，日本での生活のありとあらゆる面で，私を影で支えてくださった．また，最初の長期調査を行なった九州では，松永

和人先生から調査地および地元の関係者をご紹介いただいた．その他にも，松永先生にはいろいろとご便宜を図っていただいたが，心配してよくお顔を見せてくださった．2回目の長期調査に際しては，オックスフォードで一緒に学んだ長島信弘氏から，一橋大学で客員研究員を務めるようご招待いただいた．そして，3回目の調査にあたっては，慶應義塾大学言語文化研究所（現名誉教授）の鈴木孝夫先生にお世話になった．その他にも，お茶の水女子大学（現放送大学）の原ひろ子先生，大学共同利用機関メディア教育開発センターの広瀬洋子女史，そして国立民族学博物館の中牧弘允氏には，長期間にわたりお世話になっている．

　こうした日本の碩学の支援にもかかわらず，本書で紹介する人類学はヨーロッパ・スタイルのものであることを，お断りしておかなければならない．私がオックスフォード大学で受けた教育は，ヨーロッパの先学の業績に基づいており，その影響力には強いものがある．もちろん，本書は他地域からの貢献を無視するものではなく，その目的の一つは社会人類学の現代的課題を，さまざまな角度から示すことにある．しかし，基本的な理論の枠組みがイギリス的であることは否めない．これには，おそらく私の普段の教育・研究の場が関係しているだろうし，それが調査地の日本から離れているという事実も影響しているだろう．ただ，本書の英語版はイギリス以外の英語圏はもちろん，ヨーロッパ大陸でも幅広く受け入れられている．日本の読者は，私より遙かにうまく本書を日本人の研究と結びつけられると思う．そして，いつの日か皆さんの書かれた本が英語に翻訳されたとき，本書が埋めることのできなかった学問の溝が埋まることだろう．私はその日を楽しみに待っている．

　　　　　　　　　　　2001年11月　オックスフォードにて
　　　　　　　　　　　　　　　ジョイ・ヘンドリー

増補新版まえがき

　本書は，1999年に刊行された Joy Hendry, *An Introduction to Social Anthropology: Other People's Worlds*（London: Macmillan）の全訳，桑山敬己訳『社会人類学入門――異民族の世界』（法政大学出版局，2002年）の増補版である．

　原著は2008年に第2版が刊行され，そして2016年に第3版が刊行された．書名も正題は同じだが，第2版以降，副題が *Sharing Our Worlds*（私たちの世界を共有する）に変わった．内容は両版とも基本的に初版と同じだが，所々に加筆修正が施されている．また，過去20年ほどの社会人類学（文化人類学にほぼ同じ）の変化に応じて，新たに2章が加わった．さらに，人類学的調査対象となった人々が，自文化について書いた first-hand accounts（直接体験による報告）が1篇から2篇，各章に加わった．

　私（桑山）は，原著者のヘンドリーと1990年代前半から親交があるので，第2版の刊行後，折に触れて新版の翻訳を本人から打診されたが，その時間的余裕はなかった．しかし，『社会人類学入門』の刊行から15年が過ぎた今日，同書は入手困難となり，教室で使うことがほぼ不可能となった．また，第3版に付け加わった2つの章には，観光，グローバリゼーション，先住民といった，近年の人類学における主要テーマが取り上げられており，さらに人類学的営みの基本であるフィールドワークについても，今日的観点から書かれているので，何とかしなければという思いに駆られるようになった．

　そこで，出版元の法政大学出版局と相談して，次のような方針で増補版をつくることにした．(1)『社会人類学入門』の序章から最終章の第12章まで，字句の修正はしない．(2) 原著第3版の第13章と最終章の第14章は，新たに訳出する．ただし，第14章は初版の序章および第1章と重複する部分があるので，原著者の許可を得て，適宜削除あるいは訳者による書き換えを行う．(3) 原著第3版に掲載された19篇の first-hand accounts のうち，5篇を原著者に選んでもらって訳出する．

　本来なら，国際的に広く使われている *An Introduction to Social Anthro-*

pology（アメリカ版では当初から正題と副題を入れ替え，さらに *Social* の前に *Cultural* を付け加えて，*An Introduction to Cultural and Social Anthropology* となっている）の第3版を全訳して，学生諸君に最新の知識を提供すべきだが，訳者の時間的余裕と昨今の出版界の経済事情を考えると，これが最善の対処であったことをご理解いただきたい．

　本増補版のために新たに訳出した部分は，堀口佐知子氏による翻訳に，桑山が手を入れたものである．そのまま載せることも考えたが，旧版『社会人類学入門』との文体を一致させるために，特に第13章と第14章は全面的書き換えを行った．そのため，訳文の責任は桑山にある．

　本書の大きな特徴は，民族誌的事例として，日本が頻繁に取り上げられていることにある．とかく異文化研究に偏りがちな社会人類学（文化人類学）を学ぶ日本の学生にとっては，日本をソトから見て人類学の枠組みで語るためのモデルとなるだろう．旧版同様，増補版が多くの読者に迎えられることを祈っている．

　最後に，本書の編集を担当してくださった法政大学出版局の郷間雅俊氏と，同局のスタッフには深くお礼申し上げたい．本書の意義をよく理解され，出版界が直面している難しい状況のなかで，刊行を決意してくださったことに，心から感謝の意を表する次第である．

2017年初夏　札幌にて
桑山敬己

凡　例

1. 人類学の専門用語と固有名詞（人名，民族名，地名など）は，（　）内に英語または原語で示した．英語の場合は原則として単数形を用いた．
2. 英語と日本語では概念上のズレが予測される場合，（　）内に原文で用いられている言葉を挿入した．
3. 訳者が言葉を補った場合は［　］で示した．ただし，本書は日本の読者を想定しているので，訳文にはさまざまな工夫がこらしてある．
4. 訳注番号は＊1，2，3…で本文に示し，章末の訳注と対応させた．

序 章

新たな出会い

　社会人類学（social anthropology）という分野を，どこかで聞いたことがある人は多いだろう．しかし，実際どんな学問なのか知っている人はあまりいない．イギリスでは，人類学部の学生でさえ，「ところで大学で何をやっているの」とパーティで聞かれて，肩身が狭い思いをするし，型にはまった受け答えをするものだから場が白けてしまう．だが，熱心な学生に説明させてみれば，それこそ立て板に水で，社会人類学との出会いが人生を180度変えてしまうこともある．今はまだその理由は分からないかもしれないが，人類学を専攻した学生は，同じ道を選んだ者と人生観を共有し，将来ありとあらゆる分野で社会に貢献するだろう．たとえ会社の上司には，大学でどんな勉強をしたのか分からないという顔をされても．

　ただ，社会人類学はそんなに難解な学問ではない．むしろ，研究対象はごくありふれた日常生活の諸相だし，かなり高度のレベルに達するまでは簡明なはずである．もちろん，最初は多少の壁にぶつかることもあるだろう．またなんらかの理由で，自分の世界観や価値観にこだわる人には，辛いこともあるかもしれない．概して，バイリンガル（二言語）やバイカルチュラル（二文化）の人，または両親と違う社会で育った人は，とっつきやすいと思う．彼らは世界における自分の居場所を，社会人類学を通して見つけるだろう．普通の環境に育った人は，慣れるまで多少時間がかかるかもしれない．

　本書を書いた目的は，そうした壁を乗り越えてもらうためである．入門書だから社会人類学のすべてを網羅しているわけではないし，基本的文献を概観したものでもない．各章の終わりには《参考文献》と，より詳しく知りたい人のために《読書案内》を掲げておいたので，それを見てもらえば，この

分野の大体のところは理解してもらえると思う．本の後半では人類学の専門的テーマを取り上げるが，その目的は**初心者**に最初のハードルを何とか楽しく乗り越えてもらうことである．私は学生の頃，最初の先生（チューター）に，1年間は頭が混乱するから覚悟しておきなさい，と言われたことがある．社会人類学という学問の性質上，そうしたことが多少あるのはやむをえないが，それをなるべくスムーズにしようというのが本書の狙いである．

　主な読者層として，社会人類学を専攻している学生や，これから勉強しようという人を想定しているが，家族，友人，将来の雇用者，およびこの分野に関心のあるさまざまな人も射程に入れている．既存の知識や背景を前提としていないので，誰にでも分かりやすいスタイルで書いてあるし，読み進んで疑問に思うことがあったら，前に戻ってもらえばよい．いずれにせよ，社会人類学を楽しく勉強してもらえるように，いろいろと工夫をこらしたつもりである．私は人生の華の青春時代に偶然にも人類学と出会い，一生の仕事を見つけたと思った．その時は本当に心が躍ったものである．

　本書は，オックスフォード・ブルックス大学（Oxford Brookes University）の一年生を対象に，私が毎年行なっている講義に基づいている．講義はあくまで授業の一部で，その他にもゲーム，映像，文献研究，レポートなどを学生には課している．後期（三年生・四年生）になったら，オックスフォードの街や遠くの場所に出かけて，フィールドワークを実施することもある．国際色豊かな社会では「異民族の世界」（other people's world）が数多く存在し，グレーハウンド競争（greyhound racing），パブ，教会，魔女集会（witches' coven），カレッジの晩餐会（college dinner）など，すべてが調査の対象である．

社会人類学者の仕事

　社会人類学とは何かを一言で説明できるものではないし，その問いに答えるためにこの本があるのだから，まず社会人類学者と名乗る人が何をし，なぜそのように呼ばれるようになったのか考えてみよう．私も社会人類学者だから，人類学という名前を聞いて，ほとんどの人は理解できず，困った顔つきをするのは承知している．分かったと思ってうなずいている人も，実はまったく誤解していることが少なくない．たとえばメキシコでは，人類学とい

う言葉はよく知られているが，一般には考古学のことを指し，イギリスでいう社会人類学のことではない．

　概して社会人類学者が関心を持っているのは，民族によって世界観がどのように異なるかという問題である．[*1] ここで言う世界観とは，個人に特有なものの見方ではなく，人間がある特定の集団や社会で育つ過程で学習する価値観のことである．だから，イングランドのバーミンガム（Birmingham）と，スコットランドのグラスゴー（Glasgow）では世界観が違うこともあるし，フランスのパリやタイのバンコックはもちろん，国や都市が同じでも所属する集団が違えば，かなりの差が見られる．人類学者が研究する世界観は，無限ともいえるほどの多様性に富んでおり，個々の学者はその中の一つを一定期間専門的に研究する．

　社会人類学の専門的知識は，ほとんど研究対象の社会に住みこんで得られたものである．たかだか1週間や2週間の，それも通訳つきでアンケート中心の調査で得られたものではない．人類学者は，少なくとも1年間は現地の人々と生活を共にし，すべての点において彼らと同じように暮らすことに努める．社会人類学とは，ある社会に生きるとはどういうことなのかを調べる学問であり，そのためには現地の人と一緒に住んで，苦楽を共にするのが一番良いと考えられている．こうした調査方法を**参与観察**（participant observation）と呼び，観察者は研究対象の人間の生活に参加しながら，必要な情報を得るのである．

　人類学者は相手の日常生活に飛び込む．さまざまな社会成員の活動をみずから実践し，彼らの習慣に従って行動し，儀礼や祭典などに参加して，可能な限り観察するのである．相手の朝が早ければ自分も早起きに努め，夜が長ければ徹夜をする．そして幻覚剤を使うなら，自分も試してみる．こじつけのようだが，アンデス山脈の生活を描いたテイラー（Donald Tayler）の『太陽の到来』（1997年）という本には，凍りつくような川に夜何時間もつかる人々のことが書いてあり，そういう生活に参加するのも人類学者の務めである．異質な世界を実際に経験してみなければ，その姿を理解するきっかけさえつかめないからだ．

　こうした営みを，専門的に**フィールドワーク**（fieldwork　野外研究）というが，その中でも重要なのが現地の言葉の習得である．特に外部世界と接触のなかった奥地の部族の場合には，彼らの言葉を知らなければ意志の疎通は

できない．しかし，どんな民族であれ，彼らの世界観や自画像を理解するためには，言語の学習は不可欠である．通訳を介した作業では不十分な結果しか得られないし，現地で使う言葉の意味や含みは，辞書の訳とはかなり違うことがあるので，直接言葉を知るしか理解の方法はない．

ひとつの言語には数多くのバージョンがあるから，自分が生まれ育った社会を調査するときも，言葉の勉強は大切である．ティーンエージャーは，よく「親には分からない」とこぼすが，それは単に反抗期だからではなく，世代間の言葉（および価値）の違いを結構正確に表しているのだ．周知のように，イギリスの英語には明瞭な地域差や，階層や職業による相違がある．調査に使用する言語が母国語の場合，こうした繊細な差異には特に注意する必要がある．

現地の社会に溶け込むのが非常に大変なときもある．他人の生活を好んで詮索するような部外者に，強い警戒心を抱く人もいるから，相手の用心を解くための工夫をこらす必要がある．人里離れたところで殺害された人類学者もいるし，南米の多雨林地帯でフィールドワークをした私の知人は，犬の餌を食べて数週間過ごしたという．相手に受け入れてもらうためには，おみやげや薬を大量に持参するとか，現地の人と擬似的な養子縁組みをして，関係を明らかにしておくことも必要かもしれない．

家族全員で行くのも一つの手である．年齢やジェンダーといった境界線が越えやすくなるからだ．男女の生活がまったく違う社会もあるので，異性による調査は事実上不可能なときもある．メキシコで調査した女性の人類学者によると，彼女が男性に話しかけるのを見て土地の女性が嫉妬したり，逆に男性があらぬことを考えたりしないように，「性不明な」役割を演じる必要があったという．日本の田舎で集会を開くときには，男女が別々に，しかも年齢順に座るので，私は一番若い男性と一番年寄りの女性の間に坐ることにしていた．この点，私の役割も曖昧だったと思う．後述のように，日本では子連れで調査したおかげで，思いがけない世界が開けた．

私の経験は単純な方だろう．最初のメキシコは人類学に対する理解は少ないが，人類学者は至るところで調査をしているし，次の日本は学問全体に対する尊敬の念が深い．両方の社会で私は最初から多くの協力を得たが，それでも各々に特有の問題はあった．メキシコ人は，怪しげな外人のフィールドワーカーに対して，子供の数といった基本的なことでも，真っ赤な嘘を言う

ことがあるし，一方，日本人は相手が知りたいと思うことを言うので，「だまし方」がより巧妙である．

　こうした問題や，人類学者が抱える他の数多くの問題も，長期間にわたるフィールドワークを実施する過程で，ある程度は解決されるものである．年中行事や四季を見るためには，最低一年間の滞在は必要だし，新しい言葉を最初から学ぶときには，滞在はより長期に及ぶ．研究対象の社会成員を**インフォーマント**（informant）と呼ぶが，最初は猜疑心に駆られていた彼らも，警戒をときリラックスして日常生活を送るようになると，彼らが何を考えているか分かるようになる．また，調査が終了してから数年後に再び現地に足を踏み入れ，長期的文脈で調査結果を位置づけるのも，人類学にとっては有益である．

　その他のフィールドワークの特徴として，比較的小さな集団の研究を掲げることができる．規模が小さければ，成員一人一人と知り合いになれるし，彼らの行動を直接観察したり，噂話を聞いたりすることもできる．人類学者が研究する小集団には，村落，学校，職場（たとえば工場），銀行，広告代理店，拡大家族などがある．オックスフォード在住の私の知人は，犯罪者集団の研究に着手し，最初は主にパブで面接したが，その後は刑務所内で長時間過ごすことになった．別の知人は，部外者禁止の修道女の儀式を見る決心をした．また，最近私が審査した日本に関する二つの博士論文は，結婚式場（第12章の参考文献にあるGoldstein-Gidoni）と，地方の博物館を調査したものである．

　こうした場面で人類学者が観察するのは，いわゆる**対面**（face-to-face）関係である．人間は他者について語り，自己についても語る．対面状況で観察すると，相互補完的に両者の情報が得られるし，一対一で数回インタヴューしたときより深いところまで分かるので，調査上大きな利点がある．だが，それにもまして大切なのは，対面集団の成員は価値観を共有しており，特定の問題について意見が違うことはあっても，相互理解に必要な一連の前提が根底に存在しているという事実だ．広義における人間の言語や，その言語を通して見る世界を規定するのは，こうした前提の共有である．

　人類学者は現地の人々と生活を共にして，彼らの言語や世界観を研究する．最初は質問形式で実生活のこまごまとしたことを調べるが，そのうち静かに坐って話を聞いたり，毎日の仕事を手伝ったり，人の行動をただ観察するだ

けで，より多くのことが理解できるようになる．どこでもそうだろうが，日本ではたとえば沈黙，微妙な体の動き，贈物や食べ物などの交換といったノンバーバル（非言語）のレベルで，多くのことが伝達される．こうしたやりとりは，調査者が喋りすぎると見過ごしてしまう危険がある．

　また，ある質問をして返ってきた答えが本当かどうかは，耳を働かすことによって分かる．たとえば日本では，結婚は恋愛が良いか，それとも年寄りの決めた見合いが良いかという議論があり，とある年配の男性は私に向かって「断固恋愛」と宣言し，自分もそういう結婚をしたと打ち明けてくれた．しかし後になって，この人は自分の娘が好きな男と結婚するのを許さなかったということが分かった．また「恋愛結婚などと言う若者はけしからん」と友人と話しているのを，私は聞いたことがある．彼はよく仲人を頼まれるようだが，それは世渡りが巧みだからに他ならない．私の調査に対する受け答えも，イギリスでは恋愛結婚が普通だということを知っていたので，適当に話を合わせていたのだろう．

　長期間の参与観察を実施する社会人類学者の研究に，付加価値を与えるのはこうした情報であり，それは社会学者や経済学者の短期的フィールドワークや統計調査を超える．もちろん，社会人類学の場合は，研究者の性格や関心および文化的背景によって，多くの影響が出るので欠点もある．しかし，何食わぬ顔をした世間師を見破る理解の深さには侮りがたいものがあって，今日のような多文化世界では特にそうである．人類学は個人的色彩が強すぎるという批判もあるが，最近では研究者自身の背景や経験を明らかにして，調査報告を作成するようになった．この点については，第1章で再び取り上げる．

　人類学者の次の仕事は翻訳である．住み込み調査が終わると，人類学者は自分の文化に戻り，異民族の生活を自分の言語で説明する．つまり，自分の国の同僚や人間が理解できるように分析し，異文化の香りを伝えるわけだが，これが予想外に難しい．先輩の人類学者から助言を受け，フィールドワークから帰還した後の報告書作成についても，モデルを提供してもらう．こうした報告を**民族誌**または**エスノグラフィ**（ethnography）と呼ぶ．文字通りの意味は，特定の「民族（エスニック）」集団に関する記述だが，エスニシティ（ethnicity）には別の定義もあり（詳しくは Banks 1996 を参照），集団という概念も，先の犯罪者と修道女の例から分かるように，いかようにも定義でき

るものだ（スポーツ集団との関連ではMacClancy 1996を参照）．

　民族誌を書く段階では，先行研究との比較はもちろん，他の社会に見られる現象と，どの程度比較可能なものかについて，十分時間をかけて考える．特定の集団に一見特有なものは大変興味深いが，比較検討すると人類社会全体の特徴であって，場所が違えば形も違うというだけのこともある．経験豊富な人類学者は，フィールドワークから戻ると，自分のデータを使って，人間の社会生活や行動に関する一般理論を構築するが，これは社会人類学のもっとも重要な課題の一つである．

　ただし，理論の発展は必ずしも直線的なものではない．事実，新旧の理論が相互に矛盾することも多い．いくつかの古典的研究は，大方の専門家に受け入れられているので，それについては本書の最初に説明するつもりであるが，異なった解釈が並存していて，優劣のつけがたい分野もある．そうしたものについても，多少は取り上げる予定である．私はオックスフォード大学の出身なので，本書はオックスフォード系のイギリス社会人類学を基調としているが，読者の経歴にかかわらず，ハンディな社会人類学の入門書となるように心がけた．ただ，一つ念頭に置いてほしいことは，社会の研究は単なる事実の暗記ではないということだ．人間社会の研究は，数多くの異なった解釈や見解が交錯する分野なのである．

　専門家集団は多くの知識や経験を共有しているので，一般向けの著作や一般の人々との共同作業は，少なくとも最初のうちは社会人類学者の目的ではない．本書は，こうした専門家と一般社会とのギャップを埋めることをめざしているが，近年，新たな研究成果を実社会での実践に生かそうとする人類学者が増えている．いわゆる**応用人類学**（applied anthropology）の分野であるが，これについては本章の最後で考察する．また，テレビ局と協力して，研究地域のドキュメンタリを作成する人類学者もおり，今日では世界的規模の素晴らしい映像民族誌が完備している．古典的な映像については，各章の終わりに載せてあるし，巻末の「映像誌」（filmography）には利用法を指示しておいた．

　人類学者のなかには，専門とあまり関係ない分野で活躍している人もいるが，自分の住む世界や思考法は，世界にいくつもあるうちの一つにすぎないということを，常に念頭に置いて生活している．彼らは，相手が中国人であれ，チェコ人であれ，［オックスフォード近辺にある］ハンバロゥ教会（Hanborough Church)のメンバーであれ，他者の視点を探る術を身につけているのだ．社会人類学の研究を通して得られるのは，こうした姿勢であり，たとえ学者にならなくても，自分たちとは「違う」世界を多少なりとも覗くという実践的経験を通じて，学生は多くのことを学ぶであろう．本書はそうした経験の最初の契機を提供するにすぎないが，異民族の世界の門を叩かずに人生を終える人が多いのが現実である．

社会人類学の歴史

今日で言う社会人類学は20世紀に発展したものであり，その具体的な歴史については後の章で述べる．ただし，人類学の知的基盤にはもう少し古いものがあるので，詳しく検討する前に，おおよその背景について述べておきたい．学説史を説明するには一冊の本が必要だし，既に何冊か出版されているので（たとえば章末の読書案内に掲げた Kuper 1983 など），本節では基本的事項を概観し，初学者に道程を示すにとどめる．

太古から人類は奇妙な隣人について思いを巡らしてきた．だが，ヨーロッパ人が社会生活に深い関心を寄せるようになったのは，世界各地の旅行記によって，人間の社会には驚くほどの類似性があることが分かってからである．発見された社会の中には，技術的に初期の発展段階にある「原始」社会もあり，それは西洋の「文明」世界の先史時代を示していると考えられた．自然科学が成立した18世紀のイギリスやフランスでは，社会はひとつの自然体系であり，科学が扱う物体のように，一定の法則に従って動いているという説が数多く唱えられた．

たとえばフランスのモンテスキュー（Montesquieu）は，18世紀に社会生活の法則を発見しようと思いたち，さまざまな政治機構の比較分析や，社会現象としての宗教の検討を行なった．その結果，それぞれの社会にはそれぞれに合った制度があり，それを他の社会に移転するのは困難だと論じた．同時代のスコットランドでは，ヒューム（David Hume）が宗教の起源と人間性を研究しており，多神教から一神教へ，そして衰退へという発展図式をうちだした．彼は道徳学（Moral Philosophy）の一派で，仲間にはアダム・スミス（Adam Smith）やアダム・ファーガソン（Adam Ferguson）がいた．この学派は，現存の「原始」社会を研究すれば，ヨーロッパの「高度な」社会

の軌跡が分かると，早くから考えていた思想家集団である．

しかし，社会の科学を真剣に提唱したのはフランス人であった．まずサン゠シモン（Saint-Simon）は，コンドルセ（Condorcet）に従って，社会現象は有機および無機科学（organic and inorganic sciences）の対象と同様に形而下のものであり，科学的方法で研究すべきだと主張した．コント（Auguste Comte）はこの分野を「社会学」と名づけ，学問を序列化した．彼によれば，数学や天文学はもっとも包括的であり，心理学や社会学はもっとも複雑である．コントの社会生活の法則という考えは，すべての社会は同じ段階を経て進化し，人間には基本的に進歩に対する欲望が備わっている，という前提に基づいている．

こうした進化論的アプローチは，19世紀のヨーロッパの思想に特徴的なもので，体系的に社会機構の発展段階をたどる試みがいろいろとなされた．たとえば，マクレナン（J. F. McLennan）は結婚の進化を，またメイン（Henry Maine）は法律の進化を研究した．おそらく，当時のイギリスでもっとも影響力のあった理論家は，スペンサー（Herbert Spencer）であろう．彼は「適者生存」（survival of the fittest）について語ったが，この概念は後に登場したもう一人の偉大な進化論者，ダーウィン（Charles Darwin）が提唱したものと一般にはみなされている．スペンサーは社会を「超有機的」（superorganic）とみなし，生物との類似について幾度となく語った．また，彼は社会の部分（構成要素）の相互関連を研究するよう主張し，全体の文脈から部分を取り出して考える他の学者とは一線を画した．

諸要素の相互関連という考えは，後の**機能主義**（functionalism）と**構造機能主義**（structural functionalism）という，20世紀に登場した二つの人類学理論の礎石となった．前者はマリノフスキー（Bronislaw Malinowski）を，後者はラドクリフ゠ブラウン（A. R. Radcliffe-Brown）を主導者としている．双方とも，特定の時代における特定の社会に見られる社会行動の説明を目的としたが，それは先行の進化論的手法に対する一種のアンチテーゼでもあったため，後世の学者からは歴史軽視という批判を受けた．機能主義も構造機能主義も，特定の民族と長期間にわたって生活し，彼らの言語の複雑な諸相を研究するが，こうした特徴は人類学を社会学から区別するものとなった．

マリノフスキーはポーランド生まれで，長期的なフィールドワークの重要性をイギリスで説いた最初の人類学者であった．第一次世界大戦勃発後，彼

はオーストラリアに抑留され，トロブリアンド諸島（Trobriand Islands）で数年間過ごしたが，そこで異民族の思考様式を正確に理解するためには，十分時間をかける必要があることを認識したのであった．彼が提唱した**機能主義的**アプローチは，すべての社会文化的行動は，人間のさまざまな欲求に対する反応として説明できる，という考えに基づいている．マリノフスキーはイギリスに帰還後，ロンドン・スクール・オヴ・エコノミックス（London School of Economics 略称LSE）で教鞭をとり，数多くのフィールドワーカーを育て，彼らの研究から一連の詳細な民族誌が生まれた．マリノフスキーの見解については，第3章と第7章で取り上げる．

ラドクリフ゠ブラウンは，ベンガル湾沖のアンダマン諸島（Andaman Islands）で，1906年から1908年まで長期的フィールドワークを実施したが，マリノフスキーのフィールドワークに比べると集約性に欠けた．彼の関心は，社会行動がいかに社会関係の網の目（network of social relations）を維持し，かつ安定させるかという問題にあった．ラドクリフ゠ブラウンは，この網の目（ネットワーク）を**社会構造**（social structure）と呼んだので，彼の学派を**構造機能主義**という．ラドクリフ゠ブラウンは，オーストラリアのシドニー，南アフリカのケープタウン，アメリカのシカゴなどで教え，世界的な影響力を持ったが，彼の研究は通常イギリス社会人類学として知られている．第9章には，その一例を掲げてある．

一方，アメリカにおける集約的フィールドワークの歴史は，ボアズ（Franz Boas）の初期の研究に溯る．ユダヤ系のドイツ移民であったボアズは，1896年，すべての文化は平等だが異質であると説き，徹底した個別研究の必要性を訴えた．彼は長い間アメリカ原住民の研究に勤しみ，弟子を訓練して原住民の物質文化，言語，社会行動などに関する詳細な実証的データを収集した．この学派は**文化人類学**（cultural anthropology）として知られるようになり，ボアズは**文化相対主義**（cultural relativism）をうちだした．文化相対主義とは，「世界観の異なる文化を理解するためには，それぞれに固有の基準や価値観を考慮しなければならない」という主張である．

ヨーロッパでは，一人のフランスの社会学者が，社会人類学に甚大な影響力を持っていた．それはラドクリフ゠ブラウンがイギリスに戻り，オックスフォード大学の人類学部長として，学会の指導的立場にあったときのことである．この人物こそデュルケム（Emile Durkheim）であり，当時はまだ進化

論的な見方をしていたが，社会はそれを構成する個人の総和以上のものであるという立場をとった．デュルケムは，個人に外在し「人間の行為を必然的に形作る鋳型（mould）」のように束縛するもの，すなわち**社会的事実**（social fact）の見極めを提唱した．社会的事実の例として，法的規制，道徳的規制，宗教的信条，金融制度，および芸術の趣味などを掲げることができるが，それらはすべて特定の社会における社会化や教育の一環である，とデュルケムは考えた．彼の学派のメンバーは，第一次世界大戦中にほぼ抹殺されたが，デュルケムにはモース（Marcel Mauss）との共著があり，それについては第1章で触れる．モース自身については，第3章で述べる．

　人類学の講座がオックスフォード大学に初めてできたのは19世紀末のことであり，初代教授にはタイラー（Edward Tylor）が就任した．彼は「野蛮人」と「文明人」では人間が違うという当時の考えに反感を抱いていた．若い頃メキシコに旅して以来，タイラーは「人間性（human nature）はどこでも変わらない」というのが口癖であった．彼は「原始」社会と「文明」社会の比較研究を推進したが，進化論的思考を完全に放棄したわけではなかった．別の一派は，文明には発祥地があり，そこから慣習が全世界に「伝播」（diffusion）して，異民族間に相互影響や模倣が生じたと考えた．しかし，エヴァンズ゠プリチャード（E. E. Evans-Pritchard）は，社会の発展や進化について憶測しても無駄であり，社会法則という考えそのものを拒否した．彼はオックスフォード大学で［日本やアメリカの学部長に匹敵する］教授の地位にあり，強い影響力を持っていた．

　エヴァンズ゠プリチャードは，社会がひとつの体系であるとしたら，それは人間が合理的に世界を秩序づける必要があるからだと考えた．そして，この**構造的秩序**（structural order）を研究し，特定の社会的文脈における行為の「意味」を探るのが，人類学者の仕事であるとした．また社会の表象に際しては，相互に関連するものを抽象化し，それを他の社会と比較するように提唱した．彼のいう構造とは変容（transformation）するものであり，その変容は実社会の変化（change）を表している．この点，歴史に無頓着だったラドクリフ゠ブラウンの構造機能主義より進んでいると言えよう．エヴァンズ゠プリチャードは，当時の多くのイギリスの人類学者と同様，大英帝国の植民地を研究していたので，植民地主義が現地の社会にもたらす変化について熟知していたのである．彼の研究については，第7章と第10章で取り上げ

る．

　おそらく，20世紀のイギリスにもっとも広範な影響を及ぼした人類学者は，フランスのレヴィ＝ストロース（Claude Lévi-Strauss）であろう．彼の学派を**構造主義**（structuralism）と呼ぶが，エヴァンズ＝プリチャードやラドクリフ＝ブラウンの構造主義とは多少異なる．レヴィ＝ストロースについては第7章で説明するが，本書の各章には数多くの人類学者の研究が載っている．既に述べた人物以外にも，学説史上重要なものについては，適宜紹介する予定である．余談だが，本書の印刷中，アメリカのヴァージニア州ウィリアムズバーグ（Colonial Williamsburg）で，第14回国際人類学民族学会（International Congress of Anthropological and Ethnological Sciences）が開催された．テーマは「21世紀——人類学の世紀」であった．人類学はこれからの分野である．

社会人類学の現代的意義

　今日，「野蛮人」（savage）とか「原始人」（primitive）について語ることは許されない．技術的な発展段階がどうであれ，すべての人間には複雑で合理的な思考体系が備わっており，世界の知識や知恵に貢献する貴重なものを持っていることが判明したからだ．こうした理解は，人類学者の研究に負うところが少なくない．また，人類学者の重要な現代的役割として，先住民と「先進」多国籍企業という，世界観のきわめて異なった集団のコミュニケーションを促進する仕事がある．人類学は「文明」と「未開」の両端で有益であり，その役割は遠くの部族の研究に限定されたものではない．

　1993年，オックスフォードでヨーロッパ社会人類学連合（European Association of Social Anthropologists）の大規模な会議が開催され，「グローバリゼーション（地球化）とローカリゼーション（地域化）」というテーマを取り上げた．このテーマは，人類学の現代的可能性が，いわゆる「地球村」（global village）理解の貢献にあることを端的に示している．通信技術が発達し，多国籍企業の製品やテレビの広告が全世界に浸透した結果，コカコーラ，鮨，ブランド品のスニーカーなど，いくつかのシンボルを考えただけでも，世界的に共通な文化が登場した．しかし，こうしたグローバルな文化の解釈や受容は，地域によってずいぶんと差があり（その例については Howes

1996を参照），表面的な統一によって文化差が隠されているのである．

　人類学者の影響は，徐々に経済や金融の分野にも浸透しつつある．こうした分野では，世界は収斂してグローバルな同質化が起きると考えられていたので，つい最近まで**文化相対主義**には耳を貸さなかった．しかし，アジアのいわゆる「タイガー経済」(tiger economies 香港，シンガポール，台湾，韓国など)は，経済的発展と文化的伝統の保持は両立することを示したし，中東の豊かな石油産出国は独自の世界観を維持している．こうした中で，人類学者は企業の海外進出にあたってアドバイスをしたり，社会的観点から企業文化そのものの理解を促進するよう求められている．

　その他の**グローバリゼーション**（globalization）の特徴として，商用またはレジャーで外国に出かける人が増えたこと，成長した場所と現在生活している場所が違う人が増加したこと，異文化が錯綜する地域で生まれ育つ子供が多くなったこと，などを掲げられよう．現在では，世界中の学校が，人類学を学んだ教師を採用するメリットを認識しはじめたが，それは多様化しつつある生徒の文化的背景を，そうした教師なら理解できるからである．地域のレベルでいうと，たとえばオックスフォード地区で，私の卒業生がジプシーと学校の橋渡しをしたように，人類学者は孤立した集団や移動集団と学校の良好な関係を築く手伝いもできる．

　また，医療関係者，ヘルパー，カウンセラーなども，近年では患者やクライアントの信条や態度の多様性に気を配り，治療やアドバイスの際にも，そうした多様性を考慮するようになった．医療人類学（medical anthropology）は，人類学の中でも急速に成長している分野で，現在多くの大学の医学部や看護学科で，1年間のコースが設置されている．こうした訓練を通じて，先住民の治療法にも優れたものがあることに，学生は開眼させられる．また人類学者は，これまで世界保健機構のプログラムにも重要な貢献をしてきた．特に，予防接種の実施が現地の文化的価値に反する場合には，役割が大きい．

　今日，開発プロジェクトの実現にも，人類学者は助言を請われるようになった．どんなに高価なプロジェクトでも，現地の住民の協力がなければ水泡に帰してしまうので，援助の対象となる人々の考えを計画実施の前に考慮することの利点に，アドミニストレーター（管理運営者）は気づいたのである．現地に何も相談せず，住民の世界観を無視したために，せっかくの建造物が

破壊され，機器類は錆び，完璧な医療施設もボイコットされた例が，発展途上の「第三世界」(the Third World) にはいくらでもある．こうしたケースは，すべて古典的な誤解と言ってよい．

　人類学の応用は新しいことではないが，今日では政治的に許されない試みに加担したことも，この分野の歴史にはある．たとえば，初期の人類学者の中には，植民地における原住民支配に手を貸すように，アドミニストレーターから求められた者もいる．彼らは現地の習慣，言語，政治システムなどを研究し，結果として同胞による異民族の抑圧征服に加担してしまった．逆に研究民族の擁護に奔走し，全世界に彼らの利益を代弁した人類学者もいるが，原住民からすれば温情的で，自尊心を傷つけられた場合も多かった．このように援助の諸相は複雑である．

　アメリカの人類学者ベネディクト (Ruth Benedict) が著した『菊と刀』（原著1946年）は，日本研究の分野ではもっとも有名な著作の一つだが，この本は元来，第二次世界大戦中に著者がアメリカの戦争情報局に配属され，連合軍の最大の敵であった日本を理解するために書かれたものである．戦後『菊と刀』は日本語に翻訳され，その理解の深さによって多くの日本の読者を獲得したが，ベネディクトの描写には異議もあった．比較のために用いられたアメリカ文化に，勝者の優越感が表されていると感じた日本人がいたからである．戦争終結後50年，『菊と刀』は今日でも読み継がれているが，いまだに議論は絶えない（Hendry 1996を参照）．

　ベネディクトの時代の人類学には，研究対象がいわゆる「原始人」や未開部族が多いという問題があった．そのため，『菊と刀』は基本的には日米比較であったが，人類学者による研究ということで，日本を低く見ていると思われたのである．それ以降の社会人類学または文化人類学は，研究の焦点を大幅に変え，今日では先進国を含む世界中の地域を射程に入れている．たとえば1982年にコーエン (Anthony Cohen) が編集した本には，イギリスのさまざまなコミュニティーの人類学的研究が収録されているし，北アメリカの文化的研究も既に多く公表されている．

　イギリスから見た場合のもう一つの問題は，植民地主義の歴史に由来する偏見や思考という負の遺産である．外来の西欧人に研究されることがどういうことか，それを理解するためには，旧植民地出身の学者の人類学的研究を待たねばならなかった．今日では旧植民地の住民もイギリスに定住し，たと

えばバウマン（Gerd Baumann）が調査した西ロンドンのサウソール（Southall）のように，シーク教徒，イスラム教徒，アフロ・カリビアン，およびアイルランド人の家庭に生まれた子供たちが，一見ほとんど「文化的」特徴のない白人少数派と同じように，イギリス的な生活を送っている多民族地域もある．一つの地域における社会文化的アイデンティティの「競合性」（contested nature）の研究は，現代人類学の最前線と言ってよい．

もちろん，マルチカルチュラリズム（multiculturalism 多文化主義）という現象は，イギリス以外の世界でも既によく知られており，セルビアやモザンビークのように，民族相互の関係が戦争で破綻してしまったような地域で，人類学者が果たすべき役割もある．ただ，人類学者は即効薬を処方する立場にはないし，相互理解が実際の紛争解決に持つ価値にも限度がある．中東や北アイルランドの窮境を見れば，民族や宗教の衣をまとった深刻な不和が，実は政治問題に利用されていることが分かるだろう．文化的影響を受けやすい分野での紛争については，第9章で取り上げる．

最近できた欧州共同体（European Community 略称 EC）は，悲惨な戦争の長期的解決策の一環として設置されたものだが，政治家は常に異文化との遭遇という厄介な問題に悩まされてきた．彼らが考案した対処法は，近年の人類学の研究テーマであるが，それは人類学的知識の有用性を政治家が認識したことと軌を一にする．人類学者の中には政治家の顧問を務め，その報酬で調査地のブリュッセルやストラスブールといった都市で，優雅な生活をしている者もいる．こうした異文化コミュニケーションの研究は，他にも外交官，国際的ビジネスマン，さまざまな世界の市民などを対象とし，彼らを実際に援助することもできる．

電子通信手段の速度と効率を武器に，宗教的あるいは文化的**ディアスポラ**（diaspora）を，まったく新たな方法で研究する人類学者も登場した［ディアスポラとは，元来パレスチナの地を追われたユダヤ人を示す言葉だが，現在では祖国から遠く離れた場所に住む人々を一般に示す］．彼らは地理的に散在しているが，今日では容易に連絡を取り合うことができるので，私の同僚の一人は，最初アフリカでフィールドワークを行ない，その後はコンピューターを使って，世界各地に住むカメルーン人を調査している．また，文化的難民（cultural refugee）の置かれた状況を調べるのも，ディアスポラ研究の一環である．文化的難民という言葉は，元来，海外在住のギリシャ人を示すのに使わ

写真0.1 イングランドの中心部で行なわれたバーンズ生誕夜の管楽（piping）とハギス．ハギスを運んでいるシェフと楽器を奏でている人（名をシェークスピアという）は，ともにイングランド出身である（写真提供 Joy Hendry）．

れたが，中国人やユダヤ人など，現在の居住地への同化より，内部の結束を重視するコミュニティーも意味する．

　私はスコットランド系である．生まれ育った場所は，故郷のスコットランドとイングランド中央部の中間あたりにある．スコットランドの人口は600万人に満たないが，全世界には自称スコットランド人が2000万人もいる．第4章では，スコットランドの儀式が海外で行なわれている様子を紹介するが，人類学的に見て興味深いのは，1月25日のバーンズ生誕夜（Burns Night）に，ハギス（haggis）と呼ばれる肉料理を楽しむ（努力をしている）人の多くが，実はスコットランド人ではないという近年の現象である（写真0.1）．同様のことは，最近私が招待された中国人の新年会にもいえる．つまり，「文化」は一種の余暇活動のテーマになっており，外食する際に異文化の食べ物を求めたり，イベント全体を文化中心に構成したりすることも多い．

　こうした現象は，数多くの人が海外旅行に出かけ，普段の生活から離れてリラックスしながら異文化を楽しむという，比較的最近の傾向と結びついているようだ．観光人類学（the anthropology of tourism）は魅力あふれる新た

な分野で,ゲストの旅行者とホストの現地人との関係や,観光ショーなど,文化の「表象」(representation)にまつわる問題を研究する.「バックパッカー」(backpacker)と呼ばれる若者は,競うようにして「本場」の「本物」を追い求め,野原や村落をさまよう一方で,資金が豊富な人たちは,高級ホテル向けの踊りや歌のショーを見て楽しんでいる.

今日,文化は世界中のレジャー・パークのテーマとなっており,観光客にローカルな文化の姿や味わいをコンパクトな形で見せ,異国の演出をしている所もある.たとえば,アメリカのフロリダにあるディズニー・エプコットセンター(Disney-dream Epcot Centre)では,入園者はさまざまな国の展示を見たり,料理を試食したりすることもできる.また日本には,国外に一歩も踏み出さずに,カナダ,スペイン,ドイツといった外国の気分を味わえる施設があり,そこで朝から晩まで何日でも過ごせる.こうしたパークには,当該国から輸入した家,街,美術館などが揃っているだけでなく,芸術家やエンターテーナーを招いて,その地域の技を披露してもらい,数多くのグッズを取り揃えて販売している.[*2]

このように,異文化経験は既に人類学者に限定されたものではない.異文化に触れる喜びは,差異から生じる紛争や戦争より遙かに望ましいが,文化の多様性をあまり軽く見せることには危険が伴う.今日どこに住んでいようと,異民族との遭遇は以前より数段増えており,自文化と衝突する場面も予想される.社会人類学の研究は,内外の異人(stranger)に対する偏見や誤解を解くための重要な第一歩であり,異民族の世界を深く理解する基礎となる.異文化の雰囲気を楽しむことも大切だが,その奥にある深いものを忘れないようにしよう.

《参考文献》

Baumann, Gerd (1996) *Contesting Culture: Discourses of Identity in Multi-Ethnic London* (Cambridge: Cambridge University Press).

Benedict, Ruth (1946) *The Chrysanthemum and the Sword: Patterns of Japanese Culture* (Boston: Houghton Mifflin). 長谷川松治訳『菊と刀――日本文化の型』(社会思想社, 1972年).

Hendry, Joy (1996) "The Chrysanthemum Continues to Flower: Ruth Benedict and Some Perils of Popular Anthropology." In Jeremy MacClancy and Chris McDonaugh (eds), *Popularizing Anthropology* (London: Routledge), pp. 106-21.

MacClancy, Jeremy (ed.) (1996) *Sport, Identity and Ethnicity* (Oxford: Berg).
Tayler, Donald (1997) *The Coming of the Sun: A Prologue to Ika Sacred Narrative* (Oxford: Pitt Rivers Museum Monograph Series, no. 7).

《読書案内》
Banks, Marcus (1996) *Ethnicity: Anthropological Constructions* (London: Routledge).
Cohen, A. (ed.) (1982) *Belonging* (Manchester: Manchester University Press).
Howes, David (ed.) (1996) *Cross-Cultural Consumption: Global Markets, Local Realities* (London: Routledge).
Kuper, Adam (1983) *Anthropology and Anthropologists: The Modern British School* (London: Routledge & Kegan Paul). 鈴木清史訳『人類学の歴史——人類学と人類学者』(明石書店, 2000年).
van Willigen, John (1993) *Applied Anthropology: An Introduction* (Westport, Connecticut and London: Bergin & Garvey).

《小説》
Lodge, David, *Nice Work* (Harmondsworth: Penguin, 1989). ビジネスマンの仕事道中を描いた興味深いフィクション.
Tan, Amy, *The Joy Luck Club* (London: Minerva, 1994). 中国人の女性と娘の中国系アメリカ人の文化的アイデンティティを題材とした小説.

《訳注》
1 原文は different ways people have of looking at the world they live in である. 日本語の「民族」に完全に相当する英語はないので, 本書では文脈によって people を「民族」と訳している. この関連で注意してほしいのは, nation という中学生でも知っている英単語が, 日本語では文脈によって「民族」「国民」「国」と訳し分けられるという事実である. 訳語による混乱を防ぐため, 最近では nation を「ネーション」と表記することが多い. なお「世界観」は worldview であるが, この英語はドイツ語の *Weltanschauung* の訳語で, あまり一般的ではない. 原文の他にも outlook on the world などの言い方がある.
2 日本のテーマパーク (theme park) を, 外国との比較で研究したヘンドリーの近著に, *The Orient Strikes Back: A Global View of Cultural Display* (Oxford: Berg, 2000) がある. この題名は, かつては西洋が非西洋を一方的に, ときには意図的に歪曲して表象してきたが, 現在では日本をはじめとする東洋諸国が, 西洋を「外国村」のような形で表象・流用しているという観察に基づいている. この種のテーマパークの代表が, オランダをイメージした長崎のハウステンボスである. ヘンドリーの観察は「逆オリエンタリズム」(reverse Orientalism) と関連している. これはアメリカの文芸評論家サイード (Edward Said) が, 『オリエンタリズム』(今沢紀子訳, 平凡

社,1986年)の中で指摘した,西洋による非西洋(特に中東イスラム圏)の表象にまつわる問題を,裏返しにしたものである.逆オリエンタリズムのことを「オクシデンタリズム」(Occidentalism)とも言う.

第1章
世界を見る

おみやげとハンカチ

　海外旅行に出ると，人は「おみやげ」という名のモノを選んで持ち帰る．おみやげは旅先で手に入れるが，贈答品として受け取ったものもあれば，店先で買ったものや浜辺で拾ったものもあるだろう．その経済的価値はたいした問題ではない．普通は売り渡しできるものではないからだ．むしろ，おみやげの本質は旅の出来事を思い出させてくれるところにある．おみやげの選択には，ただ単に美しいとか，友人に見せびらかしたいとか，贈り物にするとか，窓台に置いてカーテンの色を引き立たせたいとか，さまざまな理由があるだろう．いずれにせよ，おみやげというのは何かしらの意味で特別なものであり，手に入れた場所を象徴するものである．

　おみやげと同じモノでも，それを日常的に使っている人には，持つ意味が違うことがある．たとえば，観光地では土地の商人が客の関心を見越して，さまざまな特産品を用意・販売して生活している．その中には，いかにもおみやげ用というものもあるが，最高の買い物（または最初に気づいた人にはビジネス・チャンス）は，その土地の人間には何の変哲がなくても，外来者には珍しくて好奇心をそそるものである．ある場所では当然視され，いとも簡単に作れても，他の場所に行けば珍しくて魅力的なこともあるし，また使い道が違うこともある．

　簡単な例を一つ紹介しよう．日本には，「ハンカチ」という軽くて手頃なおみやげがある．ハンカチは柔らかな布を綺麗な四角に仕上げたもので，中には一枚ずつセロハンに包んで，浮世絵のような日本風な図柄や風景をプリントしたものもある（写真1.1）．ハンカチという言葉は，英語のハンカチーフ（handkerchief）に語源があるが，非常に肌触りが繊細で美しく，［ヨーロ

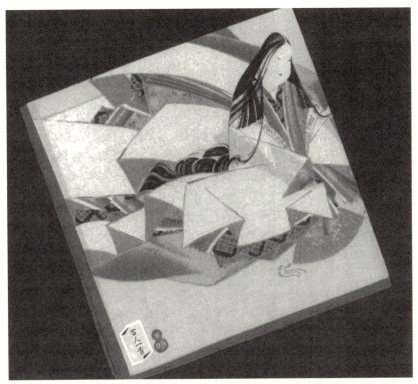

写真1.1 日本ではハンカチは恰好の贈答品であり，おみやげである．とても鼻をかむのに使えない（写真提供 Bob Pomfret）．

ッパ人のように]鼻水を拭くのに使ったら罰があたるような逸品である．実際，日本ではハンカチは鼻をかむものではなく，夏の暑い昼下がりに額の汗をそっと拭くためのものである．ハンカチで鼻をかんで，それをポケットにしまうなどということは，日本人にはとうてい考えられない．[*1]

　この一例は，民族が違えば見方（より専門的には分類法）も違うという，人類学の基本的な考え方をよく表している．日本を訪れた外国人にとって，ハンカチは一応「おみやげ」というモノの**部類**（class）に属する．また表面的には，「贈答品」という贈り手と受け手に共通の部類に属するかもしれない．しかし，いったんやりとりが成立したら，同じモノでも別の**カテゴリー**（category 範疇）に**分類**（classification）されることがある．そして，それがどのように分類されて使われるかは，現地の基準によって決まる．さらに，

ある特定の民族の行動——たとえば鼻水のついたハンカチをポケットにしまうといったこと——は，きわめて否定的な反応を他の民族に引き起こすこともある．

　次にハンカチの例を使って，同じ文化に潜む差異について人類学的に考えてみよう．文化が同じでも世代や階層が違えば，ハンカチのとらえ方は異なる．たとえば，一世代前のイギリスの子供は，「綺麗なハンキー」(clean hankie) は大切な服装のマナーだと教えられ，持っていなかったら母親や先生に叱られたものであった．今日でも，ハンカチを携帯するイギリスの老人がいるのは，このためである．対照的に，若い世代のイギリス人は，便利な（しかし環境には優しくない）ペーパータオルを使うようになった．

　ハンカチの全盛時代には実にさまざまな種類があり，どんなハンカチを持っているかによって，人はお互いの趣味や暮らしぶりを判断した．背広の上ポケットから，すこしハンカチが見えるように着こなすのが上品だと考える男性もいたが，それは多分こうした習慣と結びついている．もっとも，それをキザだと考えて避ける人もいた．その他にも，シルクのハンカチを持ち歩いたり，イニシャルを刺繍したり，端を結んでビーチで日よけとして使ったりするなど，ハンカチにまつわる話は多い．特に「貴婦人」は，優美なレースのハンカチの縁をローカットのドレスから見せて，時を見計らってハンカチを意図的に落とし，男の人に拾ってもらうようなこともあった．

　このように，ハンカチという小さな布切れに対する考え方の違いは，持ち主の社会的背景に関する情報を伝達し，生い立ち，世代，地位などによって人間を**分類**する手段でもあったのである．ハンカチの使い道は，イギリスの**階級**（class）制度とうまく合致していたといえる．今日でこそあまり使わなくなったが，それでもイタリアのヴェニスやベルギーのブリュッセルでは，綺麗なレース織りのハンカチは贈答品として人気があるし，海外へ貨幣持ち出しを禁止している中国の北京空港では，お釣りの代わりにいろいろなハンカチをくれる．また，とある日本の「進歩的」な幼稚園では，生徒の制服は廃止したが，その代わりにハンカチを服に縫い付けて，どの組の子供か分かるようにしていた．

分類の学習

　以上のことから，人類学者のいう**分類**とは，異民族の世界観に関わることがお分かりいただけたと思う．つまり，世界をどのように分割し，どういったカテゴリーに人物や事物を入れるかは，民族によって異なるのである．また後に詳しく述べるように，世界観は時空間の分類とも関係がある．分類法または分類体系（system of classification）は，ある特定の社会の成員により共有され，その社会にもっとも基本的な特徴の一つである．それは子供が社会的に成長する過程で獲得されるものであり，**社会化**（socialization）の基礎である．社会化とは，人間を生物的存在から社会的存在に変え，意思疎通のためのシステムを周囲と共有させるものである．

　赤ん坊は言語を学習する過程で，自分が発する言葉の意味範囲も同時に学習する．そして，それぞれの言葉の「ラベル」（label）を，特定の意味の「カテゴリー」に用いることを学ぶ．赤ちゃんと一緒にいたことがある人なら，子供の使うカテゴリーと意味は，周囲の大人のものと異なることを知っているだろう．実際，母親は赤ん坊の発話を「翻訳」する必要に迫られる．典型的な例として（実は困るのだが），「おとうさん」（Daddy）という言葉がある．この言葉を初めて学んだ子供は，父親以外にも会う男の人すべてに使ってしまう．赤ん坊は，「おとうさん」というラベルが，自分のよく知っている特定の男性に当てはまることは承知しているが，この言葉が持つ意味の詳細については意識がないのである．おそらく，「男の人」や「ブロンドの髪の若い男性」といったカテゴリーを心に抱いているのであろう．それが何かは説明できなくても，「おとうさん」というラベルと結びつく世界を，赤ん坊は部分的に知っているのだ．しばらくすれば，より多くの意味を連想できるようになり，ある特定の男性にしか当てはまらないことに気づくだろう．だが，それには時間がかかる．

　後に詳述するように，「おとうさん」に相当するラベルが，父親以外の範囲の男性に用いられる社会もある．そういう社会では，「おとうさん」と呼ばれる人は誰で，他の人とはどのように区別されるかを，赤ん坊は自然と学んでいく．いずれにせよ，子供は人間の分類を学習しているのであり，その他にもさまざまな事項を，それを規定する特徴とともに覚える．つまり，人

間はある言語を学習する過程で，その言語を使用する人々が共有する分類法を学ぶのである．英語圏のように複雑な社会では，言語と分類法の双方に変種（variation）があり，それは当然「階級差」（class distinction）と結びついている．

幼少期に学んだ分類法は習慣化するので，そのことを意識しない限り，食事や睡眠と同様，まったく自然な行為のように思われるだろう．人間には親戚，友人，他人として分類される人（person）の概念があり，それらはさらに他の特徴によって細かく分類される．そして，カテゴリー化されたものに対しては，一定の予測や期待を寄せる．場所の分類についても同じことがいえる．たとえば，教会に入るときには声を小さくするし，映画館に入るとポップコーンが欲しくなって思わず唾が出てしまう．このように，すべての事物は善・悪，浄・不浄，安全・危険といった分類を受けるのである．

人間は外の世界に出るまでは，自分の分類法が普遍的と思いがちである．たとえ外に出たとしても，自他の相違を学ぶことには抵抗があり，見方を容易に変えられないこともある．とかく外国は，いや隣に住んでいる外国人でさえ，「臭くて」「汚くて」「変」に思われるものだ．人類学者が異民族の分類法を研究する際には，まず自分自身の世界を抜け出し，幼少期の経験に基づく嫌悪感や拒否感を捨てなければならない．赤ん坊が社会の分類を覚えるように，人類学者は研究対象の民族の分類法を一から勉強するのである．

ニーダム（Rodney Needham）は，分類について［デュルケムとモースの古典的著作『人類と論理——分類の原初的諸形態』の］英訳の序文で，不思議な異民族の研究を始めた人類学者を，急に光を得た生まれつきの盲人と比較し，盲人の見る初めての世界は，おそらく次のようなものであろうと述べている．

> 色と形が痛ましいほど混沌としており，目に写った像もただ雑然としている．相互の関連にいたっては，皆目見当もつかない（Durkheim and Mauss 1963：vii）．

開眼した盲人が事物の区分と分類を学習するように，「文化的に盲目」（culturally blind）な人類学者も，「混沌とした異国の群像，自分の目に映ったものと同じだとは，とても思われないもの」（前掲書）の理解に努める必要があるのだ．[*2]

生・死・生き埋め

　異質な社会のカテゴリーを完全に理解するのは，非常に難しい仕事である．実際，そうした研究が始まったのは比較的最近のことで，当初はいわゆる「原始」民族を主な対象としていた．たとえば，20世紀初頭のフランスの社会学者レヴィ＝ブリュル（Lucien Lévy-Bruhl）は，未開社会の思惟（mentality 心性）について一冊の本を著し，彼らの思考を「前論理的」（pre-logical）と表現した．当時，世界の辺境民族の叙述は，限られた（しかも十分な言語調査抜きの）観察に基づいており，彼らの習慣は，文明人の思考を支える重要な論理体系とは，相容れないように思われたのである．当時のヨーロッパ人は，自分たちが人類の進歩の頂点に位置すると考え，技術的に未熟な人々をまったく異質な人間とみなしたのであった．

　もっとも，今述べた「文明の思考」（civilized thought）とは，西欧的思考のことであった．リヴァーズ（W. H. R. Rivers）は，原始人と文明人の論理は根本的に違うという考えに疑問を持ち，「原始民族における死の概念」（1926年）という論文で，より精密な調査をすれば，西欧人に理解可能な原始人の論理を，明らかにできるのではないかと述べた．そのためには，社会によって分類は異なるという事実に，十分留意する必要があると彼は主張した．メラネシアのソロモン諸島での経験に基づいて，リヴァーズは「死」を意味するマテ（*mate*）という現地の言葉が，イギリスの基準では明らかに生きている人にも使われるという，一見矛盾した用法を取り上げた．

　生と死の境界など，明瞭ではないかと思われるかもしれない．人は生きているか，死んでいるか，心臓は動いているか，止まっているかのどちらかなのだから．しかし，これは死という状態を分類する一つの方法にすぎず，最近では生命維持装置の導入によって，こうした分類でさえ疑われるようになった．さらに，昨今話題の「脳死」（brain death）状態になれば，生命維持装置をはずすこともできるわけで，我々自身の死の定義も揺らいでいるのである．リヴァーズによれば，メラネシア人のマテというカテゴリーには，「大変な病気」と「大変な年寄り」という意味も含まれており，生を示すトア（*toa*）とマテの境目は，イギリス的な生死の区分とは異なるという．

　我々の区分は生物学的なものであって，それはある一定の方法で人体を観

察し，構成器官の高度な理解を通じて認識されたものである．その背後には，おそらく心や魂に関する歴史哲学的観念も存在しているだろう．だが非西欧世界では，社会経済的価値や資源の稀少性によって，生死が決定されることもある．たとえば，日本の昔話を読むと［姥捨て山といって］，年寄りが病弱になり家の経済に貢献できなくなると，山に置き去りにする習慣があった．またメラネシアでは，人を「生き埋め」にすることがあったというし，同様の習慣はアフリカの一部でも報告されている．

　生死の概念は死後の概念と結びついており，また「死んだら」人はどうなるのかという疑問とも結びついている．16世紀のヨーロッパ人を驚愕させたのは，アステカには人間を生贄にする習慣があるという発見であった．ヨーロッパの植民者は即座に廃止を求めたが，アステカ人は神の怒りを和らげるには，人間の生贄が不可欠と考えていた．また，神の生贄として死ぬのは高貴な死に方であり，死後には特に名誉のある地位を約束されるとも考えていた．アステカ人は，神にこうした「貢物」をしなければ，世界には終焉が訪れると信じていたのだ．実際彼らは正しかった．スペインの征服者は生贄の習慣を廃止し，その後アステカ世界は滅びてしまったのだから．

　東アフリカのスーダンでは，植民地化によって禁止されたが，ディンカ族（Dinka）という牧畜民には，聖職者階級を生き埋めにする習慣があったと言われる．リーンハート（Godfrey Lienhardt）は，生き埋めの現場に立ち会うことはなかったが，『神性と経験』（1961年）という名著で，ディンカの習慣を分析している．次の言葉は，ある現地人が彼に語ったものである．

　　漁槍の首長（master of the fishing-spear）が病に倒れて衰弱すると，皆の衆を呼んで，キャンプ（部族 tribe または亜部族 sub-tribe）の人間すべてを自分の家に連れて来て，生きているうちに埋葬してくれとおっしゃいます．下々の者は命令に従い，いち早く駆けつけます．まごついて，到着する前に首長が亡くなられたら，本当に惨めですから．（中略）首長は死を恐れることはありません．ご自分の歌を歌いながら，大地にお隠れになるのです．でも亡くなられたからといって，嘆き叫びわめく者はいません．むしろ，喜ばしいのです．首長は後に残った者に生命を与え，悪霊を追い払って下さるのですから（Lienhardt 1961：300）．

リーンハートの本には，ディンカ族の伝統の体現者としての首長に関する記述や，彼らが神話や儀礼の執行に果たした役割についての報告が多い．このように，リーンハートは生き埋めという一見野蛮な習慣を，ディンカ族全体の「生命の再生」として描き分析することに成功したのである．
　メラネシアの例に戻ると，リヴァーズはマテとトアの区分を，人生の段階および死後の世界に関する考えの違いという観点からとらえた．そして，このような異質の分類をうまく理解できれば，ヨーロッパの旅人や宣教師を驚愕させた生者の葬式や埋葬といった出来事を，おそらく説明できるのではないかと考えたのである．
　ちなみにリヴァーズは，メラネシア人の親戚の分類法はヨーロッパ人とは異なり，「父」という言葉を，本当の父親の兄弟や母親の姉妹の夫にも使うことを指摘した（この点については第11章で述べる）．こうした分類は，世代や父方と母方を明確に分けるシステムと広く結びついているが，リヴァーズは次のような面白い憶測をしている．つまり，もしメラネシア人がイギリス人を調査しにきて，先ほど述べたような区分を我々が無視して，イトコ，オジ，オバといった親族用語を無差別に使っていることを知ったら，彼らはどう思うだろうか．きっと「物質文化が発達しすぎて，思考回路が狂ってしまった」と解釈するのではないか，そして我々の思考を「脱論理的思惟」(post-logical mentality) とでも呼ぶのではないかと，冗談まじりに語ったのである（Rivers 1926：45）．

文化相対主義と人類学者のバイアス

　だが，実はリヴァーズ自身が諸民族を「原始的」とか「野蛮」と名づけ，それを一般化するという当時のヨーロッパの思想に典型的な分類法に囚われていたのである．確かに，彼はレヴィ＝ブリュルの「前論理的心性」(pre-logical mentality) という考えに異議を唱えた．しかし，その一方で，メラネシア人の分類の仕方には，他の「民度の低い」部族と共通するものがあるとも考えていた．こうした大雑把な民族の分類は，技術的発展を基準としたもので，「原始人」の習慣を研究すれば，「文明人」のかつての姿が分かるという当時の西欧的発想を示すものであった．
　分類を主題としたもっとも有名な著作は，20世紀初頭にフランス語で書か

れた．それは，ヨーロッパ（とくにフランス）の知的エリートを頂点とし，いわゆる「原始」民族を底辺とする文明の尺度で，世界のさまざまな民族を序列化したものである．この著作こそ，デュルケムとモースの『人類と論理——分類の原初的諸形態』（英語版1963年）であり，彼らは思考範疇の社会的起源を証明するために，「原始」社会の研究に着手したのであった．今日の人類学者は，以前ほど起源の問題には関心はないが，異文化研究の専門家である以上，分類の様式には当然関心がある．デュルケムとモースの研究には，分類の多様性を示す非常によい例がいくつかある．

『人類と論理』の最初の2章は，「人間の分類」を特に扱っている．そこでは，オーストラリアの原住民の分類法が取り上げられており，デュルケムとモースによれば，原住民は部族を結婚可能な相手を含む部類（class）や，特定の動物と結びついたクラン（clan 氏族）に分類するという．また原住民社会全体が，半族（moiety）と呼ばれる二つの大きな部類に分かれているともいう．こうした分類法が原住民に持つ意味は複雑だが，人間は婚姻が可能な集団と不可能な集団に分かれているという事実は大きい．さらに，結婚することが望ましい（preferred）と考えられている集団もある．こうした規制は婚姻と親族の範囲を決定し，それが英語の親戚（relative）という言葉には翻訳できない土着のカテゴリーを生むので，影響は至るところに及ぶと言ってよい．

原住民の分類法を多少なりとも理解するには，我々イギリス人も家族との結婚を禁じているという事実を想起すればよいだろう．しかしイギリスでは，婚姻のネットワークによって，人間関係の用語を区分するということはあまりない．ましてや系譜関係の辿れない人との結婚が，それによって影響されるとは考えにくい．だがオーストラリアの原住民は，部族の人間すべてを結婚制度の一部として分類し図式化するのである．

また，誰もが特定の動物のクランに所属せねばならず，クランと結婚制度から生じる義務は，採って食べてよいものといけないものまで規定する．たとえば，蛇のクランの人間は蛇を食べてはいけないとか，逆に彼らだけに蛇を食用にすることが許されるとか，いずれにせよ，彼らは蛇と特別な関係にあると考えられている．同様のことは，フクロギツネのクランにも言える．さらに，外界は気象現象なら風と雨，天体なら太陽と星というように，「半族」に分かれていることもある．

次にデュルケムとモースは,「空間の分類」を加えたより複雑な体系について論じている．これは,北アメリカのプエブロ（Pueblo）インディアンのズニ族（Zuni）に見られるもので,この部族を研究したアメリカの人類学者カッシング（Frank Cushing）を引用して,彼らは次のように述べている．

　我々がズニ族に見出すのは,宇宙の真正な配置である．ありとあらゆる自然界の存在や事実,「太陽と月と星,天空,および大地と海,それらすべての現象と元素,そしてすべての無生物,および植物と動物と人間」は,分類と命名を受けて,独自の統合体系に固定される．この体系を構成する部分は,「類似の程度」によって配置され序列化されている．
　現在我々が知る形では,この体系は空間を北・南・西・東・天頂・天底・中心という七つに分類して,万物をいずれかの領域に振り分けるのが原則である．季節と自然の力を例にとると,風・微風／空気・冬は北,水・春・湿気を含んだ微風は西,火・夏は南,土・種・霜（種子が成長した後,年の終わりを告げる）は東に,それぞれ属す．また,ペリカン・鶴・雷鳥・常緑のオークなどは北の領域であり,熊・コヨーテ・若葉は西である．東に分類されるものとしては,鹿・アンテロープ・七面鳥などがある．さらにモノばかりでなく,社会的機能もこのように配置されている．北は力と破壊の領域であり,戦争と滅亡はそこに属す．西には平和と狩猟があり,南には熱・農業・薬,東には太陽・呪術・宗教の領域がある．そして天頂と天底には,こうした機能がさまざまに組み合わされている（Durkheim and Mauss 1963：43-44）．

このように,ズニ族は世界を七つの領域に分けるが,それは色彩とも結びついている．たとえば,南は赤で夏と火の領域であり,北は黄色,さらに東は白である．こうした包括的な分類法は,既に述べたように人生の初期に学習されるが,調査者は必ずしも当該社会の成員に分析的な説明を期待できない．しかし,分類法は社会的コミュニケーションの基礎であるから,民族誌家が調査してまとめなければ,多くの情報が失われてしまうだろう．たとえば,ズニ族の「黄色」という言葉の用法は,「北」を連想させる意味合いを持っているので,「黄色」と表現された人は,英語のyellowのように「臆病者」ではなく,どう猛で破壊的な人間のことである．だが,ネイティヴにその理

由を聞いても無理である．

　実際，色の分類は社会によって異なるし，同じ社会でも集団によって差がある．スペクトルを7種類の「虹の色」に分類したニュートンの体系は，科学的測定によって得られたもので，今日では世界的に使われている．しかし，日常語のレベルでは，それぞれの社会に特有な分類がいまだに健在である．一例をあげると，日本語の「青い」という言葉は，英語のblue（どちらかというとライトブルー）やgreen（松ノ木の色や病人），およびpale（顔色などが青白い）の意味に使われることがある．ただし，芸術家やデザイナーに言わせると，英語でもblueには膨大な数の区分があるらしい．

　アーデナー（Edwin Ardener）の研究によると，ウェールズ語には元来，英語のgrey（灰色grayとも綴る），brown（茶），black（黒）に相当する言葉が，duとllwydの二つしかなかった．図1.1に見られるように，前者はblackとbrownの範囲の一部に相当し，後者はbrownとgreyの一部に相当する．さらに後者は，英語のblueとgreenの色相を含むglasに変化する．だが，時代が下るにつれて，ウェールズ人はbrownという言葉を語彙に加えたため，日常的な近代ウェールズ語の意味範囲は，英語とかなり近くなった．恐らくこの変化は，ウェールズ人は母語と英語のほぼバイリガルなので，混乱を避けるためのものであろう．

　デュルケムとモースは，道教（Taoism）という中国人の思想を紹介するにあたって，「時間の分類」も考慮した．彼らの説明によれば，道教的分類は社会組織と無関係であるが，日常生活を細部にわたって秩序づけ，かつ影響を与えている．この分類法は，まず空間を動物や色と関連した四つの方位点に分け，さらに物体を五行（木・火・土・金・水）に分類し，そして12の標識からなる中国式十二宮（zodiac）［つまり十二支］を加味するのである．また，今日よく知られているように，中国には陰陽（yin and yang）という世界の二分法があり，陰は女・負・若・静，陽は男・正・老・動などを表している．

　こうした体系は時間を分類するために用いられ，年月日を規定するだけでなく，さらに1日を2時間単位に分けて，それぞれに干支と陰陽を振り分けている．先の空間の四分割と合わせて，「地卜」（geomancy）という非常に複雑な占い体系が古代中国で整備され，ありとあらゆる活動に参照された．その結果，儀礼などの行動に甚大な影響を与えたのである．中国の分類法は

英　語	ウェールズ語（標準）	ウェールズ語（現代口語）
green（緑）	gwyrdd	gwyrdd
blue（青）	glas	glas
grey（灰）	llwyd	llwyd
brown（茶）		brown
black（黒）	du	du

出典：Edwin Ardener (ed.), *Social Anthropology and Language* (1971), p. xxi.
図1.1　英語とウェールズ語の色彩分類

　他の極東地域にも波及し，日本や香港といった先進技術国でさえ，ビルの敷地や工期の決定，結婚式や葬式の手配，および不運の解明などの際に，いまだに暦を参照したり占い師に相談することがある．
　西洋人の目に顕著に映るのは，人間の性格と生まれた年や時間との関連である．特定の年と結びついた動物は，人間の性格に影響を及ぼすと考えられているので，たとえば丑年の人は寡黙で忍耐強く，寅年の人は神経質で気が短いが思慮深いという．また干支は夫婦の相性とも関係し，干支が悪い場合には，占いによる改名で運を呼ぼうという人もいる．実際，日本には丙午の女性は結婚に不向きだという説があり，丙午の年には出産人口が激減する事実を見れば，この説がいかに真剣に受けとめられているか理解できよう．
　以上のことから，文明の進歩は必ずしも時空間の秩序や社会関係の一致を生み出さない，ということが明らかになったと思う．もちろん，ウェールズ語に brown という言葉が取り入れられたように，分類体系の一部は複数の社会の相互接触によって変化するが，消えずに残るものが多いので，異質の社会を観察するときには，観察者自身の思考様式に囚われないようにしなければならない．デュルケムとモースの古典的研究は，外の世界とあまり接触のない社会にはきわめて異なった分類法があること，さらに当時のヨーロッ

パ人自身の分類法を教示してくれるのである．

　近年，人類学者はみずからの先入観の検証に大きな関心を寄せている．ここ数年に出版された著作を何点か見ると，研究者の背景，年齢，ジェンダー，理論的アプローチなどによって，調査結果に影響が出ると言われている．特に興味深いのは，同一の民族について書かれた複数の民族誌が矛盾するときである．その典型的な例は，レッドフィールド（Robert Redfield）とルイス（Oscar Lewis）が調査したメキシコの農村であろう．レッドフィールドが描いた農民は素朴で明るく，協力のためのメカニズムが数多く存在した．反対にルイスの見た農民は猜疑心が強く，貧困で貪欲で競争心が強かった．

　こうした差異を説明するのに，さまざまな理論が提示された．人口や経済状況の変化に理由を求めたものもあるし，民族誌家の性格の違いを指摘したものもある．また，調査を実施する以前の関心に問題があると見たものもある．しかし，人類学者の研究を文芸批評的に考察した理論によると，この分野でインパクトの大きかった者は，ただ単に語りがうまかったのであり，彼らの研究した民族の社会文化的特質が，学会で大きく取り上げられたのは，優れた描写力ゆえであるという（この点については『文化を書く』Clifford and Marcus 1986 を参照）．人類学の文芸的側面が，みずからの社会文化的前提の相対性に気づかせ，異文化に潜む深遠な差異の理解を促進するなら，これは必ずしも欠点とは言えまい．

　『文化を書く』以降，人類学者自身またはインフォーマントの自伝を使って，調査における個人的要素の問題に正面から取り組んだ著作もあり（たとえば『人類学と自伝』Okely and Callaway 1992），フィールドワークの貴重な提言となっている．近年のほとんどの人類学的研究は，人間が人間を研究する際に必然的に生じるバイアスと真剣に取り組んでいる．この現象は，物理学でいうハイゼンベルクの不確定性原理（Heisenberg uncertainty principle）——物質の素粒子を観察するためには，素粒子を変化させる必要があるという説——と似ているところがある．人類学者は，異民族を理解する過程でみずからの経験について学び，そこから多くのものを得るのである．

分類法の変化——ジェンダーの問題

　私見によれば，先に触れた論集『人類学と自伝』（1992年）の編集者が，

二人とも女性であったことは偶然ではない．それまでの研究には，社会の形態を問わず，女より男の活動をはるかに重視するバイアスがあった．過去数十年，こうした問題を是正するための措置が取られたが，こうした動きは，人類学者自身の「文明社会」における**ジェンダー**（gender）の役割の分類が，大きく変化していることを示している．実際，ジェンダーは文化に相対的なものであるという認識は，生物学的な特徴としての「性」（sex）を考える上で，新たな次元を切り開いた．人類学という学問は，何気ない日常生活に潜む前提を暴き，再考を迫るものなのである．

このように，ある社会における分類法は時間とともに変化し，異民族の影響を受けることもある．男女の区別はその一例で，男と女にあてがわれた役割の区分もそうである．西洋社会における男女の役割は，僅か一，二世代で大きく変化した．女性は自分の母親や祖母の時代に比べて，公的生活に占める部分が飛躍的に拡大したし，男性も父親の時代より数段家庭に貢献している．

初期の女性解放運動者は，デュルケムのいう「社会的事実」（social fact）から派生するさまざまな制約と戦ってきたのだから，こうした変化はけっして瑣末なものではない．デュルケムに従えば，「社会的事実」とは法的道徳的規制や習慣，およびその他の適切な行動や態度に関する**集合表象**（collective representation）のことである．個人的な話で恐縮だが，一生独身で通した私のオバは教師をしていたが，1930年代には結婚したら退職するものと決まっていたので，十分な蓄えを作ってから家庭に入ろうと考え3年間待った．しかし，その間に婚約者は亡くなってしまい，今となってはいたく後悔している．また，私の母は結婚するために仕事をやめたが，86歳になった今でも，「家事の切り盛りをする」という「仕事」が彼女の人生である［著者の母親は1911年ヨークシャー生まれ］．一世代前のイギリスの男性は，一人で家族を支えるよう期待されていたし，女性の社会進出が起きた後でも，所得申告は長らく男の仕事と法律で決まっていた．

私の世代には状況は著しく変化し，結婚後や産後に経済活動を中止したら非難を浴びた女性もいたほどである．私たちは家事や愛情といった「女性的」な役割を教え込まれたが，いったん社会に出たら，家や子供の面倒はもちろん，外の仕事もこなさなければならなかった．男性の中には，家事に非常に協力的な人もいたが，「手伝い」以上のことはできない場合が多かった

ようだ．そして実社会では，男は男を昇進させるのが当たり前という風潮がまだあった．今日では，子育てを男女で平等にする家庭もあるので，子供たちが祖父母の時代のように，「男と女の仕事」を明確に区別することは少なくなるであろう．

　人類学者の中には，同僚の研究に男のバイアスがあることを見抜き，西欧的な感覚で研究対象の民族を見ているのではないかと指摘した者もいた．彼（女）らは，これまで世界各国の女性に関して興味深い報告を行なっており，みずからの社会的役割についても論じている．1970年代半ば，ボーヴォアール（Simone de Beauvoir），ミレット（Kate Millet），グリーア（Germaine Greer）などの初期フェミニスト研究の影響を受けて，2冊の画期的な論文集が登場した．まずアメリカで『女性・文化・社会』（Rosaldo and Lamphere 1974）が出版され，それから間もなくしてイギリスで『女性認識』（Ardener 1975）が出版された（章末の読書案内を参照）．後者は，オックスフォードにある比較女性文化研究所を創設した人類学者が出したシリーズの第1巻である．

　このシリーズに収録された『女の定義――女性の社会的本質』（1978年）は，いわゆる女性の「生物的」特質が，いかに文化的に構築されたかを検証している．編者のアーデナー（Shirley Ardener）によれば，

> 女性の「本質」（nature）に関する認識が，女性という「カテゴリー」の形態に影響を与え，それが女性の「本質」の認識に逆反射して強化され，あるいは改鋳されるという堂堂巡りを起こしている（Arderner 1993：1）（Caplan 1987も参照のこと）．

　たとえば，ギリシャの村落を研究したハースチョン（Renée Hirschon）は，女性のセクシュアリティという観点から，彼女たちにふさわしいと思われている行動を説明した．この村落では，性的衝動を抑制できるのは女性だけであり，男も女も早く結婚して，まともな女を他の男の誘惑から守るべきだと考えられている．もし夫が道を踏み外したら（つまり浮気をしたら），責任は誘惑した女の方にある．家事を完璧にこなし，念入りに食事を準備し，果物の砂糖漬けやケーキを作り，縫い物や刺繍をすること――これらはすべて手間隙のかかる仕事であり，女性を家に閉じ込めておく手段なのである（Hirschon 1993：51-72)．

　女性の役割の多様性や変化を扱った著作は，現在相当な数に上っているが，長い間「女性学」(women's studies) という名のもとに，一般の人類学とは区別されてきた．女性を他の社会から切り離して研究するのは，女性を無視するのと変わらないという批判も一部にはあったが，マルクス主義と同じで，これまでの不均衡をまず是正すべきだという意見に押し切られた．今日，女性学の焦点は「ジェンダー」として知られるが，1990年に開催された第1回ヨーロッパ社会人類学連合の分科会では，人類学におけるジェンダー研究の周辺化が問題視された．

　この分科会を基にした論集 (del Valle 1993) で，ガレスタッド (Marianne Gullestad) は，ジェンダーを「他の社会的区別，つまり年齢，世代，親族，人種，エスニシティ，宗教，地域，社会階級など」と同列に扱うべきだ，という的確な指摘をしている (Gullestad 1993：128-129)．西洋社会の束縛から自己解放を望む女性は，非西洋社会における女性の束縛に目を奪われ，男と女が共存する領域を無視しがちである．そのため，彼女たちは西欧的な男尊女卑のモデルを普遍化して，他者に押し付けているのだという批判が起こった．高名なフェミニスト人類学者であるムア (Henrietta Moore) が同論集で述べたように，どの社会も事情はもっと複雑で，階層的組織など，そもそも存在しないのかもしれない (Moore 1993：194)．

　ガレスタッドはまた，西洋の女性が求めた役割や女性観の変化は，「男らしさ (masculinity) の定義にも甚大な影響を与えるであろう」と指摘して，「文化的カテゴリーの変化が研究できるような仕方で」ジェンダーを見ることを提唱している (Gullestad 1993：129)．1997年度オスカー賞を受賞した *The Full Monty* は，一時解雇された鉄鋼労働者が，男としての自尊心を取り戻そうとする姿を描いた作品だが，この映画は1990年代後半のイギリスのシェフィールドにおける状況を巧みに表現している．現在，人類学者の関心は男性の新たな役割に向きつつあり，『男らしさの変遷──比較民族誌』(Cornwall and Lindisfarne 1994) という興味深い本には，以前は男性にのみ許されていた聖域に女性が進出した結果，男らしさの概念が変化して，再検討を余儀なくされたことが報告されている．

　以上，本章では分類法について論じ，それが「世界を見る」方法に影響を与え，拘束する実態を検討した．モノ，生と死，人間，時空間など，さまざ

まな例を引いて，分類の仕方の相違および変化について考えた．研究対象の異民族はもちろん，人類学者自身にも分類の拘束（バイアス）があることを突き止め，それは人間が人間を研究する際に，必然的に生じることを指摘した．次章では分類体系の表現について本格的に考察し，それ以降の第4章までは，分類に関する情報収集の人類学的手法について述べる．

《参考文献》

Ardener, Edwin (ed.) (1971) *Social Anthropology* (London: Tavistock).
Ardener, Shirley (ed.) (1993) *Defining Females : The Nature of Women in Society* (Oxford: Berg; first published 1978).
Clifford, James and George Marcus (eds.) (1986) *Writing Culture : The Poetics and Politics of Ethnography* (Berkeley: University of California Press). 春日直樹ほか訳『文化を書く』（紀伊國屋書店，1996年）.
Cornwall, Andrea and Nancy Lindisfarne (1994) *Dislocating Masculinity : Comparative Ethnographies* (London: Routledge).
Durkheim, Emile and Marcel Mauss (1963) *Primitive Classification, trans.*, with an introduction, by Rodney Needham (London: Cohen & West). 山内貴美夫訳『人類と論理——分類の原初的諸形態』（せりか書房，1969年）.
Gullestad, Marianne (1993) "Home Decoration as Popular Culture: Constructing Homes, Genders, and Classes in Norway." In Teresa del Valle (ed.), *Gendered Anthropology* (London: Routledge).
Hirschon, Renée (1993) "Open Body/Closed Space: The Transformation of Female Sexuality." In Shirley Ardener (ed.), *Defining Females : The Nature of Women in Society* (Oxford: Berg), pp. 51-72.
Lienhardt, Godfrey (1961) *Divinity and Experience : The Religion of the Dinka* (Oxford: Clarendon).
Moore, Henrietta L. (1993) "The Differences within and the Differences between." In Teresa del Valle (ed.), *Gendered Anthropology* (London: Routledge), pp. 193-204.
Okely, Judith and Helen Callaway (eds.) (1992) *Anthropology and Autobiography* (London: Routledge).
Rivers, W. H. R. (1926) "The Primitive Conception of Death." In *Psychology and Ethnology* (London and New York: Kegan Paul & Trench Trubner).
Valle, Teresa del (ed.) (1993) *Gendered Anthropology* (London: Routledge).

《読書案内》

Ardener, Shirley (ed.) (1975) *Perceiving Women* (London: Malaby Press).

Barley, Nigel (1997) *Dancing on the Grave : Encounters with Death* (London : Abacus). 柴田裕之訳『死のコスモロジー』(凱風社, 1998年).
Caplan, Pat (ed.) *The Cultural Construction of Sexuality* (London and New York : Tavistock).
Gell, Alfred (1992) *The Anthropology of Time : Cultural Constructions of Temporal Maps and Images* (Oxford : Berg).
Hertz, R. (1960) *Death and the Right Hand*, trans. By R. and C. Needham (London : Cohen & West).
Moore, Henrietta L. (1998) *Feminism and Anthropology* (Cambridge : Polity).
Needham, Rodney (1973) *Right and Left : Essays on Dual Symbolic Classification* (Chicago : University of Chicago Press).
Rosaldo, Michelle Zimbalist and Louis Lamphere (eds.) (1974) *Woman, Culture, and Society* (Stanford : Stanford University Press).

《小説》
Barker, Pat, *Regeneration* (Harmondsworth : Penguin, 1992). 第一次世界大戦を主題とした三部作のひとつ。リヴァーズを描いたものだが, 彼の人類学的研究についての直接的な言及は, 第三部の *Ghost Road* まであまりない。ソロモン諸島の首狩をイギリスが禁止したため起きた結果と, 戦争で疲弊したヨーロッパにおける残虐行為が並置されている。
Browen, E. Smith, *Return to Laughter* (London : Victor Gollancz, 1954). ボハナン (Laura Bohannan) によるナイジェリアのティヴ族 (Tiv) のフィールドワークを, フィクション風に描いた作品。
Mahfouz, Naguib, *Palace Walk* (London : Black Swan, 1994). エジプトのカイロを舞台とした三部作の第一部。伝統的なイスラム教徒の家庭における男女の対照的な生活を巧みに描いている。

《映画／フィルム》
『海外の異人』(Strangers Abroad) シリーズは, 5人の初期の人類学者と, 彼らの後世への影響を紹介している。マリノフスキーを描いた『ベランダを降りて』(*Off the Verandah*) は, イギリスの植民者がベランダを降りて, 研究対象の異民族と一緒に住むことの意義を示している。スペンサー卿 (Sir Walter Baldwin Spencer) を描いた『フィールドワーク』(*Fieldwork*) は, オーストラリアのアルンタ族 (Arunta) や, その他の原住民の調査を描いたものである。これ以外にも, リヴァーズ (第11章参照), アメリカのミード (Margaret Mead), およびエヴァンズ＝プリチャードに関するフィルムがある。

《訳注》
1 私（桑山）が通った東京千代田区の暁星学園という学校では，小学校からフランス人の先生がフランス語を教えていた．1965年，私が小学校4年生のときの先生は，鼻をかむとき必ずハンカチをポケットから取り出し，かみ終わるとポケットにしまうので，生徒は驚きの目で見ていた．私たちは「きたなーい」と騒いだものだが，日本に来て日が浅いフランス人の先生（女性であった）には，日本の子供がなぜ騒ぐのか理解できなかったようだ．ちなみに，今日アメリカ人でハンカチを持ち歩く人は少ない．レストランや化粧室などに，ナプキンやペーパータオルが常備されているからだと思われる．
2 アメリカの人類学者で，言語との関連で分類の問題を真剣に取り上げたのは，おそらくサピア（Edward Sapir, 1884-1939）が最初であろう．言語が人間の思考に強い影響を及ぼすという彼の説は，「サピアとウォーフの仮説」(hypothesis of Sapir and Whorf) として知られ，言語人類学（linguistic anthropology）の主要なテーマとなった．また，1960年代には認識人類学（cognitive anthropology）という分野が隆盛を極め，親族用語や動植物などの民俗語彙（folk taxonomy）の分析を手がけた．認識人類学の中心課題は，ヘンドリーが本章で紹介している「分類」であるが，社会学的志向の強いイギリスのアプローチに比べると，心理学的志向がめだつのが特徴である．この分野に関する概説は，吉田禎吾編『文化人類学読本』（東洋経済新報社，1975年）に収録された第8章「言語と文化」や，合田濤編『認識人類学（現代の文化人類学1）』（至文堂，1982年）などを参照．

第2章
嫌悪・禁断・絶句

観察領域

　人類学者は異民族の分類法を，どのように研究するのだろうか．さまざまな方法があるだろうが，人々が強く抱いている観念（idea）を考察するのも一つの手である．観念（考え方や感じ方）は幼少期に学習されるので，たとえ文化的に相対的であることが分かっていても，取り除くのは非常に難しい．もしそれに背くようなことをすれば，人は驚愕と嫌悪の念を隠さないであろう．自分とは習慣の異なる人間は野蛮で未開に見えるので，いったん獲得した観念は偏見や人種差別の根底にあると言ってよい．

　だが一歩国の外に出てみれば，自分の観念（ものの見方）を疑わざるをえなくなる．たとえば，イギリス人が隣のフランスに行くと，トイレは汚くて何か妙な形をしていると感じるだろう．また，考えただけでもぞっとする生き物をおいしそうに食べる姿や，奇妙で異常に思われる習慣にも出くわすであろう．しかし，そういうフランス人がイギリスに来ると，同じようなことを我々に言うのだから驚かされる．さらに遠くに足を伸ばしてインドまで行くと，今度はイギリス人が当たり前に思っていることが，きわめて不浄視されていることが分かる．一例をあげると，インド人は両手を使い分け，右手で食事をして左手で体を洗うので，左手を使って食べ物の受け渡しをするのを非常に嫌がる．

　習慣の中には，それぞれの社会の法律や習慣で禁じられているものもある．再びイギリスを例にとると，裸で公共の場所に出るのは法律違反である．だから，ストリーカーがクリケットのピッチなどを裸で走っても，数秒注目されるだけですぐ逮捕されてしまう．また，服をほとんど着ていない人の扱いは場所によって違う．たとえば，ビーチの方がオフィスより許容度は当然高

[*1] い．さらに，ロンドンのクラブやレストランには服装にきまりのある店があり，ジャケットとネクタイをしていない男性客は追い返されてしまう．同様に，オックスフォード大学では，指定のガウン（gown 正服）と黒と白の服を着ていないと，学生は試験場に入れてもらえない．ちなみに，私が1960年代に通ったロンドンの大学では，ジーンズはもちろん，女子学生がズボンで登校することも禁止されていた．試しに規則を破ってみたが，別に大きな懲罰は受けなかった．

こうした規制は，外国人にはもちろん，イギリスをかつての母国とするオーストラリア人やアメリカ人にも，奇妙で古めかしく感じられるだろう．しかし，服装のしきたりはどこにでもあり，たとえ厳格なルールがなくても，なかなか破れないものだ．実際，男性がスカートをはいて職場に現れることなど，ほとんどの社会では「考えられない」のではないだろうか．スコットランドでさえ，男性がキルト（kilt）を身につけるのは，結婚式や特別な日に限られている．娘にダンガリー［目の粗い丈夫な綿布］のズボンをはかせようとするフェミニストの母親でも，さすがに息子にはワンピースのドレスは着せないだろう．また一部のイスラム社会では，女性は顔をベールで覆うことになっているが，腰までほとんど裸でも許される社会も世界にはある．

ジェンダーの役割について，人々の考えが新しくなるにつれて，事情は変化しつつあるようだが，男性同士が公衆の面前でキスをするのは，イギリスではまず考えられない．しかし，そうした挨拶を当然のごとく要求する社会もある．概して，中東では男と男が体を触れ合うことに対して，北ヨーロッパより数段オープンである．反対に，極東では最近までキスという習慣はなかった．ただ，電車でたまたま居合わせた男女が，もたれあうようにして寝入ることには抵抗が少ないようだ．かつての日本には混浴の習慣があったが，19世紀に来日した西洋人が驚愕する姿を見て廃止し，今日では男女左右に分かれて銭湯に入るようになった．その代わり，若いカップルは人前で平気で抱き合うようになった．こうした姿は，1970年代初頭まであまり見られなかったものである．

人類学的研究の出発点となるのは，以上に述べたような観念，つまり異文化間の往来につきものの偏見や猜疑心の根底に潜むものである．基本的に，**穢れ**（pollution）や**タブー**（taboo）という概念は，「不潔」（dirty）で「考えられない」（unthinkable）ものに対する嫌悪感を，制度化したものと考えて

よい．それが研究対象として特に有益なのは，人々の心に深く根づいているだけでなく，分類と密接に関連しているからである．タブー視され，不浄あるいは不浄の恐れのあるものは，えてして二つのカテゴリーの中間に位置することが多い．だから，ある民族の「不浄／不潔」と「タブー／禁断」の概念を研究すれば，彼らの社会の分類法をより良く理解できるのである．

タブー

　タブーという言葉は，キャプテン・クック（Captain Cook）が，南太平洋の旅から持ち帰ったものと言われる．ポリネシアでは，なんらかの禁止を表すのにこの語が用いられており，クックに同伴した船員は，現地人を船に近づけないようにしたり，逆に現地の若い女を船に閉じ込めておくのに便利な言葉だと思ったらしい．もちろん，英語にもタブーに相当する既存の範疇はあったが，「禁止」(prohibited) とか「禁断」(forbidden) という言葉より，タブーは遙かに魅力的で，即座に感情を表現できると船員は考えたのだろう．このことは，ポリネシアから帰還した他のイギリス人にもいえる．いずれにせよ，どの社会にもタブー視されているものがある．

　スタイナー（Franz Steiner）が，『タブー』(原著1956年) という古典的研究で詳述したように，この言葉にはいくつかの訳語が可能である．たとえば，フィジーでの用法は「違法」(unlawful)，「**神聖**」(sacred)，「至善」(superlatively good) などが考えられ，アフリカ南東沖のマダガスカルでタブーに相当する言葉は，「**世俗**」(profane)，「不敬」または「**冒瀆**」(profaned)，「不浄」(polluted) などを意味する．いずれの場合も，なんらかの特別な範疇を示しているが，英語を母国語とする者には，逆の内容を表しているように思われる．そこでスタイナーは，タブーを語源的にタ（ta）とブ（bu）の二つに分け，前者（「区別する」mark off の意）と後者（強調の接尾語）を組み合わせて，「完全に区別する」または「引き離す」「取っておく」(set apart) を意味すると考えた．

　さらにスタイナーは，タブーにはさまざまな種類があることを示した．たとえば，ポリネシアのタブーは政治的権威と結びついているので，誰がタブーを設定したかでその力を測ることができるという（こうした力をマナ *mana* というが，詳しくは Shore 1989および第3章を参照）．スタイナーは次のように

述べている.

> ある力（power）の強さを測るには，それが持つ拘束力を見ればよい．これが力の社会的表出である．次に，この拘束力（veto）の行使は，タブーという形をとる．つまり，ある役職の実質的な範囲や権限は，その役職についている人間が課すタブーによって規定されている．だから，タブーは社会的序列を表現する手段でもある．ここで次のような想像をしてみよう．イギリスの大蔵大臣が，みずからに付与された権限を測るため，20シリングのうち［1シリングは20分の1ポンド］，8シリングまたは9シリングをタブー［つまり使用不可能］と宣言する．少々想像力を働かせれば分かるように，ポリネシアの制度では，こうした権限はより強いタブーを行使する人間によって付与される．だから，ポリネシアの「大蔵大臣」が税金を徴収する際には，自分より上の者がそう命じたと言うであろう．上の者の権利の主張は，自分自身の権利の侵害でもあるが，それはイギリスの大蔵大臣が20シリング使うと，自分も8シリング払わされるのと同じである（Steiner 1956：39）．

首長や王が持つこうした力（権限）は強大であり，彼が何かに触れた瞬間，それは一般の人間にとって不浄で危険なものとなる．だから，旧大英帝国の植民地を訪問したイギリスの王族を含め，位の非常に高い人の運搬は奴隷に任せたのである．そうしないと，王族が歩いた道はすべて不浄視され，他の人間が歩けなくなってしまうからだ．なお，奴隷は王の所有物であるから問題外とされた．このように，タブーは当該社会における社会的序列の範疇を表す．今日の世界では，上に述べたような観念は薄れつつあるが，地位と権力のある人には武装したボディガードがついていて，彼らは往々にして周囲から「引き離されて」いる．

さらに，なんらかのタブーに基づいた分類や識別の例として，食物の規制を掲げることができる．たとえばヒンドゥー教徒は，肉と野菜を必ず別の鍋で調理するように幼い頃から躾られているが，この習慣は非常に強い観念を表している．そのため，規則違反の可能性がある非ヒンドゥー系のレストラン（特に肉を出すところ）では，とても食べられないと言う人が多い．ヒンドゥー教徒には，食物に関するさまざまなタブーがあり，それらはカースト

写真2.1 東ネパールのヤカ族（Yakha）が，ダサイン（Dasain）と呼ばれるヒンドゥー教徒の祭りのために豚を殺しているところ．この後に行なわれる饗宴は，ヒンドゥー教徒の隣人にはタブーである（写真提供 Tamara Kohn）．

制度と関係している．だから，誰が食事の準備をして，誰と誰が一緒に食べるかは一大問題である．その他にも，同時に口にして良いものと悪いものがあり，一連の細かな規制がある．また牛は神聖視されているので，牛肉はご法度である．ただ，バターのような乳製品は揚げ物をするのに使われるし，食物保護の効果もあるので，カーストに関係なく用いられている．食物の識別（food distinction）は，ヒンドゥー社会における社会的区分（social division）の表明といえよう（写真2.1を参照）．

いっぽうイスラム教徒は，ヒンドゥー教徒と隣り合わせに住んでいることもあるが，彼らにとって豚肉はタブーである．豚は不浄な動物と考えられているからだ．ヒンドゥー教徒の「聖なる牛」（sacred cow）とは違う理由で，食用として禁止されたようだが，いずれの場合も「隔離」され「タブー視」されている．また双方ともに，食物に関するタブーが民族を峻別する重要な役割を担っている．もちろん，ヒンドゥーとイスラム以外の民族にも，食べ物のタブーは存在する．たとえば，正統派ユダヤ教（Orthodox Judaism）の戒律では，肉と乳製品を同じ食卓に出すことは禁止されているし，血のつい

た肉はコシャー（kosher 適法）でないのでご法度である．マックランシー（Jeremy MacClancy）は，『世界を食いつくす』（原著1992年）という本の中で，こうした習慣を巧みに描いている．

　ユダヤ人の食事の戒律は，単に豚肉に関するものばかりではない．ユダヤ教には，口にして良いものと悪いものが数多くあり，豚肉の禁止および肉と牛乳の分離は，もっともよく知られているにすぎない．こうした食事の規制は，今日でもユダヤ人の生活の中心に位置するが，料理に関する神の意思を，各会派が独自に解釈していたキリストの時代には，さらに大きな意味を持っていた．何を誰と食べたかという問題は，どのような集団に属しているかを表現する基本的な手段だったのである．禁欲で知られるエッセネ派（Essene）は内輪で食事をしたし，その他にもパリサイ人（Pharisee），マカベア家（Maccabee），サドカイ人（Sadducee），ハシド人（Hasid），ヘロデ王家派（Herodian），ギリシャ化したヘレニスト（Hellenist），および禁欲的共同体テラペウタイ派（Therapeutae）といったユダヤ史に名を連ねる人々は，異邦人と同じ食卓につこうとは考えもしなかった．古代ユダヤ人にとって，食事の規制は宗教的戒律そのものであり，それを破ることは信仰を破棄することを意味した．神は食べ物を媒体として，選民と契約（Covenant）を交わしたのである．だから，禁止された食べ物を異邦人と一緒に口にし，聖なる合意を破ろうなどという信徒は皆無であった．事実，ローマ人がユダヤ人に対して豚肉を食べるように強要すると，みずからを汚し全知全能の神との神聖な契約を破るよりは，死を選ぶ信徒がいたほどである（MacClancy 1992：33-4）．

　体や体の機能（特に女性の妊娠，出産，生理）に関するタブーや，ジェンダーとは無関係に，万人の病気や死に関するタブーは世界各地にある．たとえば，香港で中国人の妊娠と出産を研究したマーティン（Diana Martin）によると，非常に高学歴な女性にも，数えきれないほどの食物のタブーがあるという（Martin 1994）．中国人は，生まれて間もない赤ん坊や幼児の世話を，他人に任せることに特に抵抗はない．また，食事などに関するタブーを公共の場でも遵守するので，妊娠期の禁止事項は，もうすぐ母親になることを公

に表現する，とマーティンは解釈している．それはまた，女性が自分の子供に対して，全責任を負える立場にある唯一の期間なのであろう．

　月経のタブーについては，生理中の女性を特定の活動から除外する社会が多い．月経小屋に隔離する場合もあるし，単に釣り舟に乗せないとか，寺院には入れないということもある．

　私が1970年代に調査した日本の村では，子供が生まれてから約1カ月間，女性は食事や入浴はもちろんのこと，テレビもタブーの対象としていた．また，家族に不幸があった場合，49日間は特定の食べ物を避けていた．こうした習慣を説明する際に持ち出されるのが，魂（soul）と体（body）の関係である．日本では，死者の魂はしばらく家のそばに留まると考えられている．そのため，死者との不要な接触を避け，死者と生者が完全に分離されるようにタブーが存在するのである．また，子供は魂が幼児期に体から離れるおそれがあるので，禁止事項を遵守して災いがないようにする．こうした観念は，日本人の人間観やあの世についての考え方をよく表している．さらに，タブーに影響される人間の範囲を調べると，日本人の家族構成も理解できる．

穢　れ

　人類学者は「穢れ」（pollution）という言葉を，その対比概念である**清浄**（purity）が乱されたとき，人間が強く感じる観念を表すために用いる．一般に，清浄は清潔（cleanliness）を意味するが，宗教的なものと結びついている社会も多いので，**聖性**または**神聖**（sanctity）と言った方が適切かもしれない．清め（purification）の儀礼は，たとえば霊界や超自然界との交流に先立って行なわれるが，社会関係との絡みで穢れや不浄な行動を避けるところもある．いずれの場合も，その土地の分類法と密接に関連している．

　先に掲げた日本の例で，出産や死のタブーを遵守するのは，穢れのおそれのある人である．とすると，タブーは無関係な人間を保護するためにある，と言えなくもない．産後の女性が，食事の準備や銭湯に入るのを禁止され，儀礼に参加できないのは，穢れの状態にある人間から危害を避けるためであろう．私は父親を亡くした女子学生が，お祭りに使うしめ縄の作り方を，神社の外壁から友人に指示しているのを見たことがあるが，これも神社という聖域を汚さないためと考えられる．日本では人が死ぬと，死者の家の玄関に

［忌中と書いた］告知文を貼り，家人が穢れの状態にあることを訪問者に知らせる習慣がある．

いっぽう，インド亜大陸における食物のタブーはカースト制度と結びついて，より恒久的な穢れの観念を表している．カーストは観念的に身分の異なる人間を類別する制度であるが，その意味合いは英語の「階級」(class) という言葉ではとても表現できない（カーストの解釈については，Dumont 1980 と Quigley 1993を参照）．インド人が穢れを強く意識していることは，不可触民（アンタッチャブル）と呼ばれるカーストの存在に示されている．彼らの仕事は，清掃，汚水処理，動物の死骸の処理，皮革製品の製造などである．いずれも上位のカーストにとっては穢れのおそれのあるものだから，不可触民は彼らを保護するために雇われているともいえる．実際，最上位カーストのバラモン層（Brahmin）には，排便と一切関わりを持ってはならないという教えがある．この階層出身の女性で，イギリスの託児所に勤めていたインド人は，タブーを破って赤ん坊のおしめを換えるより，同僚から白い目で見られることを選んだほどである．

こうした穢れの観念は，人間の自己類型を明確に表現している．上の例では，①カーストというインド古代の制度に従って人間を分類している，②祖国を離れてイギリスに移住した後も，カースト区分は新たな理由で強化されている，ということが分かる．どこでも，外国人は疑いの目で見られ，時として嫌悪の対象となる．そうした背景には，カーストのような根強い観念の存在が考えられる．分類体系が穢れの観念と結びついたタブーによって強化されると，非常に除去しにくい．分類体系は世界観の表出であるから，その変化は困惑をもたらすばかりでなく，ショックを引き起こすのである．カルチャーショック（culture shock）というアメリカの表現は，言い得て妙である．

小説家スコット（Paul Scott）の『インド統治のカルテット』の第1巻は，『王冠の宝石』（1996年）という題で，イギリスのテレビで放送された．そのオープニングは，穢れをきわめて劇的に描写している．登場人物のハリ・クマールはインド人を両親に持ち，イギリスのパブリックスクール［上流階級の子弟のための全寮制中等教育機関］に通っていた．ところが，ある日突然父親を失ったハリは学校に通えなくなり，インドの親戚のもとに送られる．祖国には，彼と同様の教育を受けたイギリスの青年もいたが，肌の色の違いか

ら仲間には入れてもらえない．いっぽう，ハリの生活スタイルに外国臭さを感じた親戚は，彼のことを穢れていると考え，無理やり聖なる牛の尿を飲ませる．ハリにとっては耐えがたいことだが，インドの親戚からすれば，それが異国の地で染み付いた穢れを取り除く唯一の手段だったのである．

清浄と分類

　穢れとタブーの概念については，さまざまな理論が提示されている．ダグラス（Mary Douglas）は，『汚穢と禁忌』（原著1966年，原題は *Purity and Danger*）という著作で，両者は共により広範な分類体系の一部であると述べている．彼女に従えば，タブーや清浄および不浄という観念は，人類学的調査の宝庫である．それは，研究対象の民族に関する他の知識との関連や，彼らが経験した歴史的影響を知る上で重要である．同書に収められた「レビ記における嫌悪」という分析は，タブーのようにきわめて複雑で一見整合性を欠いた規則を，見事に解明した例として有名である．

　旧約聖書の「レビ記」（Leviticus）で，食用に禁じられた動物の数と種類は多い．だが，なぜ禁じられたのかという問いに対して，これまで十分な説明は見当たらなかった．そこでダグラスは，規則を個別に検討するのではなく，「創世記」（Genesis）に描かれた神による世界秩序に注目し，陸・海・空という三元的な世界分類に従って区分することを説いた．つまり，各々の空間を占拠する生き物は，肉（flesh）・魚（fish）・鳥（fowl）という三類型によって表現され，それぞれに適した移動手段を備えている．たとえば，空中には二本足の鳥が翼で飛び，水中には鱗のある魚がひれで泳ぎ，陸上では四本足の動物が歩行または跳躍するように．

　ダグラスによれば，「レビ記」で禁じられた生物は，こうした分類に合わない変則的なものである．四本足なのに飛ぶ動物や，手と足があるのに這う動物などがこの範疇に含まれる．特に手足を使ってよじ登る生物が禁じられているのは，それが魚でも肉でも鳥でもないからである．いわば「場違い」だから禁止されるのである．

　　食用に供してはならないとされた動物について，ここで試みた解釈が正しいとすれば，食物の規範は，いたるところで神の統一性，清浄性およ

び完全性の瞑想に人々をいざなう徴証のようなものであっただろう．動物と接触するたびに，また食事のたびごとに，禁止の規範によって聖潔は具体的表現を与えられたのである．かくして食物の規範を遵守することは，〈神殿〉に捧げる供犠において最高に達する，認識と礼拝という重大な典礼的行為の意義深い一部分だったと考えられるのである（塚本利明訳『汚穢と禁忌』pp. 117-118）．

『汚穢と禁忌』は既に古典的地位を占めている．それは，かつて「原始的」とみなされた社会だけでなく，すべての社会において，清浄と不浄の儀礼が経験の統一性（unity of experience）を生み出すことを指摘した先駆的業績であった．また，ダグラスはヨーロッパの家における「汚れ」（dirt）についても述べており，その点で本章で論じたさまざまな観念を，家庭という領域の奥深くまで持ち込んだといえよう．ただし，ヨーロッパの全民族や階級に共通する観念はないので，正確に言えばダグラスと似通った家の観念に議論は限定されている（それでも，異質な社会における原理を，自分の社会を含めて全人類社会にどのように応用するかを，彼女の研究は巧みに示している[*2]）．

　ダグラスによれば，清掃は単に衛生の問題ではなく，**秩序**（order）と深く関連している．絶対的なごみや汚れなどというものは存在しない．「それは見ている者の目に存在するのだ」と彼女は書いている．我々が汚れと感じるものから，病原性や衛生の観念を取り出せば，それは単に「場違いのもの」（matter out of place）ということになるだろう．つまり，清掃は分類体系の表現であって，体系を乱すものは「穢れている」「汚い」と感じられるのである．

　　靴は本来汚いものではないが，それを食卓の上に置くことは汚いことなのだ．食物はそれ自体で汚くないが，調理用具を寝室に置いたり，食物を衣服になすりつけたりすることは汚いことなのである．同様に，応接室に浴室の器具を置いたり，椅子に衣服をかけておいたり，戸外で用いるべきものを室内にもちこんだり，二階に置くべきものを階下に下したり，上衣を着るべき場合に下着でいたり等々のことは汚いことなのである．要するに，我々の汚穢に関する行動は，一般に尊重されてきた分類を混乱させる観念とか，それと矛盾しそうな一切の対象または観念を非

とする反応にほかならないのだ（塚本利明訳『汚穢と禁忌』pp. 78-80）．

　ここで日本を例に取ると，靴を履いて家の中に入ることは許されない．これは非常に厳格な規則で，よちよち歩きの子供でさえ守らなければならない．外国人が靴を履いたまま敷居をまたごうものなら，すぐに外に追い出されてしまう．なぜなら，靴を脱がないということは，日本人の心に深く根づいた清浄と不浄の観念を破ることになるからだ．さらに，この観念は日本のどこでも見られるウチ（inside）とソト（outside）の区別とも関連している．ウチに入るときは玄関で靴を脱ぎ，ソトに出るときはそこで履く．そして，ウチ（家）の中にも細かな区別があり，スリッパを履いても構わない領域と，畳部屋のように脱がなければならない領域がある．
　こうしたウチとソトの区別は，福沢諭吉という人物の著作によく表されている．福沢はアメリカを訪れた最初の日本人の一人であるが，それは日本が200年以上も続いた鎖国を解いた19世紀のことであった．彼はアメリカ人が靴を履いたままソトの世界からウチの世界に入るのを見て，ショックを受けたのである．特に驚いたのは，巾着用として日本では重宝されている布に似た柔らかな生地（絨毯）の上を，アメリカ人がなんの惜しみもなく靴で歩いている姿であった．
　日本人には，さぞアメリカ人が汚く見えたことであろう．それはイギリス人が「ジプシー」（gypsy）のことを汚く思うのと同じである．ジプシーはキャラバンの窓からゴミを投げ，片付けないで移動してしまうので，そう思われるのである．しかし，1970年代にイギリスを「旅するジプシー」を調査したオッケリー（Judith Okely）によると，彼らは自分自身の分類体系に従って，きわめて清潔な生活をしている（Okely 1983）．日本人と同じで，ジプシーはウチとソトの区別に厳しいが，彼らの場合はキャラバンが基準となる．窓の向こうはソトの世界なので傍若無人に振る舞うが，ウチの世界では神経質なまでに綺麗好きで，犬が人間の皿をなめようものなら，セットごと割ってしまうほどである．
　こうした習慣は，「旅するジプシー」に共通な清浄と不浄のコード（掟）で，彼らは家の中を完璧な状態に保っているという．ソトで着る服の洗濯桶と，ウチの食事用の鍋を洗う桶は完全に分けているし，男物と女物の洗濯も別々にしている．また，猫は自分の体をなめ，ソトとウチの区別がないので

不浄視されている．ちなみにイギリス人はその逆で，猫の「自浄能力」を賞賛してやまない．ジプシーにとっては犬もまた汚い存在で，ソトの世界に属する．イギリスには犬や猫を家に入れ，残飯を人間が使った皿のまま与える人がいるが，ジプシーにしてみれば反吐が出るような光景である．

　このように，清浄・不浄という人類学的概念を，綺麗・汚いという一般的な言葉で観察すると，異質な分類体系を理解する道が開けるのである（ただし，同一の社会にも異なった分類が並存することに注意しよう）．また以上の例から，穢れの観念は非常に根強いことがお分かりいただけたと思う．同一社会の成員はこうした観念を共有しているので，さまざまな規律も自然で当然のように思われるだろうが，別の社会の成員には必要以上に厳格で厄介で，友情や連帯の妨げと映るのである．

動物の範疇と言葉の乱用

　タブー視された言葉が，どのような言語的役割を果たすかについて語ったのはリーチ（Edmund Leach）であった．彼が関心を寄せたのは，忌まわしい言葉（卑猥，不敬，罵倒などの表現）で，場合によってはとても使えず，もし口にしたら強い衝撃を与えるものである．リーチによれば，言語はグリッド（grid 碁盤目または方眼）に似ており，言葉は重要なカテゴリーをラベル化し，本来なら連続体を形成する社会的物理的環境を，独自の認識可能な事物に分類するのである．タブー語はこうした分類体系を強化し，境界線上に位置する事物の認識を禁止することにより，混乱を避ける役割があるという[*3]．

　リーチが示した最初の例は，人間と環境の境界である．この境界は，赤ん坊が外界を観察し命名することを学習する過程で，特に大切なものである．ここでのタブーは，リーチが「身体の滲出物（しんしゅつ）」と呼ぶものと明らかに関連しており，具体的には「糞尿，精液，経血，毛，爪，垢，唾，母乳」などを示す（Leach 1966：38）．乳児の場合には，吐物（ゲロ）と粘液（鼻水）も入るだろう．ある講演で，リーチは次のように述べている．

　　こうした言葉を口にするタブーは非常に強く，大人である私が大人である皆さんに話していても，子供のときに使っていた平易な言葉（monosyllabic words［日本語なら平仮名が多い］）で言い表すことはできない．

ラテン語なら許されるかもしれないが（前掲書）．

　もちろん，子供はこうした禁止を背負って生れ落ちるわけではなく，身体の滲出物——それはどう見ても人間の一部ではあるが，人間とは慎重に区別されるべきものなのだ——に妙な関心を抱かないようにさせるのは，社会化の重要な役割である．何が「綺麗」で適切な行為かは社会によって異なるが，滲出物を見分けることができなければ，「汚い」と言われるだろう．また，スコットの小説に登場したインドの牛の尿のように，滲出物そのものに力が潜んでいると考える社会もあるし，切った髪の毛や爪が超自然的な攻撃の的となることもある．いずれにせよ，排泄や滲出に関する言葉は，強い感情や嫌悪を引き起こす．[*4]

　リーチがタブー語として掲げた二番目の例は，宗教の場で「不敬」または「冒瀆」（blasphemy）と呼ばれるものである．彼が指摘したように，生と死は実際には不可分の関係にあるが，宗教は常に両者を分割しようと試みる．その結果，「死ぬべき運命にある人間」が住む「この世」と，「人間を超越した不死の存在（神々）」が住む「あの世」との間には，深い溝ができてしまう．そして，両者を媒介するのが，通常の分類には従わない両義的な（ambiguous）存在である．宗教の世界に，人間の姿をした神，処女母［カトリックの聖母マリアなど］，人間とも動物とも見分けのつかない怪物や化け物がいるのは，こうした理由による．両義的な存在は，「この世」と「あの世」の橋渡しをするが，もっとも強いタブーの対象でもある．不適切な言葉で彼らについて語ることは，きわめて危険な行為と言わざるをえない．

　リーチの講演は，動物の範疇に関するものが大部分で，焦点は動物と人間とのかかわりにある．牛，豚，イヌ科の雌（bitch），猫，鼠，雌の子馬（filly）など，ありとあらゆる動物が考えられるが，英語で人間を指示するのに使われる動物は，侮辱であれ親愛の情を表すものであれ，すべてイギリスの家庭や農村にいるものである点に注意してほしい．話者の関心は，人間と動物の世界の区別にあるので，見たこともない遠くの動物と人間を混乱することはありえず，「北極熊」などと人を呼んでも，インパクトはないのである．

　リーチは，イギリス英語の用法に焦点を当てて議論を展開したが，同様のことはどの世界にも当てはまるだろうと示唆している．実際，彼はビルマ高

地のカチン族 (Kachin) の言葉を例に取って，さらに深く論証している．リーチの考えは，後に英国王立人類学協会のジャーナル *Man* [*The Journal of the Royal Anthropological Institute* と改称] に掲載された論文 (Halverson 1976) で，手厳しく批判された．しかし，タブーや清浄不浄の観念は，分類体系の表出であるという一般論を，(多少の不正確さはあっても) 言語学的に巧みに示したといえよう．穢れについては，第4章で論じる儀礼との関連で再び取り上げるが，次章では贈答品というモノを通じて，社会関係をさらに考察したい．

《参考文献》

Douglas, Mary (1966) *Purity and Danger: An Analysis of the Concepts of Pollution and Taboo* (Harmondsworth: Penguin). 塚本利明訳『汚穢と禁忌』(思潮社, 1985年).

Halverson, J. (1976) "Animal Categories and Terms of Abuse." *Man* 11: 505-16.

Hendry, Joy (1984) "Shoes, the Early Learning of an Important Distinction in Japanese Society." In G. Daniels (ed.), *Europe Interprets Japan* (Tenterden: Paul Norbury).

Leach, Edmund (1966) "Animal Categories and Verbal Abuse." In Eric H. Lenneberg (ed.), *New Directions for the Study of Language* (Cambridge, Massachusetts: MIT Press). 有馬道子訳『言語と人間科学』(南雲堂, 1985年).

MacClancy, Jeremy (1992) *Consuming Culture: Why You Eat What You Eat* (New York: Henry Holt). 菅啓次郎訳『世界を食いつくす』(筑摩書房, 1996年).

Martin, Diana (1994) "Pregnancy and Childbirth among the Chinese of Hong Kong." (オックスフォード大学博士論文)

Okely, Judith (1983) *The Traveller Gypsies* (Cambridge: Cambridge University Press). 木内信敬訳『旅するジプシーの人類学』(晶文社, 1986年).

Shore, Bradd (1989) "*Mana* and *Tapu*." In Alan Howard and Robert Borofsky (eds.), *Developments of Polynesian Ethnology* (Honolulu: University of Hawaii Press).

Steiner, Franz (1956) *Taboo* (Harmondsworth: Penguin). 井上兼行訳『タブー』(せりか書房, 1970年).

《読書案内》

Dumont, Louis (1980) *Homo Hierarchicus: The Caste System and Its Implications* (revised edition) (Chicago and London: University of Chicago Press). 田中雅一・渡辺公三訳『ホモ・ヒエラルキクス——カースト体系とその意味』(みすず書房, 2001年).

Quigley, Declan (1993) *The Interpretation of Caste* (Oxford: Clarendon Press).
Radcliffe-Brown, A. R. (1952) "Taboo." In *Structure and Function in Primitive Society* (London: Cohen & West). 青柳まちこ訳『未開社会における構造と機能』(新泉社, 1975年)

《小説》
Altaf, Fatima, *The One Who Did Not Ask* (London: Heinemann, 1993). 裕福なインドの家庭の娘が, 上流階級のタブーを破ったときの問題を鋭く描いている.
Scott, Paul, *The Jewel in the Crown* (London: Madarin, 1996). 英国統治下のインドで, 不文律のタブーを犯したときの反応を描いた四部作 *The Raj Quartet* の第1巻.

《映画／フィルム》
Caste at Birth (Mira Hamermesh, 1990). インド亜大陸におけるカースト制度の複雑さ, 特に「不可触民」のタブーを映し出している.
The Lau of Malaita (Leslie Woodhead and Pierre Maranda, 1987). 教育映画シリーズ『消滅しつつある世界』の一巻で, ソロモン諸島における原住民のタブーと, 彼らの伝統的な「慣習」をキリスト教の宣教師から守るための戦いを描いている.
Some Women of Marrakesh (Melissa Llewelyn-Davies, 1977). 『消滅しつつある世界』に収録された映画で, モロッコという男性中心のイスラム国家で, 隔離された世界に生きる女性社会の内面を描写している.

《訳注》
1 原文には「ビーチの方が幼稚園より許容度は高い」とある. しかし, 日本ではこの文脈で「幼稚園」はあまり意味がないので, 原著者と相談して「オフィス」に変えた. 実はここには興味深い文化差が潜んでいる. なぜなら, 日本の幼稚園や保育園では夏にプール遊びをするし, 子供を裸に近い状態にさせることもある. しかし, イギリスの夏はあまり暑くないこともあって, プール遊びをする幼稚園は少ないからだ. ヘンドリーは, イギリスの園児はいつもきちんとした服装をしているので, ビーチの方が幼稚園より許容度は高いと考えたというが, この彼女の文化的前提は日本のそれとは異なっており, 翻訳を通じて二国間の差異が露呈したわけである. こうした問題を突き詰めて考えると, 文化の表象 (cultural representation) は想定された読者や聴衆 (audience) に多くを依存していることが分かるだろう.
2 今日のイギリスにおける社会的差異は, 出身地と階級を指標とすることが多い. 出身地については, アフリカ系やアジア系などの移民を除くと, イングランド, スコットランド, アイルランド, ウェールズの区分が重要で, 著者のヘンドリーは序章にもあるようにスコットランド系である. 彼女がイギリス国内の文化差に敏感なのは, スコットランドというマイノリティ (イギリス全人口の約10%) の出身だからであろう. また, イギリス国内の文化差は階級差とも密接に結びついており, 中流階級出身のヘ

ンドリーが，上流階級出身の友人（二人ともオックスフォード大学で Rodney Needham のもとで学んだ）と，午後のお茶の飲み方の階級差について話しているのを，桑山は聞いたことがある．

3 第1章の訳注2でも触れたが，グリッドとしての言語の重要性を指摘したアメリカの人類学者にサピア（Edward Sapir）がいる．彼は次のように述べている．「言語は『社会的現実』の道標である．（中略）『現実の世界』とは，その大部分が集団の言語習慣に無意識のうちに積み重ねられたものである．まったく同じ社会的現実を表すほど類似した二つの言語は，この世に存在しない．異質の社会が住む世界は各々独自の世界であり，同じ世界に異なったラベルが付いたものではない．（中略）視覚，聴覚，その他すべての人間の経験は，特定の共同体の言語習慣が選択した解釈を基盤としている．（中略）言語は文化の象徴的道標である」(Edward Sapir, *Selected Writings in Language, Culture, and Personality.* Edited by David G. Mandelbaum. Berkeley: University of California Press, 1985, p. 162)．こうした言語観については，クラックホーン『文化人類学の世界』（外山滋比古・金丸由雄訳，講談社新書，1971年）の第4章「言語と人間」に詳しい．サピアに代表されるアメリカ文化人類学と，リーチやダグラスに代表されるイギリス社会人類学の差は，前者が心理学的説明に傾倒しがちなのに対して（実際サピアは精神分析に強い関心を示した），後者はフランスのデュルケムやモースの社会学に起源があり，二項対立を中心とするレヴィ＝ストロースの構造主義ともつながる点にある．

4 糞尿，爪，髪など，人間の身体の一部の象徴論的解釈については，『文化人類学事典』の「月経」「血」などの項に簡潔で有益な説明がある．なお，波平恵美子編『文化人類学［カレッジ版］』（医学書院，1993年）には，次のような解説があるので参考にしてほしい．「どちらの分類にもきっちりとおさまらない両義的なものが，力やけがれのイメージと結びつくことがある．つまり，私たちはそのようなものを見たときに，はっきり理由は意識されないのに，特別に力があると感じたり，逆にきたないとか，さわってはならないと感じることがあるということである．例えば，便・尿・汗・唾・鼻血・精液・髪の毛などのように，身体の内部にありながら身体から出てしまうものは，とてもきたないものと感じられる．同様に，おならやげっぷなどのからだから出る音も，身体の境界をこえるものだから，タブーの対象とされることがある．さらに同様の理由から，身体の穴も内と外の出会う部分であるから，注意を要する場所となる」(p.163)．

第3章

贈答・交換・互酬性

人類学者の到着

　前章で論じたように，人間の生活は実に複雑である．研究のためとはいえ，見知らぬ土地に足を踏み入れた人類学者が，眼前に広がる仕事の奥深さに圧倒されてしまうのも無理はない．「一体どこから始めればよいのだろうか」．これはもっともな質問で，フィールドワークに出る学生はずいぶんと悩まされる．だが，いったん現地に到着して新たな生活が始まれば，日常生活の細かな観察には事欠かず，調査は自然とペースに乗るものである．異境の地にあっては，食事はもちろん，料理，入浴，洗濯，ゴミの処理といった基本的な事柄を，まず学習しなければならない．先に分類について述べたように，こうしたことは人類学とすべて関連しており，参与観察はもう始まっていると言ってよい．

　毎日の細々とした仕事をこなす一方で，フィールドワーカーは，研究対象の人々と話しあえる関係を築かねばならない．つまり，社会関係の考察が即座に要求されるのである．私が日本で調査を始めた当初，隣に住んでいた方の厚意でずいぶんと助かったことがある．たまたまゴミの収集日について尋ねたところ，運良く彼は燃えるゴミと燃えないゴミの区別を丁寧に教えてくれた（実はこれが現地の分類法に関する最初の情報であった）．そればかりでなく，引っ越したときのエチケットについても，説明してくれたのである．そのエチケットとは，タオルなど小さな贈り物を持って近所回りをすることであった．

　あとで分かったことだが，この習慣は日本で人間関係を築くためには大切である．仕事や留学を終えて帰国した外国人から，「日本人とは近所づきあいができなかった」という不平不満を聞くことがあるが，それは何年住んで

いても，最初の大切な自己紹介を怠ったからではないだろうか．人類学的理解は，研究対象の民族との社会的交流を通じて初めて得られるので，まず関係を構築することが原則である．特に，私の最初のフィールドワークのように，近所づきあいそのものが研究テーマの一環の場合は，土地の人に理解され感謝されるような方法で調査を始めるのがよい．

　社会人類学者にとって，社会関係の研究が重要なことはもちろんである．しかし，社会関係はなんらかの形で表現されない限り，実際に観察することは難しい．その意味で，贈答は言うに及ばず，モノ（object）が人から人へと動けば，観察者は情報を記録できるし，あとで分析して理解することもできる．[*1] つまり，モノは可視的なコミュニケーションの媒体であり，言語的に不自由の多い調査初期には，その動きを詳しく調べることで，住民の社会的絆をマッピングできるのである．

贈　答

　贈答は特別な場合に行なわれることが多いので，やりとりの状況を調べれば，研究対象の民族が経験する人生の節目や重要な出来事を理解できる．たとえば，個人に対する贈り物は受け手の社会的地位の異動を示し，集団間のやりとりは社会全体の慶事を祝うことが多い．概して，贈答は個人の成長や誕生日を祝ったり，入学や就職など目的を達成したときに行なわれる．独身生活にピリオドを打って結婚すれば贈り物は多いだろうし，反対に離婚した場合には少ない．また人の誕生や死の際にも，贈答は見受けられる．

　さらに，夫婦や家族で他人の家を訪れ食事をするときや，週末や休日に泊まらせてもらうときにも，贈り物をすることがある．イギリスでは，引っ越してきた家族に近所の人が新居祝い（house-warming present）を持って行くが，日本では引っ越してきた家族が近所回りをする．[*2] どの社会でも，祝祭日には友人や親戚と贈り物を交換したり，子供にプレゼントをあげて親愛の情を表現する．クリスマスはこうした習慣がグローバル化した例である．実際，キリスト教徒でなくても自由に参加して，相互の絆を強めることができる．この点については，序章で言及した西ロンドンのサウソール街の研究に詳しい（Baumann 1992）．

　ただ，日常的な事柄の調査に限って誤解を起こしやすいので，贈答の研究

には慎重さが要求される．理論的には（少なくともある場合には）贈答は自発的なものだが，そこには必ず規則や慣習が潜んでいる．いつ誰に贈り物をするのか，いくらぐらいのものが適当か，もらう場合にはどのように受け取ればよいのか，いつどのようにお返しすべきか，等々の考慮は大切である．社会によっては，もらっても受け手はわざと知らん顔をする所もあるし，逆にすぐプレゼントを開けて，気に入ろうが気に入るまいが，誉めなくてはならない所もある．こうした規則には社会的差異があり，贈呈の儀礼や言葉使いも異なる．

　社会人類学の分野で，こうしたテーマを扱った古典的研究が，モースの『贈与論』（英語訳 *The Gift*）である．この本は1925年にフランスで出版され，今日でも議論の的になっている．出版当時のヨーロッパの知的風潮は，いわゆる「原始人」や「古代人」を見れば，ヨーロッパの過去が分かるというものであった．モースは「契約の領域」（realm of contract）や「経済的給付」（economic prestation）に関心を抱き，それらを「ある一連の重要な現象」を手がかりにして考察しようとした[*3]．

> その現象とは，理論的には自発的で私利私欲がなく，ごく自然な給付だが，実際には義務的で利害の絡んだものである．通常，それは寛大な給付という形をとるが，差し出す際の態度は，形式的な見せかけや社会的虚偽である．やりとりそのものが，義理や自己利益に基づいている（Mauss 1970：1）[*4]．

　世界各地の習慣を検討したモースは，特に小規模の「初期」社会における贈答の重要性について述べ，その理由として贈答は**全体的現象**（total phenomenon），つまり宗教，法律，道徳，経済などの同時表現であることを挙げた．またモースは，贈答はときとして首長を媒介とする集団間で行なわれ，交換の対象はモノ，富，財産ばかりでなく，礼儀，娯楽，儀礼，軍事的援助，女性，子供，舞踊，饗宴にまで及ぶと主張した．こうした**全体的給付**（total prestation）は，理論的には自発的なものであるが，実際には他に類を見ないほどの強制力があり，私闘の制裁さえ伴うものである．

　モースによれば，贈答には次の三種類の責務（obligation）が含まれている．

（1） 贈与の責務（obligation to give）
（2） 受領の責務（obligation to receive）
（3） 返礼の責務（obligation to repay）

そして，モースは複数の社会における贈答のメカニズムを調べ，贈答が社会生活全般に持つ意義を明らかにした．以降，数多くの人類学者が彼の調べた社会を訪れ，それぞれの民族に関する知識は格段に深まった．しかし，議論の焦点は以下に述べる三つの例にあり，それらはいずれもなんらかの普遍的原則を示している．

最初の例はクラである．クラ（*kula*）とは，トロブリアンド諸島における贈答の制度で，序章で述べたマリノフスキーによる詳細な叙述と分析がある．トロブリアンド島民は用意周到に舟を作り，周辺地域の島々へ長期間の航海に出るので，マリノフスキーは著書を『西太平洋の遠洋航海者』（原著1922年）と名づけた．航海の名目上の目的は贈り物である．この贈り物の特徴は，受領後ある一定期間が過ぎると，受け手はそれを別の島の人に渡さなければならないので，同一のモノが島から島へと循環することにある．贈り物は島特産の貝殻でできていて，スラヴァ（*soulava*）と呼ばれる首輪は右方向に回り，その返礼であるムワリ（*mwali*）という腕輪は左方向に回る．

贈り物が到着しても島民は無関心を装い，ときには投げ捨てたりもするが，実際にはムワリとスラヴァはきわめて重宝されている．島にある間は村全体で悦に入り，愛情を注ぐようにして回覧し，装飾品として身に付けたり，病人の体にあてて回復を祈るという．特に，伝説的なムワリとスラヴァは賞賛の的であるが，あまり長い間持つことは許されない．モノは「所有者」より遙かに大きな海の世界を駆け巡り，島民はクラに組み込まれることで地位を獲得する．そのため，彼らはどんなに苦労しても航海に出る．

それぞれの航海には多くの準備が必要である．舟は念入りに作り管理しなければならないし，贈答にはマリノフスキーが「実用品」（utilities）と呼んだ諸々のモノの交換が伴う．こうしたモノは，「日常生活に不可欠だが，現地では手に入らないので，外から調達せざるをえない」代物である．マリノフスキーは次のように書いている．

だからクラは，地理的な広がりからいっても，その構成要素の多様性か

らいっても，極度に大きく複雑な制度である．それは多数の部族を結びつけ，おたがいに関係しあった諸活動の巨大な合成物をその内容とし，こうして一つの有機的全体を形成するのである（寺田和夫・川田順造訳『世界の名著 59 マリノフスキー レヴィ゠ストロース』p. 148より）．

このように，モースが取り上げた最初の例は，クラという儀礼的な贈答制度が，遠くかけ離れて住んでいる島の人々に，**コミュニケーション**（communication）を約束することを示している．*5 贈答は社会関係の表出といえよう．

モースの二番目の例は返礼の責務に関するもので，マリノフスキーのクラの説明にはない．彼はポリネシアのマオリ族（Maori）やサモアの習慣について触れ，贈り物の返礼を怠った者には，超自然的な力による懲罰があるという信仰に注目した．現地の思考体系では，富を築いた人間はマナ（*mana*）と呼ばれる一種の名誉や威信を得るが，適切な返礼をしないとそれを失ってしまう．マナに含まれる呪術的または超自然的な要素は，財産，労働，商品などを表すタオンガ（*taonga*）を媒介として伝達され，返礼がない場合には，マナはタオンガを受けた者を滅ぼす力を持っているという．

さらに，送り手の一部は，贈り物についていくと考えられているので，送り手は受け手（果ては贈り物を盗んだ者！）に対して，ある種の拘束力を持つことになる．こうした観念は，贈与に伴う返礼の責務を超自然的な言葉で表現したものであり，モースに従えば，どの社会にもある程度は見受けられる．それは同時に，たとえどんな理由があろうとも，モノを受け取って何も返さない人間は，社会的な面目と威信を失うことを示している．実際マナという言葉は，前章で論じたタブーとも結びついており，「面目」（face）と英語に訳されることもある．

こうした原理は，モースが取り上げた三番目の例，ポトラッチ（*potlatch*）に鮮明に表されている．ポトラッチとは，元来ネイティヴ・アメリカンのチヌーク族（Chinook）の言葉で，「養う」とか「消費する」を意味する．しかし今日では，アラスカのトリンギット族（Tlingit）やハイダ族（Haida），およびブリティッシュ・コロンビアのクワキュトル族（Kwakiutl）など，北米インディアンの部族にかつて見られた競合的饗宴（competitive feast）の意味で使われている．部族内の政治的序列は富を基盤としており，富は霊（spirit）による加護の証明であった．そのため，彼らは寒

い冬の時期に饗宴を開き，招待合戦を繰り広げたのである．参加者には贈り物を差し出し，それを受けた側が返礼を怠った場合は面目を失うばかりでなく，奴隷扱いされることもあったという．

饗宴に招待された首長は序列通りに席についたので，地位の差は誰の目にも明らかであった．ときには交易や結婚の取り決めがなされることもあったが，それはすべて部族内の相対的地位に従って行なわれた．彼らは外社会で重宝された動物の毛皮をとる術に長けていたので，19世紀末から20世紀初頭にかけて巨額な金を手にした．その結果，冬の饗宴は過度に贅沢なものとなり，富を誇示するために貴重品を破壊する者さえ現れた．たとえば綺麗な毛布を焼いたり，銅で作った大きな皿を崖から投げ捨てた．それは浪費することにより，相手を辱めたいという動機に基づいていた．

これは極端な例だが，ポトラッチの原理そのものは単純である．富が地位を象徴する場合には，資源が豊富なだけでは十分ではない．他者に自己の富を認識させる必要があるのだ．こうした**誇示的消費**（conspicuous consumption）が西洋社会に持つ意味については，アメリカの経済学者ヴェブレン（Thorstein Veblen）が，『有閑階級の理論』（原著1899年）の中で既に述べた通りである．北米インディアンの無節制とも思える貴重品の破壊も，浪費による印象づけの一環だと考えられる．ちなみに，イギリス社会における地位の獲得はもう少し繊細で，財産を子供の教育，クラブの会員権，土地などに回したり，わざと現金を切らして，あからさまな富の顕示の逆を行くという方法がある．

インド人の贈り物

『贈与論』以降，モースが取り上げた民族に関する研究は大幅に進んだ．彼の考えに対しては批判もあるが，今日でも検討の対象となっている．一例として，インドを調査した人類学者の研究を取り上げてみよう．インドでは，贈り物を受けた際の返礼の責務が，モースが考えたほど普遍的ではないと言われている．ダーン（dān）またはダナ（dana）と呼ばれる贈り物は，僧侶階級および穢れの処理を専門とするカーストに対して行なわれる．ダーンに返礼は一切期待されていない．なぜなら，ダーンは不吉なことや罪を流すと信じられているので，戻ってきたら迷惑だからである．こうしたインドの習

慣を解釈するには，浄と不浄の観念——前章で論じたカースト制度と密接な関係にある——を理解する必要がある．

この問題に焦点を当てたのが，『贈り物の毒』（1988年）という本である．著者のラヘジャ（Gloria Goodwin Raheja）は，北インドの農村における贈答を詳しく調べ，グジャー（Gujar）と呼ばれる地主の中心的役割に注目して，新たな観点からカーストを解釈した．

> 村や地域のカースト関係にグジャーが占める構造的地位は，単に彼らが土地の所有者であるという事実に依るのではない．むしろ，村の「庇護者」としてのグジャーが，ある特定のモノの贈答に他のカーストと一緒に関わっていて，その関係がパターン化しているという点が重要である．（中略）グジャーにはダーンを与える「義務」がある．ダーンの贈与は常に儀礼的な文脈があり，受け手に不吉なものを譲渡して，グジャーは送り手として「贈与による安寧」と「幸運」を手にするのである（Raheja 1988：18-20）．

贈り物に限らず，モノの動きを観察して分析すると，新たなカースト理解が得られるとラヘジャは述べ，モースとデュモン（第2章を参照）の見解に異議を唱えている．ただ，物質文化の分析が，社会関係の理解に持つ意義を明らかにした点では，両者とも同じである．

同様に，パリー（Jonathan Parry）もダーンを研究し，返礼は不要であることを強調した．彼によれば，モースが観念的に区別した「無償の贈り物」（free gift）と「経済的自己利益」（economic self-interest）は西欧的な発想であり，「給付」（prestation）と表現された現地の慣習とは異質のものである．パリーは，こうした観点から『贈与論』の再読を提唱している（Parry 1986）．さらに，贈り物に対する物質的な返礼がない場合にも，送り手は贈与という行為によって幸運や地位を得るばかりでなく，カルマ（業）的宿命の下で功徳を積んでいるのだと指摘している．

> 私の見るところ，「純粋な」贈り物という考えが，ひとつのイデオロギーにまで昇華するのは，分業が進み商業部門の発達が著しい国家社会（state society）である．だが，そうしたイデオロギーを表現するために

は、ある種の信仰体系が必要だろう。たとえば世界の主要な宗教には、贈与や施与の徳が必ず説かれており、それは理想的には人の見ていない所で、現世的な返礼を期待せずに行なうものである（Parry 1986：467）。

パリーの語る世界宗教には、送り手はその寛大さに対して、なんらかの報いが来世にあるという教えがある。モノを与える際に、そういう期待をあからさまにすることはないし、もししても逆効果なだけだろう。しかし、いずれ目に見えない形で報われるという考えは、互酬性の原理に沿っている。人の上に立ちたいと思う者が、子分を作ろうとして大判振る舞いをするのも、今述べたような損得勘定の例といえる。この場合、返礼は上の者に対する忠誠という形をとるが、賄賂の嫌疑をかけられないためには、お返しを曖昧にしておく必要がある。もっとも、何が賄賂なのかという問題には文化差があり、それは国際政治の報道を見れば明らかであろう。

交　換

社会生活を広義に解釈すると、贈答は**交換**（exchange）という複雑なシステムの物質的一部にすぎず、どの社会にもなんらかの形で見られるものである。モノという形をとるにせよとらないにせよ、交換はさまざまな社会関係を表現する**コミュニケーション**の重要な手段である。西欧では、社会関係を促進するのに、紅茶やコーヒーを家で一緒に飲んだり、ディナー・パーティなどに知人を招待することがある。また、手紙やクリスマスカードの交換、電話でのやりとり、カフェや酒場での奢りなども、そうした例であろう。

いずれの場合も、ある程度の交換が期待されており、いつも貰うばかりの人はすぐ飽きられてしまう。逆に、いつもあげるばかりの人も問題である。例外はあるだろうが、友情やなんらかの関係を築くためには、一般に双方通行が必要とされる。ただし、交換は同じモノ（こと）でなくてもかまわない。手紙を書くのが上手な人もいるだろうし、電話の方が得意な人もいる。また、友人をディナーに呼ぶのが趣味な人もいるかと思えば、パブで一杯やるのを好む人もいるだろう。いずれにせよ、よほどの名士か破産でもしてない限り、普通はギブ・アンド・テイクの関係が望まれる。

会話でも一方通行では社会関係は成立しないし、言葉をかけられて返事を

しないようでは，まず仲間に入れてもらえない．反対に，見知らぬ人から声をかけられた場合には，黙っていれば言い寄られることはないだろう．挨拶はもっとも基本的な交換形態であり，廊下ですれちがった人に「こんにちは」と声をかけるのに，相手をよく知っている必要はない．ただ，挨拶されたのに何も言わないのは非常に失礼である．顔なじみの人に実験してみれば，人間関係の維持に交換が持つ力をよく理解できるだろう（嫌な気持ちになることは請合いである）．

　日本語では，取るに足りない「好意」(favour) でも，与える (give) と貰う (receive) を意味する動詞を，主な活動を表す動詞 (main action verb) につけて，誰が誰に恩義を負っているかを明らかにする．たとえば，I'll carry your bag for you という英語の文は，直訳すれば I'll carry-give your bag（かばんを持って**差し上げ**ましょう）となる．だが Will you hold my books?（本を持って**いただけ**ますか）は，聞き手に本を持つことを依頼しているのに，［聞き手側の恩義を示す］「貰う」に近い動詞 (receive) を使って，話者の聞き手に対する恩義を表現するので，直訳は無理である[*6]．もちろん，日本でも小さな好意すべてに返礼する必要はないが，表に現れた日本人の言葉の使い方をみると，人間関係に伴う交換を「帳簿」のように注意深く扱っていることが分かる．

　「それでは商売の取引ではないか」と思われるかもしれないが，現実の社会と経済には重複する部分があり，それはモースが論じた「原始社会」よりも，遙かに多くの社会で見られる．一例をあげると，メキシコとグアテマラでは，多くの村が集まって一つの社会経済的な共同体を作っている地域があり，その結びつき方が面白い．つまり，一つの村はパン，鉢，毛織物，花，花火など，一つのものしか作らないのである．そのため，日常生活の必需品を手に入れるには，すべての村の人が一堂に（普通は市場で）会さざるをえない．市場は村が持ち回りで開くこともあるが，今日では決められた場所に，特定の曜日に集まるのが普通である．そして中心地では，全地域から村人が市場に駆けつける（写真3.1）．ちなみに，このシステムができたのは，ヨーロッパにカレンダーが登場する前である．コロンブス以前の時代には，市場の開かれる日には競技会や祭りもあったようで，市場の社会的機能もそれだけ大きかった．

　こうした地域では，村の専門技術を生かして生計を立て，技術を代々継承

写真3.1 アステカ王国の古都テスココ (Texcoco) の中央市場で, サンタ・クルーズ・デ・アリバ (Santa Cruz de Arriba) という村の特産品である壺を売っている (写真提供 Joy Hendry).

するので, 村内婚が多い. その一方で, 村外婚が好まれる地域も世界にはあり, 結婚は村と村を結びつける (つまりコミュニケーションの) 手段となる. 「結婚」(marriage) は交換の一形態であるという解釈は, こうした理由による. この場合の交換とは, 通常女性の交換を意味するが, 第1章で論じたように, 男の人類学者が男の目で見るから, そういう解釈が生まれるのだろう. もっとも, 現地の人も人類学者と同じように考えているかもしれないが, そういう「現地の人」も男性かもしれない (!).

　フランスのレヴィ゠ストロースは, こうした交換には二つの類型があると考えた. 第一の類型は「限定 (または直接) 交換」(restricted/direct exchange) と呼ばれるもので, 婚出する女性の兄弟と婚入する女性の兄弟の間の直接交換である. これは集団間の女性交換と言ってもよい. 第二の類型は,「一般 (または間接) 交換」(general/indirect exchange) と呼ばれるもの

で，一つの集団から別の集団へ嫁が一方的に与えられる制度である．しかし，[嫁を提供する集団は別の集団から嫁を供給されるので] 最終的には複数の集団が複雑な円環をなす．この点については，第11章で詳しく説明する予定である．ここでは，いったん結婚が成立したら，相互訪問，贈り物の交換，さらには次世代の結婚などを通じて，コミュニケーションが効果的に維持されるという事実に留意してほしい．小規模な集団は，このようにして隣接集団と大きなシステムを形成するのである．

互酬性

以上に述べた交換は，すべてある程度の**互酬性**（reciprocity）が，友好的なコミュニケーションを保つのに必要とされる．モースが指摘したように，互酬性を究極的に維持する制裁（sanction）は戦争である．私的なものであれ公的なものであれ，戦争は交換の一種であるが，そこに見られるのは負の互酬性である．ブラジル北部およびベネズエラ南部に居住するヤノマモ族（Yanomamo）は，村落間で交易を行ない結婚の取り決めもする[*7]．しかし，ある一定期間が過ぎると関係が悪化し，周期的な交戦状態に入る．最終的には和解するが，彼らは交易と交戦を繰り返すという．ある研究によれば，各々の村落は交戦以前にはなかった特殊技術を開発する一方で，必需品の欠乏をきたすこともあるので，交易相手を見つけざるをえない．見つけられない場合には，不自由な生活を強いられることになる（Chagnon 1993：149-150）．

このように，互酬性にはさまざまな形態があるが，その実践には時間的要因が含まれ，社会的な道徳的な意味合いも付与されている．たとえば，即座の交換はその場で交渉が終了し，コミュニケーションの必要もないので，タイムスパンの長い交換に比べると社会関係に乏しい．だから，ツケで買える街中の小売店には，店と客の間になんらかの社会関係があるだろうし，反対にレジで挨拶も交わさないスーパーマーケットには，その場限りの互酬性しかない．概して，人と人の関係が強ければ強いほど，互酬性は不均衡になりやすい．

「原始的交換の社会学」（1974年）という有名な論文で，サーリンズ（Marshall Sahlins）は社会的距離を基準に互酬性を類型化した．モース同様，彼

は「原始民族」について語っているが,「原始」以外との類似性があるのは明らかで,論文に掲げられた数多くの例はどの社会にも当てはまる.サーリンズによれば,互酬性には以下に掲げた三つの主要な類型がある.ただし,それらはいずれも極端な場合で,実際に観察されるのは中間的なものである.

第一の類型は**一般的互酬性**(generalized reciprocity)である(レヴィ゠ストロースの「一般交換」と間違えないように).これは「極端な連帯性」(the solidary extreme)を特徴とする場に見受けられ,もっとも緊密な社会関係にある(またはそう願う)集団に典型的である.一般的互酬性には,返礼に関する規定や明確な責務がないばかりでなく,返礼は不要とされることが多い.その極端な例としてサーリンズが掲げたのが,さまざまなモノを共有する家族で,成員間で「直接モノを返すことはまず期待されてない.もし期待があるとしても,それは暗黙の了解である」(Sahlins 1974:147).実際問題として,返礼は贈り物の価値より受け手の状況と関連しており,たとえ互酬性の原則が崩れても,送り手は与えるのを止めない.

第二の類型は**均衡的互酬性**(balanced reciprocity)である.これは送り手と受け手が等価なモノを,時間的遅れや道徳的意味合いを伴わずに,即座に手渡しする場合である.均衡的互酬性は,サーリンズの言う「西欧的観点」からすれば,社会関係というよりは経済的な取引であって,一般的互酬性の特徴が社会関係に支えられたモノの流れにあるのに対し,均衡的互酬性における社会関係は,モノそのものの流れに依存している.そこに見られる交換は交易(trade)に近いものであるが,平和条約や同盟,物質的取引,代償の支払いなども含まれる.

そして第三の類型が**否定的互酬性**(negative reciprocity)であり,「極端な非社交性」(the unsociable extreme)を特徴とする場に見受けられる.サーリンズは次のように書いている.

> 否定的互酬性とは,何かを無償で得て「とんずら」することである.人のものを横領したり,自分の利益をあげる目的で交渉に臨むことである.数々の民族誌に現れた言葉でいえば,「うるさく値切ること」または「物々交換」,「ギャンブル」,「ペテン」,「盗み」,およびその他の強奪である.否定的互酬性は,交換の中でもっとも非人徳的なものだ.「物々交換」などを装った場合は,「きわめて経済的な行為」と西欧人の目に

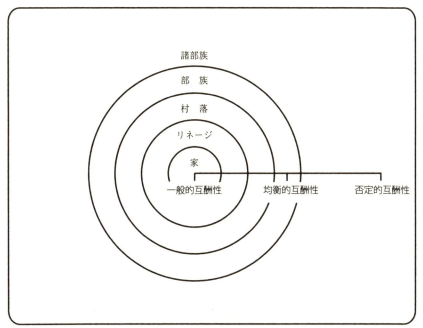

図3.1　互酬性と親族・住居の関係　　出典：Sahlins 1974.

は映る．すなわち，参与者は相反する利益をもって対峙し，相手に損をさせる覚悟でみずからの利益を最大限に伸ばそうとする．私利を図るため取引に臨むので，交渉を始める目的は不労増価 (unearned increment) である．(中略) 否定的互酬性は，狡猾，ずるさ，盗み，暴力など，比較的単純なものから始まり，果ては馬の略奪を用意周到に行なう「美技」など，実にさまざまである．モノの流れは一方的で，互酬の精神が発動するのは，相手に圧力や抜け目なさを感じたときに限られる (Sahlins 1974：148-9)．

さらにサーリンズは，上に述べた互酬性の分類は，ある特定の社会領域における社会的距離 (social distance) と関連していると述べている．図3.1を見ていただきたい．これは，部族的社会関係をモデルにした有名な図である．互酬性の三類型を，中心の家 (house) から外縁の没交渉的な他部族の人間へと，同心円状に広がる社会領域に結びつけてある．家，リネージ

(lineage),および村落にまで及ぶ領域では,一般的互酬性が期待されているが,それ以外の部族の成員とは均衡的互酬性で十分である.そして,部族外の関係,つまり他部族や異民族との交渉では,何が起こっても不思議ではなく,道徳は事実上棚上げにされてしまう.この他にも,サーリンズのモデルには社会的地位,相対的な富,交換物の性質などが考慮されている.[*8]

以上は基本的原則の素描であり,現実の場では具体的な修正を施す必要があるが,一般に経済学の対象と思われている領域に,人類学も貢献できることを示す好例となるだろう.サーリンズ自身は「交易」を均衡的交換ととらえているが,実際には社会的要因を除外視することは難しく,グローバルな世界では市場の性質によって規則は異なる.資本主義は私欲が支配する世界なので,社会的距離が必ず問題となり,それは地理的距離とは直接関係がない.むしろ相手の相対的な富や地位と結びついている.たとえば,かつての学友がイギリスのロンドンとニュージーランドのオークランドで交易する場合,[両者の社会的距離は近いので,実際の地理的距離にかかわらず,見ず知らずの]日本のビジネスマンを相手にするときより緊密な関係になるだろう.だが第三世界諸国に対しては,[交渉相手の相対的な富や地位が低いので]なんらかの譲歩を強いられるかもしれない.

また「物々交換」(barter)も,貨幣のような第三者的な交換媒体が存在しないからといって,必ずしも「否定的互酬性」ということにはならない.英米圏の主婦がベビーシット(baby-sit 赤子の面倒)のサークルを作って労働を交換するように,物々交換が高度な道徳体系の一翼を担う場合は世界に多い.[*9] さらに,西側資本主義社会によって認知された通貨を持たない旧共産圏では,物々交換は通常の商業取引形態である.そもそも,社会が違えば貨幣そのものの価値も異なり,同じ社会でも文脈によって差異が生じる(詳しくは Parry and Bloch 1989を参照).たとえば,紙幣を特別な封筒に包んだり,多額の「信託」(trust)をすれば,貨幣は贈り物に姿を変える.だから,既に述べた経済の社会的道徳的側面を考慮せざるをえないのである.

不可譲なモノ・もつれたモノ・包まれたモノ

上記の古典的研究から多くの年月が流れた.それぞれ大変な労作で,贈答や交換に関する他のどの研究よりも,後世の学者に大きな影響を与えた.も

ちろん，モースたちの理論を洗練したり，彼らが調査した民族をよりよく理解しようとする試みもあった．また学者相互の意見の応酬もあった．だが特に興味深いのは，研究対象となった民族が，今日でも昔通りの習慣を保持しているかどうかである．さらに，外社会の影響によって彼らの生活はどのように変化したのか，また後世の研究者が収集した資料から新たな解釈が生まれたのかどうかも，興味深い問題である．

モースとマリノフスキーの双方の理論を吟味した研究に，ワイナー（Annette Weiner）の著作がある．彼女はマリノフスキーと同じく，トロブリアンド諸島でフィールドワークを行なったが，女性とより多くの時間を過ごした．そして，島の女性の生活について，さまざまな側面からワイナーは書いた．その中でも本章と関連が深いのは，『不可譲の所有物——贈与と保持のパラドックス』（1992年）である．これはオセアニアに広く見られる習慣の理論的研究で，タオンガやマナといったマオリ族やサモアの観念について，モースより遙かに洗練された議論を展開している．また互酬性に関する洞察も鋭い．

ワイナーは基本的な原理として，他人に譲り渡して消費できるモノと，手渡すことはできるが「不可譲」（inalienable）なモノの区別を提唱した．後者の所有権は最初にモノを渡す人が保持し，所有者はそれを受け取った側に一定の支配力を持つ．不可譲なモノの例として，ござや布の他に，女性が手を加えた特別なモノがある．こうしたモノが人から人へと手渡され，なおかつ所有権が動かないということは，強大な政治的役割を女性に与えるが，それを民族誌家はこれまで見逃してきた．つまり，人類学初期の研究では，女性の世界が男性のバイアスによって無視されていたのである．ワイナーは次のように述べている．

> 人類学者はなにごとにも互酬的規範があると考えがちで，ある文化的条件のもとで，不可譲なモノの所有者が，他者に対して持つ覇権的支配（hegemonic dominance）の検討を怠ってきた．交換の本質は，返礼という古色蒼然とした観念ではなく，不可譲なモノを交換しないということにある（Weiner 1992：149-50）．

トーマス（Nicholas Thomas）も互酬性という概念に異議を唱えている．

彼の研究は太平洋を舞台としているが，焦点は工芸品（material artifact）の扱いが西欧と太平洋諸島では違うという点にある．『もつれたモノ——太平洋における交換・物質文化・植民地主義』(1991年) と題する本で，トーマスは工芸品が社会的意味を付与される過程を検討し，植民地体制下における工芸品の流用（appropriation）について論じた．植民地では，さまざまな関係者が同じモノを異なる方法で，しかも「もつれた」(entangled) 形で利用している．そのため，[宗主国の博物館に展示された現地の工芸品のように] あるモノが置かれた文脈が異なれば，それは本来の用途とはかけ離れた意味を持つし，モノの獲得や流用と不可分な関係にある政治的要因が異なれば，その解釈も異なるのである．

この点を明らかにするために，ある島で織られた美しい一片の布が，その島を植民地とした国の博物館に所蔵されている，という仮説的ケースを考えてみよう．布という元来のモノは，博物館に展示されることにより美術品となり，博物館はもちろん，それを寄贈した旅行家の名声を高めるであろう．旅人はその布を現地で買った，または何かと交換して得たと思うかもしれないが，島人は布を西欧の異人に手渡すことにより，自己の影響力を永遠に行使できると思ったかもしれない．事実，長い目で見ると彼らは正しかった．植民地支配から解放された現在，旧植民地の人々は先祖の遺産が略奪されたと訴えており，西欧の博物館は，それを取り返そうとする彼らと交渉せざるをえないからである．

現代人類学にとって，異文化間の折衝は研究の宝庫であり，グローバルな市場における複雑な動きを理解する場でもある．日本を例にとると，社会的遭遇には贈答がつきもので，贈り物には華美とも思われる包装がしてある（写真3.2）．この「**包み**」(wrapping) は，単に中のモノを隠すという役割以上の意味があり，儀礼の程度や式典の種類（お祝いやお悔やみなど）を表す．ウブな外国人は，日本人の気遣いにただ感激するだけであるが，日本でまともにビジネスをしようと思ったら，贈り物に秘められた意味を理解する必要がある．

日本で贈り物を受け取るということは，喜びより負い目（obligation）を感じることである[*10]．異文化コミュニケーションに携わる人は，こうしたニュアンスを理解しなければならない．人類学者の仕事は，この手の情報を提供することにあるが，日本人は贈り物をすれば西欧人が喜ぶことを知っている．

第3章 贈答・交換・互酬性 71

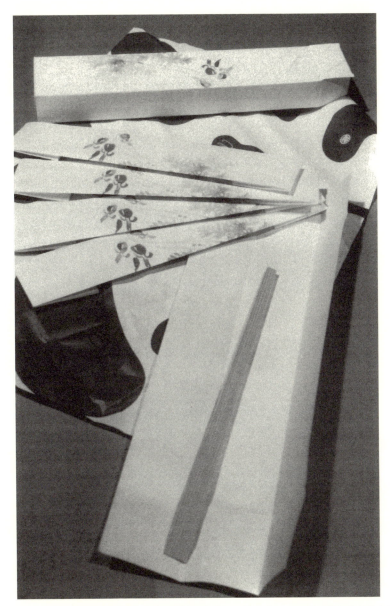

写真3.2 5膳の割り箸がそれぞれ美しい紙に包まれて箱に入っている。それをさらに購入先のデパートの包装紙が包んでいる。外国の人類学者にとって、日本の包みはまるで謎解きである（写真提供 Bob Pomfret）。

だから，贈り物を受け取る側は，なぜ日本人がそういう行動に出るのかを見極めなければならない．差し出されたモノの価値は，相手との関係の重要性を表しており，値札はついてないだろうが，包み紙を見ればどのデパートで買ったかは分かる．このメッセージを見逃してしまえば，日本における贈り物の意義は分からない．

　またトロブリアンド島と同様，日本には謙譲の美学がある．贈り物をして感謝されたら，たとえ高価なものでも，彼らは無価値で「つまらないもの」と表現するだろう．こうした日本の習慣は，「包み」の一形態と解釈することが可能で，礼節の「社会的」包み（social wrapping）とも言えるものだ．私は『包みの文化──日本および異社会における礼節・贈答・権力』（1993年）という本で，この種の社会的策略（social deception）の背後にあるものを研究する重要性を訴えたことがある．ちなみに，日本では人を食事に招くと「何もございませんが」と言って謝るが，実際には食卓にご馳走が所狭しと並んでいることが多い．これも社会的包みの一例といえよう．[*11]

　一方，メキシコでは人の家に行くと，自分の家に来たと思うように勧められる．もっとも，「ここはあなたのお家ですよ」と言われて，本当に荷物を降ろし始めたら，相手は警戒するだろう．また何かを誉めると，「どうぞご自由に使ってください」などと衣服についても言うが，額面通りに受け取るわけにはいかない．こうした日常の習慣は，フィールドワークをしながら徐々に身につけるもので，調査の初期にはへまをすることが多いが，当面はよそ者ということで大目に見てもらえる．だが，私の日本での経験が示すように，非言語コミュニケーションは実際の会話と同じくらい大切で，社会的策略には見た目以上に深遠な意味が含まれているものだ．

　今日，世界は社会，経済，政治など，すべての面で異文化との折衝を強いられている．そうした中で，交渉相手によって期待や予測に差があることを承知しておけば，大きなメリットになるだろう．これは日本を調査した人類学者としての私の勘だが，海外在住の日本人は，日本を訪れた外国人より，現地の習慣に数段敏感なのではないかと思う．日本人は［包みの文化など］日本的特殊性を熟知しているので──彼らはあまりに日本の「ユニークさ」を強調するので，西欧人に批判されるほどだが──外国に来ても細かなことに気を使うようだ．

　この点，私の同胞であるイギリス人は謙虚さに欠ける．海外に派遣された

イギリスのビジネスマンは，せいぜい訪問先で丁寧に挨拶することくらいしか覚えない．現地の配給システムや，マーケティングの戦略に影響を及ぼす価値観にいたっては，「そんなものを知って何になるんだ」と言わんばかりの態度で無視し，文化の相対性など念頭にない．しかし，こうした分野こそ人類学の知識が非常に役立つのであり，専門家に相談してアドバイスを受ければ，大きな恩恵を受けるであろう．

　贈り物が何重にも包まれているように，丁重な挨拶にはさまざまな感情や意思が表明されており，実に多くの意味が込められている．本章の導入部で，私は日本に引っ越したとき，「タオルか何か」小さな贈り物を持って，近所回りをするようにアドバイスされたと書いた．こうした贈答品は僅かなものである．というか，大袈裟にすると逆に相手が負担を感じて迷惑するので，粗末なものの方が良いのだ（この点については Hendry 1995を参照）．近所回りの趣旨は顔見知りになることだから，やりすぎると逆効果である．私はまた，日本在住の外国人はこうした小さな贈答の儀式を怠るから，いつまでも日本人と知り合いになれないのだと書いた．弁論はこの辺でお終いにしよう (I rest my case)．

《参考文献》

Baumann, Gerd (1992) "Ritual Implicates Others: Rereading Durkheim in a Plural Society." In D. de Coppet (ed.), *Understanding Rituals* (London: Routledge).

Chagnon, Napoleon (1993) *Yanomamö: The Fierce People* (New York: Holt, Rinehart & Winston).

Hendry, Joy (1993) *Wrapping Culture: Politeness, Presentation and Power in Japan and Other Societies* (Oxford: Clarendon).

Malinowski, Bronislaw (1922) *Argonauts of the Western Pacific* (London: Routledge & Kegan Paul). 寺田和夫・川田順造訳『世界の名著　59　マリノフスキー　レヴィ＝ストロース』（中央公論社，1967年）に抄訳がある．

Mauss, Marcel (1970) *The Gift*, trans. I. Cunnison (London: Cohen & West). 『贈与論』として有地亨・伊藤昌司・山口俊夫訳『社会学と人類学Ⅰ』（弘文堂，1973年）に収録．

Parry, Jonathan (1986) "The Gift, the Indian Gift and 'the Indian Gift.'" *Man* 21: 453-73.

Raheja, Gloria, G. (1988) *The Poison in the Gift* (Chicago: University of Chicago Press).

Sahlins, Marshall (1974) "On the Sociology of Primitive Exchange." In Michael Banton (ed.), *The Relevance of Models in Social Anthropology* (London: Tavistock). 山内昶訳『石器時代の経済学』(法政大学出版局, 1984年) に再録されている.

Thomas, Nicholas (1991) *Entangled Objects: Exchange, Material Culture, and Colonialism in the Pacific* (Cambridge, Massachusetts: Harvard University Press).

Veblen, Thorstein (1899) *The Theory of the Leisure Class* (New York: Macmillan). 高哲男訳『有閑階級の理論』ちくま学芸文庫 (筑摩書房, 1998年).

Weiner, Annette, B. (1992) *Inalienable Possessions: The Paradox of Keeping-While-Giving* (Berkeley, Los Angeles, and Oxford: University of California Press).

《読書案内》

Hendry, Joy (1995) "The Ritual of the Revolving Towel." In Jan van Bremen and D. P. Martinez (eds.), *Ceremony and Ritual in Japan* (London: Routledge), pp. 210-26.

Parry, Jonathan and Maurice Bloch (1989) *Money and the Morality of Exchange* (Cambridge: Cambridge University Press).

Riches, D. (1975) "Cash, Credit and Gambling in a Modern Eskimo Economy: Speculation on Origins of Spheres of Economic Exchange." *Man* 10: 21-33.

《映画／フィルム》

The Feast (Timothy Asch and Napoleon Chagnon, 1979). ベネズエラとブラジルの境界に住むヤノマモ族におけるモノの交換, 饗宴, 戦争について, 静画 (解説付き) と動画 (解説なし) を組み合せた28分間フィルム. 秀作である.

The Kawelka: Ongka's Big Moka (Charlie Nairn and Andrew Strathern, 1974). ニューギニアのカウェルカ族が, 長期的な交換システムの一環である饗宴に, 豚やモノを集める姿を映し出したドキュメンタリ. 『消滅する世界』シリーズに収録.

Trobriand Cricket (Gary Kildea and Jerry Leach, 1975). トロブリアンド諸島に, クリケットが紹介され適応した様子を映した興味深い映像誌.

The Trobriand Islanders (David Wasan, 1990). 『消滅する世界』シリーズに収録. 人類学者のワイナー (Annette Weiner) を語り手に, 有名なクラを補完する女性間の交換に焦点を当てた映像誌. クラについては, 第1章で紹介した『ベランダを降りて』(*Off the Verandah*) を参照.

《訳注》

1 贈答とは本来「物をおくったり, そのお返しをしたりすること」(『広辞苑』第5版) の意味であるから, 後に触れる3種類の債務 (贈与・受領・返礼) を含むものである. しかし, 人類学や社会学ではgift (贈り物) を「贈答」と訳すことが多いので, 本書でも慣例に従った (原著ではgift(s); gift-giving; the presentation of giftsなどと表

現されている）．なお文脈によっては，原語どおり「贈り物」と訳出したところもある．
2 本文にあるように，引越し祝いや引越しの挨拶には文化差がある．また，日本では世話になった人に感謝するとき，手みやげを持って先方の家を訪れるのが普通だが，アメリカでは自宅に招いて接待することが多い．
3 prestation という言葉は元来フランス語であるが，適当な英訳がないため，「贈り物または交換物として，無償あるいは強制的に与えられる（一連の）モノを示し，物質以外にも奉公や歓待を含む」意味で用いると，英語版には訳注がある（Marcel Mauss, *The Gift*. Ian Cunnison, trans. New York: W.W. Norton & Company, 1967, xi）．なお，『贈与論』の邦訳は，原語のフランス語に基づいている．prestation には「給付」という用語があてられているので，本書でもそれに従うことにした．
4 『贈与論』の英語版（Ian Cunnison 訳）は，フランス語版とは多少異なるようだ．著者のヘンドリーは英語版を使っているので，ここでは彼女が英語で引用した部分を訳出したが，フランス語からの邦訳は以下の通りである．「すなわち，かかる給付の任意的な，いわば外見上は自由で非打算的に見えながらも，拘束的，打算的な性質だけを考察したいと思う．これらの給付はほとんど常に気前よく提供される贈り物とか，あるいは進物の形式をとっている．取引に随伴するこれらの行為には，擬制，虚礼，社交的な虚言だけが存在する場合ですら，また実際は，義務や経済的利得が存する場合でも，給付形式は同様である」（有地亨・伊藤昌司・山口俊夫訳『社会学と人類学 I』 p. 223-224頁）．
5 今日，日本語で「コミュニケーション」とカタカナで書くと，一般には「伝達」「報道」「通信」などを意味するが，人類学（特に後に触れるレヴィ＝ストロースの理論）では，交換をコミュニケーションの一形態として理解する．また各種のコミュニケーションは，それぞれに固有のコード（code）に従って成立すると考える．『文化人類学事典』の「贈答」「交換」「コミュニケーション」などの項を参照のこと．
6 原文は次の通りである．Thus 'I'll carry your bag for you' is literally 'I'll carry-give your bag'; and 'will you hold my books' is difficult to write literally because it asks the other person to hold the books but expresses the obligation using a word more akin to 'receive' in expressing the obligation incurred (p. 54). つまり，聞き手が話者のために「本を持つ」のであるから，本来なら「本を持つという好意を与える」（hold-give）と言わなければならないのに，あたかも聞き手が話者に対して恩義を負うような表現（「持っていただく」を直訳すれば hold-receive になる）を日本語では使うので，イギリス人は困惑するということである．もちろん，これは誤解である．「持っていただく」という表現を「持つ」と「いただく」に分けると，「持つ」の行為主体（agent of action）は聞き手（you）であるが，「いただく」の行為主体は話者（I）である．つまり，話者は「聞き手が話者の本を持つ」という好意を「いただく（貰う）」わけだ．ところが，英語の Will you hold my books? の主語は you なので，日本語における行為主体の二重性が隠されてしまう．だから，好意なり恩義の

方向を明らかにしたいのなら、「本を持っていただけますか」を May I *receive* a favor from you by having you hold my books? と訳せばよい．

7 『文化人類学事典』では，ヤノマモの名称として，言語集団としての統一名称であるヤノアマ（Yanoama）が用いられている．

8 日本文化論の古典『「甘え」の構造』（弘文堂，1971年）の第2章「甘えの世界」で，著者の土居健郎は日本人の人間関係を次の三つに分類している．①「甘えが自然に発生する親子の間柄」である「人情の世界」，②「甘えを持ち込むことが許される関係」である「義理の世界」，③「人情も義理も及ばない無縁の世界」である「他人の住むところ」(p. 35)．土居の分類は，サーリンズの「一般的互酬性」「均衡的互酬性」「否定的互酬性」とほぼ一致していて興味深い．

9 「道徳」という言葉は moral の訳語である．日本語で「道徳」と言うと，学校教育の道徳（戦前の修身）を想起させるので，非常に堅苦しく形式的な意味合いが強いが，英語の moral にはそれほどの意味はない．むしろ，法律には規定されてないが，「人間として正しい」「善悪の区別がつく」「倫理的」という意味で，本文では互酬性，つまり give-and-take の関係を「道徳的」と表現しているのである．また moral support（精神的支援）のように，「精神的」と訳したほうがよいこともある．

10 日本人の「負い目」を徹底的に研究したのが，序章で紹介したベネディクトの『菊と刀』である．

11 ご馳走を準備しておきながら「何もありませんが」と言うのは，必ずしも日本語の特徴ではない．韓国語でも「用意したものはありませんが，たくさんお食べください」と言うし，「つまらないものですが」に相当する表現もある．

第4章
儀　礼

靴と空虚な儀礼

　儀礼はときとして「空虚」とか無意味といわれ，意識的に省略する人もいる．たとえば，「仰々しいこと」は一切省いて簡素に結婚式を挙げたり，「献花」を遠慮して内輪で葬式をする人もいる．またキリスト教の教会には，シンプルなデザインを美徳とし，聖職者のローブを脱ぎ捨て，特別な日でも典礼を行なわないところがある．いずれも，形式を複雑で時間や資源の無駄とみなし，不要な装飾と考えて拒否している．ある意味では，木を救うために贈答品の包装を省略するようなものだろう．だが，儀礼にはもう少し詳しく検討すべきものがある．

　異民族の世界区分を理解するには，彼らの分類体系の理解が重要なことは，既に第1章で述べた．また第2章では，穢れやタブーの観念が，二つのカテゴリー（範疇）の中間に位置するものと結びついていることを指摘した．中間領域に属する場所や状況は，間隙（interstice）と呼ぶことができるが，どの社会でも危険を伴っている．そして，こうした危険な状況に対処するために，なんらかの儀礼を行なうことが多い．だから，儀礼を観察すれば，ある民族の分類法が大体分かる．

　例証として，日本人の靴にまつわる習慣を取り上げてみよう．前にも説明したが，家に入る前に靴を脱ぐのは，日本では絶対的な習慣である．通常，靴を脱ぐ場所は家の中と外の世界を分ける玄関で，この空間は二つの世界の間隙に位置する．つまり，靴を脱ぐという行為は，ウチとソトの区別の重要性を強調しているのだ．さらに，社会的に規定された行為である以上，それは儀礼にも近い力を持っている．実際，玄関での靴の脱ぎ履きには，さまざまな儀礼が伴う．

挨拶はその一例だろう．日本人の挨拶には決まり文句があり，外出と帰宅では異なる．それは家の中からの受け答えも同じである．たとえば，ソトから帰ってきたときの挨拶は，文字通りに言えば「只今」(now) で，迎える言葉の「お帰りなさい」は英語のウェルカム（welcome）に近い．逆にソトに出るときは，「行って来ます」(I go and come back) と言う．また，人の家に入るときには「お邪魔します」(I make disturbance)，出るときには「失礼しました」(I make rudeness) である．子供を抱えた日本の母親が，家の中に人がいようがいまいが，こうした挨拶を大声でするのは，家の敷居をまたぐという儀礼を，子供に教えているからだろう．

敷居をまたぐと，帰宅後の着替えのように，さらに多くの儀礼がある．必ず手を洗ってうがいをするように仕付ける母親は多いし，仕事を終えて帰宅したらすぐ洗面所に行き，洋服から和服に着替える男性も少なくない．また玄関で客を迎えるときには，お辞儀という儀礼があり，私が初めてフィールドワークをした片田舎では，床に額をあてるほど深々と頭を下げていた．まさに精緻な振る舞いである．そして，迎えられた客も深々とお辞儀をし，座敷に通されてからも儀礼は続く．

儀礼の定義

ここで次のような反論が出るかもしれない．どの社会でも，家に出入りするときにはなんらかの挨拶を交わし，振る舞いも変えるものである．そんなものを，なぜ儀礼と呼ばなければならないのか，と．そこで，**儀礼** (ritual) という言葉で人類学者が一体何を意味するのか，まず検討してみよう．[*1]
「儀礼」にはいくつかの定義があり，その中には宗教的な行動に限定しているものもある（たとえば Lewis 1980：6-38 や de Coppet 1992 など）．しかし，最近の人類学の傾向として，もう少し広義に解釈して，挨拶などの世俗的行動も儀礼に含めることが多い．一例として，次のような定義が可能である．

> 儀礼とは，社会により規定された行動で，個人がみずからの行為に対して持つ選択が，きわめて限定されているものを示す．

ある行動を儀礼と呼ぶにふさわしいかどうかは，それを変えたり省略したら，

第4章 儀礼　79

人はどのように反応するかを見ればよい．前章で述べたように，挨拶をされて返事をしないのは，非常に無礼である．また，他人の家に入って何も挨拶をしないのは，がさつとしか言いようがない．日本では，適切な決まり文句を発してから家に入るしきたりがあり，帰宅して手を洗わない子供は，すぐ洗面所に連れて行かれるだろう．もっとも，家の主人が手を洗わない場合は，失念を理由に見逃してもらえるだろうから，儀礼というより習慣とか慣例と言った方がよいかもしれない．いずれにせよ，上のような定義に従えば，贈答の規則はもちろん，誕生会のように世俗的だが特別な催しも儀礼に含まれる．

　特に子供の誕生会は，バルーン，カード，プレゼント，ケーキ，キャンドル，バースデイ・ソング，ゲームといった儀礼的要素を欠いてしまえば，誕生会ではなくなってしまう．地域によっては，さらにいろいろなものが期待されている所もある．たとえば，集まった子供に小さなお土産を持たせたり，ケーキを綺麗に包んで配ったり，プレゼントを一つ一つ開けて，見入る子供たちから「うわー」という歓声を引き出す儀式などである．こうした出し物がない誕生会をする親は，自分の子供に嫌な顔をされるだろうし，小さな客からも不平不満が出ることを覚悟しなければならない．

　人類学者の中には，儀礼を狭義に定義する者もいるので，参考までに掲げておこう．

　　非日常的な場で求められる形式的行動で，神秘的な存在や神（powers）
　　への信仰と関連のあるもの（Turner 1967：19）．

しかし，宗教的な儀礼の場でさえ，儀式（rite）そのものと宗教的信仰を切り離して考える必要がある．まったくの社会的理由から，儀式に参加する人もいるからだ．一例をあげると，葬式には故人と近しかった人や，尊敬の念を抱く人が参列する．彼らは哀悼の意を表して喪服を着用し，宗教的式典にも適宜参列するだろう．だが，そうした行為は，参列者の個人的信仰はもちろん，式典そのものの性質について何も語らない．のみならず，それは参列者の故人に対する感情さえ，明らかにしないのである．彼らは単にお悔やみを述べるために，その場にいるのかもしれないのだ．

　同様に，結婚式や洗礼式でも，儀式の宗教的意味に関する参列者の見解は，

大幅に異なるのではないか．リーチの指摘にもあるように，英国国教会の結婚式は，花嫁の人格や信仰については何も語らず，ただ結婚によって築かれる社会関係を表明するにすぎない（Leach 1969）．換言すれば，個人的信仰と儀礼行動の社会的側面は，切り離して検討しなければならないのである．社会人類学者の関心は後者の領域にある．

通過儀礼

儀礼については既に多くの研究がある．また，儀礼の解釈をめぐって，さまざまな理論が提示された．だが，時間の経過と後世の学者による検証という，双方の試練に耐えた古典的研究をひとつあげるとすれば，それはファン・ヘネップ（Arnold van Gennep）の『通過儀礼』（*The Rites of Passage*）であろう．この本は元来フランス語で1909年に発表され，1960年に上記の題目で英訳された．ファン・ヘネップは，彼が検討した民族を「原始的」と呼び，主に小規模社会に焦点を当てたが，彼の理論は全世界の社会に適用可能である．ファン・ヘネップの儀礼観は，宗教的行動を重視する第二の定義に近いが，第一の定義による儀礼にも当てはまる場合が多い．

通過儀礼（rite of passage）とは，ファン・ヘネップが「ある宇宙世界や社会世界から別の世界への移行」と表現した動き（movement）に伴う儀礼である．本書のこれまでの用語では，「社会範疇」および「部類」の変化や移動（passage）に伴う儀礼を示す．この動きには主に四つの類型がある．

（1）人間の「地位」（status）の移動——結婚やイニシエーションを契機とした新たな社会集団や宗教集団への加入など
（2）「場所」（place）の移動——住所や領土の変化など
（3）「状況」（situation）の移動——就職や入学など
（4）「時間」（time）の移動——社会集団全体が時間的に移動する新年や，国王および皇帝の治世の変化など

人生のどの段階で儀礼を行なうかを考えると，大体がこうした移動に伴うものであることが分かる．以下，順不同にもう少し例を掲げてみよう．

誕生，結婚，死
　キリスト教の洗礼や堅信，ユダヤ教のバルミツヴァ（bar mitzvah）
　転校，転職，引越し
　出立，帰還
　誕生日，記念日，卒業
　四季の変化，新年

　こうした機会には，さまざまな儀礼が行なわれる．儀礼の要素としては，次のようなものがある．

　　正装
　　通知の送付
　　贈り物の進呈
　　会の開催
　　特別な食べ物の準備と消費
　　決意の表明
　　試練

　ファン・ヘネップが世界各地の通過儀礼に関する報告を調べたところ，相互の影響がとても及びそうにない遠隔地の儀式にも，ある典型的な順序があることが判明した．まず最初に，以前の部類や範疇から分離する儀式があり，この儀式は象徴的死（symbolic death）により特徴づけられる．また，新たな部類や範疇に組み込まれる際の儀式があり，それは象徴的誕生（symbolic birth）により特徴づけられる．そして，もっとも印象的なのは，両者の間に必ずと言ってよいほど移行期があり，参与者はその期間中どちらの状態にも属さないという事実である．そこでファン・ヘネップは，三つの儀式を次のように命名した．

　（1）　分離儀礼（rite of separation または preliminal rite）
　（2）　過渡儀礼（rite of transition または liminal rite）
　（3）　統合儀礼（rite of incorporation または postliminal rite）

この三種類の儀礼は，すべての儀式に同じ形で見られるわけではない．それぞれの重要性は，儀式の性質によって異なるからだ．たとえば，葬式なら分離儀礼が他の儀礼より発達しているだろう．だが，上に掲げた一般的構造は，どの通過儀礼にも特徴的なものだとファン・ヘネップは述べている．また婚約や妊娠のように，過渡期（リミナル liminal な期間）が非常に長い場合は，通過儀礼が順番に何回か繰り返されることがある．さらに，結婚式で子宝に恵まれるように祈ったり，出産時に安全を祈願するように，他の儀式が通過儀礼に加わることもある．以下，ファン・ヘネップが提唱した類型を，具体例にそくして検討してみよう．

領域の通過儀礼

　『通過儀礼』には多種多様な例があげられている．その多くは小規模社会に関するもので，ファン・ヘネップによれば，呪術や宗教の影響を色濃く受けている．彼の著書は今日でも入手可能だが，ここでは一般読者になじみの深い世俗的な通過儀礼を，いくつか取り上げてみたい．通過儀礼の原型は，空間と空間の領域的（territorial）移動で，それは中間に位置する無人地域（no-man's land）とでも言うべき，敵味方のどちらにも属さない過渡的領域の通過を意味する．

　ファン・ヘネップは，部族間や地域間の通過について論じた．しかし，彼の考えは国家間の往来にまつわる官僚的な儀礼にも当てはまるだろう．まずパスポートの取得だが，これは結構複雑で時間のかかるプロセスである．さらに入国ビザを必要とする国も多い．長旅であれば，友人や親戚にお別れのパーティをしてもらい，贈り物や幸運を祈るカードを受け取るだろう．そして，空港，波止場，駅での別れには，キス，抱擁，握手などの標識（mark）があり，目的地に着いたら連絡するように迫られる．

　空港に入ると，今度は一連の物理的障壁を通過しなければならない．パスポートやビザの提示，荷物のセキュリティ・チェック等々がそれである．目的地に到着するまで，旅人は文字通り過渡地帯（zone of transition）に身を置いていると言ってよい．現地での出迎えがある場合には，出立の儀礼が逆の順序で繰り返され，疲労が極度に達して，もうこれ以上の飲食は不可能でも，歓迎の儀礼を断ることは失礼である．また，残された家族や友人に到着した旨の連絡をすれば，過渡地帯を無事通過して新たな世界に入ったことを

知って安心するだろう．そこは多少危険で未知な世界かもしれないが，人間のいる場所には変わりない！

　ファン・ヘネップは，敷居（threshold）をまたぐ儀式についても論じている．先にあげた日本の例は，彼の理論と完全に合致する．過渡地帯とは家の玄関のことであり，そこには靴が所狭しと並べられている．似たような儀式はユダヤ人にもある．家の中に入るとき，彼らはまずメーズーザー（Mezuzah）に触れる．[メーズーザーとは，旧約聖書の聖句と神の名を記した羊皮紙をガラス箱などに入れ，聖句の教えが実現するように，家の入口にとりつけたもの]．また教会や寺院のように，俗世界から聖世界へと移動する際には，なんらかの儀礼的行為を営むのが普通である．聖水に触れて穢れを清めるのは，その一例である．頭をたれ，十字を切り，靴や帽子を着脱し，声を低くするのも同様である．いずれにせよ，敷居をまたぐという行為は，異なった宇宙世界（cosmic world）の通過を意味する．

　入られる側からすれば，こうした儀式は一種の安全対策でもある．国家の場合，パスポートのチェックは移民規制の一手段となり，教会の場合は外の俗世界の穢れをはらう機会となる．また，家やコミュニティーにとって見知らぬ人間は脅威であるから，儀礼は潜在的危険をなくす効果がある．ファン・ヘネップは，社会のことを「一つの家を多くの部屋や廊下に分けたようなもの」と表現した（Van Gennep 1960 : 26）．玄関や家の中の動きにまつわる領域的通過儀礼は，社会のある部分から別の部分への移動に伴う儀式を，空間的にモデル化したものといえよう．

妊娠と出産

　新たな生命の誕生は，どこでも儀礼の対象である．同時に，それは出産を経験する母親にとって，一つの脅威でもある．社会によっては，妊娠中の女性を不浄視して，公共の場から隔離された特別な小屋に閉じ込めることもある．彼女たちは日常生活から物理的に切り離され，リミナルな世界で時を過ごすのである．幽閉前には分離儀礼を，そして幽閉中は過渡儀礼を行ない，社会に再統合されるのは出産後である．同様に，赤ん坊が社会に迎え入れられるのは，母親からの分離儀礼と，生まれ落ちた社会への統合儀礼を経てからである．

　今日のコスモポリタンな世界では，妊婦を隔離する儀礼的時間はほとんど

ない．しかし，英語にはそれを彷彿とさせる「お産のための引きこもり」(confinement) という言葉が残っている．臨月に近い女性が出歩くことを良しとしなかった時代の名残であろう．世界を見渡しても，妊婦の行動にはさまざまな規制があり，第2章で見たように，それは食事の場合もあれば酒やタバコの禁止，または厳格な薬物療法のこともある．さらに，妊娠中には周囲の人が気遣って重いものを持ったり，体に良いものを買い出しに行くなど，過渡期間にふさわしいとりはからいがなされる．高血圧や合併病に悩む妊婦は，文字通り社会から隔離され病院に移されることもある．

日本の女性の多くは，妊娠中に特殊なコルセット［岩田帯］をする．この衣服を初めて身につけるときは祝宴をあげ，出産が間近かなことを公に知らせる．祝宴は中国の暦［干支］に従って戌の日に行なうが，これは安産だといわれる犬にあやかるためである．出産のときは里帰りして，嫁ぎ先から1カ月ほど暇をもらうこともある．実家から戻ると近くでお宮参りをして，氏神に子供の誕生を報告する．そして祝宴をあげ，母子を村に迎え入れる．*2

ほとんどの社会では，出産がすむとなんらかのお祝いをする．キリスト教の洗礼式は，教会における正式な命名の儀式であり，その場で子供は神に差し出される．また，かつての英国国教会には，「出産感謝式」(churching) と呼ばれる儀式があり，子供を産んだ女性が無事日常生活に戻れるように祈った．洗礼の最中，赤ん坊は母親から切り離され，儀式の核心では聖職者に抱きかかえられ，最後に名親 (godparent) に渡される．非キリスト教圏では，へその緒の切断による母子の分離儀礼もあり，将来に対する意味を込めて，へその緒は特別な場所に埋められる．

南米では父性の表現および確認として，夫が妻と並行して一連の儀式に参加する社会がある．この習慣を**擬娩** (couvade) と呼び，分娩の苦しみの模倣や一定期間の隔離をその一部とする．擬娩に相当する制度は，今日のイギリスにも存在する．夫が出産を控えた妻とともに参加するクラスがそれで，分娩時に妻を助ける準備をする．こうした出産準備のためのクラスは，夫にかなりのコミットメントを要求し，夫婦で呼吸や休息の訓練をしなければならない．近年，男性に出産休暇を認める国が増えてきたが，これは父親が出産に果たす役割の重要性について，社会の認識が高まったからであろう．イギリスでは，こうした習慣が儀礼化するようになり，夫が立ち会えない場合には，「出産パートナー」(birthing partner) を連れてくるように言われるほ

どである．

　ここには，純粋に医学的な意味での「安全な」分娩とは，ほぼ無関係な役割の登場を見ることができる．むしろ，この役割は心理的なもので，分娩という一大事に際して，機械的な状況に置かれた女性をサポートするためのものだ．つまり，子供は病院で産むものという考えが一般化する前には，妊婦は他の女性に付き添われて分娩したのである．産婆の介添えが必要だったとしても，緊張を解きほぐすのは親類縁者の仕事であった．病院の分娩室における父親の新しい役割は，現代の核家族の重要性と孤立を反映すると同時に，子育てから男性を排除した性的分業体制の崩壊を示している．

イニシエーション儀礼

　幼少期にはさまざまな儀式を営み，発達段階を刻印する．どの段階を重視するかは社会によって異なるが，一般には誕生日のような定期的な出来事や，最初の外出，食事，散髪，歯の生え替わり，入学式，等々の日が儀式の対象となる．また，割礼や耳輪といった身体変工を行なう社会もある．刻印はそれぞれの社会における人生の節目を表す．社会全体をいくつかの**年齢組**（age set）に分け，ある特定の期間に生まれた子供を，集団として通過させる制度もあるし，すべて個人の成長を基準にする社会もある．いずれにせよ，移行期には儀礼がつきものだ．

　思春期の体の変化は社会的に承認され，どの世界でも通過儀礼を営んで子供を大人に変身させる．また，こうした儀礼的変容には，長期間にわたる分離や特別な扱いが伴う．たとえば，ケニアとタンザニアの境界に住むマサイ族（Masai）や，ザンビアのンデンブ族（Ndembu）の少年は，一定の年齢に達すると家族から切り離され，一人で「藪」の中で生活することを強いられる．そして，その期間中，彼らは死んだものとみなされる．分離の前後に特別な儀式を行ない，少年たちの登場は「その時」が近づいたことを知らせる．マサイ族の場合，藪にいる少年にはもじゃもじゃの長髪を許すが，村に帰ると髪を剃り落とし，頭にオーカー（黄土）を輝かんばかりに塗って，社会への新生（rebirth）を示す．一方，ンデンブ族には思春期を迎えた少女のための儀礼があり，その時期は胸がふくらみ始めた頃である．少女は村の外に出ることを禁止され，体を布に包まれて木の幹あたりに置かれる．それは時として暑くて湿気のある日のことで，村人が少女を囲んで儀礼を行なう間，彼

女は一日中じっとしていなければならない（詳しくは第5章を参照）．

こうした試練はイニシエーション儀礼に特徴的なもので，なんらかの身体変工（mutilation）を伴うこともある．思春期は性的な成熟期なので，関心は性器に集中しがちで，割礼や陰核切除が実施される場合もある．また顔を刃物で切り刻んで，部族やリネージの所属を明らかにする社会もある．少年少女はこうした厳しい習慣に耐えることで，子供から大人へと変身する心の準備をするのである．そして彼らの体に残された傷は，新たな地位を示す永遠の印となる．

さらに，イニシエーション儀礼では，なんらかの教育が行なわれる．若者は生まれて初めて男の小屋（men's hut）に連れて行かれ，そこで儀礼用のオブジェを見せられ，女子供には明かすことのない部族の口碑を伝授されるだろう．同様に，少女も女の人生に秘められた謎を教えられるだろう．イニシエーションを通過中の青年には，社会的制裁からの自由を与える社会が多く，ありとあらゆる馬鹿げた反社会的行動が許される．たとえ藪の中にいなくても，二つの範疇の中間地帯に身を置く間は，特別な家に住んで大人の世界を経験したり，常軌を逸したさまざまな行為に手を染めることもある．

同様に寛大な態度で大学生と接する社会も多い．イギリスでは，rag week［慈善仮装行列の行なわれる週］として知られる制度がそれである．また過去数年の動きを見ると，イギリス人はある習慣に対して，異常とも思えるほどの寛大さを示している．その習慣とはjoy-riding（楽しい乗車）で，ティーンエージャーにもならない青少年が高級車を盗み，人里離れた所で乗り回し，挙句の果ては放置するのである．車のオーナーが警察に被害届を出せば，たいていは2, 3日で見つけてくれるが，犯人を逮捕しても警告程度で済ませてしまう．彼らは起訴するには若すぎるし，弁償するお金も持ってないので，世間は目をつぶっているのである．

これを子供と大人の世界の過渡期と見るかどうかは，意見の分かれるところだろう．しかし，罪を犯した青年が自分の行動に責任を持たずに済み，親も監督責任を問われないなら，法律的に彼らは子供と大人の範疇の谷間にいるのではないだろうか．社会通念に沿った教育という点では，彼らは落ちこぼれで勝手気ままな連中である．だが，非常に若いうちから盗みの技を覚え，車という怪物を操作しようというのだから，非西欧社会における制度化されたイニシエーションの試練を，彼らはみずから買って出ているといえよう．

最近，イギリス，オーストラリア，アメリカでは，体のいたる所にピアスをするのが流行している．この現象は，大人の世界に仲間入りする厳格な儀礼が，ほぼ消滅した社会に見られることを考えると，興味深いものがある．ユダヤ教のバルミツヴァ［13歳になった少年が大人として宗教上の責任を負うための儀式］は例外で，今日でも厳粛に行なわれている．しかし，イギリスではかつての「成人の日」（21歳の誕生日）のお祝いも，所々で実施されているだけで，法律的権利を得る18歳の誕生日と混同されている節がある．大体，どちらの日も明確な運用規則がない．もちろん，特別な日だという感覚はあるので，子供のために何もしない親は文句を言われるだろう．だが，子供は難しい年齢に達していて，ピアス（さらに刺青）をする若者は，みずからに多少の試練を課して，親からの独立を宣言しているのかもしれない．
　秘密結社や聖職組織へのイニシエーション，および王や皇帝の即位式には，大人の世界に入るためのイニシエーションと同じ原理が用いられる．つまり，最初に以前の生活と決別する分離儀礼があり，過渡期には教育や訓練を施し，最後に新生つまり新たな役割を祝う統合儀礼を行なう．統治の空白期間には，反社会的な行動を全臣民に許す社会もあるので，後継者の準備ができるまでは王の死を伏せ，秩序が乱れないように計らう．

結婚儀礼
　どの社会でも結婚は非常に大切な過渡期である．結婚は大人の地位の獲得と同時進行のことが多く，結婚の儀式は子供の世界と別れる最後の時期に行なわれる．一部の非西欧社会の婚約期間は長期にわたるため，婚約自体が一つの移行期となり，その前後に儀式が営まれる．詳細は社会により異なるが，結婚には分離・過渡・統合の儀礼があり，移行の刻印が明確である．
　メキシコでは，女性が婚約を済ませると，デスペディダ・デ・ソルテラ（despedida de soltera）というパーティを開いて，独身生活に別れを告げる．同年代の友人が集まって一緒に飲み食いをし，結婚後に予想される出来事を扮装して演じるが，早い話がどんちゃん騒ぎである．アメリカのシャワー（shower 花嫁になる女性にプレゼントを浴びせるように贈るパーティ）にも，同じような役割がある．こうした儀式では，花嫁を以前の生活から分離して，新たな生活に備えさせるのである．一方，花婿には男だけのスタッグ・パーティ（stag party）があり，徹底的に飲み明かす．

私がフィールドワークを行なった日本の田舎では，花嫁が村を離れて嫁ぐ前にいくつかの分離儀礼を行なった．その手順を示すと，まず花嫁の同輩（男女とも）を家に呼んで饗宴を開き，花婿からの結納品および嫁ぎ先に持参する衣服や家具を披露する．友人や近所の人も，一目見ようとご祝儀を持って駆けつける．そして挙式の日の朝は，儀礼に参列する親族だけで最後の朝食を取り，花嫁は仏壇の前で出立の言葉を先祖に述べる．最後に，花嫁が旅立つと本人の茶碗を割り，もう家の人間ではなくなったことを示す[*3]．

　日本の花嫁は艶やかな着物の下に白の衣をまとうが，これは無垢の状態で新たな生活を迎えることを表すという．花嫁は実家からいなくなるという意味で「死人」であり，婚家に生まれ変わるという意味で「赤子」に似ている．挙式が終わると，花嫁は一連の統合儀礼を経て新たな家および村に入る．そして新たな先祖に挨拶し，新たな神社に参り，新たな隣人に紹介される[*4]．近代日本の結婚式を研究したエドワーズ（Walter Edwards）は，結婚式の核心である三三九度にあたって，新郎新婦は一行から儀礼的に分離されると述べ，次のように書いている．

　　民族誌的報告によると，戦前および終戦直後の家庭で行なった結婚式には，さまざまな形態の杯の交換があった．たとえば部屋を変えたり，襖の裏で行なったり，酒を注ぐ仲人だけ同席したり，等々である．今日の神前結婚では，これほど極端な分離はないが，習慣としてまだ残っている．新郎新婦は仲人と一緒に神前の真中に座り，親族から分離されるのである（Edwards 1989：107-8）．

　結婚式を挙げると，新郎新婦はハネムーンに出るのが，世界の多くの国で習慣となっている．これは新たに結ばれた二人のための過渡儀礼といえよう．新郎新婦は，お祝いに駆けつけた家族や友人から正式に分離され，さまざまな旅立ちの儀礼を受ける．紙吹雪をまいたり，ブーツを車に結びつけるのは，その一例である．ときには度を越すこともあり，私の兄弟などは子供のときからの友人に「誘拐」され，手足を縛られたあげく，通りすがりの車に乗せられて，グラスゴーの街を引き回された．リミナルな時間には，通常の規則が当てはまらないのである．新郎新婦はこうした時間を経過した後，夫婦として認められる．いずれにせよ，楽しいことには限りがないようだ．

近年いくつかの国では，結婚制度の破綻がめだつ．正式な手続きを一切省いて同棲するカップルは多いし，うまく行かなければ即別れてしまう．たとえ結婚しても，数年後に離婚する可能性が高いので，儀礼は空疎化しつつある．だが，結婚そのものが消滅したとは考えられず，挙式に多くのお金を使って喜ぶ人は少なくない．私の学生の話では，短期間の同棲を始めるにあたって，最近では「手を縛るセレモニー」(hand-binding ceremony) をするようだ．またマスメディアには，離婚のための儀礼がいろいろ紹介されている．

葬　式

葬式は分離儀礼が非常に発達しているが，あの世に向かう死者も，この世に残されて悲しみにくれる生者も，過渡的な時間を経験する．キリスト教の葬式では，少量の土を棺にかける習慣があるが，これは最後のお別れをするためである．日本の焼香にも同じ意味がある．またローマカトリック教会や，アフリカ系カリブ人の間では，通夜を念入りに行ない故人と別れの場とする．さらに，遺族が自宅を開放して，友人や親戚の弔問を受ける社会もある．

　喪中は慶事を避けて定期的に墓参りをするなど，日常生活になんらかの変化が見られる．日本では告知文を玄関に掲げ，忌中であることを知らせるとともに，穢れの状態にあることを明らかにする．この期間中，肉を食べることは許されず，遺族は特別な食事をとる．「霊の成長段階を刻印するために営む儀式」は，「葬式で援助を受けた人々に感謝する会合」と一致するが，それは後に残された家族成員の社会関係を再定義する[*5]．国によって，寡婦は残りの人生を喪服で過ごすこともあるが，通常は遺族を普通の生活に戻す手段がある．

祭りと時間の経過

　最後になったが，ほとんどの社会には，時の経過を定期的に表す儀礼がある．この儀礼は時間の分類を反映しているが，それは領域の通過に伴う儀礼が，空間を家庭，村落，国家などに分類するのと同じである．人生の通過儀礼が人間の身体の成長を刻印するとしたら，時間の通過儀礼は地球や月の自然周期を社会的に刻印する．地域の気候によって事情は異なるが，1年という時はさまざまに分類され，農村社会では収穫時になんらかの祭りがあるのが普通である．冬が厳しい国では，春の訪れを祝う儀式もある．

ヨーロッパの夏は休日が時の経過を刻印する．儀礼的に休暇をとって日常生活に節目をつける習慣は，特にフランスやイタリアに発達しているようだ．彼らにとって，長い真剣な「遊び」の期間はほぼ強制的であり，生活そのものがストップしてしまう．この時期のフランスでは，車道にトラックや道路工事の姿はなく，あたかも民族大移動のように人々は南の海に向かい，日光浴を楽しむ．役所はもちろんのこと，都市では一切の仕事ができない．

　もちろん，仕事と遊びを交えて一週間を過ごす習慣は，世界の多くの国で見られるが，本来これは創世記に関する聖書の教えに基づく分類法である．非キリスト教圏では休暇のとり方が異なるし，陰暦の方がより広く使われているようだ．実際，電気が発明される以前は，満月を基準として生活していた民族が多い．また赤道近くでは，冬と夏の区別が気候的にほとんどないので，雨季と乾季（または他の特性）を中心に季節を分け，そのように時を刻印する．

　イギリスでは，クリスマスや新年のシーズンに時間が停止する．この時期には，２週間ほど通常の活動がすべて中断され，その前には数カ月にわたる準備期間がある．厳密に言えば，この「お祭り」はキリストの誕生を祝うものであるが，初期の信徒は北ヨーロッパにおける冬至の祭りに合わせてクリスマスを設定したので，ご馳走を食べて毎日の仕事から解放される時間となった．この点は他の宗教的儀式も同じであろう．また，ユダヤ教のハーヌカ（Hanukah）やヒンドゥー教のディワーリ（Diwali）のように，イギリスの非キリスト教徒は冬休み近くに儀礼を営むので，周囲も結局それに合わせることになる．

　上に述べたような地域差は，一般に考えられているほど新しいものではない．というのも，スコットランド人はキリスト教徒であろうがなかろうが，クリスマスより大晦日に祝うホグマネイ（Hogmanay）を伝統的に重視しており，隣のイングランドの冬の祭典とは一線を画してきたからだ．私はスコットランドからイングランドに移住した家系なので，幼少の頃からこの差に気づいていた．わが家の恒例のホグマネイのパーティには，ファン・ヘネップが述べた要素が見事にそろっていた．オールド・ラング・ザイン（Auld Lang Syne 螢の光）を歌って去り行く年に別れを告げ，ビッグベン（Big Ben）の奏でる鐘を聞いてリミナルな時を過ごし，そして年が明けると握手，抱擁，キスなどの挨拶を交わして，新たな時間へと皆で移行するのである．

写真4.1 イングランドにおけるスコットランドの舞踊風景．ホグマネイを祝っている（写真提供 Joy Hendry）．

　わが家のホグマネイは，派手なエイトサム（Eightsome Reel 八人で踊るダンス）で新年を迎えた．スコットランド人が，民族の一体感を表現するようにして，跳ね回りながら踊るのである．この一体感は同席の友人や親戚にも向けられており，私のイングランド出身の知人には，新年をスコットランドの伝統にのっとって祝う人もいる．ただ，彼らは格子縞のキルトや「スコットランド風」の衣服に身をまとっても，エイトサムという大衆的で一見粗野なダンスは踊ろうとしない．イングランド人が好んで毎週のように練習するのは，もっと複雑なスコットランドの踊りである．スコットランドには，元旦の初客を意味する first-footing（最初の足入れ）という儀式があり，これはファン・ヘネップの理論とよく合致する．イングランド人もこれをホグマネイのお祝いに取り入れているが，彼らの一体感はスコットランド人なら誰でもできるようなダンスを排除して，他者と差異化することから生まれるようだ（写真4.1）．

　幼少の頃からエイトサムを見ていて印象的なのは，それが人を夢中にさせる力を持っているということである．スコットランド人は，ホグマネイには深酒が似合うと思っているようだが，エイトサムの熱狂はこの感覚とも合致

する．こういう特徴は，お祭りというリミナルな期間に多く見られるもので，過渡的な状態にある若者のイニシエーション儀礼にも当てはまる．この点をさらによく表しているのがマルディグラ（Mardi Gras）であろう．マルディグラとは大衆化したキリスト教のお祭りだが，実は四旬節（Lent）と呼ばれる断食期間の始まりに相当する．その四旬節は長い移行期を刻印する通過儀礼であり，復活祭（Easter）として結実する．[*7]

　リーチは，「時間とつけ鼻」（1961年）と題する興味深い小論で，時間の経過を刻印する儀式や祭りにおける正装と仮装について検討した．また，こうした催しの際には，男が女の格好をしたり王が乞食に扮するなど，通常とは正反対の役割を演じることがあることも指摘した．リーチの論点は，通過儀礼の特徴が「形式性」（formality）や「乱痴気騒ぎ」（masquerade）にあるとき，両者は一対の対照関係（contrasted opposites）を構成し，時間の経過から儀礼的に離れた期間の始まりと終わりを示すというものである．一方，形式性と乱痴気騒ぎの中間に位置して，通常の時の流れが停止する期間には，「役割転倒」（role reversal）が起こり，それはリミナルな時間に特徴的なものだという．[*8]

　こうした現象の格好の例が，クリスマスの時期にイギリスで行なわれるパントマイム（pantomime）という劇である．パントマイムには，デイム（Dame）と呼ばれる太った［中年の滑稽な］おばさんが必ずいて，その役は男性が演じることになっている．反対に，乞食をよそおった王子などの男の主役は，大体若い女性が引き受ける．その他にも，女の子が演じる王女が普通はいるので，その王女と主役の王子のラブシーンは，肉体的には同性愛の様相を呈するが，象徴的には異性愛である．このように，パントマイム，カーニバル，祝日，および聖なる日が持つ娯楽的価値は，世界各地の研究で報告されており，リーチが指摘したように，神聖な儀礼にも愉快な側面がある．

　とすれば，演劇やメディアなどのパフォーマンスに人類学者が寄せる関心と，儀礼の研究が結びついたとしても不思議はないだろう（詳細はHughes-Freeland 1998を参照）．演じる側はともかく，観客にとってパフォーマンスは日常生活からの解放である．儀礼と同様，パフォーマンスは「現実の生活」，つまり間断ない時間の経過から逃れる場所と時間を提供するのである．また演じる側にとっても，演劇やメディアは，通常の社会生活の規範から外れた行動を（芸術的に）とる自由を与える．だから，儀礼と演劇という双方

の場において，人間はなんらかのパフォーマンスを行なうのである．

　私がここ数年テーマパーク（theme park）の研究をしているのも，それがファンタジーの世界に人間を誘うからに他ならない．テーマパークは，その気になりさえすれば——少なくとも休暇をとる経済的余裕があれば——ファンタジーに浸れる場所である．そこで人々は日常生活に別れを告げ，通常の役割を転倒する可能性を信じて，逼迫した「現実の生活」から自己を解放する．私が見たいくつかの日本のテーマパークは，海外旅行の雰囲気を出して，観客をカナダやスペイン，ドイツやオランダに1日中いるような気にさせ，外国の衣装をまとって現地人のように振る舞わせている．

　文化をテーマにした施設の魅力は世界的な現象のようで，ジャカルタ近郊のタマン・ミニ・インドネシア・インダ（Taman Mini Indonesia Indah）や，台湾，シンガポール，中国のテーマパークでは，地域の文化を展示している．世界の文化を1カ所に集めたものとしては，深圳の世界の窓（Windows of the World）と呼ばれるパークがあるし，ハワイのポリネシア文化センター（Polynesian Cultural Centre）も人気が高い．さらに，昔の建物を保存改修して，訪問者に歴史の旅を提供するテーマパークもある．早くからある例として，北米のコロニアル・ウィリアムズバーグ（Colonial Williamsburg）やアッパー・カナダ・ヴィレッジ（Upper Canada Village），オーストラリアのソヴェリン・ヒル（Sovereign Hill），スウェーデンのスカンセン（Skansen）を掲げることができる．これらは，いずれも観客を一時的に現実の時から解放して，過去の世界へと誘うのである．[*9]

　以上，どの世界にあっても，儀礼はそこに住む人間の社会的範疇を刻印する．通常，儀礼は四季の変化，月の周期，体の成長と結びついているが，その秩序は常に文化的なものであり，儀礼を営む社会の観念に従っている．儀礼の持つさまざまな可能性は個人による選択を許し，それは本章の冒頭で下した定義と矛盾するように見える．しかし，何事も許容される現代世界にあっては，儀礼に表現される文化の不変的要素こそ，アイデンティティを模索する人々，特に伝統的な儀礼が空虚化してしまったと考える人にとって，魅力的に映るのである．

《参考文献》

Coppet, D. de (1992) *Understanding Rituals* (London: Routledge).

Edwards, Walter (1989) *Modern Japan through Its Weddings: Gender, Person, and Society in Ritual Portrayal* (Stanford: Stanford University Press).

Gennep, Arnold van (1960) *Rites of Passage* (London: Routledge & Kegan Paul). 綾部恒雄・綾部裕子訳『通過儀礼』(弘文堂，1977年).

Leach, Edmund (1969) "Virgin Birth," in *Genesis as Myth and Other Essays* (London: Cape). 江河徹訳『神話としての創世記』(紀伊國屋書店，1980年).

Leach, E. R. (1961) "Two Essays concerning the Symbolic Representation of Time: (ii) Time and False Noses." In *Rethinking Anthropology* (London: Athlone Press). 「時間の象徴的表象に関する二つのエッセイ (II) 時間とつけ鼻」，青木保・井上兼行訳『人類学再考』(思索社，1985年) に収録．

Lewis, Gilbert (1980) *Day of Shining Red: An Essay on Understanding Ritual* (Cambridge: Cambridge University Press).

Turner, Victor (1967) *The Forest of Symbols: Aspects of Ndembu Ritual* (Ithaca: Cornell University Press).

《読書案内》

Cannadine, David and Simon Price (1987) *Rituals of Royalty: Power and Ceremonial in Traditional Societies* (Cambridge: Cambridge University Press).

Hendry, Joy (1986) *Marriage in Changing Japan: Community and Society* (Tokyo: Tuttle).

Hughes-Freeland, Felicia (1998) *Ritual, Performance and Media* (London: Routledge).

Huntington, Richard and Peter Metcalf (1979) *Celebrations of Death* (Cambridge: Cambridge University Press).

La Fontaine, Jean (1985) *Initiation* (Harmondsworth: Penguin).

Turner, Victor (1969) *The Ritual Process: Structure and Anti-Structure* (London: Routledge & Kegan Paul). 富倉光雄訳『儀礼の過程』思索社，1976年.

《小説》

Barnes, Julian (1998) *England, England* (London: Jonathan Cape).

《映画／フィルム》

Masai Manhood (Chris Curling and Melissa Llewelyn-Davies, 1975). 東アフリカの牧畜民マサイ族のイニシエーションに関するフィルム．『消滅する世界』シリーズの1巻で，牛の価値，男女間の関係，年寄りの力と影響についての描写もある．同じ撮影スタッフによる *Masai Women* というフィルムもある．

Osōshiki ('Funeral, Japanese-Style'). 現代日本の死をとりまく出来事を，面白おかしく描いた伊丹十三の映画作品．

第 4 章 儀 礼 95

《訳注》
1 原則として，本書では ritual を「儀礼」，rite および ceremony を「儀式」と訳し分けた．ただし rites of passage は通常「通過儀礼」と訳すので慣例に従った．なお，通過儀礼の説明にある liminal という言葉は，辞書的には「敷居の」「入口の」「発端の」という意味である．しかし人類学では，特に二項対立における「境界」「中間地帯」の意味で用い，「リミナル」とカタカナで表記することが多い．名詞形は liminality（リミナリティ）である．
2 日本人が日本の事情を英語で説明するのは難しい．「里帰り」「嫁ぎ先」「実家」「お宮参り」「氏神」「村」といった一見何気ない言葉の裏には，深い文化的意味や前提が潜んでいるからだ．それを言語文化的背景が異なる人に伝えるには，彼らの心の動きを熟知していなければならない．異文化を翻訳するコツ（つまり民族誌の効果的な書き方）は，自文化の読者に分かる言葉を使いながら，意識的に微妙な「ずれ」（displacement）を作り，他者の香り（other cultural experience）を伝達することだろう．参考までに，「出産のときには里帰りをして」以下の原文を掲げておく．
"Women also often return to the homes of their own parents in order to give birth and they may stay away from their marital home for up to a month afterwards. Their return is celebrated with a visit to the local shrine to present the baby to the local protective deity, and a party will also be held to incorporate mother and child back into the community" (p. 71).
3 桑山がヘンドリーに直接確かめたところ，ここに書いてあることは，すべて著者自身の観察に基づいている．彼女がフィールドワークを実施したのは，福岡県八女市にある村落で，1970年代のことであった．その成果は *Marriage in Changing Japan: Community and Society* (Tokyo: Turtle, 1986) に報告されている．
4 このようにしてみると，日本人にとって見慣れた出来事が，外国の人類学者によって外国語で描写されると，いかに奇妙に感じるかが分かるだろう．人類学者がこれまで報告してきた異文化の「奇妙な習慣」とは，習慣そのものが奇妙だったのではなく，描写の仕方が奇妙だったのかもしれない．この点については，レナート・ロザルド『文化と真実』（椎名美智訳，日本エディタースクール出版部，1998年）の第2章「客観主義以降」が参考になる．
5 「霊の成長段階を刻印するために営む儀式」とは回忌のことであり，「葬式で援助を受けた人々に感謝する会合」とは法事のことである．参考までに原文を掲げる．"Various rites are held to mark stages in the progress of the soul, and these coincide with gatherings to thank those who helped at the funeral, and generally to redefine the social relations of the members of the family left behind" (p. 77). 日本の読者は「霊の成長過程」という表現に違和感を持つかもしれないが，日本では死者が祖霊に昇華する過程と，生者が成長する過程に対応関係が見られることに注意したい．たとえば，三回忌と七回忌の3と7という数字は，七五三のそれと一致する．
6 ホグマネイはスコットランド最大の年中行事である．元旦の出来事によって，その1

年の運勢が左右されると考えられており，特に最初に訪れる客（first foot）が重視されている．詳しくは，チャールズ・カイトレー『イギリス祭事・民俗事典』（澁谷勉訳，大修館書店，1992年）の New Year の項を参照．なお，エイトサムを説明した原文は，日本人には非常に複雑で意味が取りにくいので，原著者に直接内容を確かめた上で意訳した．

7 四旬節（Lent）は復活祭（Easter）が始まる前の40日間をいう．期間中には，さまざまな行事が行なわれるが，初日の「灰の水曜日」（Ash Wednesday）に先立って開催されるのがマルディグラ（Mardi Gras）である．マルディグラは「懺悔（または告解）火曜日」（Shrove Tuesday）とも言う．アメリカでは，この日にパレードをしてお祭り騒ぎをしたり，一時的に移動式の遊園地を開く地域がある．四旬節の最後の1週間を「聖週間」（Holy Week）と呼び，週末の「聖金曜日」（Good Friday）には，キリストの十字架上での死を記念する．そして，この翌日に復活祭（Easter）が行なわれる（詳細はカイトリー『イギリス祭事・民俗事典』を参照）．本文にもあるように，四旬節を復活祭に向けた過渡期と解釈することは妥当であるが，その四旬節にも分離期・過渡期・統合期がある．通過儀礼には「入れ子的構造」があるといえよう．

8 詳細はリーチ『人類学再考』（青木保・井上兼行訳，思索社，1974年）に収録された「時間とつけ鼻」を参照してほしいが，次のように補足説明をしておこう．まず，リーチによれば時間は自然に存在するものではなく，人間が社会的に作り出したものである．具体的には，祭り（festival）などを催して社会生活に区切りをつけ，祭りと祭りの間を「週」「年」と呼んで「期間」を創出するのである．このようにして作られた時間は，日常的な時間（デュルケムに則して「俗」profane）と，非日常的な時間（「聖」sacred）に分類される．本文にあるように，後者には①形式性（formality），②乱痴気騒ぎ（masquerade），③役割転倒（role reversal），という3種類の行動が観察される（この訳語は上掲の邦訳に従った）．形式性の例としてリーチが掲げたのが，結婚式における教会での儀式，戴冠式，学位授与式などであり，乱痴気騒ぎの例は仮装パーティーや仮面舞踏会である．役割転倒の例は特に指示がないが，近親相姦，姦通，異性装，冒瀆など，通常の生活では罪深い行為が演じられる．こうした3種類の儀礼行動は，理論的には別個のものであるが，結婚式が形式性に始まり乱痴気騒ぎに終わることがあるように，実際には相互に関連しているという．リーチによれば，日常的な時間から切り離された祭り（つまり非日常的な時間）は，形式性に始まり役割転倒を経て乱痴気騒ぎに転じ，再び日常的な時間に戻る．そして，このパターンが時の流れとともに繰り返される．

9 ヘンドリーのテーマパークの研究については，Joy Hendry, *The Orient Strikes Back: A Global View of Cultural Display* (Oxford: Berg, 2000) を参照．訳者による詳細な書評は *Anthropological Science* 109 (4): 325-330, 2001にある．

第 5 章
象徴体系としての社会

象徴とは何か

　前章では儀礼の研究を通じて分類体系の理解に努めた．通過儀礼に関するファン・ヘネップの図式を紹介し，世界のさまざまな例をあげて具体的に検討したのである．儀礼行動の多くは上述の図式で大体説明できるが，本章では実践の場における儀礼の解釈について考えてみたい．[*1] 儀礼行動を観察すると，すぐ目につくものがある．それは儀礼に使われるモノであり，形式化された人間の行動であり，そして服装である．儀礼のパフォーマンス全体は，小さな単位（たとえば服，目録，贈答，食事など）に分けられるが，それらはすべて**象徴**（symbol）と解釈してよい．つまり象徴は儀礼の最小単位であり，象徴を独自に研究すれば多くの理解が得られる．
　もちろん，シンボリズム（symbolism 象徴性）は非常に大きな問題であり，人類学はもとより文学，芸術，宗教，心理学など，ありとあらゆる分野に登場する．分野によって象徴の解釈にはある一定の違いがあり，解釈の対象となる象徴の種類もさまざまである．たとえば，人間行動の情緒的側面に関する私的または知覚的な象徴は，どちらかというと心理学や精神医学の領域に属する．それに対して，社会人類学者が関心を寄せる象徴とは「公的な象徴」（public symbol）であり，ある特定の社会集団の成員が共有するものである．それは集団イデオロギーの諸側面を表現し，固有の社会道徳体系において理解される．だから同じ象徴でも，集団が異なれば成員に対して持つ意味は異なる．
　シンボリズムは人間行動の全領域に見いだされる．非常に日常的な事象でさえ例外ではない．言語を含む象徴能力が，人間と動物の行動を区別すると言われる所以である．挨拶や贈答のシンボリズムについては，既に具体的な

例をあげて考察した．その際に注意したが，象徴がなんらかの形で明確に表現されない限り，社会関係は見えにくい．人類学者の関心は，異質な社会はもちろん，同一社会でも集団が異なれば，象徴の解釈は異なるという点にある．我々の仕事は，社会生活におけるコミュニケーションの単位である象徴を，いかに理解するかにあると言ってよい．

『簡明オックスフォード辞典』(Concise Oxford Dictionary) は，象徴を次のように定義している．

> 類似的特質や事実上または想像上の関連により，何かを自然と類型化し，表象し，または想起させると，一般的合意により考えられているもの．[*2]

この「関連」はある社会に特有なものだが，「類似的特質」は外来者にも明確なことがある．「一般的合意」とは，特定の社会集団や言語集団の内部でのみ「一般的」であることは言うまでもない．興味深いことに，辞書の定義には「自然と」という表現があるが，これは社会の成員が象徴の相対性に気づいてないことを示唆している．ある民族には「自然」に思われる関連も，他の民族には人為的に考案されたものと映るかもしれない．

象徴と似通った概念に記号 (sign) がある．だが，記号は象徴より数段直接的で，他の方法でも簡単に表現できるものである．逆に，象徴は複数の異なった解釈を許し，概して記号より意味内容が深い．夢の分析で知られるユング (Carl Jung) は，次のように述べている．「記号は常にそれが表す概念以下のものである．一方，象徴は常にその明示的かつ直接的意味以上のものを指している」(Jung 1964：55)．だから信号は記号であり，今日では世界中どこでも（自然に）とは言えないが）赤は「止まれ」，青（英語では green 緑）は「進め」を意味する．[*3] しかし，赤と緑の服の組み合わせには，より複雑な解釈が伴う．単にファッションかもしれないし，クリスマスやヨーロッパの国旗の色と関係があるかもしれない．また，英語には「アイルランドの女王以外，赤と緑の服を身にまとうべからず」(Red and green should never be seen except on an Irish Queen) という諺があるが，なぜ「アイルランドの女王」なのだろう．不思議だ．

ある社会の成員は公的な象徴を共有しているので，その社会を研究する人類学者は，それが使えるように訓練する必要がある．贈答の例を出すまでも

なく，象徴は社会組織の不可視な側面を可視的に特徴づけている．象徴は研究や議論の対象であり，人類学者はそれを通じて社会を理解する．どの社会でも象徴には体系的使用が求められるが，それは成員の混乱を防ぐためである．秩序がなければ，初めての外来者のように，ただ困惑するばかりだろう．この意味で，社会全体を「象徴共有群」(a set of shared symbols) と定義しても，けっして行き過ぎではない．以下，具体的な例をいくつか検討してみよう．

身体の象徴

　西洋人は自分を個性的な存在だと考える．洋服やアクセサリーを選ぶ際には，自分の個性をなんとか表現しようとするし，ヘアスタイルも自分に合ったものにこだわる．しかし，彼らは自分の社会の象徴を通して自己表現しているにすぎず，服装や装飾品の選択も，社会的に許容されているものに限られている．だから，もっとも馬鹿げた恰好でさえ，体のある部分は隠さねばならない．イギリスではよほどうまく描かない限り，裸にボディ・ペインティングをしただけで街を歩けば，警察に逮捕されてしまう．しかし，ボディ・ペインティングこそ，もっともよそ行きの服だと考える社会もある．
　身体にモノを纏うという行為には，恒久的なものから一時的なものまで，実にさまざまな象徴的コミュニケーションの可能性が潜んでいる．それが伝えるメッセージは，同じ社会でも集団が異なれば，本人の意図とはかけ離れたところで解釈されるだろう．個人主義のイデオロギーが希薄な社会では，人はまわりと同じ恰好をしても気にならないし，特定の服装で集団への忠誠を表現しようとする．または，特定の恰好でその場の特質を示したり，社会的地位を誇示しようとする．
　いくつか例をあげてみよう．メキシコの農村部のマーケットでは，服装を見ただけで先住民集団は容易に区別がつく．現在も孤立した共同体に住んでいる彼らは，個人の特性より集団の帰属を表す色やスタイルの服を纏っているので，雑踏の中でもすぐ見分けがつく．一方，都市部のメキシコ人は，個人の趣味や性質に合った洋服を着ているので，メキシコの象徴となったソンブレロでもかぶってなければ，国際的な都市ではどの国の人間か分からないだろう．

都市によっては，服装やヘアスタイルで宗教団体の区別が簡単につく．エルサレムでは，正統派ユダヤ教徒（Orthodox Jew）は信仰の象徴である帽子と黒装束で分かるし，［キリスト教一派の］アルメニア教会（the Armenian Church）の司祭は長い帽子を着用しているので，エルサレム在住の他のキリスト教徒とは区別される．また，この聖なる地を訪れる巡礼者は，自己の信仰を表す衣服を纏うことが多い．いずれの場合も，個人は宗教的所属を他の何よりも大切にして自己表現している．街の物売りもさる者で，彼らは旅行者の国籍を服装で当て，適当に言葉を変えて商売している．

　もちろん，個人は意識的に民族衣装を着ているわけではないので，こうした差異は微妙なものである．だが，個性を表現したつもりの服でも，ソトの人間にとっては，本人の社会集団（国や地域）を表しているように映る．旅行者の多くは，一見世界の男女に共通なジーンズをはいているが，よく見るとサンダル，ハイヒール，ドクター・マーテンズ［Dr Martens イギリスのブーツの商標］，スニーカーなどと組み合わせている．また，ジーンズにはあらかじめ縮ませたもの，色を落としたもの，デザイナーもの，カラフルなパッチのついたもの，あまり上品でない穴のあるものなど，さまざまな種類がある．ドレスシャツや宝石と一緒に着ても良いし，普通のバギーＴシャツと組み合わせてもよい．

　このような差異は，本人の意識にはない情報を含んでいることもあるが，一般には人からどのように見られるかによって，服の選択は影響される．ジーンズ以外にも，ツーピースやスリーピースといった世界共通の服があるが，スーツなら何でも良いと思って出勤する人は皆無であろう．特にイギリスでは，ネクタイの着用が象徴的に大きな意味を持っている．というのも，イギリスの男性はクラブ，学校，カレッジに忠誠を誓うときは，トラッドなネクタイをしめ，お互いの趣味や良識を判断する場では，華麗なネクタイをしめるからだ．またその逆に，意図的にノーネクタイで現れて，世間の慣わしを否定しようともする．もちろん特別な席では，棒ネクタイの代わりに蝶ネクタイをするのが慣わしである．なお，アメリカのカウボーイがしている留め金つきのループタイ（bolo tie）は，イギリス人の目には靴紐のように映る．

　特定の集団の内部と外部では，同じ服装でも伝わるメッセージが異なる．帽子を例にとって考えてみよう．ディアストーカー（deer-stalker）とタータンキャップ（tartan cap）は，ともにスコットランドの帽子だが，前者には

貴族が田舎の私有地で鹿狩りをしているイメージがついているのに，後者はタータン模様がスコットランドを想起させる程度で，労働者階級がかぶる普通の帽子である．また，イングランドのシルクハット（top hat）は，結婚式に参列するときや，高級ホテルのポーターが身につけるものだが，山高帽子（bowler）はかつてビジネスマンが仕事に行くときにかぶっていた．ちなみに，文明開化を標榜した明治時代の日本の男性は，和服に山高帽子を着用していた．[*4]

同様に，ユダヤ人の頭蓋用帽子（scull cap）は，ソトの人には単なる民族（おそらく正統派ユダヤ教徒）の表現でしかないが，ユダヤ人の間では事情は異なる．頭蓋用帽子という小さなモノは，事情が許せば女性が家庭で編むのが普通で，女性はそれを通じて男性に愛情を表現し，かつ世間に自分たちの存在をアピールするのである．その裏返しとして，女性はお互いの刺繍を見て人物評価を下す（Baizerman 1991）．

宝石などの装飾品も象徴的価値が高い．空港の店には大きな金の宝飾品がよく置いてあるが，それはデザイナーもののスカーフやハンドバックと同様，国際的な富の表現である．西アフリカの遊牧民フラニ族（Fulani）の女性は，富を表すのにコインをつないで頭に巻くが，フラニ族の奴隷であったベラ族（Bella）は経済的余裕がないので，ボタンを代わりに使って着飾っている．また，ケニアのレンディーレ族（Rendille）の女性は，既婚の印として腕輪をするが，それは西洋の結婚指輪に相当する．ただ，レンディーレ族の場合，最初の男の子が生まれると派手な髪形をし，さらに息子がある年齢に達すると，腕輪の数を増やすのが特徴である．

ニューギニア高地のワギ族（Wahgi）の男性は，鳥の羽でできた華麗なヘッドドレスをつけ，貴重な財産である豚の油を光るまで体に塗りたくる（写真5.1）．こうした誇示行為は，特別な機会に行なわれるのが普通だが，政治軍事的な力や村落内の地位を象徴する．この習慣を取り上げたオハンロン（Michael O'Hanlon）の『皮膚を読む──ワギ族の装飾・誇示・社会』（1989年）は，身体象徴のコミュニケーションの可能性を巧みに描いている．少々引用してみよう．

> 同盟関係が揺れ動き，対抗心も根強い激動の社会では，強烈な誇示行為こそ対抗氏族を威嚇し，抑止力になると考えられている．誇示する者の

写真5.1 祝祭に備え正装したニューギニア高地ワギ族の男性（写真提供 Michael O'Hanlon, オックスフォード大学ピット゠リヴァース博物館）．

外見は，精神力の表出であり，装飾や誇示の評価は，精神状態を語るダイナミックな言葉として現れる．対抗心の強いワギ族の社会環境では，誇示行為は端で見ている氏族の軍事戦略に，直接影響を与えるものなのだ（O'Hanlon 1989：124-5）．

　一方ポリネシアでは，刺青をして社会的地位や役割をより恒久的に表現する（この点についてはGell 1993を参照）．日本のヤクザも体を覆うようにして綺麗な刺青をするが，模様には日本の豊かな宗教的・神話的芸術の伝統が活かされている．ただ，日本人は刺青に対して嫌悪感を持っているので，ヤクザといえども普通は服を着て隠している．日本で刺青をするには，1年を超える辛い年月が必要とされるので，刺青は悪の世界に身を置く不退転の決意の象徴となる．だから，肝心なときにチラリと見せるだけでも，その筋の人間であることを刺青は強烈に物語るのである．
　髪の毛も素晴らしい伝達手段で，半恒久的だが顕著なメッセージを象徴的に伝える．世界には剃髪がイニシエーションと結びついている地域があり，前章で見たマサイ族はその一例である．彼らの場合，［剃髪儀式の前に藪の中で］乱れるような長髪にするのも，イニシエーションの一環である．男性のショートバック・アンド・サイド（short-back-and-sides 耳のまわりと後頭部を短くした髪型）のように，ヘアスタイルに決まった習慣がある所では，髪の毛を長くして世間に反旗を翻すこともできる．長髪がイギリスで初めてはやり始めた頃，ポリネシアのティコピア島（Tikopia）で調査をしていたファース（Raymond Firth）は，奇妙な習慣の逆転に気づいた．彼がフィールドワークに出たときは，イギリスでは男性が短髪，女性が長髪と決まっていたのに，ティコピアはその逆であった．ところがファースが島に滞在中，ティコピア人は外社会の影響を受けて，西洋的なヘアスタイルを好むようになった．そして，ファースがイギリスに帰ってみると，なんと学生の間ではティコピア的なヘアスタイルがはやっていたのである（Firth 1973：272）．
　以降，イギリスの若者の髪型は，一世代前の青年とは対照的なスタイルを選択し，さまざまな段階を経てきた．ファースが出会った長髪のビートニク（beatnik）は，ポマード頭で可愛い女の子を連れて歩いたテディ（teddy）［1950年代から60年代初頭の不良少年］とは，まったく違っていた．そのビートニクも，後から来た短髪のモッド（mod）［ボヘミア風の若者］に

は相手にされなかったし，モッド自身も同時代に登場したぼさぼさ髪のロッカー（rocker）[革ジャンパーとオートバイに象徴されるロックの愛好者]と張り合った．また，スキンヘッド（skin-head）やボヴァボーイ（bovver-boy）[喧嘩好きの不良グループ]は，髪の毛を短くして威嚇的な外見をしている．派手に着飾ったパンク（punk）[黒の革ジャンパーを着て髪の毛を立てている]も威嚇的で，彼らはそういう恰好をして，何か動物的で「原始的」なものを表現しているのだ．双方ともに親や年寄りの社会を否定しているといえよう．

　大学の講義でこの問題を取り上げたところ，一人の学生から次のような話を聞いた．彼は人とは「違う」ところを見せようとして，パンク風のヘアスタイルにした．その恰好でナイトクラブを訪れたところ，店中はパンクだらけで気勢をそがれてしまった．「まるでオームの集まりですよ」とは彼の弁である．そこで個性演出の第二弾として，短髪にスリーピースという身なりで同じ店に行ったところ，今度はあまりに場違いで，総すかんを食ってしまったという．

　19世紀の日本人は，社会身分を表すのに特殊な髪形をし，子供は髪形を変えて人生の節目を祝った．生後はじめて髪を切るのは，子供の世界に入る一種のイニシエーションであった．また武士階級は，彼らより身分の低い人間には許されなかった丁髷(ちょんまげ)をした．未婚の女性は髪を結わなくてもかまわなかったが，結婚をすると束髪を強いられた．『心中』という映画には，不義に陥った男女が家を飛び出して自殺を図り，みずから命を絶つ前に髪をといて切るシーンがあったが，それは世間を拒絶する象徴的な姿であった．

　こうした髪の毛，力（権力），セクシュアリティの関係は，これまでにも広く報告されている．次の見解はその一例である．

　　キリスト教以前のポリネシアの首長はマナ（mana）であった．首長
　　（ulu）を表すサモア語は，「頭」または「毛」も意味する．だから，毛
　　そのものがマナのように扱われたとしても，驚くには値しない．たとえ
　　ば，サモアの首長の髪の毛は特別な御付が切った．マナは自然界の活力
　　と結びつつき，豊潤と同義であった．西洋と接触する以前のサモアで，
　　女性が髪を長くしたのは妊娠時だけであった．長髪は妊娠あるいは豊潤
　　な状態を，暗に意味していたのである（Mageo 1994：410）．

髪の毛の象徴性については既にいくつかの理論があり，その普遍性を示唆したものもある．上に引用したマジオ（Jeanette Mageo）の論文は，彼女の8年間に及ぶサモア滞在をもとに，そうした理論を検討したものである．マジオの考察が特に興味深いのは，先に掲げたティコピアの例と同じで，サモア人の髪型が植民地化の影響でずいぶんと変化し，キリスト教的道徳観が重視されるようになったからである．つまり，以前は豊潤に与えられていた正の役割が，過剰なセクシュアリティに対する負の態度に取って代わられたのである．なお，マジオは公的象徴（public symbol）と私的象徴（private symbol）の重なりについても論じている．

関係の象徴化

人間関係が象徴的な形でさまざまに表現されることは，特に第3章の贈答の考察で指摘した通りである．贈り物は特定の機会に行なわれ，その場にふさわしいように包まれる．モノの贈呈が送り手と受け手の関係を物語るのは，そのためである．また，人間関係をスムーズに運ぶためには，贈呈における互酬性やコミュニケーションが重要であり，文化を異にする人が贈り物の意義を誤って解釈すると，いろいろな問題が出ることについても述べた．

繰り返すが，象徴はある社会に特有で共有された意味の一部であり，贈答その他のローカルな意義を調べるのは人類学者の仕事である．日本人は僅かな関係を持った外国人に対しても，立派な贈り物をすることで知られるが，贈呈の習慣が日本で持つ重要性に気づいている外国人は少ない．贈り物を受け取って，その費用に見合うだけの（またはそれ以上の）返礼をしたり，相対的な地位や好意を無視してお返しをすると，瞬く間にとんでもない贈り物合戦を繰り広げる結果となる．

贈答のローカルな習慣を巧妙に操れば，人間関係の調整が可能になる．予想外の贈り物は概して関係強化の意思の表明だが，それは逆にこれまでのやりとりの清算も意味するし，困難な状況に対する同情の表現ともなる．食べ物は日持ちが悪いので，「せっかく貰ったのにもったいない」という口実をつけて，近所の人や仕事の同僚を招待すれば，親愛の情をうまく表現できるし，意図的に関係を深めることもできる．逆に，普段している贈り物を止めたり，期待を数段下回る額の贈り物は，近くなりすぎた相手に距離を置き，

関わりを持つのを避けたいという意思の象徴である．贈り物を返せば当然相手を拒否しているように思われるが，その象徴性の解釈に関しては，当該社会の慣習を十分考慮する必要がある．

　挨拶も人間関係の重要な表現である．それは贈答のように操作可能で，巧みな社会的コミュニケーションの手段となる．今日，握手は合意や同意の国際的象徴であり，重要な条約の調印には欠かせない．実際，首脳が握手している写真は，国際報道に花を添えている．ヨーロッパ内部の習慣には差異があるが，概して握手は善意の表現と言ってよい．ただ，国によっては毎日家庭で握手するところもあるし，初対面のときや学位・賞の授与など特別な機会に限るところもある．いずれにせよ，握手は新たな関係を固めたり，喧嘩のあとの仲直りを表現するために使われる．

　だが状況によって，握手は挨拶としてあまりに冷たく感じられ，ヨーロッパでもキスをすることがある．キスにもさまざまな形があり，普通は唇と唇をあわせるが，女性が公共の場でするときなどは，単に頬ずりをしながら口をすぼめることが多い．集団の中には頬にキスを強いるところもあるが，そういう習慣は（頑固なフランスびいきを除くと）イギリスより大陸の方に多い．ポーランドでは，キスの回数は3回に決まっているという．また，プライベートな場におけるキスには文化差があり，読者は驚かされることもあるだろう．ちなみに前近代の日本では，接吻は特にエロチックなものとは考えられてなかったという．

　西洋社会では，キスや抱擁は個人の内面の象徴であり，第2章で述べたように，男性同士にはあまり見られない．だが中東の一部では，公共の場でもキスは握手より多い．1993年，イスラエルのラビン首相（Yitzhak Rabin）と，パレスチナ解放機構（PLO）のアラファト議長（Yasser Arafat）の歴史的会談の前夜，巷では二人はどのように挨拶をするかという話で持ち切りになった．抱擁を期待した人は数多くいたが，結局実現しなかった．両首脳の握手は全世界で歓迎されたが，中東地域の人には冷たく映ったかもしれない．

　日本人の通常の挨拶はお辞儀である．お辞儀には多くの仕方があるが，直立の姿勢からどのくらい頭を下げるかで敬意は測れる．だから，二人の人がお辞儀をする場合，角度によってどちらが上か分かる．また，目下の者は目上より先に頭を上げてはいけないので，お互いに譲り合っていると漫画的な状況が発生する．畳の上に座る和室では，額をほとんど床につけるような姿

勢を含め，いろいろなタイプの儀礼的お辞儀がある．封建時代の武士は，相手から目を離さないようにして，敵の不意打ちを防ぐよう訓練されたという．

　敬意ばかりでなく，象徴は敵意や凄みを表すためにも使われる．たとえば，日本の武士の帯刀は身を守る気迫を示すものであった．刀はまた社会的地位の証明でもあって，江戸時代には「切り捨て御免」も許された．一方，アメリカでは銃の所持が他の国より簡単で，夕日の決闘は長い間，高度に儀礼化され象徴的な問題解決法であった．今日では博物館や城に飾られている鎧も凄惨さの象徴であり，忠誠が刻印されている兜や胴当ても多い．

集団的象徴とその解釈

　こうした象徴は戦争に数多く見られ，交戦する社会集団全体を表す．旗は国や特定の民族を象徴し，人間は敵対行為を至上目的とする服装に身を包む．戦闘服にはさまざまな形があり，軍服（かつての鎧）は人々を大義名分の下に結集させる強力な象徴的手段となる．それは個人をより大きな社会的存在に従属させ，個々人の良心の呵責を共通の利益の名の下に犠牲とする．このような装いをしたとき，人間は通常の生活なら戦慄を覚えるような暴力行為や，逮捕や投獄に値するような行為を行なうのである．

　国歌やマーチはその性質上，聞く人に集団的プライドを植え付ける．それは修辞学的な言葉が，好戦的なものであれ平和的なものであれ，大義名分に人を駆り立てるのと同じである．核武装反対のシンボルは，近年もっとも有名で強力なものだが，その起源や解釈は国によって異なる．人類学者が研究対象の社会集団の言語や装具を分析するのは，その集団の成員が重視する象徴を見いだすためである．象徴を研究すれば，当該集団のイデオロギーが分かり，他の社会的側面の理解にもつながる．

　コーエン（Anthony Cohen）がイギリスで編集出版した本に，『境界線の象徴』（1986年）がある．この本が検証した差異とアイデンティティのシンボリズムは，共同体内部，イングランドのデヴォン（Devon）地域の男と女の世界，ヨークシャー（Yorkshire）とバタシー（Battersea）の家，ルイス（Lewis）の近隣居住区，北アイルランドのプロテスタントとカトリックなどに関わるものである．収録された論文は，こうした集団間の差異が複雑かつ曖昧であることを示しているが，同書の第2部では，ある集団がより大きな

社会に向かって,どのように差異を表現するかを検討している.例として,大人の世界における青年,イギリス北部の都市周辺の住民,海外におけるグラスゴー人のイメージなどが掲げられている.コーエンは,複雑な共同体には象徴の柔軟性(malleability of symbols)があると考え,次のように述べている.

> 象徴の効力は,共通なフォルム(形)を,同一集団の成員および異質な集団間で維持する一方で,彼らに画一的な意味を押しつけない点にある.つまり,象徴には柔軟性が備わっていて,その場に「適した」ように変えられるのである.だから,象徴は個人や集団の個性を損なうことなく,社会との結びつきを経験し表現する媒体となる(Cohen 1986:9).

シンボリズムの人類学的解釈

シンボリズムに関する研究は多い.人類学者の間では,外来者が異民族のシンボリズムの解釈にどの程度介入すべきかについて,これまで多少の議論があった.この点について,コーエンは次のように書いている.

> 民族誌的に人類学者が難しいと感じるのは,単にシンボリズムが解釈の問題だからではなく(解釈はシンボリズムにつきものである),ある行動を象徴的と解釈すること自体が,実は推論と判断の問題であって,それは妥当性および理論的「適合性」といった概念を援用して,初めて立証できるものだからだ.(中略)危険なのは,調査者の想像を解釈の「資源」として使うことではなく,想像そのものをデータとして扱ってしまうことである.(中略)小作地,馬鹿騒ぎ,葬式などには,象徴的意義があると私は書いた.だが一体誰にとっての意義なのだろうか.人類学者の描いている民族にとってか.それとも人類学者自身か(Cohen 1986:7).

この分野に大きく貢献した人類学者がターナー(Victor Turner)である.彼は『象徴の森』(1967年)という著作で,以下の3種類のデータから,儀礼的象徴の構造と特徴を類推することが可能だと述べた(Turner 1967:20).

（1） 外形 (external form) と観察可能な特徴
（2） 専門家および一般人の解釈
（3） 主に人類学者の理解による重要な文脈

　この中でもっとも問題となるのが最後の範疇である．というのも，それは第2の範疇を超え，ときとして矛盾することがあるからだ．もっとも，このレベルでは人類学者間の意見の相違もあり，本書の冒頭で述べたように，そうしたことは珍しいことではない．ターナーは，一連の象徴をそれが出現する儀礼全体の文脈に置いて，他の儀礼や儀礼のパフォーマンス，および儀礼がその一部を構成する社会全体（階級，リネージ，世代などの概念を含む）との関連で理解することが重要だと説いた．彼によれば，こうした仕事は外来者の方が，主観に囚われている参加者より向いているのだ．後者は表現または象徴されている理念，価値，および規範を，当然視してしまうからである．
　ターナーが例としてあげたのが，前章で述べたンデンブ族の［ンカンガ Nkang'a と呼ばれる］少女の思春期儀礼である．この儀礼で少女は一日中，木の下に寝かされる．その木はミュディ (mudyi) と呼ばれ，樹皮をむくと乳状の滴が出る．ンデンブ族にとって，それはもっとも重要な「観察可能な特徴」である．部族の女性は，この液体を乳および乳が出る胸の象徴だと説明する．さらに彼女たちは，ミュディの木は母と娘の関係ばかりでなく，女性から女性へとつながる系譜——それは男性を含めた部族全体の象徴である——を表すと言う［ンデンブ族は母系である］．しかし，ターナーが実際に観察してみると，この儀礼は娘が思春期に達した時点で，母と娘の分離を象徴するばかりでなく，男と女を分離したり，女性集団を区分する役割もあることが分かった．
　ターナーの主張は以下の観察に基づいている．①母親は木の下でじっとしている少女を囲んで踊る女性集団から除外されている．自分の娘の思春期儀礼なのに，この重要な部分に参加することは許されない．②男性はすべて儀礼から排除されており，女性が一切を取り仕切っている．③母親が参列者に食べ物を出すと，女性たちは争うようにして口に入れる．最初に食べた女性の出身地に，少女は嫁ぐと言われているからだ［ンデンブ族は夫方居住である］．ンデンブ族のインフォーマントは，［ンカンガの儀礼は部族の連帯の象徴だと主張するが，実際には内部に亀裂があるという］矛盾に気づいていなかっ

た．ターナーによれば，こうした矛盾は客観的な立場にある外来者が，ンデンブ社会に関する広範な知識を活用して，初めて類推できるものなのである．

キリスト教徒の多いイギリス社会では，人類学者がキリスト教について書くと，同じような問題が起こる．リーチはキリスト教の習慣を人類学的に分析し，「神話としての創世記」や「処女出産」という論文を著したが，多くの人を困惑させる結果となった（Leach 1969. 詳しくは第7章で検討する）．彼の意図は純粋に学問的なものであったが，キリスト教の儀礼を「異教徒」社会における儀礼と同じ枠組みで論じたことで，彼らの分類体系を破りタブーを犯してしまったのである．概して宗教的信仰を持っている人は，自分の習慣を客観的に見て比較することが難しいようだ．

人間は自分の行為をすべて理解しているわけではない．かつてビーティ（John Beattie）が指摘したように，キリスト教の信者が聖体拝領（Eucharistまたは聖餐式 Holy Communion）の教義と意味を十分理解していないからといって，この儀礼には宗教的な意味がないということにはならない（Beattie 1966：67）．儀礼の説明は専門家の間でも意見の食い違いがあり，聖体拝領（聖餐式）はそのよい例である．プロテスタントの牧師は，パンと葡萄はキリストの肉と血を表す（または象徴する）と説明するだろうし，カトリックの神父はキリストの肉と血に「なる」と言うであろう．ここには根本的な意見の対立が見られ，信者や参列者が客観的に分析を行なうのは困難である．

同じような問題は日本にも見られる．固有の宗教である神道は，現人神(あらひとがみ)としての天皇という観念や，悲惨な戦争体験と結びついているので，第二次世界大戦後は公式な場から影をひそめた．一方，仏教にはそのような影響はなく，長いこと日本で宗教といえば仏教を示し，神道は単なる「迷信」ということになった．そのため，仏教よりは神道の方が研究しやすかったが，その背景には神秘的な要素が神道から取り除かれたこともある．神秘性は宗教的信仰に畏敬の念を付与するため，信者がみずからの世界観を損なうことなく論じるのは難しいのである．また，信仰には第2章で述べたタブーの影響も見られる．

儀礼の世俗的要素には神聖性がさほどないので，イギリスの通過儀礼に使われるケーキや衣装などについての憶測は多い．チャールズレイ（Simon Charsley）は，グラスゴーで人類学的調査を実施し，スコットランドの結婚

式におけるウェディングケーキの意味と目的について調べた．残念ながら，結婚式という一大イベントの出し物のケーキについて，納得のいく解釈はインフォーマントから得られなかった．だが彼自身は，白のウェディングケーキは純白のドレスを纏った花嫁を表し，「ケーキカット」は（実際にはケーキの真中に「ナイフを突っ込む」わけだが），「処女の白い殻」を破ることを意味すると考えた（Charlsley 1987：106）．この解釈には後で「おち」がついた．

　チャールズレイの論文の大部分は，外来者としての人類学者の解釈の正当性，つまり行為者自身の説明からどの程度の離反が許されるか，というターナーが指摘した問題を扱ったものである．彼の調査が予期せぬ方向に発展したのは，とあるカップルが上記の解釈を誰かから聞きつけ，ウェディングケーキが象徴する新郎新婦の不平等に驚き，ケーキなしで結婚式をすると決めたからである．そこでチャールズレイは，儀礼はそのシンボリズムの意味に本人が気づいてないときにのみ実行可能である，という仮説を立てた．だが，このカップルを狼狽させたのは，チャールズレイの解釈である処女性喪失のシンボリズムではなく，両性の不平等という観念そのものだったので，仮説は放棄したという．

　現実問題として，多くの人が関心を寄せているのは，自分の結婚式の手はず，特に息子娘のそれであり，万事「つつがなく」終了することである．「うまく」行けばそれでよいのであって，わざわざ儀礼の意味を調べて，自分の解釈を披露しようなどと思う人はいない．実際，本屋や相談所に行けば，結婚に関する雑誌はごまんとあり，何をどうすればよいかすぐ分かるように書いてある．ほとんどの人は，その程度の情報で十分なのである．チャールズレイによれば，ウェディングケーキを廃止するより，何か個人的な気持ちをケーキに表そうとする人が多く，夫婦ともに子連れで再婚したカップルは，親子で仲良くソファーに座っているデコレーションを添えたという．日本で働いたことのある私のイギリスの友人などは，日本刀でケーキカットをしたほどである．

　このように，シンボリズムの解釈は十人十色で，学術的議論の対象である．だが，どの社会にも，こうした解釈を成立させる思考的基盤というものが存在する．だから，怒りを表現することに意味があるのは，それが怒りとして理解される限りにおいてである．また親友や親戚など，特定の人に限ってメッセージを送る人もいるが，あまりに世間一般とかけ離れたことをすると誰

にも意味が伝わらず，コミュニケーションとしては成立しない．コミュニケーションの基本的道具は，第1章で説明したデュルケムの用語に従えば，**集合表象**（collective representation）である．それは本章のタイトルである「象徴体系」（set of symbols）を包摂し，社会人類学にとって最も基本的な事項の一つなのだ．

《参考文献》

Baizerman, Suzanne (1991) "The *Kippa Sruga* and the Social Construction of Gender." In Ruth Barnes and Joanne B. Eicher (eds.), *Dress and Gender: Making and Meaning* (Oxford: Berg).

Beattie, John (1966) "Ritual and Social Change." *Man* 1: 60-74.

Charsley, Simon (1987) "Interpretation and Custom: The Case of the Wedding Cake." *Man* 22: 93-110.

Cohen, Anthony (1986) *Symbolising Boundaries: Identity and Diversity in British Cultures* (Manchester: Manchester University Press).

Firth, Raymond (1973) *Symbols, Public and Private* (London: Allen & Unwin).

Gell, Alfred (1993) *Wrapping in Images* (Oxford: Clarendon Press).

Jung, Carl G. (ed.) (1964) *Man and his Symbols* (London: Aldus). 河合隼雄監訳『人間と象徴——無意識の世界』（河出書房新社，1972年）．

Leach, Edmund (1969) *Genesis as Myth and other Essays* (London: Cape). 江河徹訳『神話としての創世記』（紀伊國屋書店，1980年）．

Mageo, Jeanette Marie (1994) "Hairdos and Don'ts: Hair Symbolism and Sexual History in Samoa." *Man* 29: 407-432.

O'Hanlon, Michael (1989) *Reading the Skin: Adornment, Display and Society among the Wahgi* (London: British Museum Publications).

Turner, Victor (1967) *The Forest of Symbols: Aspects of Ndembu Ritual* (Ithaca: Cornell University Press).

《読書案内》

Douglas, Mary (1975) *Implicit Meanings* (London: Routledge & Kegan Paul).

Eicher, Joanne B. (ed.) (1995) *Dress and Ethnicity* (Oxford: Berg).

Firth, Raymond (1937) *We, the Tikopia* (London: Allen & Unwin).

Needham, Rodney (1979) *Symbolic Classification* (Santa Monica, California: Goodyear). 吉田禎吾・白川琢磨訳『象徴的分類』（みすず書房，1993年）．

第5章 象徴体系としての社会　113

《訳注》
1 本章におけるヘンドリーの議論には，イギリス社会人類学の重鎮ファース（Raymond Firth）のシンボル研究の影響が強いように思われる（Firth 1973）．そのため，1960年代後半にアメリカで登場した象徴人類学（symbolic anthropology）についての説明は，ほぼ皆無である．この分野の代表的研究者は，『アメリカの親族』（*Kinship in America*, 1968）を著したシュナイダー（David Schneider），本文にも登場するターナー（Victor Turner 彼は60年代前半にイギリスからアメリカに移住した），およびギアーツ（Clifford Geertz）である．ギアーツは世界的にもっとも影響力の強い人類学者の一人で，彼の研究は現在「解釈人類学」（interpretive anthropology）として知られている．主著は『文化の解釈学（Ⅰ・Ⅱ）』（吉田禎吾，柳川啓一，中牧弘允，板橋作美訳，岩波書店，1987年）．手頃な解説としては綾部恒雄（編）『文化人類学15の理論』（中公新書，1984年）の第13章「解釈人類学」を参照．
2 原文は以下の通りである．"a thing regarded by general consent as naturally typifying or representing or recalling something by possession of analogous qualities or by association in fact or in thought" (p. 83).
3 イギリスでもアメリカでも，「進め」を示す信号の色は日本とほぼ同じだが，英語では「青」ではなく green（緑）である．同様に，太陽の色は「赤」ではなく yellow（黄色）である．10歳までアメリカで育った私（桑山）の息子は，ある日ふと私が「信号が青になったから渡ろう」と日本語で言ったところ，"No, daddy. That's green."（パパ，違うよ．あれ緑だよ）と即座に反応した．5歳くらいの時のことである．また幼稚園のお絵かきでは，太陽を黄色にぬっていた．言語と認識に関する一般書に，鈴木孝夫『日本語と外国語』（岩波新書，1990年）がある．
4 原文にはディアストーカー，タータンキャップ，シルクハット，および山高帽子の説明はない．著者に頼んで外国人でも分かるように説明してもらい，それを桑山が訳した．なお山高帽子（bowler）は，ロンドンの帽子屋 William Bowler が1850年に考案したものである．明治初期の日本人には，それが文明の象徴のように思えたのかもしれない．

第 6 章
美と賜物，宝と戦利品

鑑賞と価値

　ある社会におけるモノと象徴の解釈で興味深いのは，その審美的側面である．芸術（art）や審美性（aesthetics）に関する人類学的研究は，近年とみに盛んになった．その理由はさまざまだが，本章のタイトルにも一つの大切な理由が表されている．つまり，ある人にとっての芸術（「美」「宝」）は，別の人にとって単なる**商品**（commodity「賜物」「戦利品」）にすぎず，そこには巨大な利益が隠されているのである．今日「芸術」は世界的な関心事項になったと言ってよい．第 1 章の冒頭では，おみやげにまつわる解釈を世界観との関連で検討したが，本章では価値とりわけ審美的価値を加味して考察したい．

　今日，「芸術作品」（objet d'art）が持つ価値に目をつけ富を築く人がいる一方，そうした分野に疎いため疎外感を味わっている人がいる．だが，芸術の価値は地域的にまったく相対的なものであり，一部の人による搾取が可能なのは，芸術評価の仕組みを理解して操作しているからである．興味深いことに，かつては「原始的」と呼ばれた「先住民」の芸術が，今日では世界的価値を持つようになり，奥地の芸術家も市場へ参入している．

　人類学者にとってモノの価値は，それがある民族の世界観の理解に役立つことにある．しかし，モノの解釈は特定の見方と結びついていることに注意したい．本来とは違うモノの使い方をして，現地の人を侮辱することもあるし，彼らの解釈と人類学者や美術史家（art historian）の解釈が異なることもある[*1]．また，あるモノが外部の社会で高く評価され，そこに政治経済的利益が絡むようになると，需要と供給の関係に沿った行動が生まれる．そうした行動は，「純粋で素朴」な芸術を破壊するかもしれない．たとえば，とあ

る日本の村落［おんだ焼きの里として知られる大分県日田市皿山］の焼き物は，「民芸」(folk art) の粋という評価を［1931年に来訪した柳宗悦より］受けた．皮肉にも，そのことによって，村の焼き物は元来の姿を失っていったのである (Moeran 1984)．

　芸術と精神性あるいは超越性の関係も，人類学者にとっては関心の的であり，本章では芸術作品と宇宙観は切り離せない関係にあることを論じる．モノの解釈はそれが置かれた文脈によって異なるが，オーストラリア原住民の芸術はこの事実をよく示している．彼らはモノの精神的意味を，それを作った人間や自分の社会の成員だけで独占し，旅行者には適当な説明しかしないのである．同様の習慣は世界各地の原住民に見られる．秘密に価値を置く彼らの社会では，当然のことといえよう．

　買い手からすると，購入した芸術作品にはなんらかの奥義が秘められている，というのは魅力的である．たとえ，先住民自身にはそうした感覚が分からなくても，売り手は買い手が単なるおみやげ以上のものを求めているのを知っている．キャプテン・クックが「発見」した楽園の島々を描いた初期ヨーロッパの作品は，エデンの園を想起させるものであり，それは当時のルソー的な「高貴な野蛮人」(noble savage) と合致する天国のイメージであった．先住民の芸術には癒しの要素があるようだが，それはハイテク世界のハイペースな都市生活に疲れ，安らぎを求める人々を魅了してやまない．

生きた芸術

　芸術人類学 (the anthropology of art) の研究は，商品価値のあるモノに限定されているわけではない．人間の身体の装飾に審美的価値を認める社会も多く，そうした社会では身体展示の準備に何日もかける．身体装飾 (bodily decoration) や，その象徴的意味については前章で多少考察したが，身体装飾の審美性が劇的な形で現れているのが，南スーダンのヌバ族 (Nuba) である．若いヌバの男女は毎日何時間もかけてメーキャップをし，全身が光るまで油を塗りつける．もっとも魅力的な装飾は，15歳から20歳くらいの思春期の男子に見られるという．

　人類学者のファリス (J. C. Faris) によれば，こうした行動は純粋に審美的なものであり，ヌバ社会で理想とされている「健康な思春期の肉体美」を

写真6.1 ディンカ族の牛．本章ではその審美性について論じる（写真提供 Jeremy Coote）．

表現している（Faris 1971）．もちろん，理想的な人間の身体に審美的価値を認めるのは，他の多くの社会にも見受けられる普遍的なものであろう．西洋の美術史家が見逃してきた身体装飾は，ベイウォッチ（*Bay Watch*）という映画のシリーズ（台詞より登場人物の若い健康な姿が売りの映画）に，よく表れている．肉体的にも性的にも成熟期にある若い男女の身体を展示して賞賛することを，専門的に**エフィビズム**（ephebism）と言うが，理想的な身体の観念には文化差があることに注意したい．

　刺青は恒久的な身体装飾であり，非常に多くの時間と資源を必要とするが，前章で述べたように，政治的利益を長期的に提供する場合もある．社会によっては，刺青が男の序列を表現し，痛みに耐える男らしさ（マッチョ *macho*）の証となる．もちろん，その審美性が魅力で刺青をする人もいる．先に言及した日本の「いまわしい」刺青は，実は日本文化の粋として海外に紹介された版画と同じ神話的着想に基づいており，世界中の刺青師がそれを

他のモチーフと組み合せて仕事をしている．

　また，審美性は一見何気ない日常生活にも表現されるという．たとえば，ヌアー族（Nuer）やディンカ族（Dinka）など，ナイル川流域の牧畜民にとって，色彩や形状の美的感覚は生計の基盤である牛（cattle）を中心としている（写真6.1）．彼らの言語は，牛の模様の細かな差異を表す語彙が非常に発達しており，部族の会話は西洋の骨董品業者やワイン鑑定家を彷彿とさせ，牧畜業者のものではない．英語のpiebald（白黒のまだら）やGuernsey（ガーンジー種）といった言葉は，彼らの言葉ではまったく違う価値を持っている（Coote and Shelton 1992）．

　生きた芸術（living art）の別例は，ヨーロッパのもっとも伝統的な形態，つまり庭園（garden）と景観（landscape）である．鑑賞庭園の歴史は，文化的な影響，借用，創造の歴史である．このことは，イギリスにおける東洋庭園を見れば明白であろう．実際，イギリス人が栽培用として重宝している花のほとんどは中国に起源があり，イギリス人好みの草木で日本庭園に由来すると思われているものも，実は中国が発祥地である．また，ヨーロッパに散在する日本庭園は，富豪が19世紀に作ったものだが，それを再発見し修繕する目的で，1993年イギリスに日本庭園協会（Japanese Garden Society）が設立された．

　ただ，イギリスにおける日本庭園の魅力は，必ずしも日本文化そのものにはない．むしろ，その本来的な審美性が，「とりつかれる」とか「精神的」と表現される無形のものを，熱狂的ファンに提供するのである．それは，ヨーロッパ人が何世紀にもわたって追求してきた「景色」（scene）や，凝縮された「景観」を作るヒントを与えてくれる．景観の創造は，小さな空間や広大な田舎の別荘地であれ，絵画の世界における二次元の世界であれ，芸術の重要な一角を占めており，文化交流がもっとも進んだ分野である．

　オーストラリアのような移民国家の主要なギャラリーには，植民地時代から現在に至るまで，ヨーロッパ各地から移住した画家や，オーストラリア出身またはアボリジニーの血を引く画家の描いた風景画（landscape painting）のコレクションがある．そうしたギャラリーには，ヨーロッパ美術のコレクションも大体あるので，オーストラリアを描いた初期ヨーロッパの作品を見れば，それが現地に生まれヨーロッパの伝統に囚われずに描いた画家の作品とは違うことが分かるだろう．

また同じ風景でも，アボリジニーの作品はきわめて異質である．モーフィ (Howard Morphy) の『先祖との絆』(1994年) という本は，このテーマを取り上げたもので，景観を二次元の世界で表現するという行為に潜む分類の問題を明らかにしている．風景画は個々の文化に特有な形態であり，西洋ではその起源は古代にまで遡り，ルネッサンス期に再登場した．ただ，景観という概念は，一般に考えられているほど普遍的なものではない．『景観の人類学』(1995年) の編者ハーシュ (Eric Hirsch) とオハンロン (Michael O'Hanlon) は，景観を「場所」および眼前の「前景」と，「背景」として考えられる「空間」の関係としてとらえ，西欧とは異質の景観理解を紹介している．

> 本書の景観モデルは，過程 (process) としての景観という考えに基づいている．この過程は，毎日の社会生活という「前景」――「現実の我々」――を，可能性としての社会的存在という「背景」――「仮定の我々」――と結びつけている．それは風景画のように，理念化され超越した状況において，一種の超時間性と固定性を獲得する過程であるが，現実の人間世界の社会関係では，たとえ可能でも瞬間的にしか実現されないものである (Hirsch and O'Hanlon 1995: 22)．

また，ペルー領アマゾン川流域に住むピロ族 (Piro) に関する論文によると，熱帯多雨林地域では観察地点から地平線が望めないという．そして，村落をとりまく種々の草木は，親族や親族と関連のある過去の活動として「見られる」のだという．

> アマゾンを一つの景観として見ることは難しい．至るところで草木が視線をさえぎるので，観察地点から遠くの地平線が望めないのだ．(中略) バホ・ウルバンバ (Bajo Urubamba) の原住民にとって，地域の環境は生の空間である．彼らは空間を駆け巡る動きによって環境を認識し，そこに他者の動きや活動の足跡を見いだし，さらに別の主体の語りを通じて環境と接する (Gow 1995: 43, 59)．

オーストラリアでも，親族の概念は先祖とゆかりの深い場所や空間，および生死の概念と密接に結びついている．さらに，ニューギニアの密集林地帯

では，音が景観を理解する上で重要だという．そこでは，「隠されたもの」とは目に見えないものではなく，聞こえないものであり，景観は「調音」(articulation 音と音の接合) を意味する．

「世界を見る」窓口としての芸術

どの社会の調査でも，モノに注目すれば具体的にどういった現象を考察して，何をインフォーマントに聞けばよいか分かる．換言すれば，モノはそれを作って使う民族に関する情報源なのである．研究対象の民族が，モノをどのように解釈し評価するかが分かれば，彼らの思考様式や表現法の基礎となる現地の分類体系の理解も進む．クーティ (Jeremy Coote) とシェルトン (Anthony Shelton) が『人類学・芸術・審美』(1992年) の序章で指摘したように，「ある社会の芸術は，その社会の世界観を分析する恰好の出発点である」(Coote and Shelton 1992：5)．

同書に収録されたボーデン (Ross Bowden) の論文は，その好例である．彼はパプアニューギニアのセピック河流域に住むクウォマ族 (Kwoma) の芸術と建築を研究し，彼らの彫刻について『イェナ——セピック社会の芸術と儀礼』(1983年) を著した．クウォマ族の作品は，いずれも念入りに仕上げられており，いわゆる「原始芸術」(primitive art) や「部族芸術」(tribal art) の粋を体現している．それは西欧の有名な美術館にも展示されているが，クウォマ族内部では芸術品というより，政治的，精神的，象徴的価値を持ったものである．その意味で，モノは彼らの世界観や**集合表象** (collective representation) を理解する出発点となる．

クウォマ族には，華麗に装飾した儀礼用の「男の家」(men's house 男子舎屋) がある[*2]．ボーデンによれば，それはクウォマ社会で男性が果たす構造的役割を，可視的に表現したものである．「男の家」は，男が世間話や儀礼をするために集まる場所で，村の中心部に位置する．こうした空間配置は，氏族組織における男性の構造的中心性を表している．彼らの村は，生涯を共にする男性の血縁集団から成立し，女性は結婚を契機に村を離れる．もっとも，離婚率が高いので生家に戻る女性も多い．

こうした構造を反映して，家族用の家（男が妻子と暮らす場所）は，村落周辺の森の近くに散在している．女性は集団を構成することはなく，あった

写真6.2 クウォマ族の彫刻（中央）と，バンウィス（Bangwiss）村のワイパナル（*Wayipanal*）と呼ばれる儀礼用の「男の家」の天井を飾る樹皮絵画（背後）．彫刻は氏族の霊（spirit）を，絵画は氏族のトーテムを表している（写真提供 Ross Bowden, 1973年撮影）．

としても夫を媒介とした集団である．また「男の家」に入ることは許されない．ボーデンが述べたように，村落空間に占める女性の周辺性は，女性の社会的周辺性を構造的に表している．女は妻として夫の集団の潤滑油となるが，住居や社会の中心に位置することはない．興味深いことに，クウォマの女性の芸術品といえば，身体に刻まれた刺青状の傷であって（Williamson 1979），それは婚姻に伴う村落間の移動とともに動く．

対照的に「男の家」の建築は，クウォマ社会における男性性の表現である．男は戦争になれば人を殺し，家庭では多くの子供を持ち，広大な田畑を所有しようとする．こうした攻撃性や，人間界および植物界における肥沃の概念は，「男の家」の特徴でもある．特に象徴的なのは，精巧な彫刻と塗装を特徴とする棟木と，縦長の横梁に使う材木の選択である．両者とも過大な男性の性的能力を備えた神話上の木を材料とするが，その木は森のわき道にあり，女が根をまたぐと即座に妊娠するという．初潮を迎えてない娘の場合は，いずれ出産のときに死ぬ運命にある．

また，柱や梁の彫刻に描かれた模様は（写真6.2），クウォマ文化の基本的特徴——常食とする植物，高でんぷん質のサゴ，社会構造の基本となる交換など——の形成にまつわる神話に登場する英雄を表している．そして，天井に散りばめられた何百もの樹皮絵画は，氏族の象徴である植物や動物をモチーフとしており，クウォマ族の文化に通じた人が見れば，すぐさま村落の氏族構成が分かるという．

芸術と社会的地位

モノが社会的序列や権力をいかに表現し，両者がどのように結びついているかを探ることは，文化を解釈する上で重要である．上に述べたクウォマ族の場合，イェナ（Yena）と呼ばれる彫刻は霊（spirit）の世界の表象であり，それは肥沃な田畑と人間の存在を保証し，民族の道徳体系や法律制度を支えている．「男の家」に飾られたイェナは，男たちの話し合いを天井から見つめ，霊の前で喧嘩が起こらないように監視しているのだ．また，イェナは村全体の権威や歴史の象徴であり，それを彫り色をつける男の技術は，超自然界からの賜物と考えられている．

アフリカでは，仮面を使って祖霊の意向を伝える人間の顔を隠し，超自然

界の権威とそれを演じる人間を区別する．審判をくだす際には声を変えることも多い．芸術品の中には，一定の境遇にある人間にしか見られないものもある．たとえば，イニシエーション儀礼の重要な側面は，彫りの美しさから芸術品と呼ぶにふさわしい儀礼用オブジェの開陳にある．パプアニューギニアのアベラム族（Abelam）を調査したフォージ（Anthony Forge）によると，過酷なイニシエーションの最後にオブジェを見せることは，儀礼全体の意義を高めるだけでなく，オブジェの持つ力そのものを高める効果があるという（Forge 1970）．儀礼を営み芸術品を創造する知識は，それを持っている人間が超自然界と特別な関係にあることの証であり，ローカルな政治の場における力を示している．

個々の文脈における芸術品の意味については次節で詳細に検討するが，世俗的な芸術に関する知識と社会的地位の関連にも興味深いものがある．本章の冒頭で述べたように，芸術が世界的関心を集めている今日では，「芸術作品」の価値と真正性（authenticity）に通じることで，地位や富の獲得が可能になる．また権威を持っている者は，ある作品の芸術的価値はもちろん，それ以前の段階として，芸術と認めるべきかどうかを決定する力がある．1995年，ロンドンのヴィクトリア・アンド・アルバート博物館（Victoria and Albert Museum）の展示会で，もっとも関心を呼んだのは園芸用の軍手であった．軍手が芸術品とみなされるためには，専門家をはじめとする多くの関係者の承認を必要とする．展示を見た一般の人は彼らの判断を受け入れたようだが，ありきたりのモノがなぜ特別扱いされるのかという点について，多少の困惑もあったようだ．

芸術品の価値にまったく無知でも，それを所有し展示することで社会的地位は得られる．ヨーロッパ貴族の田園邸宅（country house）には，数々のアート・コレクションが揃っているし，それはかつてのような富の顕示ではないにせよ，所有者が貴族出身であることを表している．また近年，企業が有名な絵画を購入して，ロビーや重役室に飾ることが流行しているが，それも社会的洗練と経済力の表現であると言ってよい．絵画の所有が社員の芸術理解について語るところは少なく，その目的はむしろ高級エリート芸術の世界に，企業が足がかりを持っていることを示して，社会的名声や名誉を獲得することにある．

このように考えれば，先住民がオブジェをそれ本来の目的ではなく，名誉

を得るために誇示しても驚きには値しない．その一例として，北西アメリカ大陸のクワキュトル族（Kwakiutl），トリンギット族（Tlingit），およびハイダ族（Haida）の華麗な**トーテムポール**（totem pole）をあげることができる．トーテムポールには，動物の図柄や民話に登場する人やモノが描かれているが（写真6.3），その多くは一定のスタイルを継承していて，象徴的解釈の対象となる．だが所有者にとって大切なのは，そうした民話や解釈ではなく，トーテムポールが象徴する社会的地位である．

> 個々の作品は「ステータス・シンボル」であり，作品のイメージとは直接関係ないメッセージを含んでいる．つまり，トーテムポール，家の柱，仮面などは，所有者が高い社会的地位にあることを示しているのだ．アイコン（icon像）としての芸術作品の意味は，ネイティヴにはすぐ分からないとしても，その社会的意義は確実に伝わるだろう．ある人間が所有する芸術品の質と量は，その人が社会的序列に占める位置の公的表現と言ってよい．周知のように，アメリカ大陸北西部の社会では，相対的な地位がきわめて重要なので，芸術を通じて伝達される象徴的メッセージは，けっして小さくない（Anderson 1989）．

企業所有の芸術品にせよトーテムポールにせよ，アイコンそのものに価値があるのではない．重要なのは，それを所有しているという事実である．

国際的な文脈では，既存の審美体系によって相互の地位が決定され，芸術的な洗練が文明の尺度とみなされることもある．その一例が古代以来の東西文化交渉で，ヨーロッパ人は中国産の陶器やトルコ絨毯を重宝してきた．東洋で発達した芸術に，西洋で高い評価が下されたのである．もちろん，こうした評価には「交渉」（negotiation）の余地がかなりあり，元来中国で発達した芸術が，今日では日本のものとして解釈されている例も多い．また日本の評論家には，簡素な日本的美は他国の追従を許さないと主張する者もいる．たとえば，折り紙は最高の芸術であり，モノや思考を「包んで」提示する日本人の技術は，他の文明には類を見ないという．確かに，日本では日常品も丁寧に包むし，そうしたきめ細かな配慮が日本を先端技術大国に仕上げたのであろう．彼らの世界観に従えば，審美性の有無が文明の尺度となる．

「包み」の文化については既に考察したが，この問題を大きく取り上げた

写真6.3　ハイダ族のトーテムポール．原産はブリティッシュ・コロンビアのクウィーン・シャーロット島（Queen Charlotte Islands）．エドワード・タイラーが獲得し，現在はオックスフォード大学のピット＝リヴァーズ博物館（Pitt-Rivers Museum）に展示されている（写真提供 Joy Hendry，博物館の許可による）[*3]．

のが日本の額田巌である．彼によれば，包むという行為は，世界中どこでも，食べ物を田畑から家に運んだり，冬に暖をとって暴風雨から身を守るという実利的理由から発達した．しかし，宗教などの精神的価値の発達と共に，包みは単なるモノではなく，聖なる意味を帯びるようになったという．額田は世界各国のさまざまな例を挙げているが，こうした発展段階の第3期として位置づけられるのが芸術であり，第4期が礼節である．この段階に至って包みは審美性を帯び，洗練された美の媒体となった．同時に，それは包む側が相手に対して思いやりや，感謝の念を伝えることも可能にしたのである．つまり，送り手と受け手の双方に，包みは美を解する心を意味するのだ．その心が理解できるかどうかによって，社会的地位は決まる．

こうした繊細なコミュニケーションは，日本では高く評価されており，それは物質文化に限定されない．たとえば，言葉の選択の審美性は日常会話でも強く，衣服やインテリア・デザインも同様である．審美性は日本特有なものではないが，日本人は西洋人が美を感じる分野に長けているので，国際的に秀でた芸術立国と映るのである．ただし，芸術観の文化的相違には留意する必要がある．

芸術と意味

第3章ではいくつかの例をあげて，贈答品を包むことの意味について考察したが，日本と西欧では「包み」の観念が異なる．日本の贈答で大切なのは，えてして贈り物の中身より外の包装であって，包みは破いて捨てるだけの「ただの飾り」ではない．それ自身で立派なメッセージなのである．日本人の中には，贈り物を受け取っても開けずにしまっておく人がいるが，それは包装を破ってしまったら，別の人に譲れなくなるからだろう．

外の人間には「ただの飾り」に見えるものに，実は深い意味が含まれているという点については，前章でパプアニューギニア高地のワギ族に関して，オハンロンの研究を紹介した際に述べた．日本の包みと同じで，ワギ族の装飾はメッセージ性が強く，華麗なヘッドドレス（headdress 頭飾り）は，それを纏う者の政治力を表現している．また，豚の油を光り輝くまで体に塗りたくるのは，彼らの社会では豚が富と交換のもっとも重要な手段だからである．つまり，豚の油の輝きは健康と豊潤を表現しているのだ．さらにオハン

ロンは，ニューギニアの民族の芸術意識についても検討を加えている（O'Hanlon 1992）．

儀礼的な身体の装い（ritual bodily attire）に競合的要素があることは，他のパプアニューギニア研究者も強調している．贈り物を受け取った集団が，それを人前に並べて富を誇示するように，ヘッドドレスの目的は儀礼に参加した人を感服させ，畏怖の念を抱かせることにある．身体は装飾され力強く理想的な形に仕上げられるが，それは集団の健康と社会全体の繁栄の印と言ってよい．ちなみに，トロブリアンド諸島の場合，こうした役割を担うのはカヌーである．

> トロブリアンド諸島におけるカヌーの舷（ふなばた）の役割は，クラ交易のパートナーの目をくらますことにある．つまり，見事な舷で相手を惑わせ，尋常より多くの貴重品を交換させるのだ．カヌーの舷のデザインは，トロブリアンド神話に登場する空を飛ぶカヌーと同じで，滑らかさ，流れる水，知恵などの象徴である．この象徴は航海の目的である贅沢品の獲得を促進する．芸術の形と内容が相まって，より呪術的かつ審美的な効果を生むのである（Coote and Shelton 1992：9）．

基本的に，これは企業のアート・コレクションに見られる競争と同じであろう．複雑な近代社会にも身体芸術（bodily art）は見受けられるが，それは社会内部の構造分化の指標や表出として理解できる．前章で論じたヘアスタイルやその他の身体装飾も，構造分化の好例である．近代社会の人間は必ずしも嗜好を共有しない．パンク風の身体芸術が社会一般の嗜好と異なるという事実は，パンクが社会を拒否している証拠である．同様に，ある社会集団が特定の芸術に対して関心を抱けば，対抗集団はそれを拒否して一線を画そうとするだろう．ポップス（大衆音楽）はその一例である．

こうした現象の根底にあるのが，「嗜好」（taste）という概念である．社会集団は，その成員が賞賛し追求するものを通じて，集団共有の観念を表現しようとする．つまり，「嗜好」は価値表現の一つであって，価値は異質の社会集団によって「争われる」のである．この「競合的価値」（contested value）という考えに，近年の人類学者は関心を寄せている．小規模な前近代社会では，嗜好は世代，ジェンダー，貧富の差などを越えて共有される傾向に

あるが，複雑な近代社会では，この他にも教育や社会階級などの差によって嗜好が分化する．興味深いのは，芸術的嗜好に関する限り，ジェンダーの差はあまり見られないことである．

審美性

このように，芸術や装飾には何かを伝えるという特性があるが，それを詳細に記述するのは難しい．同じモノでも，ある社会集団は「趣味がよい」と評価し，別の集団は「趣味が悪い」と評価するだろうが，なぜそういう違いが生じるのかは簡単に説明できない．しかし，子供の育て方や教育が関連しているだろうことは想像に難くない．あるモノに価値があることを知るには，一定の価値体系の枠組みで同様の価値を持つモノに囲まれて育たねばならない．人間の直感的な反応というものは，自分が尊敬し賞賛する人間の反応と呼応する．逆に，パンクなどの過激な芸術がそうであるように，世間的価値を意識的に拒絶して，人を驚かすような創作行為をする場合もある．いずれにせよ，芸術には深い意味が込められており，その意味には「審美性」と呼ばれる側面が備わっている．

その一方で，審美性という概念は嗜好と同じで，文化に拘束されたもの (culture-bound) であり，審美的鑑賞は社会的な産物にすぎず，特定の社会的文脈ではじめて意味を持つと主張する学者もいる．つまり，ある文化に特有な審美的基準を，別の文化に当てはめて判断するのは誤りだということだ．この見解によれば，普遍的審美性という概念は一種の信仰であり，宗教における神学の地位を芸術の分野に置き換えたにすぎない．ジェル (Alfred Gell) は，『人類学・芸術・審美』(1992年) に収録された論文で，芸術は宗教の様相を呈するようになり，劇場，図書館，ギャラリーは聖堂に匹敵し，画家や詩人は司祭に相当すると述べている (Gell 1992)．

だが，審美性の解釈や評価は社会によって異なるものの，審美的感覚 (aesthetic sense) そのものは普遍であると主張する学者もいる．彼らによれば，人間には美を解し，モノの物質的特徴（たとえば形や織り方）を感覚的に経験する能力が備わっている．そして，そうした理解や経験が，特定の文化的知識体系を背景として，モノの非物質的側面と結びつくのである．モーフィは，芸術人類学を紹介した論文で，「輝き」が持つ審美的効果に触れ，

それが三つの異なる社会で高い評価を受けながらも，解釈の仕方には相違があることを明らかにした（Morphy 1994）．

まず，モーフィ自身が調査した北オーストラリアのヨルング族（Yolngu）は，クロスハッチング（cross-hatching 平行線の陰影）の技術を使った絵画の微光を，自民族の存在の証明と言われる創造物から，先祖が登場したときの輝きであると解釈している．また，彼らの神話や歌の中には，社会生活における輝きの重要性を説いたものが多い．次に，ワギ族も輝きを重視するが，彼らの場合は既に述べたように，身体装飾による輝きである．それは健康や肥沃および集団全体の力の概念と結びついている．最後に，西アフリカのシエラレオネに住むメンデ族（Mende）は，黒い仮面の輝きを女性の健康の印として，儀礼的舞の場において特に重視する．

いずれの場合も，輝きそのものが特筆に価すると考えられているが，社会によっては輝きの度合いを意識的に落とす場合もある．たとえば，西洋の女性は化粧をする際，鼻がめだたないようにするし，写真を頼むときも光沢を避けることがある．イギリスでは，政治経済的価値の変化を反映して，輝きに対する考え方がずいぶんと変わった．たとえば，光沢の美しい木は現在でも骨董家具屋で重宝されているが，最近の傾向として元来は安価な松の木が見直されるようになった．手入れがしやすいばかりでなく，環境対策としても「政治的に正しい」（politically correct）からである．使用人を使って家具や床をピカピカにし，銀や銅の装飾品を吹聴した時代には，輝きは経済的資源の指標であった．だが今日では，塗装が落ちて光を失った木材の方が高いくらいである．

芸術の定義

審美性という概念の定義は，「芸術」をいかに定義するかという，より広範な問題とかかわっている．本章では，これまで双方とも明確な定義を下さずに使ってきたが，それは以上に述べた問題を多少とも理解していないと，定義に関する問題が分からないからである．以下に掲げる著作の多くは定義の問題を扱っており，読者の中にはさらに深く研究してみたいと思う方もいるだろう．だが，定義を下すという行為そのものが，実はきわめて文化的に拘束されているので，冒頭で検証しなかったことの利点をご理解いただける

と思う．

　定義に関する主要な問題は，英語の art という言葉のとらえ方の差から生じるので，要約をかねて一言二言付け加えておきたい．モーフィの指摘によれば，19世紀の西洋では，芸術は文明という意味合いが強かったので，「原始芸術」(primitive art) などという考えは言葉の矛盾であった．こうした観念は，今日でもヨーロッパ的芸術観に認められるが，モーフィによれば特に重要なのは次の3点である．まず制度に注目すると，特定のモノが芸術作品であるかどうかは，それが博物館ではなく，ギャラリーに展示されるかどうかに依存している．ギャラリーに展示されれば「美術」(fine art) として分類され，博物館なら「民芸」(folk art) または「工芸」(craft) として認知されるだろう．次に，モノの属性という点では審美性が問題となるが，技術や意味論上の特性も考慮される．最後に，モーフィは作者の「意図」(intent) も重要であると述べている．

　　芸術作品とは，作者が芸術であることを「意図して」作ったものである．通常ほとんどのモノは，作者の意図より機能や仕様の方が重要なので，ボートは水に浮かなければ作る意味がない．だが芸術作品の場合は，いかようにも見せることができるので，作者に許された自由はそれだけ大きい（Morphy 1994：652）．

というわけで，アート・ギャラリーに行けば，そこにあるすべてのものが「芸術」である――または何も「芸術」ではない――という特殊な世界に入ることになる．

　もっとも，美術 (fine art)，工芸 (craft)，モノ (artifact) の境界線は，今日あまり明確ではなくなっている．こうした区分は往々にして西欧の覇権の産物であって，すべての社会で尊重されるわけではない．前述の園芸用の軍手の展示は，実は日本人による「アトリエ工芸」(Studio Crafts) という興味深い企画の一部であった．それは，「伝統的」と名づけられた機能中心のモノを皮肉まじりに寄せ集めたものと，抽象性に富む「近代的」芸術作品の劇的展示を組み合わせた企画であった．後者の中には，M25 [M は Motorway 高速幹線道路の略] という題の，険しい上り坂を表現した作品が含まれていたが，多分ロンドンの混雑きわまる環状道路 (ring-road) を模写したも

のであろう．既に述べたように，日本は一見単純に思われる形（form）の美を，宮廷の場だけではなく，もっともありふれたモノに見いだしてきた国である．この点については，*How to Wrap Five Eggs*（原題『日本の伝統パッケージ』）という世界的に知られた著作に詳しい（Oka 1967）．

作者の意図については，レイトン（Robert Layton）も『芸術人類学』（1991年）という概説書で取り上げている．彼は芸術を，実際に使う目的で機能的に作られたモノではなく，主に審美的喜びを意識して作られたモノと定義している．レイトンはギリシャ哲学を参考にして，美の形式的特性を論じるとともに，身近な世界に対する人間の感覚を鋭敏にし，かつ感情を喚起させる芸術の表象能力について語っている．概して，西洋の美術史家は芸術作品に斬新さを求め，それを基準にして時代区分を行なう．この意味で，彼らの芸術観は作者の創造性を前提としているのである．

非西欧社会にも西欧的な意味での「芸術」は存在するが，以上の前提は必ずしも成立しない．たとえば，オーストラリアのアボリジニーや，前述のセピック河流域の部族は，絵画や彫刻の才能は誰にでもあると考えている．芸術を作り出す能力は，特定の人間に与えられたものではなく，芸術にかかわる人間を通して，霊的世界（spirit world）が啓示されたものなのである．彼らに固有の芸術的創造性という観念はない．作品は霊的世界から与えられたものであるから，それを模倣して秩序立てることが重要である．クウォマ族が古い家屋を焼き払って新たに家を建てるのは，こうした理由によるものであろう．また，彼らが以前ヨーロッパの旅人に売った古代の彫刻には，西欧の美術館に鎮座しているものもあるが，創造性を重視する西欧の評論家が考えるほど，一つ一つの作品にクウォマ族は価値を置かないのかもしれない．

対照的に西欧では，模写は芸術の学習過程としては認められているが，それを自分自身のものとして売ることは偽造である．もちろん，昔の流派すべての作品が，今日では流派の創設者一人のものとして語られることもあるし，現在より芸術が宗教と深く結びついていた時代もあった．今でも芸術的才能は神の恩寵であると信じている西欧人もいるが，「芸術」は霊的世界の啓示であるとする非西欧の民族は，西欧的な意味での芸術とはとらえ方が違う．次章では「宗教」の意味を検討する．

《参考文献》

Anderson, R. L. (1989) *Art in Small-Scale Societies* (Englewood Cliffs, New Jersey: Prentice-Hall).

Bowden, Ross (1983) *Yena: Art and Ceremony in a Sepik Society* (Oxford: Pitt Rivers Museum).

Bowden Ross (1992) "Art, Architecture, and Collective Representations in a New Guinea Society." In Jeremy Coote and Anthony Shelton (eds.), *Anthropology, Art and Aesthetics* (Oxford: Clarendon), pp. 67-93.

Coote, Jeremy and Anthony Shelton (eds.) (1992) *Anthropology, Art and Aesthetics* (Oxford: Clarendon).

Faris, J. C. (1971) *Nuba Personal Art* (London: Duckworth).

Forge, Anthony (1970) "Learning to See in New Guinea." In Philip Mayer (ed.), *Socialization: The Approach from Social Anthropology* (London: Tavistock).

Gell, Alfred (1992) "The Technology of Enchantment and the Enchantment of Technology." In Jeremy Coote and Anthony Shelton (eds.), *Anthropology, Art and Aesthetics* (Oxford: Clarendon), pp. 40-63.

Gow, Peter (1995) "Land, People and Paper in Western Amazonia." In Eric Hirsch and Michael O'Hanlon (eds.), *The Anthropology of Landscape: Perspectives in Place and Space* (Oxford: Clarendon).

Layton, Robert (1991) *The Anthropology of Art* (Cambridge: Cambridge University Press).

Moeran, Brian (1984) *Lost Innocence: Folk Craft Potters of Onta, Japan* (Berkeley, Los Angeles, and London: University of California Press).

Morphy, Howard (1994) "The Anthropology of Art." In Tim Ingold (ed.), *Companion Encyclopedia of Anthropology* (London: Routledge).

Nukada, Iwao (1997) *Tsutsumi* [Wrapping] (Tokyo: Hosei Daigaku Shuppankyoku; in Japanese). 額田巌『包み』(法政大学出版局, 1997年).

O'Hanlon, Michael (1989) *Reading the Skin: Adornment, Display and Society among the Wahgi* (London: British Museum Publications).

O'Hanlon, Michael (1992) "Unstable Images and Second Skins: Artifacts, Exegesis and Assessments in the New Guinea Highlands." *Man* (N.S.) 27:587-608.

Oka, Hideyuki (1967) *How to Wrap Five Eggs: Japanese Design in Traditional Packaging* (New York: Weatherhill; Tokyo: Bijutsu Shuppansha).

Williamson, Margaret Holmes (1979) "Cicatrisation of Women among the Kwoma." *Mankind*, 12:35-41.

《読書案内》

Banks, Marcus and Howard Morphy (1997) *Rethinking Visual Anthropology* (New

Haven, Connecticut and London: Yale University Press).

Moeran, Brian (1997) *Folk Art Potters of Japan: Beyond an Anthropology of Aesthetics* (Richmond: Curzon).

Morphy, Horward (1991) *Ancestral Connections* (Chicago: University of Chicago Press).

《小説》

Ishiguro, Kazuo, *An Artist of the Floating World* (Harlow: Faber, 1986). 飛田茂雄訳『浮世の画家』(中公文庫, 1992年). 第二次世界大戦前の日本の動乱期における芸術家の関係を描いたもの.

《映画／フィルム》

The Wodaabe (Leslie Woodhead and Mette Bovin, 1988).『消滅しつつある世界』シリーズに収録.「男性美にとりつかれた」ナイジェリアのフラニ族 (Fulani) の遊牧生活を描いたもの. 異様なまでの顔の装飾を映し出している.

『海外の異人』シリーズで, スペンサー卿 (Sir Walter Baldwin Spencer) を描いた映画には, オーストラリアのアボリジニー芸術とその意味を紹介している (第2章参照).

《訳注》

1 英語の art は「芸術」を広く表す言葉であり, 日本語の「美術」は fine art (または the fine arts) に相当する. だが「美術史」という日本語はあっても,「芸術史」は一般的ではない. このことは日本における「美術の特化」という現象と関係している.

2 原文には単に「儀礼用の家」(ceremonial house) とあるが, 文脈および写真6.2の説明から「男の家」(men's house 男子舎屋) であることが明らかなので,「儀礼用の家」を「男の家」と読み替えた. 日本民俗社会における「若者宿」(young men's house) は「男の家」の一種であるが, 本文にあるクウォマ族との違いは, それが成人男子すべての集会場ではなく, かつ祖霊などを祀る儀礼の場ではないことにある.

3 オックスフォード大学博物館 (University Museum) に隣接するピット＝リヴァーズ博物館を訪れて, 誰もが最初に感じることは, それが偉大な「モノの羅列」だということであろう. もちろん, 一見「羅列」に見える展示の中には, ある一定の原則がある. その法則とは, モノの作成技術の進化である (詳しくは吉田憲司『文化の「発見」』第1章「『異文化』の発見——民族誌展示の系譜」を参照). しかし, 日本の能面, 小判, 武士の鎧や刀はもちろん, 世界のありとあらゆる民族から「略奪」したモノが, 所狭しと並んでいる現実に接すると, 人類学の「植民地主義的ルーツ」(colonial roots of anthropology) を想起せざるをえない. なお, この問題は必ずしも西欧だけのものではない. 非西欧世界でみずからの植民地を持った唯一の国, 日本も同罪である. 実際, 日本のいくつかの博物館には, 植民地化または海外への布教の過程で「略奪」したモノが, 異民族の文化として展示されている.

第7章
宇宙論 I ——宗教・呪術・神話

宗教・科学・宇宙論

　前章までは，人類学的な社会の観察や理解について幅広く考察し，特定の社会における分類体系や価値観，および人間関係についても考えてきた．そして，第6章ではモノやモノが持つ意味の競合性について考察した．だが本書の冒頭でも述べたように，人類学者にはもう一つ大切な仕事がある．それは，フィールドワークの結果を，みずからの言語や範疇に翻訳することである．この翻訳という作業があるからこそ，他の社会を研究した人類学者の調査との比較が可能になり，比較を前提とした描写の提示ができるのである．
　分析上重要な範疇とは，たとえば宗教，政治，経済のように，分析者自身の社会の範疇である．いま掲げた三つの範疇は，本章以降のタイトルにも用いられているが，既に読者もお気づきのように，異文化に固有の範疇を人類学者自身の概念に当てはめると，問題が生じやすい．その結果，現地人の思考を説明するために，ありとあらゆる叙述が必要になる．この点については追って検討するが，本章では意味的制限が比較的少ない分析概念を紹介し，異民族の思考を理解する妨げにならないようにしたい．
　第7章と第8章で取り上げるのは，人類学者が**宇宙論**（cosmology または世界観）と呼ぶもの，つまり人間の住む世界や，その世界で人間が占める位置についての観念である．宇宙論には，世界の創造や民族の誕生に関する思考，および異境の概念も含まれる．さらに，特定の民族がみずからの故郷とみなす世界や，この世で人生を全うした後に向かう世界，またはこの世にあって超越的な経験をしたときの世界に関する思考も含まれる．前章までは，生きている人間の社会関係に注目してきたが，すべての文化には生者の世界を越えた存在，および確固たる実体のある場所や出来事を超越したものにつ

いて，なんらかの考えがある．こうした超越的存在は，生命そのものの説明とも関連している．

　本章の課題は**宗教**（religion）である．しかし，世界各地の宗教理論や実践を垣間見れば分かるように，普遍的妥当性を持った定義を宗教に下すのは事実上不可能である．そこで，本章ではまず定義の問題を検討して，民族固有の観念や現実は次章で考察したい．また宗教の問題は**科学**（science）とも関連している．科学とは一言でいえば「知識群」（body of knowledge）であり，それに観察，実験，帰納などの規則が加わったものである．読者の中には，現在は科学万能の世の中だと考える方も多いだろうから，宗教と科学の関連についても触れることにする．

定義と区分

　これまで「宗教」を定義する幾多の試みがなされてきた．オックスフォード大学で初代社会人類学教授を務めたタイラーは，宗教を「霊的存在の信仰」（belief in spiritual beings）と広義に定義した（Tylor 1913：8）．だが，宗教行為に霊的存在を一切認めない民族も多いので，こうした定義はすぐ壁にぶち当たる．たとえば，仏教徒は神（単数形のgodまたは複数形のgods）の仲裁を必要とせず，霊性を超越した境地に達することを目的としている．スリランカを研究している仏教の専門家は，通常「宗教」と英語に訳されている言葉は，神とはまったく無関係であるという話を現地の仏僧から聞きつけ，感無量だったという（Gombrich 1971：46）．

　ユダヤ・キリスト教圏（Judaeo-Christian）の読者には，こうした発言は突拍子もなく聞こえるだろう．しかし，［スリランカの最大多数民族］シンハラ人（Sinhala）の言語，少なくとも［9割以上のシンハラ人が信仰している上座部］仏教徒の言語では，「宗教」という言葉は人間を超世俗的世界へと導く道を意味するので，きわめて理にかなっている．彼らの俗世間にも霊や神という観念が存在するが，それは西欧的なとらえ方とは異なる．また，シンハラ人の信仰する神の名前には，ヒンドゥー教起源のものもあり，現地では「宗教」とみなされてない．同様の現象は，第5章でも述べたように，第二次世界大戦後の日本にも見られた．当時「宗教」とは仏教のことであり，神道的な固有の神や霊の観念は「迷信」と考えられたのである．

先のタイラーの定義には，呪術（magic）や妖術（witchcraft）も含まれる．
しかし，それらは「宗教」ではないという異論が西欧には多く，後に**呪術宗教的信仰**（magico-religious beliefs）というカテゴリーが設けられた．この包括的なカテゴリーには，以上に述べた現象の他に穢れやタブーが含まれるが，西欧的感覚に囚われた人類学者の中には，なんとか宗教と呪術を区別しようと試みた者もいる（この傾向を歴史的に詳しく分析したのが，スリランカ出身のタンバイア Stanley Tambiah の1990年の著作である）．フレーザー（James Frazer）は，全12巻からなる大著『金枝篇』（初版1890年）でこうした問題を取り上げ，次のような区分を提唱した．

> **呪術**は，ある出来事が自然界で起これば，別の出来事が霊や人間の介在なしに，必然的かつ恒常的に起こると考える．つまり，呪術の基本概念は近代科学のそれと同じで，両者の体系には自然の秩序と統一への信仰が，暗黙的ではあるが，確固たる実体として存在する（Frazer 1922：49）．

> **宗教**は，人間より秀でた存在を宥め，かつ恩恵を請おうとする行為である．その存在とは，自然と人生の流れを支配し，方向づける力を持っている．このように理解された宗教は，二つの基本的要素から成立する．一つは人間を超越した力の存在に対する信仰の理論であり，もう一つはそれを宥めて喜ばせるという実践である（Frazer 1922：50）．

フレーザーは多くの例を使って，呪術の実践には二つの類型があると述べた．第一の類型は「類は友を呼ぶ」というもので，呪術師（magician）は模倣によって特定の効果を狙う．ワラ人形に釘を打ち込むのはその一例で，フレーザーはこれを「類感呪術」（homeopathic magic）または「模倣呪術」（imitative magic）と名づけた．第二の類型は「感染呪術」（contagious magic）と呼ばれ，それは「いったん複数のものが接触すると，離れ離れになっても影響しあう」ことを意味する．だから，かつて誰かの一部であったものに何か行為を加えると，それが既に本人の手を離れても，特定の効力があると考えられる．相手の髪の毛や爪を焼きながら呪文を唱えるのは，その一例である．
フレーザーの『金枝篇』は，当時の社会進化論の枠組みで書かれている．

彼によれば，どの社会にもまず「呪術の時代」があり，「宗教の時代」はその後に到来する．そして両者の転換期は，一部の知識層が呪術の論理の誤りに気づき，人間を超越した存在に救いを求めたときにあるという．宗教には，強大な力により自然の変化と適応が引き起こされるという前提があり，それは呪術や科学の発想と対極にある．しかし，フレーザーによれば，呪術から発展した宗教の論理にも過ちがあり，それに気づいた思索家が次の段階である「科学の時代」に移行し，前段階の思考様式を捨てるに至ったという．また彼は，今日振り返ると，非常に予言的な発言をしている．

> これまで形成された理論で，科学がもっとも優れているからといって，それが完全で最終的なものであると結論づけることに，思想の歴史は警鐘を鳴らしている．我々は次のことに思いを馳せねばならない．（中略）科学的一般化，つまり平易な言葉でいう自然の法則とは，常に移り変わる思想的風景を説明するための仮説にすぎず，それを人間が世界や宇宙から引っ張り出した仰々しい言葉で権威づけているのだ．呪術・宗教・科学は，いずれも究極のところ単なる思想の理論である．科学がそれに先行した理論に取って代わったように，いずれ科学もその地位をより完全な仮説に譲るであろう（Frazer 1922：712）．

現実問題として，呪術と宗教は科学的思考が支配する世界にも存続している．その点に関しては，フレーザーの言う「知識層」や「思索家」もけっして例外ではない．そして，この問題を取り上げたのがマリノフスキーであった．彼によれば，どの世界にも科学的思考は存在し，科学は呪術と並存しているという．トロブリアンド諸島の「野蛮人」と生活を共にしたマリノフスキーは，『呪術・科学・宗教』（原著1948年）の中で，彼らもこの三つの思考様式を認識し区別していると述べた．つまり，未開の島にも日常生活の技術的側面についての合理的説明があり，それは近代西欧の科学に匹敵する「知識群」であるという．

そしてマリノフスキーは，こうした合理的説明を，不確かな状況下に置かれたときに頼る呪術や宗教と，明確に区別すべきだと説いた．トロブリアンド島民は，ラグーン（礁湖）で漁をするとき，海や風の状態が安全だと分かっていれば呪術は行なわない．しかし，天気の変化をまったく予測できない

沖に出るときには，危険回避のための儀式を営むという．もちろん呪術が常に成功するとは限らない．この点について，マリノフスキーは次のように述べている．「野蛮人にはこうした現実が分からず，その説明もできないと考えるなら，我々は彼らの知性，論理，および経験の把握を，極度に過小評価することになる」(Malinowski 1974：85)．以下に掲げた彼の呪術と宗教の区分は，フレーザーの見解をさらに進めたものである．

　呪術は実利的な術（すべ）である．その術を構成する行為は，後に達成されるであろう一定の目的の手段にすぎない．だが**宗教**は自己充足的な行為であり，それ自身が目的の遂行である．

　呪術は直接的な親子関係 (filiation) に基づいて代々継承されるので，専門家の手の内にある．それに対して**宗教**は万人の営みであり，すべての人が積極的に平等な立場で参加する (Malinowski 1974：88-89)．

だがマリノフスキーの区分に従うと，ローマカトリック教会の信仰には，呪術と思われる習慣が含まれているという問題がある．たとえば，キリストの血と肉を葡萄酒とパンで表すという行為は，きわめて具体的な「目的」を備えているし，悪魔払いの儀式 (exorcism) もそうである．さらに，両者は専門的な訓練をつんだ司祭に任されており，司祭と会衆の役割はとても「平等」とはいえない．

　デュルケムは，マリノフスキーの二番目の区分と似た宗教と呪術の区別を提唱した．彼によれば，宗教は道徳的共同体 (moral community) を必要とするが，呪術は一般の人間を単なるクライアントとみなす．デュルケムの宗教の定義は，以下のようなものであった．

　宗教とは，聖なるものすなわち分離され禁じられたものに関する信仰と実践の統一体系であり，それに帰依するすべての者を，教会という単一の道徳的共同体に連帯させる信仰と実践である (Durkheim 1915：47)．

ただしこの定義は，①世界を**聖** (sacred) と**俗** (profane) に二分し，それを普遍的範疇とみなしている，②団体／法人／共同 (corporate) 的な共同体を

想定している，という点で必ずしも実践の場では当てはまらない．実際，英語の「聖なるもの」が生活の隅々にまで浸透している社会もあるし，個人の救いを求める苦行者や修道僧がいる所では，宗教的実践は他から隔絶された孤独な行為である．仏教はその典型的な例であり，ニルヴァーナ（涅槃 nirvana）の追求とは，社会生活からの離脱を意味する．ただし，超脱の境地に達した者は，修行中の者を指導するため俗世間に戻ることもある．

以上，これまで論じてきた見解には共通点もあるが，誰にでも納得できる普遍的な宗教の定義を提示することは至難の業である．そこで，民族固有の（indigenous）宗教観を検討する前に，西欧の学者自身の宗教観とその研究史について見ておこう．

宗教の起源

19世紀には宗教の起源への関心が高まり，「原始社会」を参考にして宗教の発展を考える傾向が強かった．このアプローチは，宗教的信仰を否定するかに見えた当時の科学の発展を反映したものである．当然，提示された理論は推論的なものだったが，なかには同時代人の思考に大きな衝撃を与えたものや，社会人類学に甚大な影響を及ぼしたものもある．この辺の事情については，エヴァンズ=プリチャードの名著『宗教人類学の基礎理論』（原著1965年）に詳しい．この著作において，彼は宗教理論を「心理学的」と「社会学的」に二分している．

心理学的理論の代表はスペンサーとタイラーである．彼らは独自に議論を展開したが，両者ともに霊性（the spiritual）の起源を，人間の二重性（dual self）に求めている．スペンサーによれば，原始人は「昼間の世界の自分」と「夢・恍惚・死の世界の自分」を経験するという．そして，死んだ人間は夢に登場するので，超自然（the supernatural）の概念は幽霊（ghost）と結びついており，祖先崇拝（ancestor worship）は宗教の最初の形態であるという．つまり，幽霊は神（gods）に発展したのであり，死者を喜ばすための供え物は，次第に神の怒りをなだめる酒（libation お神酒）や生贄に変化したと考えた．

タイラーの理論も「夢の世界の自分」を基にしているが，彼は身体（body）から切り離された霊魂（soul）に注目した．タイラーによれば，動

物や無生物にも霊魂の存在を認める原始人の考えが，**アニミズム**（animism）と呼ばれる原始宗教を成立させた[*1]．さらに，霊魂は「霊的存在の信仰」という宗教の定義に見る「霊」（spirit）となり，それが発展して多神教の神（gods）や一神教の神（God）となり，人間の運命を支配するようになったという[*2]．人類学者のこうした説明には学界内で異論も多い．しかし，英語圏ではアニミズムを普遍的な原初宗教形態とみなす傾向がいまだに強い．

　エヴァンズ＝プリチャードは，スペンサーの理論もタイラーの理論も，単なる憶測にすぎないと批判した．彼らは「原始人」になり代わって想像を膨らましただけで，宗教の進化に関する確証は何もない．確かに，「夢」は霊魂や幽霊の憶測を生んだかもしれないが，それを証明する手立ては一切なく，霊魂や幽霊が神に発展すべき必然性はない，とエヴァンズ＝プリチャードは批判したのである．宗教を「心理学的」に説明した理論は他にも多いが，彼はそれらをすべて退けている．心理状態には個人差が大きく，同じ個人でも状況により変化するので，心理状態とは独立した社会行動を説明することは不可能だからだ．もっとも，社会行動が特定の心理を誘発することはあるかもしれない．

>　個人の経験では祭儀や信仰を身につけることが情緒に先行するのであって，情緒は成人生活にあっては祭儀や信仰に後で伴うものといえよう．彼は少しでも情緒を経験するのは祭儀に参加してからであることを知る．それ故情緒的状態はそれがどんなものであろうと，仮にその種のものがあるにしても，ほとんど儀礼の発生を説明することにはならない．祭儀というものは，個人がその中に生まれる文化の一部分であり，文化の他の部分と同様に外側から人間に課されるものだ．それは社会の所産であり，個人的な推理ないし情緒を満足させることはあっても，この両者の所産ではない．デュルケムが社会事実の心理的解釈は常に誤った解釈であるとしているのはこのためである（佐々木宏幹・大森元吉訳『宗教人類学の基礎理論』pp.61-62）．

このように論じたエヴァンズ＝プリチャードは，社会学的理論の説明に移り，もっとも優れた研究として，デュルケムの『宗教生活の原初形態』（原著1912年）を掲げている．上述のデュルケムによる宗教の定義は，この著作に

おいて下されたものである．彼は宗教の原初形態が，オーストラリア原住民のアルンタ族（Arunta アランダ族 Aranda ともいう）や，北米の部族に見られる「トーテム氏族崇拝」(totemic clan cult) にあると考えた．この信仰は，祖先崇拝と祖先の表象である**トーテム** (totem) の観念を組み合わせたもので，トーテムとは特定の氏族（クラン）の聖なる象徴であり，その崇拝儀式を通じて，人々は氏族への帰属感や連帯感を高めるという．つまりデュルケムによれば，部族の神 (God) とは神格化された氏族のことである．

デュルケムは，トーテム氏族崇拝は時代と共に進化したが，そこにはより高度な宗教の要素がすべて含まれていると考えた．彼にとって，すべての宗教は同一の観念から派生したもので，宗教間の差はその複雑さの差にすぎない．デュルケムの主張は次のようなものであった．①すべての宗教の儀式には，人々を結びつけ，同一の神 (gods) の崇拝を通じて得られた連帯感や一体感を新たにする役割がある．②神とは社会の象徴であり，多神教が一神教に取って代わられたとき，唯一神 (God) へと変化した．③宗教行為の担い手は個人であるが，それは個人の参与を超越した集合形態である．宗教の原動力は社会そのものであり，社会は崇拝の対象であるという意味で，神とは神格化された社会のことである．

さらにデュルケムは，世俗化の時代における宗教の機能は，愛国心 (patriotism) によって満たされると述べた．たとえばフランス革命の最中には，祖国，自由，平等の観念を中心とする崇拝が見られた．彼は人道的価値が精神的価値に取って代わることを望んだようだ．エヴァンズ＝プリチャードは，こうしたデュルケムの理論を「創造性に富み素晴らしい」と評価する一方で，不十分かつ偏った民族誌的証拠に基づく「お話」にすぎないと批判している (Evans-Pritchard 1965：64)．デュルケムの**トーテミズム** (totemism) 論には，原始民族は原始宗教を共有しているという想定があった．しかし，エヴァンズ＝プリチャードによれば，彼の論じたトーテミズムは一つの例にすぎず，アルンタ族以外のオーストラリアの部族の信仰とはかなり異なるという．また，すべての原始民族にトーテミズムが見られるわけではない．

実際，第6章で検討したように，「トーテム」という言葉の発祥地である北西アメリカでは，トーテムポールに上述の機能は一切ないらしい．結局，宗教の起源の研究は類推に依拠せざるをえず，論の正否は決定できないとい

うのがエヴァンズ=プリチャードの結論である．その後，トーテミズムの研究は人類学者から一種の「脇道」扱いされ，1960年代初頭にレヴィ=ストロースの**構造分析**（structural analysis）が登場するに及んで，完全に下火になってしまった．レヴィ=ストロースによれば，トーテミズムの理論は，トーテミズムそのものより，それを分析する者の意識を表しているという．いずれにせよ，近年のヨーロッパでは，トーテミズムという言葉より，アニミズムの方がよく使われている．発祥地の北西アメリカに，トーテミズムは舞い戻ったと言えようか．[*3]

宗教現象の説明

　人類学者は次第に宗教の起源の研究を放棄し，宗教現象を社会との関連で問うようになった．デュルケムの壮大な宗教進化論は失敗に終わったものの，**社会事実**（social fact）を見極める重要性を強調した彼の研究は，その後も大きな影響力を持った．人間の行動を説明する際，行動している人間の心を類推するのではなく，個人に外在する社会的制約（social constraint）を検討するよう彼は主張したのであった．人間は一定の制約のもとに社会化されるが，こうした制約の多くは宗教的信仰や道徳体系に基づいている．それは同時に人類学者が研究すべき社会事実である．

　広範な社会的文脈における社会事実の解釈には，さまざまなタイプがある．そのうちの二つは，後に**機能主義**（functionalism）と**構造主義**（structuralism）と呼ばれるようになった．両者はまったく別のものではない．また構造主義には二つの形態がある．この点については以下で例をあげながら説明する．さらに，宗教現象と道徳体系の関連や，大きな社会変化に伴って起きる特異な宗教現象についても，簡単に触れることにする．前者に関しては第9章で再び論じ，後者に関連した事項は次章でも取り上げる．

機能主義的説明
　社会学的宗教理論の一派は，デュルケムが提唱したように，宗教儀式を①社会結合の促進，②協調精神の鼓舞，③社会構造の強化，という役割から分析し，宗教体系と政治社会体系の関係を探った．また民族誌学の発展により，無数の社会事実は一貫した体系をなし，宗教行為はその一部にすぎないとい

う認識が生まれた．この認識はラドクリフ＝ブラウンの研究によく表れており，彼のアンダマン諸島（Andaman Islands）における宗教生活の分析は，**構造機能主義**（structural functionalism）の好例である．

いっぽうマリノフスキーは，宗教，呪術，**神話**（mythology）を人間の欲求（need）と結びつけ，単に**機能主義**（functionalism）として知られる理論を打ち立てた．一例として，突風が吹く危険性のある海で漁をする前にトロブリアンド島民が唱える呪術を，マリノフスキーは逆境における未知の要因を制御するための実践としてとらえ，ラグーンにおける安全で予測可能な漁と対比した．また彼は，「服喪」（mourning）の儀式について，集団の連帯が成員の死によって崩れそうになったとき，集団を結集して士気を高める役割があると考えた．もちろん，服喪には遺族を慰めるという個人的側面もあるが，特定の現象が社会的一貫性や文化的連続性にとって持つ意味を，人類学者は解明すべきだと主張したのである．

さらにマリノフスキーは，神話を「信仰の成文化」（codification of belief）としてとらえ，儀式，式典，社会道徳的規則を正当化する「儀礼憲章」（charter for ritual）の役割を果たすと主張した．たとえば，ある地域集団の起源神話は，その氏族的階層を正当化し，死に関する神話は，生者と死者の世界の「巨大な感情的空隙」を埋めると論じた（Malinowski 1974：138）．[*4] こうした見解には，多少なりとも冒瀆と陳腐さがつきものだが，キリスト教の聖書やイスラム教のコーラン（クルアーン）といった世界宗教の聖典も，同じような機能を持っているので，一種の神話とみなすことができる．ただし，英語の「神話」（mythology）という言葉には，不信や疑惑の意味が込められているので，みずからの神話を真実と信じている人には，不敬な発言と思われないようにしたい．

科学（science）もまた一種の信仰にすぎないという視点に立脚すると，19世紀にダーウィンが聖書の創世記（Genesis）による人類起源論を覆す進化論を唱えたとき，なぜ多くの議論や問題が起きたかよく理解できる．聖書と進化論の両方を真剣に受け止めた人は，どちらを「信じるか」という苦渋の選択を強いられ，中世以降の安定した西欧世界は終焉を迎えたのである．今日の複雑な社会には相反する世界観が並存しており，宇宙論にも宗教，科学，呪術といった要素が入り混じっている．実際，日本では病人が医者ばかりでなく，占い師に見てもらったり（次章を参照），回復を祈願して寺や神社を回

る患者も多い (Ohnuki-Tierney 1984).

マリノフスキーの呪術,宗教,科学という区別は一種の極論で,彼の見解はすべての社会に当てはまるわけではない.しかし,科学は広範な宇宙論の一部であり,その意味で呪術や宗教と大差ないという見解は有益である.フレーザーが指摘したように,呪術,宗教,科学はいずれも世界の見方であり,問題が起きた場合の具体的かつ「機能的な」対処法を提示しているのである.そもそも,多くの人間にとって科学は神秘的であり,呪術や宗教より病気災害の説明はうまくできるかもしれないが,所詮それは知識というより「信念」(faith) にすぎない.

科学にはまだ説明できない謎があり,科学の前提となっている考えも,将来は覆されるかもしれないという可能性は,現場の科学者がつとに認識している.科学とは一つの「理論」であり,ある時点では最良の現象理解であっても,新たな知識の到来とともに否定されるかもしれない.医者は処方箋が持つ心理的効果には絶大なものがあることを熟知しており,患者に効果があると思えば,薬学的に無意味なプラセボ(偽薬)を投与することもある.また,東アジアの医学 (East Asian medicine) に携わる者は,西洋の医者より多くの時間と注意を患者に注ぐが,それはケアが治療の一環だと考えているからである.[*5]

今日もっとも恐ろしい病気は,エイズや一部のガンのように,治療法がなく原因も解明されてない病気であろう.「科学」の原理により絶望的と診断された患者や家族は,代替治療者 (alternative healer) に救いを求めることが世界中である.もし「魔術」(magic) で直るものなら,どんな遠くの山奥にでも行きたいというのが,彼らの気持ちであろう.末期ガンの宣告を受けた私の友人は,オックスフォードからメキシコまで飛び,特殊な食物療法を受けた結果,数年間病状の安定をみた.こうした行為に一般市民から強い声援があることは,不治の病に侵された子供を助けるためにカンパを募って,地球の裏側にまで送り出す事実を見れば分かるだろう.

構造主義的アプローチ

ある社会の要素が社会「構造」の維持に果たす「役割」を追求したのが,構造機能主義であった.この学派と名称は似ているが,まったく違うアプローチがフランスのレヴィ＝ストロースの**構造分析** (structural analysis) であ

る．彼の関心は人類精神（human mind）の普遍的な構成能力（universal organizational capacity）にある．構造分析がトーテミズムの研究に応用されたことは既に述べたが，レヴィ゠ストロースがもっとも傑出した分野は，童謡，民話，伝承を含む**神話**（mythology）の分析であった．彼は遠く離れた地域に伝わる話の構造に，驚くほどの類似性があることに注目した［主著『構造人類学』に収録された第11章「神話の構造」で，レヴィ゠ストロースは次のように述べている］．

> 神話の研究は一見矛盾した状況に陥る．なぜなら，すべてのことが神話では可能なように思われ，そこに論理性や連続性はないからだ．さらに神話は，あらゆる主体に対して，あらゆる性格を付与することができ，考えられる限りの関係を創出する．つまり，神話はすべてのことを可能にするのだ．だがその一方で，遠くかけ離れた地域で収集された神話には驚くほどの類似性があり，それは神話の恣意性という考えを否定する．そこで問題は次のようになる．もし神話の内容が偶発的なものだとすると，世界中の神話には類似性があるという事実を，我々はどのように説明すればよいのだろうか（Lévi-Strauss 1963：208）[*6]．

レヴィ゠ストロースは膨大な数の神話を集め（そこには同じ物語を言い換えたものも含まれていた），それらを最小限の要素（element）に分解してから要素間の関係を考察し，すべての神話に共通と思われる構造を分析した．彼が達した結論は，神話には通常相反する対立（opposition），たとえば生と死，人間と神，自然と文化などを媒介する仕掛けが備わっているというものだった．レヴィ゠ストロースの分析は複雑で，すぐに理解できるものではないが，一例として北米のネイティヴ・アメリカンの神話を取り上げ，なぜカラス（raven）やコヨーテが，**トリックスター**（trickster）としてよく登場するのか考えてみよう．

> 神話的思考は常に対立の意識に始まり，対立の解消に向けて発展する．このことを想起すれば，［カラスやコヨーテが］選ばれる理由は明解である．対立する二つの項（term）が中間項（intermediary）を欠く場合，それは常に媒介（mediator）としての第三項を許す等価な二項に取って

第7章　宇宙論Ⅰ——宗教・呪術・神話　　145

代わられる．そして両極をなす一方の項と第三項は，新たな三項関係（triad）に取って代わられるのだ（Lévi-Strauss 1963：224）．

レヴィ＝ストロースが解明したネイティヴ・アメリカンの神話の媒介構造（mediating structure）は，次のように説明できる．まず，最初の対立項である「生」と「死」は，それぞれ「農業」と「戦争」に取って代わられ，それに双方の特質を備えた「狩猟」が付け加わり，三項関係を構成する．次に，「農業」は「草食動物」に，「戦争」は「捕食動物」に取って代わられ，再び双方の特質を備えた「カラス」と「コヨーテ」が媒介項となって，新たな三項関係を形成する．トリックスターの動物を中心とする話は，生と死という両立不可能な対立を仲介するというわけだ．

こうした分析の詳細や，神話以外のレヴィ＝ストロースの研究に関心のある方は，彼の『構造人類学』（原著1963年）を参照されたい．この本には，大著 The Raw and the Cooked や From Honey to Ashes など，難解な神話分析の予備考察が含まれている．また『アスディワル武勲詩』（原著1967年）も名著で，比較的読みやすい神話研究である．レヴィ＝ストロースが取り上げた対立項は，実際には媒介不可能なものが多いので，神話に登場する人物は，怪物，神の化身，処女母など，変則的で異常なものになりがちである．第2章で指摘したように，こうした存在はタブーや儀礼の焦点となる．

この点については，リーチも言語との関連で述べているが，彼は『神話としての創世記』（第5章を参照）で興味深い構造分析を行なっている[*7]．ユダヤ教徒とキリスト教徒は，ともに近親相姦（incest）を禁止しているが，聖書の創世記には両者ともアダムとイヴの子孫と書いてある．［イヴはアダムのあばら骨からできたので，二人は近親相姦の関係にあったことになる．］このパラドックスを解明するのに，リーチは創世記に記述された多くの近親相姦とその相対的善悪に注目して，聖書の例はユダヤ人の優位を隣人に対して正当化していると考えた［たとえば，ユダヤ人の祖アブラハムは，異母姉妹であるサラを妻としており，近親相姦の関係にあった．だが，彼らはサラに子供ができるという神のお告げによって罪を許され，反対にアブラハムがサラを差し出したエジプトの王（ファラオ）は，姦通の罪で神の制裁を受けた］．比較の問題として，ユダヤ人が祖先とするアブラハムと異母姉妹の結婚は高潔である，とリーチは述べている［『神話としての創世記』には，数多くの近親相姦の例があげられ

ているが，それらの意味を個別に検討するのではなく，違う形で何度も繰り返される特定のパターンを同定して，さまざまな話が全体として伝える一貫したメッセージを解読するのが，構造主義の特徴である（Leach 1969：22）］．

また，リーチやレヴィ＝ストロースの分析には，マリノフスキーのいう神話の機能的役割もある．神話で語られる話は，特定の社会関係の現状を正当化するので，構造主義的な宗教のアプローチは，機能主義を補完する実際的な目的があるといえよう．これを**手段的**（instrumental）説明と呼ぶ．さらに，儀礼の機能と同時にその「意味」も構造主義は研究するので，**表出的**（expressive）役割も備わっている．儀礼は重要な社会範疇について，我々に何かを語る（表現する express）のであり，ラドクリフ＝ブラウンが述べたように「生命と自然に関わる根本的概念を表現する」（Radcliffe-Brown 1964：330）．ただし，より形式的な構造主義にあっては，分類体系の同定に焦点があり，対立する二項を仲介する変則的で異常な存在は，リミナルで危険な（しかし強力な）中間項となる．なお通過儀礼の場合は，子供から大人への変化，特定集団の新成員の創出，時空間の変化などに見られる範疇の移行を，手段的と呼ぶことができる．ただその場合も，儀礼は人生を意味のある文節に区切るわけで，表出的側面も備えているといえよう．宗教の構造分析とは人間と世界の分類の問題である．

構造主義の登場以降，多くの研究が宗教活動の構造的役割を論じてきた．私のメキシコに関する考察もその一例で，カトリック信者の聖家族（Holy Family）と現実のメキシコの家族には，きれいな平行現象が認められることを指摘した．聖家族はグアダループの聖母（Virgin of Guadalupe 聖母マリアのこと）を神やキリストより重視し，現実のメキシコの家族では母親が一家の要の役割を果たしている．メキシコの男性には複数の家族を持っている者もいて，彼らはどの家族に対しても周辺的な存在でしかない．こうした状況では，実際に子供の面倒を見る母親が家族にとっての支えとなるので，男女共に聖母に深い祈りを捧げるのは当然といえよう．

また，ミドルトン（John Middleton）の『ルグバラ族の宗教』（1960年）は，1950年代にウガンダとベルギー領コンゴの国境沿いで実施した調査を基にした研究で，宗教活動における表出的役割を描いた民族誌の好例である．ルグバラ族（Lugbara）にとって，リネージ集団は日常生活に重要な意味を持つが，彼らはその集団ゆかりの寺院で行なう祖先崇拝に宗教活動の中心を置い

ていた．

> 死者の祭祀（cult of the dead）は，リネージの権威の維持と密接に結びついている．さらにこの権威の行使と承認は，リネージの発展サイクルと不可分の関係にある．長老は若者の突き上げからみずからの権威を守ろうと試み，その結果起きる対立は主に神秘的かつ儀礼的な言葉で表現される．（中略）本書で私は，単一のリネージ集団に属する男性が，権威を獲得し維持するための手段として，いかに死者の祭祀を操作するかを探りたい（Middleton 1960：v）．

ミドルトンの本の章構成は次のようになっている．まず，ルグバラ族の社会生活や政治的特徴の背景を論じ，次に死者にまつわる祭祀の詳細を，その物質的および概念的な側面から考察し，焦点の儀礼行為を部族全体の文脈に位置づけた上で，宗教が道徳的共同体に及ぼす影響を論じている．ミドルトンのルグバラ族の描写には，宗教的観念が社会生活に反映されている様子が描かれているが，村落内の寺院配置はそうした観念を具現化したものといえる．

道徳体系としての宗教

キリスト教，ユダヤ教，イスラム教，ヒンドゥー教，仏教など，いわゆる世界の大宗教を考察すると，宗教の社会的役割の重要な側面は，人間生活の指針となる道徳的秩序の提供にあることが分かる．大宗教には経典や教義が備わっており，それらの多くは倫理規範に関わるものである．第3章で触れたように，お布施は通常こうした規範の一部であり，そこにはなんらかの**救世論**（soteriology）的基盤がある．与える側と受け取る側双方の認識とは異なるかもしれないが，互酬性の原理は一見ただ寛大に見える行為にも働いている．この世とあの世に関する宗教の教えは，社会一般に受け入れられる行動と不可分の関係にあるといえよう．

最近では，多少「ヒューマニズム」によって緩和されているようだが，ほとんどの西洋諸国の法体系は，ユダヤ・キリスト教的観念に基づいている．またイスラム圏では，コーランが法制の基本になっている．犯罪者や掟破りの処分は，概して道徳的な言葉で正当化され，罪人はたとえこの世で罪を逃

れても,「来世」における報いを恐れねばならない.実際イギリスでは,「地獄の焼死刑」(burning in hell) という表現が現在でも使われており,それは少なくとも1996年初頭に,英国教会が国民意識の変化を受ける形で,地獄に関する不安を和らげる宣言を出すまで続いたのである.

ただ,こうした明確な道徳律との関連は,すべての宗教に見いだせるわけではない.たとえば未開社会では,西洋人が「宗教」と呼ぶ観念と道徳的価値が社会生活に浸透しており,両者を他の社会関係から切り離すのは不可能である.道徳秩序の源泉は祖先にあると考えられていることもあり,病気や災害は規律違反に業を煮やした祖先の怒りの表現と解釈される.しかし,祖先の行動は必ずしも「聖」の概念とは結びついておらず,第8章で述べるように,災難の説明は別の形[妖術や邪術など]をとることもある.社会規律遵守のメカニズムについては第9章で詳述するので,ここではこれ以上論じない.

カルト——根強い宗教運動

本章の冒頭で触れた進化論の筋書きや,社会学者の予測した近代化 (modernization) による世界の世俗化 (secularization) とは裏腹に,宗教が「合理的な」世界観に取って代わられることはなかった.むしろ,世界中で多くの新宗教が登場しており,どれを信じてよいか分からないほどである.日本では悩みを抱える人が救いを求めて宗教を転々とし,イギリスでは日本の新興宗教集団が活発に活動している.私が日本で調査した際,近所の人に紹介してくれた人(第3章を参照)は,後にキリスト教徒となったし,イギリスに帰国した私を待ち受けていたのは,数人の仏教徒の日本人留学生であった.

新興宗教運動 (new religious movement) は,概して社会の激動期に現れる.特殊なカルト (cult) の登場が物語るのは,そこに見られる文化的混乱である.典型的なパターンとして,ある民族の生活が別の民族の侵入(たとえ平和的なものであっても)によって大きな変化を被ると,新たな状況に対する一種の適応として宗教的反応が起こる.たとえば北米では,ヨーロッパ人の到来によって土地も生計も大打撃を受けた平原インディアン (Plains Indian) が,「ゴーストダンス」(ghost dance 幽霊踊り) という踊りを生み出した.この踊りの目的は,新参者から先祖の土地を奪い返し,そこに彼らがか

第7章　宇宙論Ⅰ——宗教・呪術・神話

つて猟をしたバッファローを呼び戻すことであった．そしてその媒介となったのが，踊りながらの祖先への祈りである．

　だが，外来者の侵入に対する過激な宗教的反応は，入植地から遠く離れた場所で起きやすく，侵入者に関する情報が間接的なときが多い．カルトが発生するのは，外来者の高い生活水準を預言者らしき人間がまず目撃し，それを自分たちも享受したいという思いにかられるからである．この場合，カルトの目的は，社会における一種の道徳的再生（moral regeneration）にある．通常，カルトにはカリスマ的指導者がいるが，彼らはときとして破滅的な結果をもたらす．その一例として，南米の先住民の会衆があげられよう．彼らは白人に生まれ変わり，白人のように良い生活ができると信じ込み，集団で崖から飛び込んだのである．

　またメラネシアでは，「カーゴ・カルト」（cargo cult　積荷崇拝）と呼ばれる信仰が発生した．これは白人が所有するモノを，自分たちも手に入れたいという欲望から生じた．カーゴ・カルトはヨーロッパでも関心を引き，映画や演劇にも取り上げられた．たとえば，フランスのタティ（Jacques Tati）が監督した映画には，原住民が飛行場を作り，巨大な「鳥」の飛来を待ち受ける姿が描かれていた．彼らは，ありとあらゆるモノを白人植民者に輸送する飛行機に憧れていたのである．また『オラ軍曹と部下たち』という演劇は，その名が示す通り，カリスマ的指導者の役割を描いたものである．そこに登場する原住民は，白人の服に身を纏い，文字も読めないのに新聞を読み，タイプライターを打つふりをするなど，白人のまねをして時間を過ごすのであった．

　ワースレイ（Peter Worsley）の著書『千年王国と未開社会』（原著1970年）には，こうしたカルトが詳細に述べられているが，同様の現象はニューギニアの他にもフィジー，ソロモン諸島，ニューヘブリディーズ（現ヴァヌアツ）など，さまざまな地域で報告されている．ワースレイがそれを「千年王国運動」（millenarian movement）と呼んだのは，西暦1000年に向けてヨーロッパで起こった運動をはじめ，世界各地で見られる終末論（eschatology）の特徴を備えていたからである．大異変が起きてすべてが破壊された後，祖先（または祖神）が舞い戻って現地人を抑圧者から解放し，彼らが所有していた諸々のモノを下さる，だからその瞬間に備えて準備しておこう，というのがカルトの描いたシナリオであった．

もちろん、こうした運動はメラネシアに特有のものではない。また、新たな千年紀を迎えようとしている今日、それは昔の人類学者のフィールドノートにのみ見いだされるものでもない。1995年、東京の地下鉄で起きたサリン事件や、その2年前にテキサス州ワーコ（Waco）で起きたブランチ・ダヴィディアン（Branch Davidian）の集団自殺（殺人）は、終末論の根強い影響を物語っている。サリン事件で多くの死傷者を出したオーム真理教は、千年紀カルトの典型といえよう。尊師と呼ばれた麻原彰晃について、リーダー（Ian Reader）は次のように述べている。

　　麻原は、20世紀末に人類を襲う大惨事が起こり、退廃した物質世界は全壊し日本社会も破滅する、という予言を頻繁かつ劇的に行なって関心を集めた。彼はこの惨事から弟子を救うために遣わされた救世主と名乗り、破滅後の世界に出現する新たな理想郷に弟子を導くと宣言したのである（Reader 1996：2）。

　ワースレイは、メラネシアの事例を広範な歴史人類学的文脈でとらえ、他の多くの運動との共通点を指摘している。たとえば、抑圧に対する抵抗（resistance）は頻繁に見られるし、小集団を結集して強大な連合を新たに結成することも多い。生活向上の約束はもちろん、カリスマ的指導者の存在も必須条件である。カルトには、人類学には珍しいほど一般化を許す特徴が備わっており、ワースレイの研究はその一例といえよう。次章ではより文化的に特殊な現象を検討して、地域の事情に即した「呪術宗教」現象の解釈を試みる。

《参考文献》
Durkheim, Emile (1915) *The Elementary Forms of the Religious Life*, translated by Joseph. W. Swain (London: Allen & Unwin). 古野清人訳『宗教生活の原初形態（上・下）』（岩波書店、1975年）。
Evans-Pritchard, E. E. (1965) *Theories of Primitive Religion* (Oxford: Clarendon). 佐々木宏幹・大森元吉訳『宗教人類学の基礎理論』（世界書院、1967年）。
Frazer, Sir James George (1922) *The Golden Bough: A Study in Magic and Religion*, abridged edition (London: Macmillan). 永橋卓介訳『金枝篇（1巻～5巻）』（岩波書店、1951年～52年）。

Gombrich, Richard (1971) *Precept and Practice: Traditional Buddhism in the Rural Highlands of Ceylon* (Oxford: Clarendon).

Leach, Edmund (1969) "Genesis as Myth." In *Genesis as Myth and Other Essays* (London: Cape). 江河徹訳『神話としての創世記』(紀伊國屋書店, 1980年).

Lévi-Strauss, Claude (1963) "The Structural Study of Myth." In *Structural Anthropology* (Harmondsworth: Penguin). 荒川幾男・生松敬三・川田順造・佐々木明・田島節夫訳『構造人類学』第11章「神話の構造」(みすず書房, 1972年).

Malinowski, Bronislaw (1974) *Magic, Science and Religion and Other Essays* (London: Free Press). 宮武公夫・高橋巌根訳『呪術・科学・神話』(人文書院, 1997年) 抄訳.

Middleton, John (1960) *Lugbara Religion: Ritual and Authority among an East African People* (London: Oxford University Press for the International African Institute).

Ohnuki-Tierney, Emiko (1984) *Illness and Culture in Contemporary Japan* (Cambridge: Cambridge University Press). 大貫恵美子『日本人の病気観——象徴人類学的考察』(岩波書店, 1985年).

Radcliffe-Brown, A. R. (1964) *The Andaman Islanders* (New York: Free Press).

Reader, Ian (1996) *A Poisonous Cocktail: Aum Shinrikyo's Path to Violence* (Copenhagen: Nordic Institute for Asian Studies).

Tylor, Edward B. (1913) *Primitive Culture* (London: John Murray). 比屋根安定訳『原始文化』(誠信書房, 1962年) 抄訳.

Worsley, Peter (1970) *The Trumpet Shall Sound: A Study of 'Cargo' Cults in Melanesia* (London: Paladin). 吉田正紀訳『千年王国と未開社会——メラネシアのカーゴ・カルト運動』(紀伊國屋書店, 1981年).

《読書案内》

Burridge, Kenelm (1960) *Mambu: A Melanesian Millennium* (London: Methuen).

Lindstrom, Lamont (1993) *Cargo Cult: Strange Stories of Desire from Melanesia and Beyond* (Honolulu: University of Hawaii Press).

Lévi-Strauss, Claude (1967) "The Myth of Asdiwal." In Edmund Leach (ed.), *The Structural Study of Myth and Totemism* (London: Tavistock). 西沢文昭訳『アスディワル武勲詩』(青土社, 1993年) として単行本で出版された.

Morris, Brian (1987) *Anthropological Studies of Religion: An Introductory Text* (Cambridge: Cambridge University Press).

Tambiah, Stanley J. (1990) *Magic, Science, Religion and the Scope of Rationality* (Cambridge: Cambridge University Press). 多和田裕司訳『呪術・科学・宗教——人類学における「普遍」と「相対」』(思文閣出版, 1996年).

《小説》

Endo, Shusaku (1976) *Silence* (London: Peter Owen). 原題『沈黙』. 2人のヨーロッパの宣教師は, 日本で失敗に終わった布教が無駄ではなかったことを, 神に救いを求めて知る.

Hellerman, Tony (1993) *Sacred Crowns* (Harmondsworth: Penguin). 2人のネイティヴ・アメリカンの探偵と, 神聖な祭りを描いた殺人ミステリー.

Trollope, Joanna (1992) *The Choir* (London: Black Swan). 英国教会コミュニティにおける政治, スキャンダル, 社会関係を描いたフィクションの世界.

《映画／フィルム》

The Dervishes of Kurdistan (Brian Moser, André Singer, and Ali Bulookbashi, 1973). 強い宗教心を持った人間［クルジスタン地域のイスラム神秘主義教団の修道者ダルウィーシュ］にのみ可能な驚異的祭礼を描いた.

The Kalasha: Rites of Spring (John Sheppard and Peter Parkes, 1990).『消滅しつつある世界』シリーズに収録. パキスタンの山岳地域に住む少数民族が, 周囲のイスラム世界に抵抗する姿を映し出している.

《訳注》

1 日本人の宗教観はよくアニミズム的であると言われるが, 日本民俗学の創始者・柳田国男によれば事情は異なる. 川田稔は『柳田国男――「固有信仰」の世界』(未来社, 1992年) の中で, 次のように解説している.「日本人の信仰を一種のアニミズムとみることにたいし柳田は一つの批判的見方を提示している. 日本人は木や草などの自然物にさまざまな精霊がやどっていると考えそれを崇拝している, とする見解がある. しかしそれは, 個々の自然物にそれぞれ精霊がやどっていると考えられているのではなく, 神が, 具体的には祖神としての氏神が, もともとそれらを神の依座として憑く性格を持っており, その神が憑いた草や木を聖なるものとしているのである」(p.119). 実際, 柳田は『日本の祭り』において, 次のように述べている.「日本では特に神霊が人に憑いて語るといふこと, 木でも草でも何にでも依るといふこと, この二つが大衆の古い常識であつた」(同頁).「憑く」という現象については, 第8章の「憑依」を参照.

2 エヴァンズ＝プリチャードは, 霊魂 (soul) が霊 (spirit) に変化したというタイラーの見解を疑問視している. 彼によれば, タイラーには霊魂と霊の区別がつかなかったという. 一般に, 原始宗教における人間の霊魂とは「人格的な生命原理」を示し (佐々木宏幹『宗教人類学』講談社学術文庫, p.34),「霊魂が人格的, 個別的であり, かつ人間全体を統一し, 死後も存続するなどという観念は, 例えば西欧哲学や宗教の思索の上に発生した」(『文化人類学事典』「霊魂」の項). いっぽう, エヴァンズ＝プリチャードによれば, 霊は霊魂の対抗概念で, それは「無体 (incorporeal) であり, 人間に外在し (extraneous to man), 侵入する (invasive)」ものを意味する

(Evans-Pritchard 1965：26)．同様の見解は，デュルケムの『宗教生活の原初形態』第9章「霊と神の観念」の冒頭にも見受けられる．ただし，彼はタイラーと同じように，個人の霊魂が祖先の霊へと昇華したと考えていた（Durkheim 1965：309-333）．概して英米圏では霊を霊魂との対比でとらえる傾向があるが，霊に明確な定義があるわけではなく，祖先を霊と表現することもある（Thomas Barfield, ed. *The Dictionary of Anthropology*, Oxford: Blackwell, 1997, p. 444）．

3 本文ではトーテミズムの定義が明確に下されてないので，次の説明を参考にしてほしい．「トーテミズムとは，ある集団がある特定の種の動植物あるいは他の事物と特殊な関係を持っているとする信仰，およびそれに基づく制度である．また，その特定種をトーテムという」（『文化人類学事典』「トーテミズム」の項）．トーテムという言葉は，オジブワ族（Ojibwa）の *ototeman*（彼は私の一族／親戚である）という表現に由来する．それは外婚規制を持つ氏族（クラン）の一員であることを言外に示すが，すべてのトーテム集団が外婚集団というわけではない．

4 マリノフスキーは *Magic, Religion and Science and Other Essays* に収録された"Myth in Primitive Psychology"（「原始心理における神話」）という論考の中で，神話，宗教的信仰，超自然的経験は，いずれも「原始人」（トロブリアンド諸島民）の信仰の一環であると述べている．つまり，神話と宗教は別個のものではなく，共に有機的関連を持った全体（organic whole）の一部である．また，神話には老い，病気，死など，人生の暗い部分を主題としたものが多く，人間の運命は太古の昔に人間自身が犯した過ちや罪に原因があるとされる．マリノフスキーによれば，こうした特徴を持つ神話の役割は，人生の悲哀を物語化することにより，人間にみずからの運命を承服させ，一種の安らぎを与えることにある．換言すれば，死後の世界に関する恐れ──「巨大な感情的間隙」the vast emotional void──から，神話は自己を守ってくれるのである（詳しくは前掲論考の第3節 "Myths of Death and of the Recurrent Cycle of Life"「死の神話と生の回帰周期」を参照）．これをマリノフスキーの機能主義に従って解釈すれば，神話の「機能」は不安を解消するという「欲求」の充足にある．別の言い方をすれば，神話は不安解消の「欲求」に対する文化的「反応」であり，文化は人間の基本的欲求を満たすように構成されているというのが，マリノフスキーの機能主義なのである．

5 「東アジアの医学」とは，一般に漢方，鍼（はり），指圧などを含む用語である．英米圏におけるこの分野の代表的研究として Margaret Lock, *East Asian Medicine in Urban Japan* (Berkeley: University of California Press, 1980) がある．邦訳は中川米造訳『都市文化と東洋医学』（思文閣出版，1990年）．また，漢方を含む日本の医療と文化については，大貫恵美子『日本人の病気観──象徴人類学的考察』（岩波書店，1985年）が有益である．一般に，医療と文化の関係を研究する分野を医療人類学（medical anthropology）というが，手頃な概説書として波平恵美子『医療人類学入門』（朝日選書，1994年）がある．

6 荒川幾男ほか訳『構造人類学』（みすず書房，1972年）は，フランス語版 *Anthro-*

pologie Structurale（1958）の邦訳である．「はしがき」にもあるように，この本に収録された11の論文のうち4篇は，元来レヴィ＝ストロースが英語で発表したものを，フランスの読者用に書き直したものである．それをさらに日本語に直したという意味で，フランス語版と日本語版の間には二重の「屈折」がある．レヴィ＝ストロースの次の言葉は，翻訳に必然的に含まれる問題，特にみずからの思考を歴史文化的背景の異なる読者に対して，異なった言語で伝えることの難しさを的確に表現している．「フランス語への翻訳という仕事を通じて，私は別々の言葉で書かれた文章のあいだの調子，構成上の差異をつくづくと思い知らされた．そのことからある種の異質性が結果として出てくる……（中略）フランスの読者に語りかけるときと，アングロ・サクソンの読者に語りかけるときとでは，人は同一の仕方で考えたり説明するものではないのだ．（中略）私はきわめて自由に翻訳し，ある章節は要約し，ある章節はさらに展開を試みることによって，そうした難点を救うよう努力してみた」（邦訳「はしがき」より）．ヘンドリーが引用している「神話の構造」が最初に発表されたのは，アメリカの *The Journal of American Folklore* であり，原題は "The Structural Study of Myth" (1955)（「神話の構造主義的研究」）であった．『構造人類学』の英語版 *Structural Anthropology* (1963) には，ほぼ英語で発表された通りに再録されており，ヘンドリーもそれに従っている．しかし，フランス語版に再録する際，レヴィ＝ストロースはかなりの書き直しを行なったようで，フランス語版を基にした日本語版と英語版は異なる．そこで本書では，ヘンドリーの引用つまり英語版を尊重して桑山が訳出した．

7　リーチの『神話としての創世記』を扱った部分の原文は，非キリスト教圏の読者には分かりにくいので，ヘンドリーに書き換えを依頼した．その上で，リーチの著作を参考にして桑山が言葉を補った（特に Leach 1969：19-23）．

8　カーゴ・カルトとは，「植民地状況下のメラネシア各地で，19世紀末から生起してきた多彩な宗教・社会運動の総称」である．その最大の特徴は，「まもなくこの世界に大異変が起こり，ヨーロッパ人の所有する豊かな工業製品（カーゴ）を汽船に満載して自分たちの祖伝が帰還するという預言」に基づいていることである（『文化人類学事典』「カーゴ・カルト」の項）．

第8章

宇宙論 II ——妖術・シャーマニズム・シンクレティズム

宇宙論に見る固有の範疇

　本章では、人類学者にとって長年の興味の対象であり、ヨーロッパの歴史家との議論も生んだいくつかの重要な問題を詳細に検討したい。最初のテーマは妖術（witchcraft）と邪術（sorcery）である。この二つの言葉には、なかなか面白い意味が込められているが、とりあえず定義の問題として、前章で紹介したイギリスの高名な人類学者、エヴァンズ＝プリチャードが調査したアフリカの民族の事例を見てみよう。その民族とは、スーダン南部に居住するアザンデ族（Azande ザンデ Zande とも呼ばれる）である。彼らの言語には、英語で「ウィッチクラフト」と訳される「マング」（*mangu*）という言葉があり、エヴァンズ＝プリチャードが住んでいた頃には、頻繁に使われていたという。マングは日常的な話題であり、恐ろしいというよりは苛々する（irritating）もので、民族誌家としては見逃せない現象である。

　エヴァンズ＝プリチャードがマングを研究テーマに選んだのは、それがアザンデ族の思考に深く浸透していたからである。彼らの社会生活を理解するためには、妖術の観念を理解する必要があると、エヴァンズ＝プリチャードは考えたのであった。アザンデ族の道徳世界（moral universe）は、至上者である神（Supreme Being）や祖霊（ghost of ancestor）ではなく、妖術を中心に構成されている。実際、エヴァンズ＝プリチャードが見た妖術は、性格の悪さや強欲および嫉妬とほぼ同義語であった。

> 妖術師（witch ウィッチ）とは、その行動が社会的要求ともっともそぐわない人間である。善良な市民（good citizen）と呼ばれる人々は——当然豊かで権力のある者がそう呼ばれるが——、めったに妖術のかどで責

められることはない．嫌疑をかけられるのは，大体が隣人から煙たがられている人や弱者である（Evans-Pritchard 1976：52）．

とすれば，妖術の研究はアザンデ族の思考体系を理解する鍵であり，彼らの政治社会生活を解読する方法なのである．

　エヴァンズ＝プリチャードは，アザンデ族の研究で妖術理論を打ち立て，多くの人類学者に影響を与えた．彼の分析は，後世の民族誌的研究に，比較の基礎を提供したと言ってよい．その中には，エヴァンズ＝プリチャードの理論を例証したものや，修正や再解釈を迫ったものもある．だが彼を無視した研究者は皆無であった．この理由だけでも，エヴァンズ＝プリチャードを最初に検討することには意味がある．さらに，非常に読みやすいスタイルで書かれた魅力的な民族誌であることを思えば，妖術に関心のある学生には恰好の序説となるであろう．

　もっとも，すべての社会で妖術が重要なのではなく，場所によっては「精霊憑依」（spirit possession）とか「シャーマニズム」（shamanism）などと訳したほうがよい土着の範疇（indigenous category）もある．こうした現象については，本章の後半で現地の理解（local understanding）を尊重しながら検討したい．また最後の方では，複数の宗教的伝統に由来する観念や信仰が，うまく共存している社会にも注意を向けたい．異宗教の共存は，宗教戦争による大量殺戮や遺跡の破壊を考慮せずには，歴史を語れないヨーロッパや中東からすると，非常に理解しづらい現象であるが，人類学的知が平和に貢献する分野でもある．

用語について

　妖術（witchcraft）と**邪術**（sorcery）という言葉は，エヴァンズ＝プリチャードの時代まで，あまり体系的に使われていなかった．人間が持つ神秘的な力については，世界各地でさまざまな観念が存在するが，妖術と邪術はそれを漠然と示していた．この神秘的な力とは，心霊（psychic）現象に関する生得的な力，またはイニシエーション儀礼などを通じて得た力を意味していた．同時に，それは体から無意識に発動された力であるとか，呪文を唱えて意識的に操作した結果だろうなどとも考えられていた．エヴァンズ＝プリ

チャードは,『アザンデ人の世界——妖術・託宣・呪術』(初版1937年) という古典で,以上のような特徴を手がかりに,妖術と邪術 (呪術 magic の邪悪な形態) の区別を明確にした.*1 大体のところを示すと次のようになる.

妖術	邪術
心霊現象に関する力	邪悪な目的のための薬物使用
しばしば生得的	万人により獲得可能
無意識的	意識的

この区別は元来アザンデ族の事例に基づいており,妖術は父方または母方のラインに沿って継承されると考えられていた.前者は父から息子,後者は母から娘という継承である.ただ,妖術師を見つけて告発する際に,これは必ずしも最重要な要素ではないことを,エヴァンズ゠プリチャードは気づいていた.[彼が調査した1920年代のアザンデ族の信仰では],妖術の力は腹の中にある「何か」に潜んでいると考えられていた.しかし,この「何か」は永遠に「冷たい」休止状態に置かれていることもあり,それが発動するのは所有者が怒りや嫉妬を感じるときに限られていた.もちろん,こうした力の存在を本人が気づいてなかった場合もあるし,その発動については個人的な資質が必要とされたという.かつては,妖術師が死ぬと検屍が行なわれ,妖術を発動する物体の存在を確認したと言われるが,この習慣はイギリス政府によって禁止されたので,エヴァンズ゠プリチャードは確認できなかった.*2

いっぽう,邪術は学習可能な技術で,意識的学習により伝達されると考えられていた.それは「薬物 (medicine) の邪悪な使用」と規定され,「黒呪術」(black magic) としても知られていた.*3 建設的な目的に使用される「白呪術」(white magic) とは,対照的といえよう.邪術は,関心のある者なら誰でも学習・実践できたが,妖術はときとして無意識に発動され,先ほど述べた物体を体内に所有する者に限られていた.妖術と邪術の区別は,アザンデ社会における王や王子を平民から区別した.王族は妖術を発動する力はなかったものの,それに対する免疫はあったという.しかし,邪術による悪魔の手からは逃れられなかったらしい.

エヴァンズ゠プリチャードの見解は,通文化的妥当性を十分に持つが,すべての社会に当てはまるわけではない.そのため,他の定義や区分も後学に

より試みられた．たとえば，ミドルトン（John Middleton）とウィンター（E. H. Winter）は，『東アフリカの妖術と邪術』（1963年）という著作で，すべての神秘的活動を **wizardry**（魔術，魔法，不思議な力）という言葉で表した．この言葉を彼らは次のように定義している．

> 他者の能力や活動について人間が抱く信条，および自己が攻撃されたと信じたとき，それを未然に防ぎ反撃するために取る行為（Middleton and Winter 1963：3）．

またルイス（I. M. Lewis）は，ダグラス編『妖術・告白・告発』（1970年）に収録された論文で，**超自然的攻撃**（mystical attack）という概念を提唱し，その中に妖術や邪術ばかりでなく，**精霊憑依**（spirit possession）も一緒に含めるべきだと主張した．ここで言う神秘的攻撃とは，告発される側ではなく告発する側の動機によって，相手に対する攻撃を「直接的」（direct）と「間接的」（oblique）に分類するものである．ルイスによれば，世間を動かして妖術師に攻撃を仕掛けるのは，結局のところ告発する側（告発者 accuser）であり，妖術師は告発を支持する社会行為の犠牲者にすぎない．このメカニズムは，ルイスの考える精霊憑依に相当するが，後に再び取り上げて説明する．以下，アザンデ族の調査からエヴァンズ＝プリチャードが得た知見を検討してみよう．

妖術信仰と邪術信仰の役割

エヴァンズ＝プリチャードの理論でもっとも影響が大きかったのは，妖術がアザンデ社会の「善良な行動」に果たす規範的役割を考慮したことだろう．この役割は以下の四つに分けられるが，アザンデ族以外の妖術や邪術とも比較しながら説明したい．妖術の役割でもっとも一般的に見られるのは，それが不幸や災難を説明するということである．

妖術は不幸や災難を説明する

アザンデ族は，日常生活で起きたありとあらゆる不幸な出来事を，妖術のせいにする．エヴァンズ＝プリチャードによれば，彼らは悪天候など自然の

原因を理解していないわけではない。しかし、凶作、病気、不漁といった不幸が起きると、それを妖術の仕業と考える。この原理をもっともよく表しているのが、昼ご飯時に穀倉が崩れ落ちてきたという例である。エヴァンズ＝プリチャードの説明では、アザンデ族は穀倉の柱がシロアリに蝕まれていたことは知っていた。そして被害を被った人は、それを承知で穀倉の下に入り日陰に座っていたのである。しかし、「なぜあの時あの人に倒れたのか」を説明するのは、［科学ではなく］妖術である。

　エヴァンズ＝プリチャードの見るところ、妖術とはある説明をその論理的結末まで進めたものである。妖術は、なぜ特定の人間が特定の時間に不幸に見舞われるのかを解き明かし、それによって通常の説明を一歩先に進めるのである。たとえば、ある人が車の衝突事故に巻き込まれた場合、あと数分家を出るのが遅ければ、青信号になる前に飛び出した加害者とぶつからなかっただろう、と考えることはよくある。また、飛行機やバスの衝突事故が起きた場合、乗り遅れた人は不思議な幸運を感じ、何かに守られているという印象を得るかもしれない。彼らは「運命」「宿命」「運」「神の仕業」について思いを巡らすだろう。だが、アザンデ族ほど確信を持って断言することはない。アザンデ族にとって、ある人がある時ある不幸に見舞われるのは、すべて妖術の仕業なのである。

　同様の確信は他の信仰体系からも生まれる。不幸を神の仕業とみなすイスラム教は、その一例である。実際、イスラム圏でよく使われる *insh'Allah* という表現は、「神の思し召すままに」(God-willing) という意味で、何かの計画にこの句を挿入すれば、それは神による介入 (intervention) を受け入れたことになる。逆に西洋では、不幸を人的原因に求める傾向があり、惨事が起きたら裁判に持ち込んで、責任の所在を明らかにしようとする。そのため、たとえば飛行機事故が起きると、ブラックボックスの捜索が常に問題となり、イギリス海峡で船が沈没すると航海のあり方が問われ、大幅な事業の変更を余儀なくされる。惨事が起きてもなんらかの説明があれば、その悲惨さに多少の救いはあるというものだが、妖術はそうした役割を見事に果たす。

妖術は具体的な行動を指示する

　妖術の二番目の役割は、不幸や災難を軽くする手段を、具体的に指示することである。西洋人が病気にかかっても、その正体と治療法が分かれば気分

が軽くなるように，アザンデ族も妖術師の正体と呪いの理由が分かれば行動を起こす．その行動とは託宣（oracle）である[*4]．アザンデ族の託宣で，もっとも有名なのは「鶏の託宣」(chicken oracle) と呼ばれる．これは，何匹もの鶏に中枢神経興奮剤のストリキニンを与え，生きるか死ぬかの状態に置くもので，託宣の問いかけをするたびに薬を飲ませ，その答えを鶏の生死で占う方法である．より手軽な託宣としては，シロアリの巣に複数の小枝を突っ込み，どちらが先に食われるかを見たり，「擦り板」（rubbing board）と呼ばれる小道具を用いる方法がある．後者について，エヴァンズ゠プリチャードは次のように述べている．

> 擦り板とは小型のテーブルのようなもので，いろいろな木材を切り取って作ってある．小さなものは袋に入れて運び，大きなものは屋敷に保管されている．擦り板には二つの部分がある．一つは三脚タイプの平らなテーブルの表面で，これを「女性部」と呼ぶ[*5]．もう一つは，そのテーブルに蓋のようにかぶさっている板で，これを「男性部」と呼ぶ．（中略）執行者がテーブル上の蓋をぐいと引っ張ると，蓋は前後に軽く揺れて動くか，または板にしっかりとくっついて動かず，無理やり上に引いて離すかのどちらかである．この二つの動作――滑らかな動きと固着――は，託宣の問いに対する答えなのである．それは毒を与えた鶏が生きるか死ぬか，シロアリが小枝を食べるかどうかと対応する（Evans-Pritchard 1976：168-170）．

妖術は社会の鬱憤を晴らす

託宣の問いは，通常「白か黒か」の明瞭な答えを要求する．エヴァンズ゠プリチャードによれば，執行者は周知の妖術師ではなく，妖術をかけられた人間に悪意を抱く者を探し出す．アザンデ族の妖術は，それを生来的に行なう能力のある者が，他の人に対して怒りや嫉妬を感じたとき，自然と発動されると考えられている．そのため，そうした感情を持つ可能性のある人間を特定することが，託宣の問いへの答えとなる．お告げがあった後は，特定された人物に死んだ鶏の翼を証拠として見せるなど，一定の手続きがある．責められる側は，責める側（告発者）に対して悪意などないと言い張るだろうが，妖術を鎮火させ感情が悪化しないように，鶏の翼に水を吹き付ける儀式

を行なう．エヴァンズ゠プリチャードは，この手続きにより，①社会成員間の鬱憤を晴らし，②双方に納得のいく形で問題解決を図る，という二重の目的が果たされると主張した．

妖術は社会規範遵守の効果がある
　エヴァンズ゠プリチャードによれば，「遺恨，野卑，敵意の表現は，深刻な結果を人間関係にもたらす」ので，妖術は「反社会的な衝動を抑制する」という (Evans-Pritchard 1976 : 54-55)．つまり，アザンデ族は次の二つの理由で，嫉妬など不快な感情を抑えるのである．

（１）　妖術師と疑われる事態を回避する．
（２）　妖術師の怒りを買う事態を回避する．

通常，妖術の嫌疑がかかるのは，不潔で嫉妬深く態度の悪い者，一言でいえば性格の悪い者である．妖術はいわば不快な行為に対する警鐘である．エヴァンズ゠プリチャードは次のように述べている．「アザンデ族は妖術師の正体を知らない．だから，隣人はすべて妖術師かもしれないと考える．めったなことがない限り，彼らは人の感情を害さないように注意している」(Evans-Pritchard 1976 : 55)．

エヴァンズ゠プリチャードへの反論と異論

　『アザンデ人の世界――妖術・託宣・邪術』の出版以降，妖術研究に携わったほとんどの人類学者は，エヴァンズ゠プリチャードになんらかの形で触れることになった．[*6] 彼の妖術理論は多くの支持を得たが，なかでも不幸や災害の説明としての妖術という議論は注目を浴びた．それは歴史学の分野にも及び，トーマス (Keith Thomas) は16世紀と17世紀のイギリスについて，興味深い考察をしている．彼の指摘によれば，不幸は神の怒り (wrath of God) としても説明可能だが，妖術はプロテスタント教会より幅広い行動の機会を提供するという．

　病気を神の思し召しとして受け入れた者は，ほぼ何もすることができな

かった。もちろん，病気が治るように祈ることはできただろうが，神がなさることは神秘的だから，願いが通じるかどうかは，よく分からなかったのである。それに，神には懇願はできても強要はできない。プロテスタントの神学者は，キリスト教徒はヨブ（Job 旧約聖書のヨブ記の主人公）のように，禁欲的な苦しみを味わわなければならないと説いた。しかし，この教義は心地よいものではなかった。対照的に，妖術信仰の魅力は，神学者が否定した癒しの確実性（certainty of redress）を示したことにある。ウィッチに襲われることを恐れた者は，自己保全のための呪術を駆使することができた。既に妖術をかけられていても，逆に呪術で対抗すればよかったのである。（中略）何にもまして，犠牲者はウィッチを告発して，処刑に持ち込むことができた。ウィッチを裁くことの意義は，それが単に復讐心を満足させるだけではなく，当時の信条に従って犠牲者を確実に救済した点にある（Thomas 1970：57）。

トーマスによれば，信者に何か問題が起きたとき，それを解決するための手続きが，カトリック教会はプロテスタント教会より明確だった。宗教改革以降，［魔女狩り witch hunt のような］妖術裁判が増加したのは，この違いとも関係しているという。また妖術の被害者は，隣人を傷つけたり物乞いを追い払ったりして，往々にして罪悪感に苛まれている。こうした事実に鑑み，トーマスは妖術信仰が積極的な近所づきあいや，道徳的基準の全体的強化をもたらすと述べた。この見解は前節の「妖術は社会の鬱憤を晴らす」と呼応している。さらに「妖術は社会規範遵守の効果がある」とも関連するが，妖術の告発や妖術師の呪いを招くような行動を，人々は避けるようになる。

ただし，特定の人物には妖術の力があるという風評は，その人物にとって有利に働くこともある。この点については，トーマスとエヴァンズ＝プリチャードの双方が指摘している。たとえば，施しをせがむイギリスの老女は，下手に扱うと妖術をかけられるという相手の恐怖につけこんで，実利を得ることができる。同様に，妖術師という風評のアザンデ人は，狩猟後の肉の分配時に余分にもらえたという。この習慣は，次の狩猟における妖術の悪影響を排除するためのもので，妖術師に肉を多く与えておけば，猟はうまくいくとアザンデ族は信じていた。

もっとも，妖術は社会にとって常に有益なわけではない。ウガンダのアン

第8章 宇宙論 II ――妖術・シャーマニズム・シンクレティズム　163

バ族（Amba）を調査したウィンター（E. H. Winter）によれば，村落の社会的結束は，妖術信仰によっていとも簡単に崩されるという（Middleton and Winter 1963）。アンバ族の思考では，妖術師は普通の人間を肉体的かつ精神的に逆転させた特徴を持つ。たとえば，妖術師は頭を逆さにしてぶら下がり，人肉を食うとともに塩で渇をいやし，裸で駆け回る。[第10章で説明するエヴァンズ＝プリチャードの分節体系とは反対に]，紛争が起これば自分の村の人間を犠牲にし，他の村の妖術師と犠牲者を分かちあう。

　このように，ある村の妖術師が村人を殺害すると，彼らは他の村の妖術師を呼んで饗宴を開く。後日，招待された村の妖術師は，みずからの饗宴に前のホストを招待して，自分の村の犠牲者の亡骸をご馳走として差し出す。互酬性が要求されているのである（Middleton and Spring 1963：292）。

　妖術師の行動は，普通の人間に期待されている行動，たとえば人肉を食らうことに強い嫌悪を感じ，常に服を体に纏って歩くといった行動とは，まったく逆である。妖術に関する観念は，道徳世界全体との関連で検討すべきだとウィンターは主張しているが，彼に従えば，妖術とは社会秩序の「構造的反転」（structural inversion）である。こうした見解は，社会の重要な範疇を写し出すという意味で，妖術の「表出的」（expressive）役割を示したものといえる。妖術が社会に対して持つ規範的効果を強調したエヴァンズ＝プリチャードが，「手段的」（instrumental）または「機能的」（functional）役割を重視したとすると，ウィンターの分析はそれを超越し，かつ補完している。「表出的」と「手段的」については前章で説明したので，そちらを参照してほしい。[*7]

　同様の構造主義的解釈は，南米における邪術の分析にも見られる。『妖術・告白・告発』に収録されたリヴィエール（Peter Rivière）の論考は，邪術の台詞が，いかにスリナム（Surinam）の先住民トリオ族（Trio）の社会政治構造を反映し，村落間の境界を指示するかを分析したものである。また，ブラジル南部に居住するアクウェ・シャヴァンテ族（Akwe Shavante）の場合は，邪術の台詞が政治の派閥を反映しているといわれる。いずれの部族も，集団には流動性が見られ，忠誠を誓う対象も変化する。また，人の動きがあ

るたびに，隣人のネットワークが再編される．村落や派閥を同じくする者の間では，邪術の告発は見られないので，誰に対して邪術が発動されたかを見れば，新しい人間関係を確認することができる．

ダグラスは妖術を「社会関係を明確にし確認する手段」と位置づけている (Douglas 1970：xxv)．ウチとソトの意味領域は曖昧だが，もし妖術師がソトからの来訪者であれば，それはウチの関係を確認する．逆に，もし妖術師がウチの者なら，妖術には，①共同体の価値という名のもとに，逸脱を抑制する機能がある，②内部の派閥抗争を激化させる，③内部の序列を再編する，という可能性がある．ダグラスは『汚穢と禁忌』(1964年) において，制御不能な妖術の告発は，危険かつ曖昧な役割を担っている人々，つまり秩序を潜在的に乱す人々に対して行なわれると述べた．妖術師の嫌疑をかけられる者は，一つの集団に自分の居場所を持っていながら，別の集団から見ると侵入者なのである．「妖術師は，壁や壁板の隙間にいる甲虫目やクモと，社会的等価関係にある」(Douglas 1966：124)．ダグラスは，一例としてジャンヌ・ダルク (Joan of Arc フランス語では Jeanne d'Arc) をあげている．「彼女は裁判所においては農民であり，戦場においては女性であり，参謀会議においてはヨソ者であった」(同頁)．妖術師 (魔女) と疑われたのも当然といえよう．

ブラウン (Peter Brown) は，社会的危機や変化は邪術を「引火」すると述べ，社会構造が曖昧だと邪術の告発は増えると指摘している (Brown 1970)．その例として，彼は4世紀のローマ帝国 [紀元前27年に建設，紀元後395年に東西に分裂] と，16世紀から17世紀のイギリスをあげている．イギリスでは，貧民救済法 (Poor Law) が成立するまで，貧民層の社会的位置づけが不明確であった．アフリカでは，植民地化とキリスト教の布教が進むにつれて妖術が増えたといわれるが，これも曖昧な社会構造と関連している．

現代イギリスにおける妖術の実践が，なんらかの社会的危機や変化と結びついているのかどうか，また17世紀以降，本当に妖術が衰えたのかどうかを判断するのは難しい．ただ，呪術と妖術はイギリス人を魅了してやまないものであり，ウィッチは一見もっとも堅実な中産階級に見られるのである．この現象には，私が教えているオックスフォード・ブルックス大学の学生も関心を寄せ，地域の魔女集会 (coven) に参加を許された者は，非常に興味深い卒業論文を書いた．また，ケンブリッジ大学に提出された博士論文で，イ

ギリスの妖術を取り上げた研究が,『妖術の説得力』として後日出版された (Luhrmann 1989). この民族誌には「合理性」(rationality) の問題も扱われており, 妖術に関心のある読者には恰好の書物である.

憑依とシャーマニズム

災難や不幸の説明は**宇宙論** (cosmology) の一部である. 産業社会では, 科学にこうした説明を求めるので, 病気になれば医者に見てもらい, 殺人事件があれば科学捜査の専門家に頼り, 物が盗まれれば指紋を調べ, 飛行機が衝突すればブラックボックスを探す. しかし, こうした説明に普遍性があるわけではなく, 霊的存在 (spirit) に答えを求める社会もある. この場合, 霊界との交流 (communication) は, **シャーマン** (shaman), **占い師** (diviner), **呪医** (witch doctor 祈禱師とも訳す) を通じて行なわれる. 交霊は概して個人に代行する場合と, 多くの会衆を集めて実施される場合がある. 後者には野卑と享楽の部分がかなり認められ, 民族誌にはその娯楽的価値が報告されている.

霊界との交流を司る人物を表す言葉は, 特定の地域と結びついている. たとえば「シャーマン」は, 元来シベリアのツングース族 (Tungus) の言葉である. しかし, 今日では他地域にも用い, 肉体から分離した魂が天界や下界を舞うとされる人物を示す.[*8] シャーマンは南米の部族にも多く, 彼らはタバコで茶色になった唾液や幻覚剤を使って, トランス (trance 恍惚／神がかりの状態) に入り, 霊界へと飛翔する訓練を積む. その他にも, 体内に霊を呼び込む技術を身につけ, 会衆の悩みや要求を聞き (実にさまざまな声で) 話しかける.

ガイアナ (旧英領ギアナ British Guiana) に住むアカワイオ族 (Akawaio) を調査したコルソン (Audrey Colson) は, こうした集会を鮮明かつ克明に描いている (Wavell, Colson, and Epton 1966). 実は, 私が学生で人類学を学んでいた頃, もっとも強い印象を受けたのは, コルソン女史が聞かせてくれたアカワイオ族の降霊会 (séance) のテープだった. そのテープには, 会衆が思い思いに参加し, 熱気でみなぎっている様子が聞き取れた. 部族を訪れた霊に災難不幸の説明を求め, 落し物を見つけてもらい, それが盗難によるものなら犯人の割り出しを請い, 病気の原因を突き止め, 治療法を教えても

らうのである。その間，会衆は自分の感じるままに発言するが，コルソン女史によれば，シャーマンまたは彼に憑いている霊は，会衆の「世論」を反映する形で決定を下す。

こうしてみると，アカワイオ族の降霊会には，エヴァンズ゠プリチャードが分析した妖術信仰と，同じ役割が備わっていることが分かるだろう。それは，まず社会の鬱憤を「合法的」に晴らす機会を提供し，災いをもたらしたと思われる人間に対して，被害者が文句をぶちまけることを可能にするのである。その際には，たとえば病気をもたらした霊に，攻撃の矛先が向けられることもある。会衆は「罪人」の名前を訪問中の霊に報告するので，降霊会には反社会的行動を抑止する力，つまりアカワイオ社会における規範効果があるといえよう。この点はコルソンの論文にある通りである。

次に，占い師はシャーマンと同様の問題を扱うが，活動の幅が広い。日本を含む極東社会では，病気の原因の特定，結婚や家の改築の判断，行事の日取りの決定などが，占い師の役割である。彼らが用いる暦は，占星学と陰陽道を組み合わせた複雑なものである。第1章で紹介した時間の分類も，占いには大きく影響するので，占い師の仕事は交霊にとどまらない。日本では不幸の説明を求めて占い師に相談することがあり，怨霊（dissatisfied ghost）や祖霊（ancestral spirit）の祟りに，原因がしばしば求められる。そのため，特定の命日（death day）には追善供養（memorial for the dead）が営まれ，これを怠ると災難が降りかかるという。また近年では，水子（aborted fetus）の魂に災難不幸の原因があるとされ，寺院では小さな地蔵（memorial statue）を祀る一角を用意し，慰霊の儀式を毎月営んでいる。[*9] 実際，水子供養専門の寺も作られているほどである（詳細は LaFleur 1992 を参照）。前章で指摘したように，日本人は医者にかかりながら占い師に見てもらうことに，あまり大きな矛盾を感じない。

以上のような行為に携わる者を，アフリカでは一般に**霊媒**（spirit medium）または**呪医**（祈禱師）と呼ぶ。しかし，彼らの役割は病気の原因の占いや，怨霊の怒りを静めることにあるので，基本的にシャーマンや占い師と変わらない。異社会における交霊について，ファース（Raymond Firth）は次のような区分を提案している。

（1）　**精霊憑依**（spirit possession）――交霊は主に不随意

（2）　霊媒（spirit mediumship）——交霊は自発的で随意
（3）　シャーマニズム——霊をなんらかの形で支配

　本節で扱った問題にはさまざまなアプローチがあり，そのうちのいくつかはルイスが『エクスタシーの人類学』（原著1971年）で解説している．先に触れたように，ルイスは憑依を妖術と比較して，前者を「悩みや苦痛のはけ口を求める人間が用いる戦略」と定義している（Lewis 1970）．たとえば，アフリカ南部のバヴェンダ族（BaVenda）では，女性が霊にとり憑かれた場合，治療は夫や家族が彼女に特別の敬意を払い，大切に扱うことを求める．そのため，女性は繰り返し憑依を経験するという．同様の現象は，他の社会でも地位の低い男性に見られるが，それは一時的に彼の地位を向上させる．ただ，憑依があまりにも頻繁に起こると妖術の可能性が疑われ，ルイスが言う「直接的」で「超自然的」な攻撃につながる．

　章末の読書案内には，憑依現象を取り上げた民族誌を数点掲げておいた．ゲルナー（David Gellner）の「聖職者・治療者・媒体・妖術師」は，ネパールのカトマンドゥー盆地（Kathmandu Valley）に居住するネワール人（Newar）を事例に，ルイスの憑依理論を検討した好論文である．ビーティとミドルトンの古典的論集（Beattie and Middleton 1969）は，アフリカ社会における霊媒の問題を扱っている．また，ブラッカー（Carmen Blacker）の『あずさ弓』（原著1975年）は，日本における交霊現象を扱った恰好の書物である．[*10]

シンクレティズム

　複雑な多文化社会で必要とされるのは，異なった宇宙観の共存である．異質の信仰に対する寛容は，さまざまな民族が世界中の都市で共存に努めている今日，平和な生活への一歩である．イギリスの都市部の学校でも，父兄の多種多様な宗教的信仰を反映して，生徒は実に多様な考えを学んでいる．教師は生徒に対して，お互いの世界観や信条を分かち合うように指導し，学校全体で民族行事や民族儀礼を主催するなどして応援している．その目的は寛容の精神の育成にあるが，ある種の困惑が生まれることも事実である．私の勤務先の大学には，こうした環境で育った学生がいるが，宗教的なものに対

する反動なのだろうか，以下に述べる環境問題にのみ関心を寄せる者が多い.

異質な信仰の共存にもっとも熱心な人々は，ペーガニズム (Paganism 元来はキリスト教に対する「異教」や，ギリシャ・ローマの「多神教」を意味する言葉）と呼ばれ，近年イギリスで影響力を持つに及んだ一種の自然崇拝 (nature worship) に興味を示している．この運動にはさまざまな形があるが，ペーガニズムというキリスト教以前のイギリスに見られた信仰を表す言葉を採用していることからも分かるように，全体を統括する組織が存在する．当然，各支部の共通の目的は，キリスト教改宗以前のヨーロッパに遍在した観念の復活にあり，特に自然環境の保護には力を入れている[11]．人類学者のハードマン (Charlotte Hardman) は，次のように述べている．

> イギリスのペーガニズムは，過去10年くらいで様相を変えつつある．（中略）生態的には，ペーガニズムは常に田園志向のロマンチックな生活観に彩られ，思想的にも「緑」であった．しかし，今日ではより直接的な政治行動に訴えるようになった．（中略）自然の尊重つまり「緑」は，彼らの思想的特徴にとどまらない．ペーガニズム儀礼の生態呪術 (eco-magic) は，環境，社会，精神の変革にも向けられている (Hardman 1996：xiv-xv).

ここには，前出の『妖術の説得力』に登場する人物と，多少の類似性が見られる．しかし，著者のラーマン (Tanya Luhrmann) が調査した限りでは，キリスト教徒も含まれており，彼らはペーガニズムと無縁である．

イギリスでペーガニズムや妖術に魅せられる人は，古い範疇の復活と新たな宇宙観の形成をめざしている．彼らは古代の豊かな思想に基づいて，混乱きわまる現代世界に新秩序をもたらそうとしているのである．科学の進歩が貴重な自然を破壊することに幻滅した彼らは，原子力と大量破壊を特徴とする今日からすれば，牧歌的とも思われる時代に郷愁を感じている．第6章で論じた，アボリジニーの絵画に救いを求める芸術収集家さながら，ペーガニズムの信奉者は，古代および消滅しつつある世界に知恵を求める．そして，彼らは科学的世界観の行き過ぎを批判し，現代に生きる人間の関心に応える精神生活を見いだそうとしている．

異質の宇宙観の要素を組み合わせて，新たな世界観を創出する行為は，文

化交流とともに古く、その歴史は太古にまで遡る。この現象を**シンクレティズム**（syncretism）と呼ぶ。文字通りの意味は「諸信仰の共存」（co-existence of beliefs）だが、実際には一つの信仰体系が他を凌駕することがある。その場合には「融合」（synthesis）と呼んだほうが適当であろう。キリスト教はその世界的普及の過程で、既存の信仰体系の要素をみずからの観念や実践に取り込んできた。たとえば、既に第4章で述べたように、北欧には冬の最中に祭りを催す伝統があったが、その時期がたまたまキリストの誕生と重なったため、クリスマスとして一括された。また、[元来は10月末日の夜に、死者が墓地から舞い戻ってくると考えられた] ハロウィーン（Halloween）の「宗教性」は、今日ではペーガニズムでのみ認められているようだが、その時期はキリスト教の諸聖徒日（All Saints' Day 11月1日）、および諸魂日（All Souls' Day 11月2日）とほぼ一致する。一部のキリスト教圏でハロウィーンを祝うのは、けっして偶然ではないだろう。

メキシコでは、諸聖徒日や諸魂日が非常に重視されており、故人を悼みお墓を訪れる日となっている。一般に「死者の日」（Day of the Dead）として知られるが、この時期にはたとえばゴム製の骸骨や頭蓋骨の形をしたチョコレートなど、悪鬼（ghoul）をテーマとしたモノやお菓子が、大量に作られて店頭に並ぶ。キリスト教布教以前のメキシコには、アステカやマヤなど、さまざまな信仰を持った民族が存在したが、それから数世紀の時間が流れた今日では、個々の宗教要素の歴史を辿ることは困難である。しかし、当時の宣教師が残した文書には、土着の宗教をキリスト教に組み込む努力が払われたと報告されている。聖マリアこと「グアダループの処女」（Virgin of Guadalupe）が最初に姿を現したとされる場所は、アステカの重要な地母神（Earth Mother）トナンツィン（Tonantzin）の聖地であったことは興味深い。なお、章末に掲げた『消滅する世界』シリーズの映像誌『アザンデ族』には、土着の信仰と新たに伝道されたキリスト教が、共存の道を探る様子が描かれている。

日本の宗教事情は、以上と多少趣を異にしている。シンクレティズムの例としては、日本のほうが適当かもしれない。「神々の道」（path of the gods）を意味する土着（固有）の神道は、元来名もない雑多な古代信仰から成立していた。おそらく中国の道教と関係があると思われるが、渡来した高度な宗教的伝統と区別する必要が生じるまで、それ自身の名前はなかった。今日、

神道は仏教，儒教，キリスト教などと，信仰および実践の上で共存している．もちろん，各々の宗教には独自の教義や教えがあり，儀礼を司る専門家もいる．だが，一般の日本人は，西洋で「宗教」と呼ばれるものに救いを求めるとき，それが具体的にどの宗教なのか，あまりこだわらない．

　第二次世界大戦後，神道は日本の帝国主義の精神的支柱として批判され，「迷信」という扱いを受けたことは既に述べた．しかし，religion に相当する日本語の「宗教」は，土着の信仰よりソトから導入された教えに，よりよく当てはまるようだ．また，believer を意味する「信者」も，どちらかというと特別な信仰（しばしば新宗教）の道を歩む者に対して用い，さまざまな宗教を無意識に取り入れて生活している多くの日本人には，あまり使われないように思われる．日本では，同一人物による宮参り，仏教式の葬式，キリスト教式の結婚式，（おそらく道教式の）シャーマンとの相談は，けっして不思議ではない．

　私がかつて調査した農村における宗教の分析は（Hendry 1981），専門家による全国調査の結果と大体一致している．概して，神道は生命と健康に関連する祝い事と結びついており，仏教は死および祖先祭祀との関連が深い．前者は村の神社などで開催される共同体（community）的儀礼であり，後者は各家の仏壇で行なわれるイエ（household）単位の儀礼である．しかし，病気，結婚，家の新築など，人生に危機や転機が訪れると，分類の不明確なシャーマン［占い師など］に相談することがある．このことは，神道と仏教の実践に，「表出的」役割があることを示している．

　いっぽう，キリスト教の受容は日本では進んでおらず，宗教人口の2％にも満たない．これはおそらくシンクレティズムと関係しているだろう．数多くの仏教および神道の宗派が新たに登場している今日，それを包摂する日本のシンクレティズムは，排他的なキリスト教と相容れない．シンクレティズムは，社会構造の変化に日本人が柔軟に適応する一助となっている．1500年にわたる日本の有史を振り返ると，神道と仏教という二つの大きな流れは，融合と分離を繰り返してきた．しかし，そこには常に交わることのない要素が，相互に見られたのである．さらに儒教に関して言えば，その長い影響力にもかかわらず，日本では主として道徳や倫理の分野に限定されていたといえよう．この問題については，次章でより深く検討したい．[*12]

　シンクレティズムに関する最近の研究——たとえばスチュアート（Char-

第 8 章　宇宙論 II ——妖術・シャーマニズム・シンクレティズム　171

写真8.1　カトマンドゥーのビムセン寺院（Bhimsen Temple）の境内にある三つのチトヤ（chitya 仏教崇拝のオブジェ）。左前のチトヤは，17世紀から18世紀に多く建立された型で，右後方の二つは，ヒンドゥー化が徹底的に進んだ19世紀後半から20世紀前半にかけて，カトマンドゥーで普及したシンクレティズム型である。後者の基部には，シヴァリンガ（shivalinga）と呼ばれる，ヒンドゥー教のオブジェに典型的な水受けがついている（写真提供 David Gellner）。

les Stewart）とショー（Rosalind Shaw）の『シンクレティズムと反シンクレティズム』（1995年）——によれば，すべての宗教は何世紀もの間に異質の伝統と交わってきた。だから，シンクレティズムという言葉自体に，あまり学問的意味はないという。しかし，人間は一つの宗教にのみ忠誠を誓うべきだという観念は，エスノセントリズムにすぎない。それを指摘する上で，シンクレティズムという概念は有効だと思う。ゲルナーは，スチュアートとショーの見解を批判し，さまざまな形態のシンクレティズムを検討している。たとえば，彼は神道や儒教と共存してきた日本の仏教を，前述のカトマンドゥー盆地に住むネワール人の場合と比較している。後者は，基本的にヒンドゥー国家のネパールで，タントラ仏教（Tantric Buddhism）を実践している。ゲルナーの著書『僧侶・家長・タントラ僧』（1992年）は，ヒンドゥー仏教（Hindu Buddhism）の都市ラリトゥパー（Lalitpur カトマンドゥーの南に位置する）のネワール人を，克明に描いた民族誌である。そこには，シンクレテ

ィズムを示す宗教的行為の実例が，数多く提示されている（写真8.1）．

《参考文献》

Brown, Peter (1970) "Sorcery, Demons and the Rise of Christianity from Late Antiquity into the Middle Ages." In Mary Douglas (ed.), *Witchcraft, Confessions and Accusations* (London: Tavistock), pp. 17-45.

Douglas, Mary (1966) *Purity and Danger : An Analysis of the Concepts of Pollution and Taboo* (Harmondsworth: Penguin). 塚本利明訳『汚穢と忌避』（思潮社，1985年）．

Douglas, Mary (1970) *Witchcraft, Confessions and Accusations* (London: Tavistock).

Evans-Pritchard, E. E. (1976) *Witchcraft, Oracles, and Magic among the Azande* (Oxford: Clarendon). 向井元子訳『アザンデ人の世界——妖術・託宣・呪術』（みすず書房，2001年）．

Gellner, David (1997) "For Syncretism: The Position of Buddhism in Nepal and Japan Compared." *Social Anthropology* 5(3) : 277-291.

Hardman, Charlotte (1996) "Introduction." In Graham Harvey and Charlotte Hardman (eds.), *Paganism Today : Wiccans, Druids, the Goddess and Ancient Earth Traditions for the Twenty-First Century* (London: Thorsons).

Hendry, Joy (1981) *Marriage in Changing Japan : Community and Society* (London: Croom Helm ; Tokyo: Tuttle, 1986).

Lewis, I. M. (1970) "A Structural Approach to Witchcraft and Spirit Possession." In Mary Douglas (ed.), *Witchcraft, Confessions and Accusations* (London: Tavistock), pp. 293-309.

Middleton, John, and E. H. Winter (eds.) (1963) *Witchcraft and Sorcery in East Africa* (London: Routledge & Kegan Paul).

Rivière, Peter (1970) "Factions and Exclusions in Two South American Village Systems." In Mary Douglas (ed.), *Witchcraft, Confessions and Accusations* (London: Tavistock), pp. 245-255.

Stewart, Charles, and Rosalind Shaw (eds.) (1995) *Syncretism/Anti-Syncretism : The Politics of Religious Synthesis* (London: Routledge).

Thomas, Keith (1970) "The Relevance of Social Anthropology to the Historical Study of English Witchcraft." In Mary Douglas (ed.), *Witchcraft, Confessions and Accusations* (London: Tavistock), pp. 47-79.

Wavell, Stewart, Audrey Colson, and Nina Epton (1966) *Trances* (London: Allen & Unwin).

第8章　宇宙論 II ── 妖術・シャーマニズム・シンクレティズム　173

《読書案内》

Beattie, John, and John Middleton (1969) *Spirit Mediumship and Society in Africa* (London: Routledge & Kegan Paul).

Blacker, Carmen (1975) *The Catalpa Bow : A Study of Shamanistic Practices in Japan* (London: Allen & Unwin). 秋山さと子訳『あずさ弓──日本におけるシャーマン行為』(岩波書店・同時代ライブラリー，1995年).

Eliade, Mircea (1964) *Shamanism : Archaic Techniques of Ecstasy* (Princeton, New Jersey: Princeton University Press). 堀一郎訳『シャーマニズム──古代的エクスタシー技術』(冬樹社，1974年).

Gellner, David (1992) *Monk, Householder, and Tantric Priest* (Cambridge: Cambridge University Press).

Gellner, David (1994) "Priests, Healers, and Mediums, and Witches: The Context of Possession in the Kathmandu Valley, Nepal." *Man* 29 : 27-48.

Jencson, L. (1989) "Neo-Paganism and the Great Mother-Goddess: Anthropology as the Midwife to a New Religion." *Anthropology Today* 5(2) : 2-4.

LaFleur, William R. (1992) *Liquid Life : Abortion and Buddhism in Japan* (Princeton, New Jersey: Princeton University Press).

Lewis, I. M. (1971) *Ecstatic Religion : An Anthropological Study of Possession and Shamanism* (Harmondsworth: Penguin). 平沼孝之訳『エクスタシーの人類学──憑依とシャーマニズム』(法政大学出版局，1985年).

Luhrmann, Tanya (1989) *Persuasions of the Witch's Craft* (Oxford: Blackwell).

Marwick, Max (ed.) (1982) *Penguin Readings on Witchcraft,* 2nd ed. (Harmondsworth: Penguin).

Riches, David (1994) "Shamanism: The Key to Religion." *Man* 29 : 381-405.

《小説その他》

Lowry, Malcolm, *Under the Volcano* (Harmondsworth: Penguin, 1962). 加納秀夫訳『活火山の下』(白水社・新しい世界の文学，1966年) 幻滅してアルコール中毒になったメキシコ在住のイギリス領事を描いた小説．死者の日 (Day of the Dead) を主な舞台としている点が興味深い．

Miller, Arthur, *The Crucible* (London: Methuen, 1996). アメリカのセーラム (Salem) における魔女裁判を取り上げている．映像資料は以下を参照．ニコラス・ハイトナー監督『クルーシブル』(ビデオカセット，20世紀フォックス・ホーム・エンターテイメント・ジャパン).

Okri, Ben, *The Famished Road* (London: Cape, 1991). 金原瑞人訳『満たされぬ道』(平凡社・新しい「世界文学」シリーズ，1997年) アフリカの精霊および神秘に満ちた小説．

《映画／フィルム》

Disappearing World : The Azande (André Singer and John Ryle, 1982). アザンデ族の妖術の世界を，キリスト教への集団改宗という新たな状況下で描いた．

Kataragama, A God for All Seasons (Charlie Narin and Gananath Obeyesekere, 1973). 『消滅する世界』シリーズに収録．スリランカ（旧セイロン）で，11歳の息子に先立たれた不幸の原因を突き止めようと，人々が奔走する姿を描いた．

Strange Beliefs. 『海外の異人』シリーズ（第1章参照）に収録されたエヴァンズ＝プリチャードの記録．アザンデ族に関する資料の検討を含む．

《訳注》

1 原題は *Witchcraft, Oracles, and Magic among the Azande* である．1937年に初版が出版されたこの本は，1920年代に実施された調査に基づいている．ヘンドリーが参照しているのは1976年に出た簡約版で，冒頭にはジリーズ（Eva Gillies）の序文が付いている．なお，この本の邦訳は2001年に出版された．

2 妖術とは直接関係ないが，日本にも人間の体内に存在するなんらかの力によって，自己の意思とは関係なく特定の行動が誘発されるという考えがある．「虫の居所が悪い」というときの「虫」は，その代表的な例であろう．本来ならば，怒りを表現するのも抑制するのも，怒りを感じている本人の問題であるが，それを「虫」と呼ぶことによって，本人の意思とはあたかも無関係に，怒りを表すという行動が表出するのである．換言すれば，これは自己が何ものかによって管理または支配されているという思考であって，行動の源泉を個人の意思に求める近代西欧にはあまり見られない．「虫」の他にも，「気」とか「魔」という言葉を日本人はよく用いるが（それも主語として），この習慣は行為の主体（agent of action）はもちろん，責任の所在（accountability）の問題とも結びついており，法律の実践に影響を及ぼしている．

3 *Witchcraft, Oracles, and Magic among the Azande* には，薬物（medicine）について次のような定義がある．「神秘的な力が秘められていると考えられ，呪術の儀礼で用いられるすべての物質．通常は植物性」（Evans-Pritchard 1976: 227）．北米のネイティヴ・アメリカンでは，medicine は「魔力を持つもの」「魔法」も意味する．

4 託宣（oracle）とは，「神が人にのりうつり，または夢などにあらわれて，その意思を告げ知らせること」である（『広辞苑』第5版）．占いの一種であるが，人類学では「神意」を広義に解釈して，「神」「死者」「精霊」などの霊的存在によるお告げと考えている．日本では，神がかりの状態で託宣をする女性を「巫女」と呼ぶが，東北地方のイタコや沖縄のユタはその代表的な例である．また，田の神の使いとしてのキツネの鳴き方や動きによって，神意を占う習俗も各地に見られる（『文化人類学事典』「託宣」の項より）．

5 「三脚タイプのテーブル」の原文は table supported by two legs and its tail（2本の脚と尻尾に支えられたテーブル）である．この「尻尾」の意味について，桑山はヘンドリーと協議したが，ヘンドリーの同僚で「擦り板」の実物を見たことのある

David Zaitlan によると,「尻尾」とはテーブルの後ろの方についている長い脚のことらしい。この文脈で「尻尾」と表現するのは英語でも不自然なので,おそらくアザンデ族の言語となんらかの関係があるか,エヴァンズ゠プリチャードがテーブルを生き物に見立てたと思われる。

6 この点については,イギリスとアメリカでは事情がかなり異なるようだ。宗教現象の専門家はともかく,大学で使われる入門書のレベルでは,エヴァンズ゠プリチャードの妖術理論が,大々的に説明されることはアメリカでは少ない。むしろ,妖術研究はナヴァホ族(Navaho)を調査したクラックホーン(Clyde Kluckhohn)と結びついている。彼はナヴァホ族の妖術を心理的観点から研究し,1944年に *Navaho Witchcraft*(Boston: Beacon Press)を出版した。しかし,その参考文献にエヴァンズ゠プリチャードの名前はない。こうした英米の差については,桑山敬己「アメリカの文化人類学教科書の内容分析」(『国立民族学博物館研究報告』第25巻3号,2001年)を参照されたい。

7 ここでヘンドリーは「手段的」と「機能的」をほぼ同義で使っている。機能主義,特にラドクリフ゠ブラウンの構造機能主義(structural functionalism)において,「機能」とは社会を構成する要素(部分)が全体を維持するために果たす「役割」を示す。本章の「妖術信仰と邪術信仰の役割」の節に掲げられた妖術の四つの特徴は,まさに妖術が社会維持のために果たす役割つまり機能である。歴史学出身のエヴァンズ゠プリチャードは,個々の社会の歴史性や一回起性を重視して,社会人類学を「社会に関する科学」としてとらえたラドクリフ゠ブラウンを批判した。しかし,彼の妖術の説明は,ラドクリフ゠ブラウンの理論を踏襲したものと言ってよい。そこで,ウィンターの「表出的」アプローチには,構造機能主義を超えるものがあるとヘンドリーは主張しているわけだが,第7章で見たように,彼女は表出的役割をリーチやレヴィ゠ストロースの構造主義(structuralism)と結びつけて解釈している。

8 魂が身体を脱して超自然界に飛翔することを「エクスタシー」(ecstasy 脱魂)と言う。この訳語はカトリシズムに由来するようだが,章末の読書案内にあるエリアーデ(Mircea Eliade)は,それをシャーマニズムの本質としてとらえた。

9 原文には aborted babies とあるが,文脈から水子であることは確かなので,aborted fetuses とした。水子とは「流産した胎児」であって,「赤子」ではない。また,memorial statue は必ずしも「地蔵」を意味しないが,水子供養では一般に地蔵が用いられるので,この訳語を採用した。

10 日本の憑依現象でもっとも有名なのは,「キツネ憑き」や「犬神憑き」である。吉田禎吾『日本の憑きもの——社会人類学的考察』(中公新書,復刻版1999年)によると,日本の「憑きもの」の一つの特徴は,「個人対個人の現象というよりも,家対家,世帯対世帯を単位としている」(p. 142)ことにある。これは日本社会,特に村落におけるイエの重要性を物語っている。対照的に,アザンデ族の妖術やインドネシアのジャワにおける邪術は,個人を単位としており,イギリスでは夫婦間でも「憑く」という。

11 *The Penguin Dictionary of Religions*（1995）には，neo-paganism（新ペーガニズム）の項に次のような説明がある．箇条書きにすると，①1960年代に急速に発展し，西洋だけで何十万という信者がいる．②彼らの伝統，組織，目的は多様で，信奉する諸々の神（deities）の名もさまざまだが，概して女神崇拝（goddess worship）が多い．③正式な教会は少なく，普通の場所や森で集会を開く．④多神教，汎神論，アニミズムの要素があり，自然崇拝を根本とする．⑤儀礼は宇宙との「正しい」関係を結び，人間の「進歩」と自然との分離がもたらした疎外を克服する手段とみなされる．

12 日本のシンクレティズムは，「融合」と言うより「共存」である．しかも，今日の神道と仏教の役割には，本文にもあるような「機能分化」（functional differentiation）が見られるので，「共存」より「並存」と言った方がさらに適切であろう．洋服と和服の「着分け」や，和食・中華・洋食の「食べ分け」にも見られるように，日本文化の特徴の一つは，異質な伝統や要素の「棲み分け」（habitat segregation 今西錦司の用語）にある．もっとも，アンパンやすき焼きのように，異なった文化の要素が融合して，新たなものを作り出す場合もあるので，必ずしも一般化はできない．こうした問題については，梅棹忠夫『美意識と神さま』（中公文庫，1985年）に収録された「和と洋」が参考になる．

なお，日本の神仏習合の歴史は，江戸末期の国学者・平田篤胤の神道神学のような例を除いて，基本的には天皇家の保護を受けた外来の仏教が，土着の神道を包摂または従属する形で進んできた．この事実は二つのことを示唆している．ひとつは，かつてレッドフィールド（Robert Redfield）が述べた，「大伝統」（great tradition）と「小伝統」（little tradition）の関係である．もう一つは，二つの異質な文化的伝統が並存する場合，そこには力のダイナミックス（power dynamics）が見られ，一方が権力の支持を受けて「公」の領域に進出すると，他方は「私」の領域に退く傾向にあるということである．戦前の神道の隆盛と仏教の衰退，および戦後に起きた逆現象はその典型である．

第9章

法律・秩序・社会統制

規則と規範

　本章と次の第10章では，まず英語の範疇に焦点を当て，それに対応する非西欧世界の行動を検討する．英語で言う「法律」(law) と「政治」(politics) は，どの社会でも重なりあう．名目上，政治と法律が制度的に分かれていても，立法権は政治家が握っており，制定された法律を実行するのは，弁護士や裁判官である．いずれの場合も，権力の座にある者の行動と（権力 power については次章を参照），世間一般を規制する統制メカニズムが研究対象である．また，成員が相互の行動を非公式に制約する場合も，ほとんどの社会で見られるので，そうしたことを考慮しながら，本章では**社会統制**(social control) について考えたい．

　すべての社会には，成員が秩序ある行動をするように保証するメカニズムが必要とされる．現代社会には法律があり，それを施行する警察や裁判所という制度も備わっている．罪を犯した者には，刑務所をはじめ処罰や更生を目的とする機関があり，法律とは必ずしも一致しないが，社会化の過程で学習する行動規範も存在する．**規範**(norm) を逸脱した場合は，どの社会でもなんらかの制裁がある．それがどのような形をとるかは，集団間および集団内の差があるが，社会統制は普遍的現象である．

　地域レベルの共同体では，個人の行動に対するインフォーマルな制約が効果的で，ときとして国家や地域の法律より強い影響力を持つ．本章では，特にこうした「社会秩序維持」のメカニズムについて考えてみたい．人類学者は，一国の法律制度から隔絶された小集団を長らく研究してきただけに，インフォーマルな社会統制の仕組みについて，優れた知見を有している．人間を一定の基準や規範に従わせる力や，周囲の期待に添わせるものの特定に，

彼らは長けているのである．

　社会統制の手段については，これまで既に多少の考察をしてきた．たとえば，前章ではガイアナのアカワイオ族におけるシャーマンの降霊会 (séance) について触れ，規律違反の名指しを避けるため，彼らは社会規範に沿った行動をとると述べた．また，スーダンのアザンデ族と南アフリカのバヴェンダ族にとって，妖術と憑依は規範に匹敵する効力があることを示した．さらに宗教を論じた第7章では，救済，天罰，祖先の怒り，地獄の焼死刑などが，道徳体系に沿った行動の動機となると述べた．

　日本における私の最初のフィールドワークは，結婚形態の調査を主眼としていた．そのとき気づいた興味深い社会統制のメカニズムは，結婚相手の家族に関する聞き込みである．若者が将来の伴侶と出会えるように，親戚筋は見合いの場を準備するが，二人が真剣に交際を考えていると，お互いに相手の家族について調査を始める．たとえば村に出かけて行って，隣近所や近くの店で評判を確かめるのである．私が調査していた村落の雑貨屋の女主人によれば，こうした聞き込みは日常茶飯事とのことであった．彼女によれば，難しい家との結婚が決まってしまえば，生涯にわたって責任を感じざるをえないので，自分の信じるところを述べることにしているという．

　ここには経済的要因も働いている．なぜなら，結婚後は客になるであろう女性の一生を台無しにしてしまう家を薦めたら，後で商売が成り立たなくなるからである．逆にこうした事情に詳しい村の人間にとって，店の女主人と良好な関係を保ってひいきにしておくことは，子供が結婚適齢期に近づいたとき大きな利点となる．実際，隣近所で評判が悪くなると事は厄介である．そういうときは，村を出て結婚するのが普通だが，私の調査地で気難しくて態度が悪いという評判の2軒の家は，お互いの娘息子を結婚させるという道を選んだ．ここには明らかに社会統制の一端が見られる．

　これまで何度か，社会統制に関する一般理論形成の試みがあった．本章ではその中の三つを詳細に検討する．いずれも小規模社会の資料に基づいた人類学的理論だが，より複雑な社会にも適用可能である．最初に，**社会制裁** (social sanction) という観点から論じたラドクリフ＝ブラウン (A. R. Radcliffe-Brown) のアプローチを考えてみよう．彼は次のように制裁（サンクション）を定義した．

制裁とは社会が，あるいはその社会成員の相当数が，各人の行動様式に対して示す反応であり，その際に是認するもの（肯定的制裁）と是認しないもの（否定的制裁）がある（青柳まち子訳『未開社会における構造と機能』, p. 283）．

人間がお互いを判断するための行動基準は，当該社会の規範や正邪の概念に基づいており，それは第2章で見たように人生の初期に学習される．ただ，こうした規範や概念はきわめて複雑で，状況によって変化することもある．実際，日本のように絶対的な規則より，その場の状況を重視する社会もある．ありふれた例をあげると，殺人を禁止する規則や法律は大体どこにでもあるが，状況によって違反が許されることもある．大方の場合，戦争は殺人の十分な理由となるし，復讐やあだ討ちを認める社会もある．日本ではみずからの命を絶つ人間に，賛辞を呈することも稀ではない．

社会成員が共有する規範を知るためには，どのような行動にサンクションが発動されるかを観察すればよい．次節で紹介するように，ラドクリフ＝ブラウンはサンクション分類のためのシステムを考案したが，同じ社会でも成員によって見解は異なるという事実に留意したい．集団内における差異の程度は，社会統制の別の側面である．ある社会では自由自在な生活を送ることが許され，別の社会では選択の幅が狭い．こうした許容度の違いや社会内部の競合的規範について，サンクションの研究はあまり向いていない．

社会統制の第二のアプローチは，今述べた問題により良く対処できる．詳細な説明はロバーツ（Simon Roberts）の『秩序と紛争』（原著1979年）にあるが，サンクション研究と共通点を持つこのアプローチの力点は，紛争の解決（resolution of disputes）にある．ロバーツの出発点は，すべての社会には秩序が必要であるという前提であり，彼は紛争を不可避のものと考えている．そして，紛争を解決するために用いられるさまざまな手段に，彼の関心は向けられている．第三のアプローチについては，民族誌的観点から実際の紛争を考察した論文集（Caplan 1995）を取り上げ，特定のケースにおける競合的規範について考察する．

制裁（サンクション）

　ラドクリフ゠ブラウンは，社会行動を規制するサンクションを類型化した．「社会制裁」という論文で提示されたこの類型は大変有益である．まず，彼はサンクションを「肯定的サンクション」(positive sanction) と「否定的サンクション」(negative sanction) に二分した．前者は行動のための肯定的力であり，どの社会にも見られるが，特に日本やメラネシアのように，和 (harmony) を重視して紛争を好まない場所に著しい．この肯定的サンクションには，賞品，称号，勲章といった目に見える形の報酬の他に，隣人や同僚による高い評価，共同体内の名声や地位，社会活動における支援や成功など，定義しにくいものも含まれている．

　否定的サンクションは，常軌を逸した行動や非社会的行動に対して，なんらかのペナルティを与える．一例として，裁判所の下した罰金や収監命令のように，明確な規定を持つ処罰や，教会のような設立組織による聖職者の権利剥奪や教会区民の破門，および医師会や弁護士会からの除名などがあげられる．また別例として，地域共同体における自発的な非難の表現（ゴシップ，忌避，嘲笑など）があげられる．この二組の極端な例は，ラドクリフ゠ブラウンの第二の区分である「組織的サンクション」(organized sanction) と「拡散的サンクション」(diffuse sanction) に相当する．両者の区分は，前述の肯定的サンクションにも当てはまる．

　組織的サンクションは大規模な匿名社会に特徴的である．一方，拡散的サンクションは対面状況下 (face-to-face contact) にある集団に見受けられるが，小規模社会において特に有効である．なぜなら，成員は常に顔を合わせているので，仲たがいしても他に行き場がないからである．拡散的サンクションは，［共同作業による］土地の耕作に多大な時間と労力を費やす農耕社会で強いのは当然だが，産業社会でも職場に定着しようと思えば，大企業の社員などにも効果的に働く．実際問題として，どんな状況にあっても，サンクションは組織化と拡散化の両極を揺れ動くと言ってよい．以下，具体例をいくつか見てみよう．

村八分(オストラシズム)

　日本人は和の精神(調和と協調)を説明する際,稲作にその理由を求める.稲の栽培には多くの相互扶助が必要とされるからであろう.日本では田植えに引く水を確保するため,複雑な灌漑ネットワークが長年にわたって築かれている.水は共同使用なので,村人は順番で水を引く.水が十分あるうちに田植えを済ませ,穂が垂れたところで稲刈りをするが,かつては家と家が協力して作業をしていた.農作業が機械化された今日,こうした共同作業に以前ほどの重要性はない.それでも,日本人は日本社会の協調性を説明するのに,こうした歴史に言及するのが常である.

　日本の村落で起こるもっとも過酷なサンクションは「村八分」である.それは国内の移動が禁じられていた前近代には特に厳しかった.この言葉は文字通り「村の10分の8」を意味し,標的となった家に対する近隣の援助を,生存可能な程度にまで制限する.つまり八分がた削減するのである.それ以外は,家全体が排斥(ostracize)されてしまう.その家の子供を含めて,誰からも話しかけてもらえず,村の行事からも締め出される.出産,結婚,病気などの個人的出来事の際には,通常の支援は一切期待できず,こうした家との縁組はほぼ不可能となる.村八分は,村の寄り合いで決定される高度に組織化されたサンクションであり,それは改悛の情が示されるまで限定的に続く.もっとも,私が個人的に知っている唯一のケースは,[田園地帯における]工場建設に関して,非難の声が上がった程度で,その工場は今でも健在である.[*1]

　もちろん,村八分(オストラシズム ostracism)は拡散的サンクションのこともあるし,掟破りの者と交際を絶つことは多くの社会で見られる.たとえば,英語では「村八分にする」ことを sending to Coventry (コヴェントリーに送る)と言う.これはある程度組織化された取り決めで,特定の人間とのコミュニケーションの断絶を意味する.「コヴェントリー」という表現の歴史を辿ると,ウォリックシャー(Warwickshire イングランド中部の州)のコヴェントリー地域で起きた伝説に遡る.悪評高い領主マーシア(King of Mercia)の妻ゴダイヴァ(Lady Godiva)は,地域の囚人を救うため,夫の言いつけに従って裸で馬に乗って町を通った.そのとき,町の人々はカーテンを閉め,ゴダイヴァから目をそらすよう申し合わせたという.また『ライアンの娘』というアイルランドの映画には,[敵対関係にある]イギリスの兵

写真9.1 オックスフォード近郊のハンプトン・ゲイにある破壊された家（写真提供 Joy Hendry）.

士と恋に落ちた娘の家族を村八分にするシーンが，強烈に映し出されていた．

放 火

多少なりとも組織化されたサンクションの別例として，放火（house-burning）がある．スコットランドの高地では，土曜日まで予約のなかった客には，カフェ，レストラン，民宿（bed-and-breakfast）など，すべての店を日曜日に閉める習慣が長い間あった．あるとき，いくつかの店がこの習慣を変えようとしたところ，火事が起こり全焼してしまった．おそらく放火と思われるが，結局誰も逮捕されず警察は目撃者さえ探せなかった．巷のうわさでは，火事は「神の仕業」（act of God）とのことであった．最近，こうした習慣が廃れたところを見ると，神の怒りはおさまったのであろうか．

オックスフォード近郊に，ハンプトン・ゲイ（Hampton Gay）という，ほとんど人の住んでない村がある．そこに残っている一軒の破壊された家は，上述のスコットランドと同じような事件が，オックスフォードでもあったことを物語っている（写真9.1）．この家は鉄道の傍にあり，地域の人の話によ

ると，100年ほど前の住人は「旅の醜い発明」により静かな生活が壊されたことに，いたく立腹していた．ある日，家の近くで事故が起こり，9台の客車が川に放り出されてしまった．しかし，この家の人間は一切の救助活動を拒み，被害者に体を温めるための毛布さえ貸さなかったという．その後しばらくして，彼らの家は火事で焼かれてしまった．記録によると，この火事は鉄道事故の数年後に起こっているので，話の根拠は怪しいが，そういう話があるということ自体が，潜在的な社会統制と考えられるのである．

嘲笑

　どちらかというと拡散的だが，サンクションの第三の例として，ラドクリフ=ブラウンが述べた「風刺的」(satirical) タイプをあげることができる．通常，これは公共の場におけるなんらかの嘲笑 (public mockery) を含む．たとえば，上述の映画『ライアンの娘』に登場するイギリス兵士に恋をした女性は，かつての「タールと羽毛」(tarring and feathering 体一面にタールを塗り，鳥の羽毛で覆う私刑) を想起させるリンチにあって，美しい髪を切られてしまった．また，スペインの一部にはビト (*vito*) という習慣があり，気に入らない人間の家の前に隣人が集まって歌いながら罵倒する．非難の対象となるのは，姦通のように性に関するものが多く (Pitt-Rivers 1971：169-177)，同様の習慣はイギリスの田舎にもある．「大声でどなる」(loud-shouting) とか「荒れた音楽」(rough music) と呼ばれるが (Thompson 1991：467-533)，オックスフォードシャー辺境では，世間の反対を押し切って姦通を続けていた男女の家の前で，隣人は「二人がそこにいるのは知っているぞ」と何回も歌いながら非難したという．[*2]

　非難されている人間にとって，こうした行為は理不尽に見えるだろう．しかし，古いイギリスの村でこういう状況になってしまえば，残された手段は二人で村を去るしかない．この種の不快なサンクションが，さらに強力な社会統制の力となるのは，嘲笑 (ridicule) や笑い (laughter) が，名誉 (honour) や恥 (shame) と結びついている場合である．ギリシャの田舎はその一例で，デュ・ボウレー (Juliet du Boulay) の論文には，恰好の民族誌的事例が報告されている．彼女が調査した村では，不祥事が生じた場合，嘘をついてでも家族の名誉を守ろうとする．デュ・ボウレーは，そうした行為と社会統制としての嘲笑の関係を分析した．

このギリシャの村の社会関係は，富や評判をめぐる家同士の競争に特徴がある．村人は常に他人の粗探しをして，自己の相対的優位を保とうとする．デュ・ボウレーは次のように述べている．

　　何か違反を見つけると，人はすぐ友人や親戚に言いつける．話はあっという間に村に広がり，違反者は皆に「笑われる」(現地語では *velame*)．違反が深刻かつ滑稽であるほど多くの人の嘲笑を買い，笑いが大きければ大きいほど本人は卑しめられる．嘲笑の本質は尊敬の念の欠如であり，それは評判や自尊心を最大限に傷つける．(中略)嘲笑は恥を通じて，人間に己の名誉を守らせる (du Boulay 1976：394-395)．

　だが常に完璧な人間などいない．そこで，こうした状況における防衛策として，村人は嘘を並べ立てて自分の評判を守ろうとするのである．デュ・ボウレーによれば，この村には少なくとも8種類の嘘があり，ある種の嘘は黙認されるばかりでなく，家族を裏切らないためにも要求されるという．もちろん，タブー視されている嘘もあるが，ギリシャ人の名誉に対する考え方は，こうした事情を配慮しなければ理解できない．

　　村中の人間が渇望する評判は，共同体によって与えられるので，評判ひいては文字通り名誉そのものに現実味があるのは，共同体全体がその現実を認めたときである．だから，正しいことをするより，正しいと思われることが重要であり，虚偽欺瞞(deceit)も社会関係には不可欠な要素なのである．(中略)虚偽欺瞞および公的嘲笑の回避は，最終的には現地の価値体系と結びついており，それは家族の名誉を守り，家の繁栄を維持するための正当な手段と考えられている (du Boulay 1976：405-406)[*3]．

こうした価値観は，率直さと誠実さを高く評価する社会の成員には，理解しがたいものがあるだろう．しかし実直な社会でも，「丁寧さ」が要求されるときには，「悪気のない嘘」(white lie)をついてもかまわないとされている．対面を重んじる多くの社会では，「嘘」に否定的価値が置かれているが，ほとんどの民族には許容範囲の間接的コミュニケーションがあり，それは虚偽

欺瞞の一種ともいえる．このテーマについては次章で再び取り上げるが，デュ・ボウレーの論文は，社会統制としての嘲笑を巧みに分析したものといえよう．

その他——宗教・儀礼・経済

ラドクリフ=ブラウンは，信仰体系に基づく「宗教的サンクション」(religious sanction) および「儀礼的サンクション」(ritual sanction) についても論じている．祖霊の懲罰を恐れてある種の行動を慎む人もいるだろうし，来世で報われるように現世を律する人もいるだろう．実際，三大世界宗教の教えに見る地獄の恐怖は，確実に社会統制を促進する．その一方で，天国やニルヴァーナの肯定的イメージも，社会を統制する強力な力となる．そこで必要とされるのが，「即効的サンクション」(immediate sanction) と「遅延的サンクション」(delayed sanction) という区分である．前章で述べたように，多くの社会では病気などの不幸を神仏の怒りに帰することがあり，超自然界と交感して償わせるのは，聖職者やシャーマンの役割である．

ここに見られる互酬性の原則は，「経済的サンクション」(economic sanction) にも該当する．マリノフスキーが指摘したように，経済的サンクションは生存に関わるので，きわめて重要である．トロブリアンド諸島民が，隣人との関係に気を使うのは，食事に不可欠なモノの交換に隣人が絡んでいるからであり，マリノフスキーはこの側面がもっとも重要なサンクションだと考えた．また，「自分が人にしてほしいように振る舞え」(Do as you would be done by. 新約聖書から) という原則は，必ずしも実行されるわけではないが，数多くの宗教道徳的教義の一環である．ただし，経済的サンクションが常に効力を発揮するとは限らない．このことは特定のモノの供給停止や，ボイコットによる国同士の非難によく表れている．たとえば，世界各国がフランスの太平洋における核実験に抗議して，ワインなどの製品をボイコットしても，効果は一切なかった．

しかし互酬性の原則は，社会的規範や規則が破られた場合，それを「中和」するという意味で有益である．補償金の支払いは，損害を被った顧客や事故の被害者を多少とも宥めるだろうし，殺人の場合は「血のお金」(blood money 慰謝料) の支払いを命じる社会もある．穢れた人間を清め，再び仲間として受け入れる儀式は，実にさまざまなものがあるし，どの社会でも改悛

の情を示した厄介者には，更生の機会を与えるものである．日本の裁判官は，紛争の当事者の正邪を明らかにせず和解するように勧告するが，これは表向きの和を重視する日本の社会関係の反映である．

秩序と紛争

　上述のアプローチと多少違う角度から社会統制を研究したのが，**紛争**（dispute）の処理に焦点を当てたロバーツである．どの社会にも紛争は起こるという前提に立ち，彼は紛争処理のタイプを明らかにした．本章の最後でも述べるが，紛争の表れ方にはかなりの社会差がある．ロバーツの分野は「法人類学」（legal anthropology）と呼ばれ，西欧の法に相当する非西欧社会の慣習を研究主題としている．秩序の維持にはさまざまな方法があり，そこには「法」と似ても似つかぬものも含まれるが，ロバーツの目的はこうした多様な秩序維持のメカニズムを探ることにあった．

　彼が最初に論じたのは，「対人暴力」（interpersonal violence）の行使を許すメカニズムである．ここには前述の互酬性の原則が働いており，限定された個人間の暴力は，既に暴力により被害を受けている場合，適切な処置とされる．報復（vengeance）を認める社会もあるが，通常は「目には目を，歯には歯を」（An eye for an eye, a tooth for a tooth.）という諺にあるように，受けた被害に相当する暴力を限度とする．当然，報復する側とされる側では認識が異なるだろうし，紛争が集団間の長期的な抗争に発展することも稀ではない．『ロミオとジュリエット』や『ウェストサイド・ストーリー』の主題は，こうした抗争であった．それはまた，次章で検討するスーダン南部のヌアー族のように，広範な社会制度の基礎ともなる．

　場合によっては，組織的な対人暴力が本来の紛争から注意をそらし，問題を解決することもある．たとえば，ニューギニアのミンワギ族（Minj-Wahgi）には，タグバボズ（*tagba boz*）という習慣があり，敵対する男同士が手を後ろに組んで整列し，相手が降参するまですねを蹴るという．イヌイットの一部にも，同じような習慣がある．彼らは相手と向き合って座り，その姿勢から頭突きを食らわしたり，起立して腕をまっすぐに伸ばし，相手の頭を殴ったりするのである．いずれの場合も，戦いはどちらかが撤退するまで続くと言われている．

これを野蛮な行為と思う読者は，西欧の「紳士」が行なった夜明けの決闘や，第一次世界大戦の最前線を想起してみるとよい．両者はともに問題解決の手段として使われたのである．ミンワギ族やイヌイットについて，ロバーツは次のように述べている．

> この種の制御された紛争の本質は，闘争を限定的なものとし，理想的には双方に死傷者を出さないようにする制度慣行にある．それは社会的に承認されたものであり，暴力が続きエスカレートするのを防ぐ（Roberts 1979：59）．

ここには紛争の儀礼化を見て取ることができよう．それはロバーツが「コンフリクトの儀礼化」（channelling conflict into ritual）と呼んだ紛争処理第二のメカニズムである．再びイヌイットを例に取ると，彼らにはニト（nith）と呼ばれる歌の競争（song contest）があり，双方が歌や踊りを通じて相手の文句を公の場で言う．お互いの悪口をメロディーにのせて散々言った後，どちらか一方がより大きな喝采を浴びて勝負が決まるが，胸の内を吐露してスッキリする機会は双方に与えられている．同様の習慣はナイジェリアのティヴ族（Tiv）にもあるという．

スポーツも，対立する集団の代表に戦闘技術の行使を許すという意味では，コンフリクトの儀礼化である．隣の村や町に恨みつらみがたまることはよくあることで，毎週のスポーツ・イベントなどは，相手への敵意を抑えながら表現する良い機会となる．もちろん対人暴力が起こる可能性もあり，スポーツはそれを助長するともいえるが，自制心を失った場合は社会から大きな非難を招く．かつて人気サッカー選手のカントーナ（Eric Cantona）が，球技場と観客席を分ける「マジック・ライン」を越え，彼に罵声を浴びせた観客を蹴っ飛ばしたことがあった．そのとき，彼は自分のサポーターからも非難されたのである．

上述のイヌイットのニトという習慣には，問題人物の不品行をすべて公にして本人を辱め，共同体の意思に服従させるという効果もある．これはロバーツが「面目つぶし」（shaming）と呼んだ紛争処理第三のメカニズムである．彼はさまざまな例をあげているが，公衆の面前で長々とする演説（public harangue）が，その本質をよく表している．ニューギニアでは，不当な扱い

を受けた人が，真夜中や早朝に自分の家の前に立ち，長時間にわたって加害者断罪の演説を行なう．村落の規模は小さく，周囲は静まり返っているので，彼の言葉はすべての人に聞こえてしまう．通常，こうした演説に対する反応は絶対的沈黙で，それだけに加害者は「全村落の想像上の注視（imagined stare）にさらされて，肩身を狭くする」のである（Roberts 1979：62；Young 1971：125）。*4

　ロバーツが述べた紛争処理の第四のメカニズムは，「超自然的存在への訴え」（appeal to supernatural agencies）であり，第五のメカニズムは，「オストラシズム」である．この二つは，既にラドクリフ＝ブラウンがサンクションとして論じており，特に後者については詳細に検討した．前者は第8章の主題である妖術や邪術と関連がある．なんらかの不幸が起きたとき，その原因を妖術や邪術に求める社会では，ウィッチの特定や復讐の邪術を行なう．ヨーロッパがそうであったように，ウィッチの嫌疑をかけられた人は，さまざまな試練を課せられる．そして被疑者が有罪と認められた場合，試練そのものが刑罰となることが多い．たとえば西アフリカでは，被疑者はサスウッド（sasswood）というマメ科の高木の有毒樹皮を入れたスープを飲まされる．もし吐いて命が助かれば彼は無罪を宣告され，死んだ場合は有罪の証拠とされるのである．

　最後の紛争処理のメカニズムは「話し合い」（talking）である．話し合いによる解決はよく見られるが，ロバーツは次の三つに分類している．

（1）　双務的交渉（bilateral negotiation）
（2）　仲介（mediation）
（3）　裁定（umpire）

第一の「双務的交渉」は，当事者同士が直接かけあい，意見の食い違いを調整して紛争を解決する．第二の「仲介」は，第三者が中に入って，お互いの苦情を伝達したり会合を設定したりする．この場合，仲介者の役割は話し合いを促して忠告を与えることだが，第三者が紛争解決の決定を下すなら，それは「裁定」となる．ロバーツは裁定者を「仲裁者」（arbitrator）と「判定者」（adjudicator）に分け，前者は紛争当事者が本人の代理として決定を依頼した人，後者は当該社会で既に裁定の権限を持つ人と定義している．

最後の「裁定」は，裁判官（judge）と陪審員（jury）が，裁定者（umpire）の役割を務める司法制度をほとんど網羅するが，非行・不品行に対して彼らが下す処罰は，「話し合い」以外のメカニズムとも重なり合う．たとえば，禁固刑は正式なオストラシズムの一例だし，死刑や極刑および体刑や体罰は，紛争当事者に代わって国家が執行する対人暴力と言ってよい．また，裁判は産業社会に限定されたものではなく，小規模な社会にも罪人を裁く正式な審理がある．グラックマン（Max Gluckman）が著した『ローデシア北部バロツェ族の司法過程』（1955年）は，こうしたケースを見事に描いた古典である．

　バロツェ族（Barotse）における裁きを分析したこの著作は，イギリスの法概念に相当する現地の概念の他に，犯罪の検証法，証人の尋問，「道理をわきまえた人間」（reasonable man）の観念などを明らかにした．別の古典的研究として，ナイジェリアの紛争を扱ったボハナン（Paul Bohannan）の『ティヴ族の正義と審判』（1957年）があるが，この本の焦点は法制度の構造ではなく，個人の動機や行動原理に置かれている．双方ともに小規模社会の紛争処理を描いた好著といえよう．

競合的規範と社会統制の文脈

　近年出版された論集に，カプラン（Pat Caplan）の『紛争の理解――言い争いの政治学』（1995年）がある．この本は，紛争研究で知られるガリヴァー（Philip Gulliver）の業績を，さまざまな文脈で検討したものである．収録された論文は，水の権利に関する国家間の紛争をはじめ，政治集団の「紳士的価値」（gentlemanly value），離婚をめぐる家族騒動，死と葬儀をめぐる家族抗争，情熱と同情など，幅広いテーマを扱っている．考察の対象となった文脈もさまざまで，文化による価値観の相違を，19世紀および20世紀のアイルランド，ロンドン，ネパールの農村，ラゴスのほか，アフリカのケニア，タンザニア，ウガンダなど，きわめて広範囲な地域を例に論じている．

　同書の主要なテーマの一つに，司法制度（judicial institution）から交渉（negotiation）へという変化がある．この変化は，交渉の方が紛争解決の手段として司法制度より「文明的」だという議論に基づいており，現在アメリカの一部やオランダのハーグの国際司法裁判所（International Court of Justice）などにおいて見られる．いずれの場合も，紛争当事者のより強い方が有利であることは否めないが，イギリスをはじめ西欧列強に植民地化されたアフリカ諸国には，元来交渉システムがよく発達していた．かつて宗主国が「野蛮」と見下した社会制度を，今日では「文明的」として取り入れているのは歴史の皮肉である．逆に，旧植民地では西欧的司法制度を取り入れており，ザンビアなどでは裁定が主流になりつつある．また紛争処理に際して，当事者同士の考えやアプローチが異なることもあり，弱い立場に置かれた者が権威に対して抵抗することは，世界各地で見られる現象である．[*5]

　アイルランドにおけるユースクラブ（youth club）［若者のためのクラブで，教会などと協力して社会活動を行なう］の指導者と，メンバーの紛争を取り上げたゲイツ（Stephen Gaetz）の論文は，そうした抵抗の好例であろう．クラブの意思決定から排除された若いメンバーは，暴力に訴えて自分たちの主張を通そうとした．指導者層は委員会を設けて対応したが，若いメンバーは会合に出席せず，意見の陳述も行なわなかった．彼らの行為は指導者層の理解に苦しむところだったが，委員会の経験もなく大人の委員を信用していない若者からすると，指導者層は単に権威を振りかざしているだけなのであった．紛争の解決そのものより，それに至るまでの「過程」の方が重要であることを，このケースは物語っている．

　『紛争の理解』は，ガリヴァーが主張した紛争の歴史政治的文脈，および「当事者がみずからの経験を理解するための意味範疇」（Caplan 1995：156）の重要性を強調している．紛争の当事者がこうした意味範疇を共有せず，お互いに自分の理解に従って状況操作をすることはよくある．また同じ当事者が，状況によって規範を使い分けることもある．編者のカプランによれば，彼女がフィールドワークを行なったタンザニアのマフィア島（Mafia Island）には，イスラム法，タンザニアの国内法，現地の慣習の三つが規範として存在している．規則と行動の絶え間ない「交渉」を可能にするのは，この存在だという．規範が競合する状況のもとでは，紛争当事者間に**力**（power または**権力**）の不平等があっても，交渉によってそれを補償することができる．そのため，三つの規範に通じている者は，一つの規範しか知らない者より有利な立場にある．

　タンザニアにおける長期的紛争を綿密に研究したカプランは，本章の冒頭で触れた規範の流動性（fluidity）や，その操作的（manipulative）可能性に

ついても触れている．彼女は『紛争の理解』の冒頭で次のように述べている．

> 紛争の研究は，人類学の中心課題である規範とイデオロギー，権力，修辞学と雄弁術，人の概念（personhood）とエージェンシー（agency），倫理，意味，解釈などの問題と直結している．それは現実の社会関係の動きばかりでなく，文化システムも明らかにする（Caplan 1995：1）．

紛争処理およびサンクションの分類は，人間が相互に行使する社会統制の方法を理解する上できわめて有益である．紛争を好まない社会組織にあっても，そこに見られるさまざまな制約を十分理解するためには，人類学的視点は欠かせない．日常生活を拘束する目に見えない強い力は，長期的観察によってのみ同定可能になる．私は日本の育児法の研究を通じて，世間の目（peer pressure）という複雑なメカニズムの存在を知り，それが日本人の大人の生活や行動パターンに，きわめて大きな影響を与えていることに気づいた．

たとえば，日本の幼稚園教育の大きな目標は，自分を集団のために抑えることが，全体の長期的利益につながることを理解させることにある．教師はさまざまな方法を用いて子供に集団訓練を施し，将来の生活ひいては日本の教育システム全体の成功を約束する指針を植え付ける．子育ての研究に着手したとき，私は自分自身の発見が貴重なものであるとは予測していなかった．［人類学のフィールドワークのように］白紙の状態から観察を始める長期的研究には，大きな利点があるといえよう．[*6]

本章を閉じるにあたって，ある社会における社会統制を，意外とも思える観点から観察した研究を紹介しておきたい．ブランディス（Stanley Brandes）は，「メキシコの農村における祭りと社会統制」という副題がついた著書『権力と説得』（1988年）の中で，毎年恒例の村の祭り（fiesta）を取り上げ，そこに至るまでの出来事と過程を詳細に描いた．それぞれの祭りは，何カ月にもわたる準備と計画，資金調達，物品購入，仕事の手配などの結晶であり，村人にとっては待ちに待ったイベントである．彼らは日常生活の緊張から解放され，出し物の花火に興じて大いに騒ぐ．祭りは細部に至るまで念入りに仕上げられており，村の秩序は完璧に保たれている．

祭りの最中，村の道徳世界（moral universe）はさまざまな側面を見せる．権力関係は，富と権力を誇示する大掛かりな花火のショーに，各家がどのく

らい寄付したかに表されている。また，ラ・ダンサ（La Danza）と呼ばれる踊りに登場する覆面の人物は，村の社会生活の基礎である宗教道徳的価値体系を象徴的に表現している。彼らの踊りには，通常の社会規則に違反するところもあるが，演じる役は死や悪魔といった忌まわしいものなので，ブランディスによればむしろ強力な社会統制の力となるという。

概して，祭りは正常な日常生活を逆転させ，道徳体系を転倒させる。メキシコの農村も例外ではない。しかし村人の行為は，村の社会関係および政治関係の仕組みを，見事に映し出している。ブランディスは次のように述べている。

> すべての祭りは，指導者層の協力と参加者の秩序という二つの予測可能な状況に，その成功を負っている。秩序と協力が優勢のうちに祭りが終了したとき，村人は自分の社会の無事を知る。おそらく，非秩序と非協力という脅威が常に存在するからこそ，祭りは年中行事として成立するのであろう。人間は協力関係と社会統制の定期的確認を要求するのだ（Brandes 1988：165）。

以上，本章では社会統制のシステムを理解する上で，重要な人類学的アプローチについて考察した。そして，アザンデ族の妖術，アカワイオ族のシャーマニズム，日本の結婚，メキシコの祭りなど，社会統制の具体例をいくつか検討した。別の習慣を取り上げても興味深い発見はあっただろうが，フィールドに出る前に人類学者がそれを予測するのは難しい。社会統制のシステムの探求は長期にわたる。しかし，それはやりがいのある仕事であり，人類学的な質的調査が本領を発揮する分野でもある。

《参考文献》

du Boulay, Juliet (1976) "Lies, Mockery and Family Integrity." In J. G. Peristiany (ed.), *Mediterranean Family Structures* (Cambridge: Cambridge University Press).

Brandes, Stanley (1988) *Power and Persuasion : Fiestas and Social Control in Rural Mexico* (Philadelphia: University of Pennsylvania Press).

Caplan, Pat (ed.) (1995) *Understanding Disputes : The Politics of Argument* (Oxford: Berg).

Gaetz, Stephen (1995) "'Youth Development': Conflict and Negotiation in an Urban Irish Youth Club." In Pat Caplan (ed.), *Understanding Disputes : The Politics of Argument* (Oxford : Berg).

Pitt-Rivers, Julian A. (1971) *The People of the Sierra* (Chicago : University of Chicago Press). 野村雅一訳『シエラの人びと——スペイン・アンダルシア民俗誌』(弘文堂, 1980年).

Radcliffe-Brown, A. R. (1952) "Social Sanctions." In *Structure and Function in Primitive Society* (London : Cohen & West). 青柳まちこ訳『未開社会における構造と機能』(新泉社, 新装版1981年).

Roberts, Simon (1979) *Order and Dispute : An Introduction to Legal Anthropology* (Harmondsworth : Pelican). 千葉正士訳『秩序と紛争——人類学的考察』(西田書店, 1982年).

Thompson, E. P. (1991) *Customs in Common* (London : Penguin Books).

Young, Michael (1971) *Fighting with Food* (Cambridge : Cambridge University Press).

《読書案内》

Blythe, Ronald (1972) *Akenfield* (Harmondsworth : Penguin).

Bohannan, Paul (1989) *Justice and Judgment among the Tiv* (Prospect Heights, Illinois : Waveland Press ; first published 1957).

Cohen, Abner (1980) "Drama and Politics in the Development of the London Carnival." *Man* 15 : 65-87.

Gluckman, Max (1955) *The Judicial Process among the Barotse of Northern Rhodesia* (Manchester : Manchester University Press).

Moore, Sally Folk (1978) *Law as Process : An Anthropological Approach* (London : Routledge & Kegan Paul).

Nader, Laura, and Harry F. Todd (1978) *The Disputing Process : Law in 10 Societies* (New York : Columbia University Press).

《小説》

Gulik, Robert van (1989) *The Chinese Maze Murders* (London : Sphere). 松平いを子訳『中国迷路殺人事件』(筑摩書房・ちくま文庫, 1995年). 間接的な非言語サインを理解する重要性を示した探偵小説。シャーロック・ホームズばりの内容だが, 文化的特殊性を前面に打ち出している。

Mo, Timothy (1990) *Sour Sweet* (London : Hodder & Stoughton). イギリスに移住した中国人の家族を描いた小説。主人公はイギリス社会より, イギリス国内の中国人コミュニティから, 多くの社会的制約を受ける。

Puzo, Mario (1969) *The Godfather* (Greenwich, Connecticut : Fawcett). 一ノ瀬直二訳

『ゴッドファーザー』(早川書房, 1992年), アメリカにおけるシチリア島出身のマフィア集団の社会統制を描いた古典的小説.

《映画／フィルム》
『消滅しつつある世界』シリーズに収録された二つのフィルム, *The Mehinacu* (Carlos Pasini and Thomas Gregor, 1974) と *The Kirghiz of Afghanistan* (Charlie Nairin and Nazif Shahrani, 1976) には, 本章で解説したさまざまな社会的統制が描かれている. 前者のメヒナク族はブラジルの熱帯多雨林地帯の先住民であり, 後者のキルギスは中国とロシアの国境付近の山頂にほぼ幽閉された民族である.

《訳注》
1 桑山が調査した岡山市の農村では, 1950年代に農機具の導入をめぐって村の意見が対立し, 最有力者に睨まれたイエが村八分になった. 1986年, この人物が死亡して葬儀が行なわれた際,「はずされた」イエの長男(当時50歳代)が差し出した香典の額は, 他のイエより少なかった. なおヘンドリーの原文には, 村八分を "village eighth-part" または "one-eighth" (8分の1)と訳してあるが, これは「10分の8」の誤りである. 残りの「二分」は葬式と火災と言われるが, 葬式の手伝いも認めない絶交もある. 『日本民俗事典』(弘文堂, 1994年)「村ハチブ」の項を参考.
2 「荒れた音楽」では, 鍋釜, 太鼓, ブリキ罐などを使って騒音を出す. このサンクションは, 姦通者, 妻に暴力を振るう夫, モラルのない人間, 悪評の高い連中を非難するために, イングランド各地で実施された. これによく似た年中行事が, ロンドン北西に位置するノーサンプトンシャー(Northamptonshire)のブロートン(Broughton)で, 12月の第2日曜日の真夜中に行なわれる Tin Can Band (ブリキ罐バンド)である. ブリキ罐バンドは現在まで続いている(カイトリー著・澁谷勉訳『イギリス祭事・民俗事典』大修館書店, 1992年, p. 369).
3 ベネディクトが『菊と刀』(長谷川松治訳, 社会思想社, 1972年)で指摘したのは, 日本における嘲笑・恥・名誉の重要性である. この引用文にある「共同体」(community)は, ベネディクトの文脈では括弧つきの "the world" である (Benedict 1946 : 287-288). 長谷川松治の訳にあるように, "the world" とは「世間」に他ならない. 世間の概念を分析した研究として, 井上忠司『「世間体」の構造――社会心理史への試み』(NHKブックス, 1977年)や, 阿部謹也『「世間」とは何か』(講談社新書, 1995年)などがある.
4 日本を「恥の文化」(shame culture)と規定したベネディクトに対して, 作田啓一は「恥の文化再考」という論文で異議を唱えた. 彼によれば, 恥には「公恥」と「私恥」の2種類があり, 前者は「公開の場の嘲りにたいする反応」であり, 後者は社会の道徳規範や優劣基準を内面化した自分自身への反応である. つまり, 私恥は自己が「白日のもとに露呈される状況」や現実の嘲笑を必要としない. 作田は, ベネディクトは公恥にこだわり, 私恥を見落としたと批判したのである(作田啓一『恥の文化再考』

筑摩書房，1967年）．いずれの場合も，恥は自己の脆弱な部分が露にされたときの反応であり，ロバーツの言う「注視」（視線）と密接な関係にある．

5 この段落は原文以外にヘンドリーから提供された情報を基に，桑山が書き換えた．
6 日本における子育て（社会化）の研究として，ヘンドリーの *Becoming Japanese : The World of the Pre-School Child* (Honolulu: University of Hawaii Press, 1986) がある．また，二人の子供を日本で育てながらフィールドワークをした自伝的記録として，同じくヘンドリーの *An Anthropologist in Japan : Glimpses of Life in the Field* (London: Routledge, 1999) がある．文化がパーソナリティに与える影響を研究する分野を「心理人類学」(psychological anthropology) というが，これはアメリカに独自の分野で，その他の地域ではあまり見られない．学説史的な入門書として，ボック『心理人類学』（白川琢磨・棚橋訓訳，東京創元社，1980年）がある．日本における代表的研究には，我妻洋・原ひろ子『しつけ』（弘文堂，1974年），祖父江孝男『文化とパーソナリティ』（弘文堂，1976年），箕浦康子『子供の異文化体験（新装版）』（思索社，1991年），同『文化のなかの子ども』（東京大学出版会，1990年）がある．また人類学者ではないが，恒吉僚子『人間形成の日米比較——かくれたカリキュラム』（中公新書，1992年）も興味深い．

第10章
政治の技法

政治の可能性

　前章の冒頭で,「法律」と「政治」を完全に区別するのは難しいと述べたが, どちらかといえば政治より法律の分野に重点をおいて議論を進めた. 西欧的感覚からすれば, いかに広義に解釈しても「法律」とは言えない社会統制のメカニズムを, 幅広いアプローチから検討したのである. もっとも, 包括的な法制度を持たない小規模社会のみを, 議論の対象としたわけではない. 本章では, 一般に英語の「政治」(politics) という言葉で連想するテーマに焦点を当てるが, 前章同様, より広い観点から柔軟に読んでいただきたい.

　まず, 国際的によく知られたケースから始め, 徐々にヨーロッパ諸国には理解しがたい政治制度 (と呼んでよければの話だが) を備えた社会を考察しよう. 初期のイギリス政治人類学 (political anthropology) の研究の多くは, 植民地に居住する人類学者によって進められた. 彼らは, 見知らぬ土地における秩序維持のため, やむなく本国の政府と協力関係を結んだが, 知己を得た現地人の権利を擁護し, 植民地支配を批判することもあった. もっとも, フィールドワーク続行のため, 現地の官吏の厚意に依存していたことは否めない.

　当初, イギリス人の研究に大きな影響を与えたのはアフリカである. [1940年に出版された『アフリカの伝統的政治体系』において, フォーテス (Meyer Fortes) とエヴァンズ゠プリチャードは], アフリカ社会を「中央集権型」(centralized) と「無頭制」(acephalous または acephalus) に二分した (Fortes and Evans-Pritchard 1940). 前者は比較的安定した階層 (hierarchy) を備えた「王国」(kingship) であり, 後者は「頭のない」を意味するギリシャ語に由来する. この二つのタイプの例証としてよく掲げられるのが, エヴ

ァンズ＝プリチャードによるシルック王国（Shilluk）とヌアー族（Nuer ヌエル族ともいう）の研究である．両民族ともスーダンに分布し，彼らの事例は政治人類学の基礎となっている．[*1]

　世界各地で民族資料の収集が進むと，一つのことが明らかになった．それは，中央集権型と無頭制という類型は，さまざまなタイプの政治制度を一線上に並べたときの両極であって，明らかに中間に位置する興味深いケースが，よく見られるという事実である．その一例として，中南米（ラテンアメリカ）の熱帯雨林民族を，後述の「リーダーシップ制度」（leadership）の項で取り上げるが，いずれの類型も世界中に例を事欠かない．ある政治制度を詳しく知ろうと思ったら，民族誌を通読して感覚を磨くのが一番である．その点，章末に掲げたアーメッド（Akbar Ahmed），バルト（Fredrik Barth），メイベリ＝ルイス（David Maybury-Lewis），リーチ（E. R. Leach），ストラザン（Andrew Strathern）らの民族誌は，非常に優れている．

　本章を「政治の技法」（art of politics）と名づけたのは，**権力**（power）や**権威**（authority）にまつわる関係を，実にさまざまな方法で創造し操作する人間の驚異的才能に，敬意を払ってのことである．そこで，次節で人類学上の古典的な政治類型を考察した後，対人接触の場における人間の政治能力や多様性について，検討を加えることにする．その際重要なことは，ある政治制度における行動の前提を，別の制度に直接当てはめてはならないということである．特に言外の意味が，実際の発言と同じくらい比重を占める場合には注意したい．政治はその性質上，第9章の最後で論じたような競合や交渉を含むので，この分野における人類学者の貢献も大きい（章末の読書案内にある Shore 1990 を参照）．

　本章の主題は，政治学（political science）全体が扱う壮大なものであるから，我々はそのごく一部を覗くにすぎない．実際，何人もの政治人類学者が，丸々一冊の本を書いてきた（たとえば Balandier 1967；Bloch 1975；Gledhill 1994；Godelier 1986 など）．人類学的アプローチが有効だとしたら，それは次の二つの理由による．

（1）エヴァンズ＝プリチャードなどの古典的研究には，社会の権力配置について実にさまざまな考察が含まれており，今日それらの研究は植民地主義との関連で解釈可能である．グレドヒル（John Gledhill）の『権力と偽装』

(1994年)は，その好例である．

（２）　人類学者が収集した民族誌的事例は，あらゆる民族の政治生活に共通のテーマがあることを示しており，それは同時に権力の行使についてユニークな知見を提供する．

政治制度の類型

中央集権制度

植民地支配に乗り出したヨーロッパ諸国にとって，もっとも馴染み深い政治制度は中央集権制度であった．この制度にはさまざまな形態の階層配置があり，その運用には実に多くの形があるが，いくつかの典型的特徴を備えている．もっとも組織化されたものは，頂点に「長」(head)を据え，その下に主従関係で結ばれた幾層もの人員を抱えている制度である．長の地位は「世襲制」(hereditary)で神聖性を付与される場合もあるし，民衆によって選出された人間が占めることもある．通常の政治学の観点からすれば，この二つはまったく異質の制度であるが，ともに中央集権的組織の一部である．ベルギー，イギリス，ネパール，オランダ，ノルウェー，スウェーデンには双方の制度が共存しているし，日本も同様である．役割は異なるものの，世襲制と選挙制はともに中央集権的といえる．

いずれの場合も，人民は**租税**(tribute)または税金の支払いにより，自分の意志とはかかわりなく制度に服従の意を示す．それは公的財源を生み，次のような機構を可能にする．

（１）　公僕たる官僚を抱える支配階級
（２）　論争が起きた際の保護
（３）　論争処理のための裁判所
（４）　公共の使用を目的とする建築物および施設
（５）　生活困窮者への食料提供と支援
（６）　霊界と交流するための儀礼

人類学における中央集権制度の古典的例はシルック(Shilluk)である．シルックには世襲の**王権**(kingship)があり，それは［伝説上の初代王である］ニ

イカング（Nyikang）の霊が，歴代の王に伝わるという信仰によって正統化される．王は民および永遠の道徳秩序の象徴である．しかし，彼の役割は司祭的なものであり，政治的なものではない．君臨はするが支配は僕（しもべ）に任されている．シルック王国は，首長（chief）と協議会（council）を持つ村（settlement）に分割され，村は通常リネージの長を頂点とする集落（hamlet）に分かれる．王国全体の階層を承認するのは，すべての民はその出自をニイカングの王国創設物語に登場する人物に辿る，という神話である．リネージの長は，神と人間の媒介者である王に対して儀礼的義務を負い，王は儀礼的に純粋かつ健康で，天災を防がねばならない．病気や老衰の症状が表れた場合，王は民のために殺害される[*2]．

　イギリスの植民者がこうした社会と接触したとき，その政治制度を理解するのはさほど困難なことではなかったし，植民地全体を傘下に置くことができた．本国の慣例に従って現地の王と側近に接すれば，あとはイギリス的な感覚で比較的容易に意思疎通が可能だったからである．もっとも，事情が常にそう単純だったわけではないことは，歴史が語るところである．インドはその最たる例であった．当初，インドは大英帝国にとって「王冠の宝石」（jewel in the crown 最良のもの）と言われた場所であったが，[1857年に起きた反英的な民族的反乱セポイの乱が示すように] のち困難を極めた．この点を人類学的に興味深く語ったのが，第2章で言及したスコットの小説『インド統治のカルテット』である．

　植民地に新たな秩序を導入することについては，植民者の間でも意見の相違が見られたが，中央集権制の現地政府を打ち破ることは比較的たやすい．長を退位させた後，社会生活の細かなことに介入しないで基本的な階層を温存すれば，あとは既存のメカニズムを利用して新政権を樹立すればよいからである．実際，これが中央集権制度を持った植民地の運命であり，現地の文化は次第に衰退していった．メキシコのアステカ帝国は，その有名な例である．最後の皇帝モンテスマ（Montezuma）の支配下で，アステカは高度に集権化された王国であったが，彼らの信仰にはスペインの征服者の到来を，神再来の伝説と重ねて見る要素があった．

　コルテス（Hernando Cortez）がアステカの最高位におさまり，現メキシコをスペインの属領とすることができたのは，こうした事情による．先住民のいくらかは難を逃れたが，アステカ文化は間もなく消滅してしまった．第

1章で見たように，生きた人間を生贄として捧げる習慣は，神を満足させ社会の繁栄を祈るためであったが，その廃止はみずから予言したようにアステカ文化の終焉と一致した．中南米における中央集権制度の別例はインカ帝国である．インカも今日のペルーの地で同様の運命を辿ったが，次章で検討するように，中南米すべてが容易に植民地化されたわけではない．

ところで，地域の事情を考慮しないで「政治類型」(political type)を不用意に当てはめると，権力の所在が理解しにくくなってしまう．このことは日本のケースを見れば明らかである．日本は他国の属領となったことはないが，第二次世界大戦の敗戦後，政治制度の「民主化」を求めた連合国によって占領された．しかし，日本の制度は既に19世紀半ばに，ヨーロッパをモデルとして「近代化」されており，国会，政党，憲法，参政権，選挙といった西欧的要素を備えていたのである．欧米人にとって，これは理解しやすい制度のはずであった．

しかし実際には，日本の政治は近代化以前の原理で動いていることが多い．[たとえば議会という言葉を聞いて，イギリス人は自国の国会における与野党の対決を思い浮かべるだろうが]日本ではこうした対決型のコミュニケーションで物事は決定しない．大政党は日本の社会一般に見られる派閥関係で動くし，つきあいや地元の恩人に対する義理立てが大切な社会では，選挙も個人の意思で投票するとは限らない．こうした例を見れば，「中央集権制度」といった範疇を最初から想定するのではなく，より広範な社会制度という文脈で政治を検討する重要性が理解できるだろう．権力行使の戦略については，本章の最後で再び取り上げる．

リーダーシップ制度

中南米の熱帯雨林地帯に住む民族にとって，政治とは上述の中央集権制度のように明確なものではない．しかし，彼らのリーダーには指導者としての資質が備わっており，その機構は先進諸国の政治に匹敵するものがある．集団の何人かはリーダー(leader)となり，他の者は彼らに追従する．リーダーシップ制の社会は多いが，ここではベネズエラとブラジルにまたがって居住するヤノマモ族（第3章およびFerguson 1995参照）と，ブラジル熱帯雨林居住のアクウェ・シャヴァンテ族(Akwe Shavante)を取り上げる(Maybury-Lewis 1974)．ただ以下に述べる特徴は，当該地域全体に見られる

傾向である．
　（1）　中央による管理の欠如
　中央集権制度との基本的な相違は，中央による管理（central administration）の欠如である．彼らには正式な権威という制度がないので，居住国の政府にとっては頭を抱える問題が多い．典型的なケースとして，政府は先住民の誰かを現地の首長（chief）に任命し，彼を通じて意思の疎通を図ろうとする．そして，こうした人物には報酬を与え，場合によっては制服や記章を提供する．しかし，これまでの例では，報奨目当ての首長は大体が部族の笑い者になっており，任命以前にいくばくかリーダーシップがあったとしても，彼はそれを失う破目になる．地域によっては，首長の役割を引き受けるのは「白痴」しかいないと考えられている．
　（2）　村の自主性
　こうした状況が発生するのは，中南米の熱帯雨林地域では，村の自主性（autonomy）に高い価値が置かれているからである．リーダーの入れ替わりが激しく，一つの共同体に競合する二人のリーダーがいる場合は，共同体そのものが二つに割れて再編されてしまう．第8章で紹介したリヴィエールの議論にもあったが，スリナムのトリオ族やアクウェ・シャヴァンテ族は，呪術をめぐる対立が昂じて村が分裂したこともある．また，村人がリーダーに従うのは，自分の利益が確保されている間だけで，部外者による指図は，それが村人を通じたものであっても断固拒否する．
　（3）　手本としてのリーダー
　この地域のリーダーには，手本（lead）という言葉が示すように，前節で論じた「首長」が持つ強制力や公認の権威がまったくない．リーダーは単に手本を示すだけであって，他の人間は彼をリーダーと承認したときのみ追従する．だから，たとえば村の広場を掃除するときには，まずリーダーが率先して腰をあげ，まわりの者に声を掛けるのである．他人に指図して作業をさせる力は彼にはない．もし村人が彼の発案に意味がないと思ったら，それまでである．アクウェ・シャヴァンテ族の場合，威張りちらすリーダーは殺害されるとさえ言われる．もったいぶった態度もご法度で，制服や給料の提供が村の人間関係を崩したのは，こうした理由による．
　（4）　環境的要因
　中南米の熱帯雨林地域で，共同体の政治生活にとって重要なのが環境的要

写真10.1 焼畑農耕のため熱帯雨林を伐採するスリナムのトリオ族 (写真提供 Peter Rivière).

因である. この地域では, 焼畑農耕 (slash-and-burn cultivation 専門的には swidden cultivation) が一般に行なわれており, 一筆の土地の使用は一回数年に限定されている. 森林の僅かな部分を伐採して農耕するが (写真10.1), 農地としての価値は低いので, [十分な人口を支えられず] 共同体の規模は小さい. また住人は可能な限り定期的に移動する. 食生活の不足は散発的な狩猟と漁猟によって補い, 経済活動は特に管理組織を必要としない[*3]. ベネズエラの中南部に住むヤルロ族 (Yaruro) を調査したリーズ (Anthony Leeds) は, 次のように述べている.

> ヤルロ族の技術と道具のレベルを考えると, 生業活動はすべて一人でできる. (中略) 使用する道具と技術の性質上, 単独作業が要求されるのである. もちろん, [木の幹をつないで柵を作るときのように] 何人か集まって共同作業することもあり, そういうときは各々が自分の道具と技術を自分なりに工夫して使う. ただ, そうした活動や道具や技術が, 集団を必要とすることはない. 人間組織の観点からすると, 彼らの技術そのものが管理機能を必要としないのである. 特定の地位にある人間が, 仕

事の連携を指図することはない（Leeds 1969：383）．

　協力を必要とする大きな仕事として，農地の選択や開墾および農地管理のための村作りがある．いつどこに移動するかの決定にあたって，リーダー格の人物に対する支援は，彼の発案に周囲がどう反応するかによって決まる．村の男が共有するロングハウス（long-house 長大家屋）は，共同体の大きさに合わせて作られるので，リーダーに対する支援を空間的に表現したものと言ってよい．ただ，特定のリーダーに嫌気がさせば移るのは自由で，既に述べたように，移動は社会関係の再編を意味する．

　中南米の熱帯雨林地域で，リーダーをめざす者に求められる資質は大体決まっている．通常，リーダーは現地の基準で成功した者がなるので，まず運動神経に優れ筋骨たくましい狩人（hunter）が適役である．また，リーダーには「気前よさ」（generosity）も要求されるので，大猟のときには獲物を分け与え，複数の妻を持って余剰食糧を確保しなければならない．次に，この地域では「雄弁術」（oratorical skill）が高く評価されており，それは「儀礼的対話」（ceremonial dialogue）と呼ばれる村落間の正式な交渉に用いられる．この交渉には論争の火種の処理や，交易および結婚の取り決めなどが含まれるが，雄弁術は村落内で論争が起きた場合にも重要である．その他に高く評価されている手腕として，「司会」（moderation），「仲介」（mediation），「調停」（peace-making）などがある．ナンビクワラ族（Nambikwara）は，リーダーに「統一する者」を意味する言葉をあてはめているが，それはこの辺の事情を物語っている．

　アクウェ・シャヴァンテ族は，内部が派閥に分裂するほど大きな集団である．リーダーはいつも些細なことで対立しており，彼らは臨機応変に手腕を発揮せねばならない．ある時点における支配的派閥のリーダーは，部族内の良好な関係と調和を保つため，自分には公平さと忍耐と知恵が備わっていることを強調するだろう．だが威嚇された場合には，強く自己主張して攻撃性を発揮しなければならない．メイベリ＝ルイスは，アクウェ・シャヴァンテ族の支配的リーダーを「首長」（chief）と呼び，次のように述べている．

　首長は難しい立場にある．首長として彼に求められる理想的資質と行動は，以前彼が首長にならんとして披露した資質と正反対である．実際，

支配的派閥が確固として形成されていない共同体では，こうした能力は首長の座を維持するために必要な能力とは逆のものである．(中略) だから，首長の行動は極端から極端へと揺れ動く．あるときは辛抱強く言葉巧みに難局を乗り越え，別のときは対立が本格化する前に素早く冷酷に対処する (Maybury-Lewis 1974：204)．

最後に，ある種のリーダーには，本来政治とは異なる**シャーマン** (shaman) の資質が求められている．前述のシルック王国のように，リーダーシップを「司祭」(sacerdotal) と「統治」(governmental) に二分する習慣は多くの社会に見られる．たとえば古代日本の制度では，姉と弟が階層の頂点に立ち，姉［卑弥呼］は常に神と接触を持つ宗教的存在として振る舞い，日常の政治は弟に任されていた．この意味で，日本の皇室と政府という「双子」の制度は，そのルーツを古代にまで遡ると言えよう．こうした例に鑑みれば，［リーダーシップの宗教的側面を代表する］現代の君主制も，けっして不思議なものではない．ただし，ほとんどの人にとって，君主の役割は宗教的というより象徴的である．

他の形態のリーダーシップ，およびその獲得についての民族誌的記録は多いが，中南米のケースは，政治制度をその環境，生態，人口などの文脈で理解する重要性を示している．また，中南米は人類学者が研究対象の民族を外世界に表象 (represent) する際，なんらかの援助と関わらざるをえない地域でもある．熱帯雨林地域の環境は常に開発の脅威にさらされており，最近では石油会社の進出がその最たる例であろう．［先住民と国家の］交渉にみる異質な政治戦略の接点を探るのも，人類学者の務めと思われる．中南米研究専門のライヴァル (Laura Rival) は，次のように述べている．

> 先住民社会が多国籍石油企業と接したとき，彼らはどのように新たな思考を身につけ，将来に関する決定を下すのだろうか．また，彼らはどのように自給自足的な周辺性を放棄して，より大きな世界と持続可能な統合を構想するのだろうか．このような問題について，人類学者は民族誌的に研究する必要がある．(中略) 不平等な交渉の過程で，新たな形態の政治的主体 (agency) が，特定の修辞学のスタイルを通じて，どのように構築されるのか．また，「対等なパートナー」という抽象概念は，

どのような状況のもとで可能なのか．こうした問題についても，人類学者は理解を迫られている（Rival 1997：3）．

　章末に掲げたシングー（Xingu）峡谷のアルタミラ（Altamira）地域に居住するカヤポ族（Kayapo）の映像誌には，こうした交渉が巧みに描き出されている．彼らを研究した人類学者［先住民の権利擁護で知られるターナー（Terrence Turner）］の助力と，カヤポ族がブラジル政府と交渉する姿を，部族自身が記録する援助をしたスタッフのおかげで，交渉は比較的良い結果に終わった．しかし，他の部族はカヤポ族ほど恵まれておらず，ライヴァルによれば人類学者がなすべき仕事はまだ多い．応用人類学の分野では，これは重要かつ緊急な問題である．次節では再びアフリカを取り上げるが，そこでの人類学者の研究は，疑いもなく植民地統治に加担する結果となった．一見，長を欠く（headless）社会を理解するには，中南米同様まず生態系の理解が不可欠である．

無頭社会
（１）　分節システム
　政治的に中央集権化が進んだ国家出身の人類学者は，アフリカ社会の組織をなかなか理解できずにいた．西欧的な政治組織を欠いているにもかかわらず，日常生活の秩序は保たれているからだ．しかし，詳細な現地調査の積み重ねにより，この秩序の背後にあるいくつかの原則が明らかにされたのである．先鞭をつけたのはエヴァンズ＝プリチャードであった．彼は**分節システム**（segmentary system）という観点から，権威を嫌い「あたかも大地の主であるかのように闊歩し（中略）自らを神の造り給うたもっとも高貴な創造物と考える」スーダン南部のヌアー族を分析したのである（Evans-Pritchard 1940：182　向井元子訳『ヌアー族』, p. 281）．以下の解説では，「理念」（ideal）体系と現実の「実践」（practice）との相違に注意してほしい．

　ヌアー族は**移牧**（transhumance）を営む牧畜民である．乾季は川沿いのキャンプで過ごし，ときとして漁撈も行なう．逆に川に水嵩が増す雨季は，高台の村に移動して雑穀栽培をする．つまり，雨季は洪水によって土地が分断されるため，村と村の境界線は明確になるが，乾季は土地がつながり村落間の流動性と移動性も高まる．ヌアー族の基本的な経済単位は，理念的には移

動を共にする親族集団だが、一回一回の移動は政治再編の機会でもある。そのため、血縁関係はなくても政治的理由から同じ村にいる場合もある。エヴァンズ＝プリチャードは、こうした領土（territory）的単位を最小政治**分節**（segment）と名づけ、それが特定の地域を占有するより大きな分節を構成すると考えたのである。

　ヌアー族の場合、部族または氏族全体がこのように構成されているが、彼らは共通の祖先に**出自**（descent）を辿る親族集団とみずからを位置づけている。つまり、理念の問題として、ヌアー族はエヴァンズ＝プリチャードが最小リネージ（minimal lineage）と呼んだ近縁と住居を共にしている。そして、さまざまな経済活動や儀礼行為を、小リネージ（minor lineage）、大リネージ（major lineage）、および最大リネージ（maximal lineage）という親族集団と共同で行なっているのである。こうした集団の頂点に立つのが、一人の始祖（founding ancestor）に出自を辿る氏族（clan クラン）である。ある氏族の始祖は、別の氏族の始祖と血縁関係にあるとされ、全氏族が結集してヌアーという族（people）を構成している。

　エヴァンズ＝プリチャードは、こうした理念的モデルを［実践上の］政治分節と区別した。政治分節とは、現実的配慮から複数の集団が結成した同盟である。村（village）はその最小単位であり、それは［より大きな分節を通じて］部族（tribe）に属し、部族は親族組織の氏族にほぼ対応する。そして、村は特定の政治問題を処理する際、一次分節（primary segment）、二次分節（secondary segment）、三次分節（tertiary segment）という異なった大きさの分節に組み込まれる（図10.1）。個々の問題によって同盟の倫理は変化し、ヌアー族が自分をある分節の成員と認識するのは、特定の状況のもとで敵対する成員との関係においてのみである。

　一例をあげると、二つの異なる村の成員間に論争が起きた場合、彼らは出自の原則に従って親族から援助を受ける。この原則は、実際には領土の分節を共有する者を意味する。図10.2を御覧いただきたい。Z^1の成員がZ^2の成員と喧嘩した場合、それはZ^1集団とZ^2集団の喧嘩となる。しかし、Z^1の成員がY^2の成員と争った場合には、Z^1とZ^2の相違は棚上げされ、両者はY^1として同盟を結びY^2に対抗するのである。同様に、Y^1の成員がX^1の成員と論争した場合は、Y全体がXに対抗して同盟を結び、それ以前の差異は棚上げされる。こうした争いはヌアー族によく見られる政治現象で、当事者の

第10章 政治の技法　207

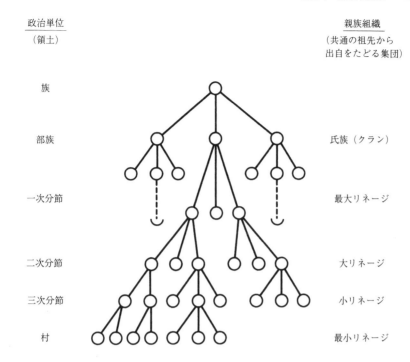

図10.1　ヌアー族の政治社会組織

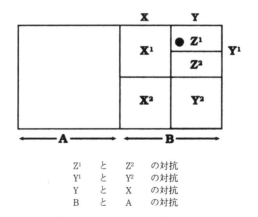

Z^1　と　Z^2　の対抗
Y^1　と　Y^2　の対抗
Y　と　X　の対抗
B　と　A　の対抗

図10.2　分節システム　　出典：Evans-Pritchard, *The Nuer* (1940), p. 144.

集団の規模が大きいほど解決は困難となる。論争はキャンプや村のみならず、[ヌアー族内部の] 部族 (tribe) 全体にいたるレベルでも起こり、ヌアー族 (people) と隣接のディンカ族 (Dinka) との抗争に発展することもある。

以上が分節システムの概要である。エヴァンズ＝プリチャードによれば、こうした政治体系は「領土的な分節と分節に見られる一連の構造関係」である。ある人間が特定の集団の成員であるのは、その集団が別の集団と対立関係にあるからで、集団の顔ぶれは状況によって変化する。

> 政治的諸価値は相対的なものである。そして、政治体系は、分裂 [fission] と融合 [fusion]、つまり、すべての集団が分節し、かつまたすべての集団が同次元にある他の分節と結合する、という相反する両傾向のあいだの均衡 [equilibrium] なのである。融合する傾向は、ヌアーの政治構造の分節的性格に内在するものである。というのは、集団はすべて対立する諸部分に分裂する傾向を有しているが、これら集団自体がより大きな分節体系の一部分をなしているから、他集団との関係においては融合せざるをえないのである。したがって、政治集団にみられる分裂と融合は同一の分節の表裏をなすものであって、ヌアーの部族とその諸分節は、これら二つの、矛盾してはいるが相補的な傾向のあいだの均衡関係として理解されるべきである。（中略）分節化への傾向は、彼らの社会構造の基本原理として規定されねばならない（向井元子訳『ヌアー族』、p. 229）。

エヴァンズ＝プリチャードの『ヌアー族』の刊行以降、同様の原理は他のアフリカの社会でも発見された。しかし、アフリカ以外の地域にも分節原理は当てはまる。たとえばスポーツの試合はどうだろう。観衆の応援は、イベントの規模によって変わるのではないだろうか。どの国でも、ある町のチームが別の町のチームと試合をすれば、それぞれのファンは町レベルで対抗するだろう。しかし、二つの町を代表して双方のチームから選手を抜擢すれば、ファンは一致団結してそのチームを応援することになる。そして国際試合ともなれば、ファンは外国に対抗して自国の代表チームを応援するだろう。

（2）年齢組と年齢階梯

ヌアー族には**年齢組**（age set）と**年齢階梯**（age grade）という分節もある

が，エヴァンズ゠プリチャードはその政治的重要性をあまり認識していなかった．しかし他のアフリカ社会では，年齢階梯制こそ政治制度の基盤であり，後述のスペンサー（Paul Spencer）やウィルソン（Monica Wilson）の著作に，その具体的事例が見られる．概して，男性はすべて年齢階梯制に参加するが，女性の関与度は低い．この制度のもとでは，ある特定の時期に生まれた人間は，自動的に特定の年齢組の成員になり，生涯を通じて**年齢同期生**（age mate）と行動を共にする．そして，成長に従って新たな年齢階梯に移行するのである．典型的な年齢階梯には次のようなものがある．

　長老（elder）――政治的決定を下し紛争処理の責務を負う．
　戦士（warrior）――防備・防護に責任を持つ．
　若者（youth）――部族の慣習を学習する．

大規模な部族の場合，年齢組の成員は他部族の同じ世代と協力して，年齢連隊（age regiment）を組むこともある．南アフリカのズールー族（Zulu）はその一例である[*4]．

　年齢階梯的政治制度を備えた民族の代表例は，東アフリカのナンディ族（Nandi）とマサイ族（Masai）である．ナンディ族には少なくとも七つの年齢階梯があり，およそ15年間隔で年齢組は構成されている．そのため［単純に計算して，特定の年齢組が七つの年齢階梯を通過するためには105年かかるので］，各々の年齢組が実際に果たす機能的役割には多少の重複がある．最年少の年齢階梯は「少年」（small boy）と呼ばれるが，彼らはやがて「青年」（initiate）となり同世代の女子と自由に性関係を結ぶ．さらに「青年」は「戦士」へと成長して結婚生活を営み，最終的に「長老」の段階に至る．「長老」は四つの階梯から構成されるが，下の者は上の者に従属と服従を強いられる．同一の年齢組の成員は対等の立場にあり，その相互扶助の精神は妻の共有を求めることもある．年齢組は循環式に名づけられるので，新たな年齢組は他界した最年長の年齢組の名前を継承することになる．このように，重要な政治的役割は，年齢を基準に社会全体に割り当てられる．

　年齢階梯制は，政治制度の一環であろうとなかろうと，人類社会に遍在する社会秩序の原則に基づいている．たとえば，国をはじめとする集団の防衛に，若者が駆り出されることはどこでもある．ただ，年齢と社会的尊敬の関

係は一定ではなく,特にある年齢に達したら定年を迎える産業社会では,両者は必ずしも正比例しない.日本の一部の地域には,アフリカと同じように,ローカルなレベルで機能する年齢階梯が存在し,村の最長老を大切にする習慣がある.以下に日本の年齢階梯を掲げておこう.

子供組 (children's group)——運動や娯楽のために集まり,祭りで[御稚児成のような]儀礼的役割を果たす.

若者組 (youth group)——子供と同様,祭りで儀礼的役割を果たし,運動競技に参加したり,一種の試練として集団で旅に出る.

消防組 (fire brigade)——村が危機や災害に見舞われた際,防御に責任を持つ既婚男性の集団.[*5]

壮年組 (adults in the prime of life)——村の出来事に関する決定を下し,紛争処理や祭りの計画にあたる.

年寄組 (old people)——運動や旅を一緒にし,[宗教行事の主宰や村落自治の顧問役などの]仕事を村で行なう.

また日本の一部には,特定の社会行事を遂行するため,定期的に会合を持つ年齢組がある.[講と呼ばれる]こうした集団は,[昔の頼母子講のように]定期的に集金して,いざというときに援助したり,[伊勢講のように神社仏閣へ]集団で旅に出たりする.[講は]政治制度とあまり関係ないが,日常生活における対人関係にとって重要である.概して日本人は年長者を敬い,話しかけるときには敬語を使うので,年齢的に近い人としかゆっくり寛げないようだ.年齢組や昔の級友のような年齢に基づく集団が大切なのは,こうした理由によるものだろう.それはまた,日本の政治生活にも間接的影響を与えている.

政治権力と地位の獲得

年齢は**地位** (status) を測り,社会生活における人間の**役割** (role) を決定する普遍的な尺度である.これを**生得的** (ascribed) 地位と呼ぶが,ジェンダーや継承された**資質**(たとえばリネージや王室の成員権)と同じで,選択することができない.反対に,職業や技術など[個人の努力や競争によって]得

られた地位を**獲得的**（achieved）と呼ぶ．民主社会にあっては，獲得的地位のほうが一般に重視されるが，政界で成功を収めるためには，生得的地位も実際には必要である．年齢組やリネージを組織原理とする社会では，フォーマルな地位は概して生得的で，インフォーマルな地位は，雄弁術などの対人技術によって獲得される．

　どの社会でも，権力の獲得や操作に関心を寄せる者は，その過程で経験する制度との交渉を余儀なくされる．人類学者はさまざまなアプローチを用いて，フィールドで遭遇した権力にまつわる問題の理解に努めてきた．上述のエヴァンズ＝プリチャードの研究は，抽象的な「構造システム」を提示することによって，内部からは得られない理解を可能にした．彼はヌアー族による世界の分類法［血縁や地縁による分節原理］を明らかにし，彼らの行動を解釈するための社会背景を読者に示したのである．

　また，日常生活における実践に注目して，個々の社会成員の観点から分析した研究もある．その代表例が，［アフガニスタンとパキスタンにまたがって分布する］パターン族（Pathan パシュトゥン族 Pashtūn の他称）の政治指導者を研究したバルトである（Barth 1965）．彼は，地位や権力の獲得をめざす個人の戦略的な選択行動，および自己利益の追求の分析を重視した．こうしたアプローチを「取引分析」（transactional analysis）と呼ぶが，［個人の自発的行為に関心を奪われて］パターン族の社会規範や歴史を考慮してないという批判が寄せられた．後のアーメッドの研究は，民族の生活を国家の枠組みで検証して，この点の克服に努めた（Ahmed 1976）．

　民族をその全体的文脈で研究する重要性を唱えたのが，リーチの名作『高地ビルマの政治体系』（原著1954年）である．カチン族（Kachin）を扱ったこの本には，言語を異にする複数の集団についての記述があり，リーチは当該地域のすべての言語に共通する分類範疇——階層的なグムサ（*gumsa*）と平等主義的なグムラオ（*gumlao*）——に注目して，両範疇を揺れ動くカチン族の政治を分析した．これは構造主義的見解であり，リーチは彼自身が批判したラドクリフ＝ブラウン流の静的社会モデルを踏襲したという批判を受けた．しかし，グムサとグムラオは「理念」体系であって，先に述べたように理念と実践を区別することが重要である．この体系にとって結婚による同盟は不可欠なので，詳細は次章で検討する．[*6]

　こうした相反する階層的原理と平等主義的原理の存在は，太平洋地域のさ

まざまな社会を分析した論集『危険な言葉』の焦点でもあった（Brenneis and Myers 1984）。この本は言語の使用という視点から政治にアプローチしたものだが（Bloch 1975も参照），実際には言語の抑圧というか，非言語などの間接的コミュニケーションを通じて，いかに政治権力を追求するかというテーマを扱ったものである。太平洋地域には人間関係の和を重視する社会が多く，公共の場における直接対決をできるだけ回避しようとする。彼らが権力を獲得する手法は，与党と野党の論争を中心に政治が回る西欧社会とは異質であるが，物事を弁証法的に解決することを好まない社会における政治のメカニズムを，人類学的アプローチは解明できることを示している。

第3章で触れた拙著『文化を包む』（1993年）の中で，私は権力闘争に見られる間接的コミュニケーションの層（layer）を指摘した。日本に焦点を当て，贈答と「包み」（wrapping）を日本文化の基本としてとらえたが，同じような例は他の世界にもある。たとえば，第5章と6章で考察したニューギニアのワギ族の身体装飾や刺青の政治的メッセージなどは，「身体を包む」ことによる権力表現といえよう。また，権威の表現であり物理的力の証明でもある城や宮殿の使用は，「空間を包む」一例と考えられる。さらに，会議などの入念な構成や，そこでの用意周到な発表には，「時間を包む」という概念を適用できるかもしれない。

いずれの場合も，間接的コミュニケーションの操作が政治的利益を生んでいる。日本のように，一定の型（fixed set of principles）に従って序列化を図る社会では，システムに熟知した人間による大幅な状況操作が，さまざまな「包み」を巧みに利用することによって可能になる。日本では，何をどのように言えば何が起こるかは大体分かっているので，フォーマルな場には必ず「表」と「裏」（内々の活動）がある。「包み」という概念を提唱するにあたって私が考えていたのは，日本を理解すれば他の社会，特に和を尊重して対決を避ける社会の類似点が発見できるのではないか，ということであった。

また，敬語という観点から「包み」を考察したのは，序列の問題を扱ってみたかったからであり，特にそれが日本でどのように認識されているかを知りたかったからである。イギリスのように，エチケットに関する細かな規則があり，序列の顕著な社会に育った私は，日本の制度を理解する素地が十分あっただろうし，実際それはまったくの的外れではなかった。しかし，自分が承知しているように物事は進むだろうという予測は危険である。私は人類

学的訓練を受けていたおかげで，一歩引いた所から日英の差を観察することができたと思う．

イギリスの子供は，年長の方が年少より有利な立場にあるようだが，日本では［敬語の使い方ひとつ取っても］年が大きい方が責任は重く，小さい方が気楽である．子供はそういうことをすぐ学習してしまう．年長 (older)・年少 (younger) という言葉を直訳しても，こうした文化差を知ることはできないが，年齢の認識の差は，将来の人間関係における価値や期待の差を生む．私の日本での調査の大部分は，女性を対象としたものであった．彼女たちは，異なった言語形態を操作する能力の偉大さ［たとえば親しい間柄ではくだけた言葉を使い，相手と距離をとるときは敬語を使うといった能力——Joy Hendry, *An Anthropologist in Japan,* London: Routledge, 1999より］を，まざまざと見せつけた．日本の主婦というと，外国人はつい「おとなしくて控えめ」(meek and demure) というイメージを持ちがちだが，実像はそれとはかけ離れている．

以上，権力の所在と行使を深く理解するためには，政治制度を広範な社会的文脈に置いてみることが肝心であることを，いくつかの例をもって示した．この点は次章でも再び強調するが，親族や結婚の問題は社会全体の文脈で考えることが重要であり，自分が慣れ親しんだ制度と似たものを発見しても，思い込みによる判断は危険であることを承知してほしい．

《参考文献》

Ahmed, Akbar S. (1976) *Millennium and Charisma among the Pathans* (London: Routledge & Kegan Paul).

Barth, Fredrik (1965) *Political Leadership among the Swat Pathans* (London: Athlone).

Brenneis, Donald Lawrence and Fred R. Myers (1984) *Dangerous Words: Language and Politics in the Pacific* (New York: New York University Press).

Evans-Pritchard, E. E. (1940) *The Nuer* (Oxford: Oxford University Press). 向井元子訳『ヌアー族』(岩波書店，1978年) (平凡社ライブラリーで再刊，1997年).

Ferguson, R. B. (1995) *Yanomami Warfare: A Political History* (Santa Fe, New Mexico: School of American Research Press).

Fortes, Meyer, and E. E. Evans-Pritchard (eds.) (1940) *African Political Systems* (Oxford: Oxford University Press). 大森元吉訳『アフリカの伝統的政治体系』(みすず書房，1972年).

Leach, E. R. (1970) *Political Systems of Highland Burma : A Study of Kachin Social Structure* (London : Athlone). 関本照夫訳『高地ビルマの政治体系』(弘文堂, 1995年)(原著初版1954年).

Leeds, Anthony (1969) "Ecological Determinants of Chieftainship among the Yaruro Indians of Venezuela." In Andrew P. Vayda (ed.), *Environment and Cultural Behavior : Ecological Studies in Cultural Anthropology* (Garden City, New York : The Natural History Press).

Maybury-Lewis, David (1974) *The Akwe Shavante* (Oxford : Oxford University Press).

Rival, Laura (1997) "Oil and Sustainable Development in the Latin American Humid Tropics." *Anthropology Today*, 13(6) : 1-3.

《読書案内》

Balandier, Georges (1967) *Political Anthropology* (London : Allen Lane). フランス語の原題は *Anthropologie politique* (Paris : P. U. F., 1967). 中原喜一郎訳『政治人類学』(合同出版, 1991年).

Bloch, Maurice (ed.) (1975) *Political Language and Oratory in Traditional Societies* (London : Academic Press).

Gledhill, John (1994) *Power and Its Disguises : Anthropological Perspectives on Politics* (London : Pluto).

Godelier, Maurice (1986) *The Making of Great Men* (Cambridge : Cambridge University Press).

Shore, Cris (1990) *Italian Communism : The Escape from Leninism* (London : Pluto).

Spencer, Paul (1973) *Nomads in Alliance* (London : Oxford University Press).

Strathern, Andrew (1971) *The Rope of Moka : Big Men and Ceremonial Exchange in Mount Hagen, New Guinea* (London : Cambridge University Press).

Wilson, Monica (1963) *Good Company : A Study of Nyakyusa Age-Villages* (Boston : Beacon).

《小説》

Clavell, James, *Shogun* (London : Hodder & Stoughton, 1975). 宮川一郎訳『将軍』(TBSブリタニカ, 1980年). 鎖国完成以前の江戸時代に, イギリスの航海士であり探検家の [William Adams 三浦按針] が, 日本の権力構造と接触した様子を描いた有名な小説. 後にテレビ映画化されたが, 人類学的には小説のほうが興味深い.

Mishima, Yukio, *After the Banquet* (Tokyo & Rutland, Vermont : Tutle, 1967). 原題は『宴の後』. 20世紀初頭の日本における政治家の裏を描いた小説で, 大物と近しい女性の潜在的な力も描き出した.

《映画／フィルム》
The Kawelka : Ongka's Big Moka. 第3章参照．
The Kayapo : Out of the Forest (Michael Beckham and Terence Turner, 1988). 『消滅しつつある世界』シリーズに収録．アマゾン川の大支流シングー川に計画された巨大ダムに対抗して，アルタミラの部族が一致団結して抵抗した姿を描いた．
The Masai. 第4章参照．
The Mursi : War with the Bodi : Decision-making, and Relations with the Kwegu (Leslie Woodhead, 1985). 正式な首長やリーダーを欠くエチオピア南西部の牧畜民を描いたフィルム．

《訳注》
1 イギリスの社会人類学とアメリカの文化人類学では，政治へのアプローチが多少異なるので，後者について触れておきたい．アメリカでは，サーヴィス (Elman Service) が『未開の社会組織』(弘文堂，1979年) で提唱した社会類型が，政治研究の基本となっている．この類型は，人類社会をバンド (band)，部族 (tribe)，首長制 (chiefdom)，国家 (state ——現代民俗社会 modern folk society と区別して未開国家 primitive state とも言う) の四つに分類し，進化論的意味合いを持たせながら，生業・経済・政治・法律・親族・宗教などの関連を研究する．たとえば，バンドの生業形態は主に狩猟採集，政治形態はその場に応じたリーダーシップ，親族制度は双系 (bilateral) が多い，といった一般化がなされる．サーヴィスの『民族の世界』(講談社学術文庫，1991年) には，バンド，部族，首長制，国家の代表例として，それぞれカラハリのクン・サン族 (!Kung Sun)，ヌアー族，トロブリアンド諸島，インカ帝国が掲げられている．また，フリード (Morton Fried) が The Evolution of Political Society (New York : Random House, 1967) で提唱した平等社会 (egalitarian)，地位社会 (rank)，成層社会 (stratified)，国家 (state) という四類型も有名である．
こうした図式が西欧で現れたのは16世紀以降のことだが，人類学の分野ではモルガン (Lewis Henry Morgan) の『古代社会』(岩波文庫，1958年-61年) にその原点がある．1877年に刊行され，マルクスやエンゲルスにも大きな影響を与えたと言われるこの著作の中で，モルガンは人類社会を野蛮 (savagery)，未開 (barbarism)，文明 (civilization) という三つの範疇に分類した．そして人類の「進歩」の頂点に西欧を置いたのである．モルガンの社会進化論は，のち文化相対主義を唱えたボアズ (Franz Boas) により批判され，今日ではエスノセントリズムの代名詞のようにみなされているが，彼の知的遺産はさまざまな形で受け継がれている．この点については，綾部恒雄編『文化人類学の15の理論』(中公新書，1984年) に収録された第7章「新進化主義」，第8章「マルクス主義と人類学」，第10章「生態人類学」に詳しい．
2 原文はニイカングを god (神) と説明しているが，ニイカングはシルックの伝説上の王である．そして，歴代の王は彼の霊の化身と考えられている．また居住区について，原文には単に settlement と hamlet とあるが，文脈から判断して前者は「村」

(*podh*)，後者は「集落」(*pac*) と思われる (『文化人類学事典』「シルック」の項を参照). フレーザーの『金枝篇』には, 王殺しの伝説が取り上げられている. 彼によれば, 王の身体は国土を体現しているので, 王の身体の衰弱は国土や国民の衰えを意味する. そのため, 生命力を失った王は殺害され, 後継者に取って代わられなければならないのである.

3 焼畑は土地から土地へと「遊牧民」的に移動するのではなく, 一定のサイクルで複数の土地を利用する農耕形態である. 佐々木高明によれば, 日本には稲作以前に雑穀やイモを主とした「混栽型」の焼畑農耕があり, それは照葉樹林文化の基礎であったという. 彼はこの農耕を「照葉樹林焼畑農耕文化」と名づけている. 詳細は佐々木高明『稲作以前』(NHKブックス, 1971年), 同『照葉樹林文化の道』(NHKブックス, 1982年), 同『日本文化の基層を探る』(NHKブックス, 1993年) などを参照. なお, 日本語ではイネを除いた穀類を「雑穀」と言うが, この表現は稲作が日本文化に占める比重の大きさと同時に, 稲作中心の文化観を反映している. 大貫恵美子『コメの人類学』(岩波書店, 1995年) は, この点を歴史人類学的に検証した好著である. また日本民俗学の分野で, 柳田国男以降の稲作中心の文化観を再検討した代表作として, 坪井洋文『イモと日本人』(未来社, 1979年), 同『稲を選んだ日本人』(未来社, 1982年) がある. 日本史では網野善彦の一連の著作が刺激的で参考になる. たとえば, 『日本論の視座』(小学館, 1990年), 『「日本」とは何か』(講談社, 2000年) など.

4 ヘンドリーは一貫して「年齢組」(age set) という概念を用いているが, 年齢階梯制の議論でよく取り上げられる「年齢集団」(age group) にも注意したい. 年齢組と年齢集団の区別は曖昧で, 同義語として扱われることも多いが, 目安として次の理解が有益である. 年齢集団とは年齢を構成原理とするすべての集団であり, それはどの社会でも広く観察される. 日本の学校やクラブの「学年」は, 典型的な年齢集団である. しかし, ナンディ族やマサイ族のように, 年長序列関係が制度化されていて, 社会全体が年齢集団を中心に構成されている場合, それを年齢階梯制と呼ぶ. その単位である「年齢階梯」(age grade) とは, 戦士や長老など特定の地位やランクを表す概念で, 各々の年齢階梯は独自の義務や権利を有し, 一定の社会的役割を果たしている. 換言すれば, 複数の年齢階梯が一つの体系を作ったものが年齢階梯制である. そして, 制度化された年齢階梯制に諸個人が正式に組み込まれている場合, 彼らの集団を年齢組と呼ぶ. つまり, 年齢集団と年齢組の差は, ①それがフォーマルな制度かどうか, ②年齢階梯制のような「年齢制度」(age system) と結びついているかどうかにある. 個人は年齢組にいったん加入したら, 他の成員と生涯を共にするので, 特定の年齢組の顔ぶれは時間的に変化しない. 変化するのは, 彼らが成長と共に通過する年齢階梯である. 概して, 年齢階梯制は親族集団が未発達で, 地域の居住集団が不安定な社会に見られる. それは, エヴァンズ=プリチャードが明らかにした血縁 (kinship) と地縁 (locality) による分節制度とは, 異質の社会構成原理である. ただ, 年齢階梯制の対象はほとんどが男性で, 女性はほぼ対象外というジェンダー差に注意する必要がある (年齢組と年齢集団の区別は, Alan Barnard and Jonathan Spen-

cer, eds. *Encyclopedia of Social and Cultural Anthropology,* London : Routledge, 1996にある "age" の項を参考にした)．

5　確かに消防が若者組や壮年組の任務と重複する場合や地域もあるが，一般に消防組は年齢階梯としてみなされてない．この点について桑山はヘンドリーと協議したが，合意は得られなかった．ヘンドリーの見解については，以下の文献を参照．"Tomo-dachi-kō: Age-mate Groups in Northern Kyushu." In *Proceedings of the British Association of Japanese Studies,* 6(2) : 44-56, 1981.

6　原文には「カチン族」「グムサ」「グムラオ」などの表現は一切ない．原著者に問い合わせたところ，「当該地域のすべての言語に共通の分類範疇」とはグムサとグムラオを意味するとのことなので，桑山が言葉を大幅に補った．

第11章
家族・親族・結婚

親族の多様性

　親族（kinship）と**結婚**（marriage）は，社会人類学のもっとも古い問題の一つで，激しい論争が繰り返されてきた．人間はなんらかの家族集団で育ち，そこで社会関係を学ぶ．第1章で触れたように，周囲の人間を分類して適切に振る舞えるようになるのは，この家族という場においてである．こうした分類は人生の初期に学習されるので身体化しやすく，異民族の社会関係を研究する際にも影響を及ぼす．イギリスでは，近い親戚（relative）でも会ったり会わなかったりだが，誕生，結婚，死といった人生の節目に同席するのはやはり親戚であり，いざというとき頼りにするのも彼らである．

　社会が違えば親戚の分類法は違うし，関係の深さの測り方も違う．そもそも，どのように親戚になるのかという考えそのものが違うのである．系譜（genealogy）の観念はどの社会にもあるが，受胎と胎児の発育に関する考えにはかなりの差が見られ，**新生殖技術**（new reproductive technologies）の到来により，問題はさらに複雑になった．実際，すべての人が英語で言う「血縁」（blood ties）にだけ関心を寄せているわけではなく，養子縁組（adoption）のように，育ての親に血縁と同じ重要性を認める場合もある．また民族によっては，特定の土地との共通の絆に基づいて縁組することもある．さらに，世帯（household）の共有も重要な考慮事項であり，一部の親族制度では世帯が「自然で」「生物学的な」関係に優先する．

　社会差は肉親集団（immediate family group）にも認められ，家族がどのように住むかについては，さまざまな可能性がある．西欧では近年，**核家族**（nuclear family）に大きな変化が起こり，「シングル・ペアラント」（single parent）という表現もよく聞かれるようになった．もっとも，実際には母親

と子供だけという家族が多く，そうした形態は世界的にけっして珍しいものではない．ただ注意してほしいのは，シングル・ペアラントという言葉には，親が片方「欠如」しているという意味合いがあることである．それは，たとえ親子が血縁関係になくても，また別居や離婚によって子供が複数の家庭に親を持っていても，子供の養育は男親と女親の二人でするものというイデオロギーを表している．

いずれにせよ，これまで「当然」と思われてきた特徴も，今では混沌としてきた．特に，試験管内で子供が生まれ（「試験管内受精」 *in vitro* fertilization 略してIVF），遺伝的には無関係の**代理母**（surrogate mother）が命を出産まで育むとなると，子供と母親の関係に混乱が生じる．さらに父親の方にも人工的に手が加わると，誰が子供の親なのかさっぱり分からなくなってしまう．こうした「人口出産」を可能にした科学の発展に対して，イギリス政府はウォーノック・レポート（Warnock report）を公表した．この報告を受けて，いち早く「親子関係の解読」（1985年）という論文を発表したのがリヴィエール（Peter Rivière）であり，彼は社会人類学が問題の整理に役立つと主張した．

リヴィエールのポイントは二つある．第一点は，すべての系譜と親子関係の構築は文化的であるということである．第二点は，これまで人類学者が研究してきた社会には，問題解決の糸口が含まれているということである．まず，人工授精を考える際には，実の親と育ての親を区別する必要があるが，そうした用語を人類学は既に持ち合わせている．たとえば，前章で見たヌアー族のように，祖先との関係が政治的重要性を持つ社会では，生物学的父親をラテン語を使ってジェニター（*genitor*），社会的父親をペイター（*pater*）と人類学者は呼ぶことにしている．

本章でも紹介する既存の研究によると，ジェニターとなる男性は，ペイターと呼ばれる別の男性が子供を持ち，系譜の存続を可能にさせる人物である．ということは，現代における人工授精の精子提供をめぐる法律，倫理，社会の問題には，既に前近代に前例があるということになる．実際，ジェニターとペイターの区別は，多くの社会の慣例を理解する鍵でもある．これ以外にも，系譜が社会生活や政治生活にきわめて重要な意味を持つ社会では，不妊症や子供を早く亡くした場合に備えて，さまざまな社会的解決法が用意されている．

理論的にはこの考えを応用して，不妊症の女性が卵子の提供を受けて妊娠した場合，彼女を社会的母親という意味でメイター (*mater*)，卵子を提供した女性を生物学的母親という意味でジェニトリックス (*genetrix*) と呼ぶことは可能である．しかし，リヴィエールも指摘しているように，こうした新たな技術によって可能になった受胎 (conception) と妊娠 (gestation) の区別は過去に前例がない．新たな生命の発達にとって，受胎の瞬間より妊娠の期間のほうが大切だと考える民族もいて，彼らは父親が性交を重ねることによって，胎児を「育てる」のだと信じている．奇異な考えと思われるかもしれないが，イギリス人とりわけウォーノック委員会の関心は，子供が「片親家族」(single-parent family) に生まれた場合，出産後どのようにして立派な社会の一員として育てるかということにあった．

リヴィエールの指摘を待つまでもなく，①卵子の提供（ジェニトリックスの役割），②胎児の育成，③産後の育児，という三つの役割がすべて分化した場合，事情は非常に複雑になる．これらの役割を表すのに，ラテン語を使わなければならないという事実そのものが，英語的思考の限界を示しているが，その他にも家族の文化的構築に関する問題がある．また，嫡出・相続に関する法概念，宗教・科学・社会の分野における人間観，男女の身体管理にまつわる問題など，実にさまざまなことがある．

ウォーノック・レポートの公表以降，人類学者の間でも激論が交わされたが（たとえば読書案内に掲げた Franklin 1997; Shore 1992; Strathern 1992)，リヴィエールは次のように慎重な態度をとっている．

> 私は異民族の習慣や考えを採用すべきだと提唱しているのではない．文化的目隠し (cultural blinker) をはずして，広い視野から問題を見たらどうかと述べているだけである．そうすれば，代理母という現象も，一部で騒がれているほど，文明に対する脅威とは映らないのではないだろうか (Rivière 1985：6)．

ある意味で，これは多くの社会問題に当てはまる提言であろうが，既に人類学という学問の性格について述べたように，実は人類学者も往々にして「文化的目隠し」をされているのである．

学説史を紐解くと，過去には「親族体系」を類型化して，あらゆる可能性

を網羅しようという試みもあった．また，親族関係の論理的可能性について，非常に複雑な理論が提示されたこともあった．そして1970年代には，人類学の「再考ブーム」に乗って，ニーダムが編集した『親族結婚再考』(1971年)が出版された．この本の主張は，「親族」と呼ばれる普遍的なものを定義することは困難であり，また親族を社会体系全体から切り離すことも困難というものであった．ニーダムらは，初期の人類学者は生物学的絆に基づく西欧的親族観に囚われ，後世の学者は先学に追従して社会生活の文脈を無視したため，泥濘にはまってしまったのだと考えた．

> 「親族」とは何かという問題について，これまでずいぶん多くの議論があった．私見によれば，この議論の多くは学問を気取った瑣末なものである．(中略)親族とは権利の配分およびその世代間の伝達に関わる問題である，というのが私の根本的前提である．ここで言う権利とは特定のものではなく，集団の成員権，地位の継承，財産の相続，居住地，職種など，ありとあらゆるものを含んでいる．こうした権利の伝達に，与える者と受け取る者の性や血筋は一切関係ない (Needham 1971: 3-4)[*1]．

イギリスでは，親族関係は他の社会生活からやや断絶されているので，家族への配慮が政治経済の領域に入り込んだ場合は，ネポティズム (nepotism 親族優先)として批判されるか，大きな疑惑の目で見られる．元首相サッチャー女史 (Margaret Thatcher) の息子が得た巨額の富は，その好例であろう．彼が自力で富を築き，その際母親の名前を多少利用したという程度なら，まだ許せるだろうが，そこになんらかの政治権力が介在したとなると，イギリス人にはとても耐えられない．確かに，日常生活で親族に助けを求めることはあるが，常識的な家族援助と公私混同による援助は明確に区別されている．

前章では，親族関係が政治生活と完全に一体化しているため，両者を切り離して考えることができない事例を取り上げた．たとえばヌアー族の場合，ある政治状況のもとで誰を支持するかの決定は，親族より現実の近隣関係を優先してなされることが多いが，相互の関係の認識には系譜を表す言葉を使う．彼らにとって，リネージ (lineage) の成員権は人間関係を理解する上で非常に重要な原則なので，男子が子孫を残さないまま死ぬと，**冥婚** (ghost marriage 幽霊婚ともいう）の取り決めをすることがある．これは死んだ男子を生きている女子と結婚させ，別の男子をジェニターに迎えることによって，死んだ男子（ペイター）の系譜を絶やさないようにする制度である．冥婚の結果生まれた子供は，「生物学的」関係なしにリネージの成員権を獲得する．

　世界には自己をとりまく人間の分類法がごまんとあり，一見英語の**親族**(kin) に相当する人間関係も，実際の系譜とはほとんど無関係なことがある．[*2] むしろ，経済関係，政治体系，宗教的信仰と不可分に結びついている可能性がある．そのため，各々の民族の人間関係を理解するには，親族を別個に取り出して研究する前に，それが社会全体に占める位置を把握しておくことがきわめて重要となる．親族を他の分野の検討が終わるまでとっておいたのは，こうした理由による．本章では具体例を通じてこの点を例証するが，まず用語の説明をしておこう．

　イギリスのような多文化社会でも，少数民族集団の成員はまず家族に囲まれて育ち，そこを拠点に大きな社会の生活に参加して学習する．今日，先に述べた親族の多様性は，特定の地域に限られた現象ではなく，全世界の産業社会の至るところに見られる．我々は隣の異人を鏡とすることによって，みずからの親族観を見直すことが可能なばかりでなく，共生への一歩を踏み出すことができる．本章で取り上げる問題は，単に興味深いという以上に，世界の街や都市の日常生活の一面と言ってよい．

　以下，まず「標準的なイギリスの家族」(standard English family) の検討を通じて，人類学者による親族関係の表記法を紹介したい．この標準的な家族とは，英語国民が「親戚」として分類する人間を示したモデルであって，実際に親戚という言葉を使うかどうかは問題ではない．次に，このモデルを**単系出自集団** (unilinear descent group) と比較して，より大きな観点から考えてみたい．単系出自集団は世界各地にさまざまな形で存在するが，その親族分類法はイギリスときわめて対照的である．さらに，多文化的状況下における親族認識を，オックスフォードのパキスタン系コミュニティーに焦点を当てて具体的に検討し，最後に結婚という問題を取り上げることにしたい．

親族関係の分類

　家族関係の議論にはさまざまな約束事がある．その中には，家系図 (family tree）に関心のある人なら，既にお馴染みなものもあるだろうし，人類学の専門家にしか分からないものもある。いわゆる「標準的なイギリスの家族」を出発点にすると，親（parent）や兄弟姉妹（sibling）などもっとも近しい関係と，もう少し遠いオジ（uncle），オバ（aunt），イトコ（cousin）を含むネットワークを図示することができる。この図には婚姻関係を書き込むことも可能で，死亡，離婚，再婚などの際には，「連続的結婚」（serial marriage）も表現できる。[*3]

　図11.1はこの「標準的なイギリスの家族」を描いたものである。○と△はそれぞれ女性と男性を示し，＝は夫婦あるいは子供をもうけた非公式の関係を示す。また，［＝の下にあるタテの線は親子／系譜関係を表し］，○と△を上から結んだヨコの線は兄弟姉妹関係を表している。［左上側の○や△から下に出ている線も親子／系譜関係を示すが，この場合は夫または妻を表す記号と夫婦関係を表す＝の記号が省略されている］。最初に注意しておくと，これは現実の家族状況ではなく，あくまで論理的可能性を示したものである。そのため，基本的には兄弟（brother）一人と姉妹（sister）の一人しか図示されてない。この二人は，夫婦のもうけた子供に対する用語の二つの可能性［兄弟と姉妹］を表しており，次世代の子供に対する役割［父か母］を考える上で重要である。

　図11.1を検討すると，英語的な親族命名法の裏の意味が見えてくるだろう。そこでは，親子の単位が他の親戚から切り離され，前者に「チチ」「ハハ」「ムスコ」「ムスメ」という独自の言葉が単独で用いられているのに対して，後者には広範囲の人間を含む「オジ」「オバ」「イトコ」といった包括的な言葉が一律に使われている。点線で囲んだ家族の単位は，専門的に**核家族**（nuclear family）と呼ぶが，英語圏やその他の多くの国では，こうした親密な場所で家族生活が営まれている。[*4]

　さらに図を上下に移動すると，核家族内で使われている言葉が，grandという接頭語を伴って，核家族外の人にも当てはめられていることが分かる（具体的には grandfather「祖父」，grandmother「祖母」，grandson「孫息子」，granddaughter「孫娘」の四つ）。それ以上の世代間の距離を示すためには，great-grandmother（曾祖父母）のように great を付け足していけばよい。こうした範疇に属する人を**系的**（lineal）親族と呼び，「オジ」「オバ」「イトコ」などの**方的**（lateral）親族とは区別する。系的とは世代を結ぶ継承線

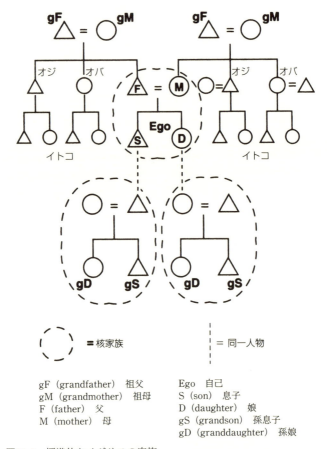

図11.1 標準的なイギリスの家族

(line) を意味し,方的は「ヨコに流れる」を意味するラテン語に語源があり,兄弟姉妹を通じて形成される親族を示している。*5 こうした用語の使用には,単に言葉の問題だけではなく,実質的な意味合いも含まれている.

　その一例が**相続**(inheritance)にまつわる権利と義務である.相続の慣行は当該社会の法律に定められた家族関係によって決定される.詳細は国によって異なるが,いずれの法律も親族の近さに差をつけている.場合によっては,**長子相続**(primogeniture)のように,長男に特別な役割を課すこともある.日本語の親族用語は英語と似ているが,〔戦前まで長男子相続を原則とし

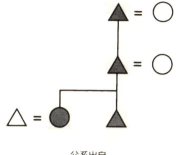

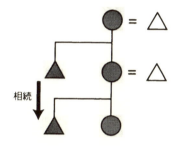

図11.2　父系出自と母系出自　　アミかけは出自集団の成員を示す

てきたので]，長男を次男以下と区別する点で異なる[*6]．メキシコ先住民のナワトル語（Nahuatl）では，末男子が同様の言語的規定を受けている．

　ただし，用語（terminology）は実践（practice）と必ずしも一致しない．英語の親族用語で興味深いのは，ジェンダーはもちろんのこと，出生の順に基づく区別がないことである．図11.1の中央にある核家族の子供（SまたはD）をEgoと名づけ，そこを準拠点にして図を見ると，父方の親戚と母方の親戚が，用語上まったく区別されていないことが分かる．しかし現実には，英語圏の子供の姓（surname）は父親から受け継ぐのが普通で，女性は自分の母親に子供の世話などを頼むことが多い．また，宝石類など特定のモノも，概して母から娘へと渡るようだ．

　当然のことながら，相続はすべての社会で重要な事柄であり，上に述べたような区別は英語以外の多くの言語にも存在する．研究対象地域の言語に適

切な区別があるかどうかは別にして，人類学者はラテン語の用語を使って相続を分析している．たとえば，先ほどの英語圏における姓のように，男のラインを通じて財産が継承され，特に長子相続が行なわれる場合は**父系**（patrilineal）と呼ぶ．逆に，財産が女のラインを通じて継承される場合は，**母系**（matrilineal）という．父系と母系のラインの表示法については，図11.2を見てほしい．

社会によっては，母系相続が男子から男子へと受け継がれることもあるが，その場合は受け取る側の「母親の兄弟」から財産が分与されるのであって，父系相続のように父からではない．同様に，与える側は自分自身の息子ではなく，「姉妹の息子」に財産を譲ることになる．これを図11.2で見ると，下の図（母系出自）の左側に位置する二人の男子の間で，相続が行なわれることになる．こうした取り決めが社会全体に優勢な場合，それを母系社会と呼ぶ．ただ，「財産」（property）「地位」（status）「称号」（title）「集団成員権」（group membership）は，別個に考慮することが大切なので，次節では集団成員権に焦点をあてて論を進めたい．

単系出自集団

出自（descent）の原則が特に重要なのは，一人の共通の祖先から派生した集団が形成される社会においてである．図11.3は**父系出自集団**（patrilineal descent group）を示したもので，底辺部にアミかけしてある兄弟と姉妹をEgoと想定している．父系出自にあっては，図からも明らかなように，男性のラインを使って集団の成員権を決定し，その成員権の有無によって親族を決定する．父系出自集団に生まれた女性は通例婚出するので，図からは省いてある．また，男子成員の妻は他［自分の父親］の出自集団の成員なので，一例だけ図の右端に書いておいた．

こうした集団は，古代ローマ人，ヘブライ人，スコットランド人のように，氏族を形成する場合もあるし，前章で検討したヌアー族のように，複雑なリネージ体系を築くこともある．単系出自集団の成員権は，住居はもちろんのこと，狩猟，牧畜，農耕における経済的パートナー，および戦争時の政治的忠誠や義務を決定する（ただし最後の事項については**年齢階梯** age grade の影響もある）．成員は自己の集団以外の人間と結婚するのが普通なので，当然結

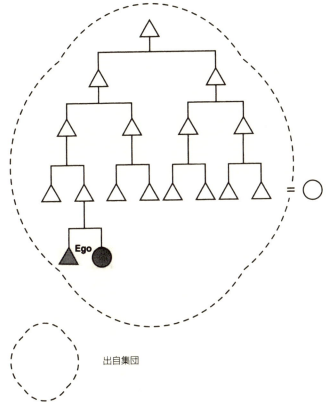

図11.3 単系父系出自集団

婚も出自により影響される．

　かつて単系出自集団の成員として活躍した祖先は，地域の伝説や神話に重要人物として登場し，宗教儀礼生活にも一定の役割を果たす．こうした人物は，不運不幸があった際に元凶とされたり，逆に頼りにされたりして非常時に援助の手を差し伸べる．特定の祖先とのつながりは権利と義務をもたらし，この世に生きる成員の社会的アイデンティティの一部となる．庇護を受けた者は，あの世の祖先を供養するための儀礼を行ない，子供を残さないで死んだ人には，ヌアー族の冥婚のように，なんらかの社会的手段によって子孫を確保する．

　閉ざされた社会にあっては，全員が特定のリネージの成員として分類され，

個人の人間関係は集団と集団の関係によって決定されることもある．集団への忠誠は，誰をどう呼ぶかという呼称の問題とも関連しており，その場の人間関係にふさわしい振る舞いが要求される．たとえば，自分と同じリネージの成員は，婚出先のリネージの成員より数段近しい関係にあるが，義理の親や親戚（in-laws）に対しては，特別な尊敬や忌避（avoidance）をもって接しなければならない[*7]．こうした集団を研究する人類学者は，現地の人と養子縁組をしない限り，効果的なコミュニケーションがとれない．だが，いったん関係を結んでしまえば，あとは自動的に適切な行動が決まる．

現地の親族用語を英語に翻訳するのは難しい．たとえば，brother（兄弟）に相当する言葉を，同じリネージの同一世代の男性すべてに用い，father（チチ）を自己より上の世代の男性すべてに用いる社会もある．初期の人類学者は，これを「類別的」（classificatory）用法と名づけ，特定の範疇の人にだけ当てはめる「記述的」（descriptive）用法［たとえば father を父にだけ用い，オジには用いない］と区別した．ただし，ある言葉が表す親族の範囲を，その言葉を使っている人が了解している場合は［つまりオジに対してチチという言葉を使っても，それは初期の人類学者が考えたように，父とオジを混同しているわけではないという場合は］，その言葉を状況に応じて「記述的」と呼ぶことも可能である．また，そうした用法は，現地の人にとって重要な社会範疇［たとえばチチと呼ばれる人とは，血縁関係の有無とは関係なく，結婚してはいけないという規則など］を指示している可能性もある．だから，［類別的用語と記述的用語をまったく別の体系と考えるのではなく，同一の言葉がある条件下で類別的にも記述的にも使えると考え］，その上で特定の親族用語の記述的意味を調べれば理解が進むだろう[*8]．

親族用語の呼びかけ用語（term of address）も，特定の社会における分類体系を理解する上で，重要な意味を持っている．たとえば，集団の成員権が母親のラインを使って決定され，かつ財産が男子［母の兄弟］から男子［姉妹の息子］へと受け継がれる母系社会では，父の姉妹を「女のおとうさん」，母の兄弟を「男のおかあさん」と呼ぶことがある．この場合，「おとうさん」と「おかあさん」という言葉は，ジェンダーそのものではなく，集団の帰属と関係している．というのも，母系制では母の兄弟は自分と同じリネージの成員で，世代が一つ上という存在にすぎないが，父の姉妹は父同様，自分とは異なるリネージの成員で，忠誠を誓う集団や相続する財産が違うからであ

第11章　家族・親族・結婚　229

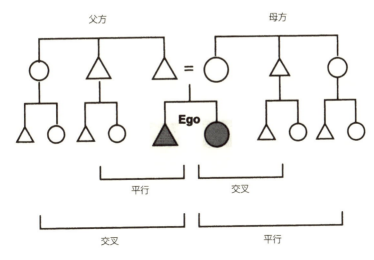

図11.4　交叉イトコと平行イトコ

る．そこで，[二人とも同じオジオバであるが]前者に対しては尊敬の念を持って従順に振る舞い，後者に対しては距離をとってうやうやしく接することになる．

　自己と親族の関係がまったく同じなのは[未婚の]兄弟姉妹だけであるが，一般に父親を通じた親族を**父方**（patrilateral)，母親を通じた親族を**母方**（matrilateral）と呼び，用語的に両者を区別する．この区別が必要なのは，父方と母方では氏族の所属が異なるからだが，[後に述べるエクソガミー（外婚）の規則により] 配偶者を自己の氏族外に求めなければならないという事情もある．また，イトコにも**交叉イトコ**（cross-cousin）と**平行イトコ**（parallel-cousin）の2種類があり，両者は明確に区別されている．交叉イトコは父の姉妹または母の兄弟の子供（つまり親の世代で性が違う場合），平行イトコは父の兄弟または母の姉妹の子供（つまり親の世代で性が同じ場合）を示す．

　図11.4を見ていただきたい．中央の兄弟姉妹を Ego とすると，父方のイトコは左側に，母方のイトコは右側に位置し，イトコは親世代の関係によって交叉イトコと平行イトコに分かれる．[父方のオジの子供は，父とオジの性が同じなので平行イトコ，母方のオジの子供は，母とオジの性が違うので交叉イトコと呼ぶ．同様に，父方のオバの子供は，父とオバの性が違うので交叉イトコ，

母方のオバの子供は，母とオバの性が同じなので平行イトコと呼ぶ．この関係はEgo の兄弟姉妹にとって同じである］．

多文化社会における親族——事例研究

　先に述べた，「親族」を社会的文脈で考えるというニーダムの提案に従って，本節では一つの事例を詳細に検討したい．それはまた，既出のもう一つのポイント，つまり今日全世界に見られる文化の多様性と，異質の隣人を理解する重要性を具体的に示すものである．事例として取り上げるのは，オックスフォードのパキスタン系コミュニティーで，私自身の個人的な二世住民の観察を織り交ぜながら，ショー（Alison Shaw）の民族誌『イギリスのパキスタン系コミュニティー』（1988年）に基づいて解説する．

　ショーはパキスタン内外の状況を比較して，国内の伝統的な生活様式と国外の新たな生活様式には類似点が多く，それはイギリス社会との接触による変化を上回ると述べている．彼女はまた，イギリス人一般のパキスタン人に対する偏見や思い込み（およびパキスタン人側の逆差別）を打破すべく，内側からの視点の提示に努めている．ただ，著書の結論部にもあるように，二世は世代的にまだ成長過程にあり，結婚に際しても従来の見合い方式を受け入れるか拒否するか，試行錯誤が続いている．そこで，私は本書の執筆最中に簡単な調査を行ない，10歳以上の若い住民に話を聞いてみることにした．幸運にも，パキスタン出身の教師で，オックスフォード地域の二世，三世の若者について，博士論文を作成中のテンヴァー女史（Fozia Tenvir）と出会ったので，彼女から多くの示唆を受けた．以下の記述は，こうした資料をすべて活用しているが，人類学的分析に関してはショーに依拠するところが大きい．

　研究対象のコミュニティーの成員は，ほとんどが北東部のパンジャブ州（Punjab）か，首都イスラマバード（Islamabad）の南東に位置するジェラム（Jhelum）の出身である．彼らは祖国に訪問や送金をし，祖国で結婚式や葬式を執り行なうなどして，先祖との絆を保っている．そして，多くの家族がイギリス生まれの子供をパキスタンに送り，親戚に一時的にあずけることが大切だと考えている．パキスタン系住民が，イギリス国内でもっとも重視している集団はビラーダリ（*birâdari*）であり，これは一般に「関係」と訳さ

れている．ビラーダリは厳密な意味における親族集団ではないが，兄弟姉妹，イトコ，甥姪などを含み，何かあったときには頼りになる近親の集まりである．ただし果たすべき義務もある．

ビラーダリの範囲は，前章で述べた分節システムのように，その場の状況によって決まる．たとえば，オックスフォードのパキスタン系コミュニティー全体を，それをとりまく社会と対置させてビラーダリと呼ぶことができる．別の状況下では，パキスタンに残されている家族を含めてビラーダリと考えることも可能で，その場合は子供をあずける代わりに，金銭や物資を送ることになるだろう．現実の日常生活において，この集団は住居を同じくする人々または近隣の人々からなり，女性が贈答を通じて緊密な関係を維持している．

一般のイギリス人は，パキスタン系の世帯構成にとまどいを覚えるだろうが，彼らの家の間取りもかなり複雑である．ショーはパキスタン本国の典型的な家屋構造を示しつつ，イギリスに渡ってきたパキスタン人が，［厳しい性道徳で知られる］ヴィクトリア朝時代のように家を改装したと報告している．イスラム教の教えを頑なに守っている彼らにとって，男と女の世界の分離はもっとも重要な区分なのである．

> 東オックスフォード地域のパキスタン系の家には，一つの際立った特徴がある．それは，家屋の構造はそれぞれ違っていても，パーダ（*purdah* 女性の居室のカーテン）には非常に気を配っていることである．このことは来客のもてなしを見ればよく分かる．たとえば男性の来客があったとしよう．そのとき男の家族が誰かいれば，客には玄関でしばらく待ってもらい，その間に女はドゥパッタ（*dupatta* 頭につけるスカーフ）を直して，奥の部屋か台所に退散する．親戚関係にない男性が家にいる間，女性は表の部屋に入ることができないのである．だから，男の家族が自分で奥に行って，または子供に言いつけて，客に出すお菓子を準備させることになる．そのお菓子は，男が自分で台所から表の部屋まで持っていく．女がたまに出すときもあるが，客と口を利くことはまずない（Shaw 1988：63）．

子供のしつけは女性に任されているが，若い夫婦は夫の両親と同居するこ

とが多く，同じ親族用語（ウルドゥー語とパンジャブ語の *ammi*）を，母と祖母に対して使う．こうした習慣は，子供が英語を話すようになると混乱を生むが，実はイトコ（特に一緒に住んでいる場合）も同じで，「オジまたはオバに生まれた兄弟姉妹」を省略して，単に兄弟姉妹と呼ぶことがある．もっとも，この場合でも父方と母方は区別する．さらに，父に対する言葉を祖父に用いたり，父の兄弟を意味する言葉を父のイトコや，年長者に敬意を払うつもりで，父の友人や友人の父に用いたりすることもある．[*9]

　こうしたコミュニティーに育った子供は，英語を母国語とする「標準的なイギリスの家族」（あくまでモデルである）に育った子供とは，ものの見方が当然異なるであろう．パキスタン系の子供が学齢期を迎えて，学校で親族のことを聞かれても，彼らの答えはおそらく先生には分からない．せいぜい「君の家族は面白いね」程度の反応しかないであろうが，こういう教室での経験こそ異文化発見の第一歩なのである．教師をめざす学生が人類学を学ぶべき理由はここにある．現実には，オックスフォード在住のパキスタン系の子供は，一般のイギリス人にも理解できるように，親族関係を一部「修正」しながら英語を話している．私の若いインフォーマントも，ウルドゥー語とパンジャブ語の他に，イギリスの「標準的な家族」に合致する言葉を使っていた．

　パキスタン系の家族に求められる行動には，普通のイギリス人を驚愕させるものがある．その傾向は，特にジェンダーなど微妙な問題について著しい．まず，男は女に自分の世話をさせるのが当然と考えている節がある．10歳程度の私のインフォーマントでさえ，家にいるときは姉にあれこれものを言いつけていた．ただし，こうした女の義務はある程度の年が行ってから始まるようで，妹に頼んでも無駄らしい．「女は男に仕えるもの」という考えは保守的な家族ほど強いが，それは「男は外に出て稼ぎ女は家を守る」という伝統的家族観の反映といえよう．もっとも男女の差を越えて，すべての家族が果たすべき義務もある．それはビラーダリ全体のために各自が貢献するということである．

　ショーが調査したコミュニティには，大学で教える誘いを断った有能な人物がいたという．ショーには，なぜ彼が仕事を断ったのか，最初は分からなかった．そういう件から『イギリスのパキスタン系コミュニティー』は始まるが，この人物は［個人の業績よりも］ビラーダリ全体の利益を優先させた

のであった．優秀な人材だっただけに，ショー自身が残念に思ったようだが，この事例を通じて彼女は二つの感想を述べている．一つは，文化的背景の異なる民族を解釈するにあたって，人類学者自身の固定観念を排除することが，いかに難しいかということである．もう一つは，パキスタン系コミュニティーでは，個人を超越した集団に所属することに，社会的価値が置かれているということである．

さらにショーは，家の購入，教育費の捻出，結婚資金の調達などにあたって，親族から多大な援助を受けたビラーダリの例について，克明な報告を行なっている．こうした相互扶助は，ビラーダリという共同体が課す義務の裏返しであり，その正の側面といえよう．既に述べたように，大きな社会集団の一員であるということは，その集団の期待に沿った行動をとることを意味する．利益を享受するためには，それなりの貢献も要求されるのである．ビラーダリの人々は贈答のネットワークを形成し，さらに結婚を通じて社会を維持し，経済的安定を得ている．

家族内では，年少者は年長者の意向に従うように求められ，子供（息子と娘の双方）の結婚を決めるのは年長者である．なかには反抗して自分で結婚相手を見つけ，ビラーダリを離れて幸せに暮らしている者もいる．しかし，そうした結婚が失敗して，親や親戚を頼って再婚した例は枚挙にいとまがない．ソト者との結婚がうまく行くかどうかは，夫婦がコミュニティーの社会生活に適応し，十分貢献できるかどうかにかかっている．

通常，結婚の取り決めは同じビラーダリの成員間で行なわれるが，イトコ婚が圧倒的に多い．その際に重要なことは，両家の家格の一致である．

> ほとんどの場合，カーストの格の問題が結婚を機に表面化することはない．パキスタン系のイスラム教徒は，伝統的にイトコとの結婚を望むからだ．イトコ婚が望ましいと考えられている背景には，コーランがイトコ同士の結婚を認めていることや，預言者マホメットの娘ファーティマ [Fātimah 四代目カリフのアリの妻で，理想の女性として後世語り継がれた] が，イトコでありマホメットの甥と結婚していたからである．また，イトコ婚は「純血」保持という観点からも望ましいとされ，この場合には家族やカーストの資質が問われる．娘の結婚にあたって持参金 (dowry) が必要とされる社会では，イトコ婚は家財維持の手段として

も重要である（Shaw 1988：98）．

　比較的若いイギリスのパキスタン系，とりわけ二世が，親の決めた結婚にどの程度不満を持っているかショーが調べたところ，本当に恨んでいるという人はごく僅かであった．ほとんどの人は見合い結婚を好意的にとらえており，外の「自由な」世界より思いやりに溢れるビラーダリの一員であることを望んでいる．ショーやテンヴァーの最近の研究によると，こうした状況は三世になっても続いており，娘を男女共学の学校にやることに抵抗を感じるパキスタン系の家庭は減少している．何よりも，ビラーダリ以外の男性と結婚した3人の女性の失敗談が，彼ら若者にとって強烈な教訓となっており，白人の女の子とつきあっている男の子がたまにいても，それは単なる遊びにすぎないようだ．ビラーダリの女の子とは違って，白人の子はあまり深く考えないというのが，彼らの意見である．

結　婚

　以上に見たように，オックスフォードのパキスタン系の女性が，共同体内で結婚を望む理由の一つは，ビラーダリの支援を結婚後も引き続き受けることができるからである．彼女たちにとって，結婚とは夫婦二人の関係にとどまるものではない．個人の好みを超越した結婚の取り決めには，それなりの理由があるといえよう．またパキスタン系の女性は，イギリス社会における離婚率の上昇や夫婦関係の脆弱さも承知している．実際，再婚による子供の生活の複雑さは，各方面で指摘されている通りである（読書案内にあるSimpson 1994を参照）．さらに，パキスタン人とイギリス人の結婚観の相違には，宗教的な要因もある．

　そこで，結婚とは一体何かという問題を，改めて考えてみる必要がある．まず，上述のモデルとしての「標準的なイギリスの家族」に含まれる，英語の「結婚」（marriage）という言葉について考えてみよう．いわゆる「結婚」は，単位としての家族の核（nuclear unit）の形成に大きな役割を果たす．人は結婚を機に生家を離れ，生殖のために新たな家族を作り，出自の継承線を維持する[*10]．しかし，この二つの家族間の移動には，実際何が必要とされるのだろうか．また，単に子供を産み育てるだけなら，結婚は本当に必要なのだ

ろうか．

　結婚には何よりも法律上の定義があり，それは社会によって異なる．つまり，ある特定の社会で許される行動は，法律の影響を受けるのである．また，相続の規定や子供の地位も法律に影響される．法体系によっては，ある時点における合法的な配偶者を一人しか認めないこともあるし，逆に**複婚**（polygamy）を許し奨励する場合もある．さらに離婚に関する法律は，いったん結ばれた夫婦関係の解消の可能性を示し，その後の子供の養育についての取り決めも，法律の枠内で行なわれる．

　次に，結婚にまつわる根強い宗教的観念が存在する．それは法体系の変化とは必ずしも一致しない．たとえば，キリスト教の教会では，新郎新婦は「健康のときも病気のときも神に召されるまで」と唱え，一生を共にすることを堅く誓う．すべての人が教会で式を挙げるわけではないが，離婚経験者の中にはそうした誓いを述べた人が多数含まれ，最近では英国教会の承認の下に再婚を果たす人もいる．儀礼で表現される理念と実生活における実践には，こうした差異が認められるといえよう．結婚と宗教の関係が薄い社会もあるだろうが，理念と実践の食い違いは稀なことではない．

　この事実は結婚の第三の定義，つまり慣習上の定義を問題とする．社会規制が表面化するのはこの分野である．結婚を望む男女には法的規制の遵守と，宗教的儀礼による絆の強化が求められるが，いずれの手順を踏まなくても家族を作ることは可能である．それは新郎新婦の両親にとって，望んだ形での結婚ではないかもしれないが，世間が若い二人を見る眼は，正式な結婚と大差ないかもしれない．

　しかし，いずれの場合においても，ある一定の前提が潜んでいる．まず，そこには結婚とは男と女の結合（union）であり，二人は「愛」によって結ばれた結果，一緒に生活するという思い込みがある．実際，こうした考えは，「結婚」という英語の用法のうち，比較的不変な基本事項に属す．もちろん，同性愛的結合が皆無というわけではなく，上述のパキスタン系のように，「見合い結婚」を実施する民族集団もある．だが，それはどちらかと言えば例外であって，概して結婚とは，生涯の大部分を一緒に過ごすことを望む男女が，自由意志によって形成する結合だと考えられている．

　ところが，こうした前提が異なる社会もあるわけで，結婚という制度を注意深く再考する余地は十分ある．たとえば，結婚を政治連合や経済連合のよ

うなものと考え，潜在的に対立する集団を団結させ，交易に不可欠な手段を確保する制度とみなすことも可能である．日本の田舎では，妻を表す漢字は「女」と「家」を組み合わせた「嫁」であるが，これは彼女が寝室を共にする夫一人とではなく，家全体と結婚していることを示唆している．さらに，幽霊同士や女性同士の結合［女性婚］を許す社会もあり，その場合には二人の「夫婦」としての選択より，社会的期待の達成のほうが重視される．

　親族と同じで，結婚の意味は社会によって変化する．『親族結婚再考』に収録された論文で，リヴィエールは結婚の定義にまつわる問題を取り上げ，「他の現象から切り離された研究対象としての結婚は，誤解を生む幻想である」と断言している（Rivière 1971 : 57）．彼によれば，結婚を当該社会の一部とみなし，広範な交換体系および政治義務との結びつきを調べることによって，特定の事例における結婚の役割を理解することができる．人類学者は**同盟**（alliance 縁組ともいう）をキーワードに理論を開発し，英語の「結婚」が持つ前提に囚われることなく事例研究を行なってきた．ただ本節では，さまざまな社会における結婚形態の分析に用いられる用語を紹介・説明するにとどめ，結婚の多様性を示すことにしたい．読者はそこから具体的な民族誌の理解に必要な基礎知識を得るであろう．

外婚・内婚・インセスト

　ほとんどの社会には，結婚が許される相手と許されない相手について，大まかな取り決めがある．自己の集団外に結婚相手を求める規制を**外婚**（exogamy）と呼び，逆に自己の集団内に結婚相手を求める規制を**内婚**（endogamy）と呼ぶ．外婚は**インセスト**（incest 近親相姦）の規制と往々にして結びついている．その場合，結婚を禁じられている相手と，性関係を持つことが許されない相手はほぼ一致する．外婚集団の種類は社会によって異なる．単に核家族に限定されることもあるし，ある一定の範囲のリネージや，姓を共有するクラン全体に及ぶこともある．インセストに相当する中国語は，「関係の混乱」を文字通り意味するそうだが，インセストと外婚は重要な社会集団の範囲を示すので，言いえて妙であろう．ただし，インセストの規制は性関係，外婚の規制は結婚に関するものなので，両者は概念的に別物である．

　「外に出て結婚する」（marrying out）ということは，関係の薄い集団ひい

ては敵対集団と**同盟**（alliance）を組むということである．タイラーに従って極論すれば，人間は「結婚するか消滅するか」のいずれかである．実際，アフリカでは友好関係樹立のため「敵と結婚する」と言われる．しかし，南米の熱帯雨林地域では，結婚しても友好関係は保証されず，むしろ「義理の兄弟」と「敵」は同義語という民族さえある．ただ，第3章の**交換**（exchange）の項で指摘したように，友好関係であれ敵対関係であれ，結婚が人間集団間の**コミュニケーション**（communication）を維持する手段であることは間違いない．

一方，内婚の規制は，結婚が許される相手の範囲の限界を指示する．たとえ明確な規制がなくても，階級，人種，宗教，国籍を越えた結婚は，概して社会的承認を得にくい．既に述べたように，イギリスのパキスタン系は，同じ民族とりわけ同一カーストのイトコとの結婚を好む．さらにインド亜大陸では，カーストが違えば人間も違うと考えられているので，より明確な**カースト内婚**（caste endogamy）の規制がある．**村外婚**（village exogamy）が同時に存在することもあり，両者は相互排他的なものではない．[*11]

交換としての結婚——持参金と婚資

インドに見られるもう一つの現象は**ハイパガミー**（hypergamy 上昇婚）である．この結婚は，嫁を取る側（wife-taker）の地位が，嫁を差し出す側（wife-giver）より高いときに生じる．ハイパガミーを理解するには，花嫁とともに婚家に移動する財産，つまり**持参金**（dowry）の支払いを考慮しなければならない．インド北部のジャイプールに住むジャイナ教徒は，商売や交易に従事するカーストを中心とした宗教的共同体だが，彼らはハイパガミーを実践している．レイネル（Josephine Reynell）によれば，ジャイナ教徒の持参金には，花嫁が持参する家具，台所用品，家電のほか，花嫁のための衣類や宝石，および義理の父母に差し出す金銭が含まれるという．経済資源を管理する手段としての宗教的内婚やカースト内婚は，[それにかかわる集団間の]階層的差異に歯止めをかけるが，花嫁の親は娘の婚家の人間と生活を共にするわけではない（ジャイナ教徒の結婚式の様子については写真11.1を参照）．

ハイパガミーの逆の現象が**ハイポガミー**（hypogamy）である．これは嫁を差し出す側が，嫁を取る側より地位が高いときの結婚である．この場合，**婚資**（bridewealth）または**花嫁代償**（brideprice）と呼ばれる財が，夫方か

写真11.1 インド北部のジャイプールにおけるジャイナ教徒の結婚式．花嫁の父親(右)は，娘を正式に花婿と婚家の保護下に移す．花嫁は両手を花婿の右手にあて，しっかりと結ばれた二人の右手は，生涯の伴侶であることを象徴的に表す（写真提供Josephine Reynell）．

ら妻方へ手渡されることが多い．[妻方から夫方へ嫁が提供され，夫方から妻方へ婚資が提供されるというように]，非対称的な動きが集団間にあるときには，第2章で説明したレヴィ゠ストロースの「間接的（または一般的）交換」が生じる．この交換には通常三つ以上の集団が関与する．対照的に，二つの集団が恒常的に嫁のやりとりをする交換を，「直接的（限定的）交換」という（以下の説明を参照）．この場合，女性の交換は労働力または婚資の代償とみなされがちである．

実際，キリスト教の宣教師をはじめとする異人は，婚資をモノによる女性の購入（購買婚）とみなし，激しい非難を浴びせてきた．しかし，詳細に検討してみると，そこには見かけ以上の意義が含まれており，婚資はいくつもの重要な役割を果たしていることが各地で判明した．また，婚資は集団間の

交換を促進・維持し，姻族同士の長期的コミュニケーション（communication）を確保するのにも役立つと言われる．

さらに，婚資には結婚を「承認する」という重要な役割がある．法的な契約概念がない社会では，婚資を支払わずに夫婦生活を始めた男女は，不適切な関係を結んだとみなされる．同時に，婚資の支払いは一種の「安全弁」（security）としても機能する．たとえば，妻が夫方の家族からひどい仕打ちを受けて実家に帰った場合，彼らは婚資として支払った財産を失う破目に陥るかもしれない．反対に，妻の素行に問題がある場合は，夫は婚資の払い戻しを要求するだろう．妻方の家族は，夫方の家族から受け取った婚資を，既に息子や甥の結婚に回している可能性があるので，新妻には早く婚家に馴染むように言い諭すことになりやすい．[*12]

日本には「婚資」に直接相当する言葉はない．だが，花婿の家族は「結納」（betrothal gift）という形で財の支払いを行ない，花嫁側はそれを**嫁入り道具**（trousseau）の準備に使う．概して嫁入り道具のほうが結納より数段高価だが，実家から花嫁に提供された財は遺産相続の一部なので，結婚が失敗に終わった場合は，他社会における持参金と同様，それを持ち帰ることになる．一家に跡取り息子（inheriting son）がいないときは，女側から男側に最初の支払いを行ない，花婿は花嫁の家の後継者（successor）として婿入り［つまり養子入り］する．いずれの場合も，多額の花嫁持参金を必要とする社会と同じで，結婚の際に提供された財は，夫婦間の安全弁として機能する．

婚資を牛で支払うことの多いアフリカでは，動物の動きが人間関係の「地図」となっている．娘のために受け取った婚資は，息子の嫁を取るために転用される．親戚の子供の結婚式に，余裕があれば牛を差し出す人が多いのは，自分の番には相手から援助が期待できるからである．タンザニア南西部のマラウィ（Malawi）湖北岸に住むニャキュサ族（Nyakyusa）を調査したウィルソン（Monica Wilson）は，牛は人間関係の反映であると述べている（Wilson 1963）．ビーティはさらに一歩踏み込んで，「牛は人間が歩いた道を踏み固めている」と表現している（Beattie 1964：125）．結婚に見られる財の移動には，新郎新婦二人の関係を遙かに越えた役割があるといえよう．

人類学者の関心を引いたもう一つの結婚形態は，「姉妹の直接的交換」（direct sister exchange）と呼ばれるものである（図11.5）．これは，「兄弟」とみなされる男子が，お互いの妻と姉妹を通じて互酬的絆（reciprocal

男子は MBD = FZD と結婚する
女子は MBS = FZS と結婚する
「規定婚」と「選択婚」の可能性が考えられる

M = Mother（母）
F = Father（父）
B = Brother（兄弟）
Z = Sister（姉妹）
D = Daughter（娘）
S = Son（息子）

図11.5 姉妹の直接的交換（ウガンダのアンバ族 Amba の場合）

link）を築き，相互の集団間に長期的な二者同盟を組む場合に生じる．現実問題として，この結婚にかかわる男子は，おそらくリネージ集団を共有しており，同一世代の男子はすべて「兄弟」という範疇に属する．同盟関係が世代を重ねる過程で，男子の母親のリネージに所属する女子（図11.5にある「母の兄弟の娘」MBD）が，結婚相手として適切と考えられるようになったようだ．この「母の兄弟の娘」は，「父の姉妹の娘」（FZD）と同一人物である［下段左端の男子△を自己 Ego とすると，自己の妻は「父の姉妹の娘」（FZD）であると同時に，「母の兄弟の娘」（MBD）であることが分かる］．

　こうした結婚は外婚システムと結びつきやすく，異なった集団間のコミュニケーションの確保に役立つと言われる．しかし，それはきわめて男性中心の見方であって，結婚に際して女性が持っている実際の発言力を軽視している．そのため，図11.5には妻から見た関係も示しておいた．直接的交換は，こうした同盟の形成が「選択」（preferred）される場合によく見られる．その理由は，おそらく家族集団から財産を手放さないためであろうが，直接的交換における同盟の形成は「規定」（prescribed）ではない．対照的に，**母方交叉イトコ婚**（matrilateral cross-cousin marriage）と呼ばれる間接的（一般的）交換形態では，男子は「母の兄弟の娘」（MBD）と結婚しなければなら

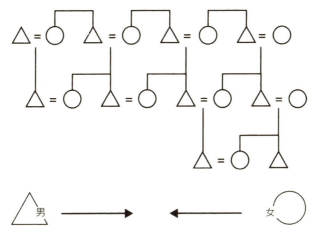

男子は MBD（Mother's Brother's Daughter 母の兄弟の娘）と結婚する
女子は FZS（Father's Sister's Son 父の姉妹の息子）と結婚する
ビルマ南部のカチン族の例

図11.6 母方交叉イトコ婚（規定婚の例）

ない．そうしないと，システムが成立しないのである（図11.6）．

　この図にある△と○は，他の親族の図と同様に，相互に特定の関係にある人間の範疇を示したものである．母方交叉イトコ婚のようなシステムでは，男子の移動と女子の移動が反対方向なので，姉妹の直接的交換は不可能である．また，ハイパガミーやハイポガミーの原則が働いている可能性もあり，嫁を差し出す側が嫁を取る側より低位または高位に置かれていることは考えられる．その場合には，結婚が当該社会の政治体系に影響を及ぼすことになる．ビルマ南部のカチン族（Kachin）を研究したリーチの『高地ビルマの政治体系』（原著1954年）には，こうした興味深い事例が描かれている．リーチは次のように述べている．

　　あらゆるカチンの地域社会において何よりも重要なのは，そこに存在するさまざまなティンゴー（htinggaw）集団相互の地位関係が，どのように定められるかということである．個人の立場から見ると，地域社会内のすべてのティンゴー集団は，以下の四範疇のいずれかに属する．

(1) カプ゠カナウ・ニ kahpu-kanau ni（プ゠ナウ・ニ hpu-nau ni）は，自己とおなじクランに属するものとしてあつかわれ，自己のリネージとともに外婚集団を作るにたりるほど近い関係にあるリネージである．

(2) マユ・ニ（mayu ni）は，自己のリネージの男子が最近そこから嫁を迎えたリネージである．

(3) ダマ・ニ（dama ni）は，自己のリネージの女子が最近そこに婚入したリネージである．

(4) ラウ゠ラタ・ニ lawu-lahta ni（プ・ナウ・ラウ・ラタ hpu nau lawu lahta）は，親族関係にあり，それゆえ友であって敵ではないと認められているが，関係が遠かったり，はっきりしないリネージである．自己のリネージの成員はラウ・ラタである者と結婚できるが，そのことによって相手のリネージはラウ・ラタでなくなり，その場合に応じマユかダマになる．

この体系の本質的特徴は，(1)カプ゠カナウ・ニ，(2)マユ・ニ，(3)ダマ・ニの三範疇がはっきり区別されていることである．男は自分にとってのダマとは婚姻できず，女はマユとは婚姻できない．分析的に言えばこの体系は母方交叉イトコ婚の一種である．ただしカチンの男が自分のマユ・ニから嫁を得るといっても，その相手は通常，真の母方交叉イトコではなく類別的［classificatory］交叉イトコにすぎないことは，はっきりさせておかねばならない（関本照夫訳『高地ビルマの政治体系』p. 85）．

こうしたシステムの実際については，『高地ビルマの政治体系』に詳しく書かれているので，そちらを参照していただきたい．いずれにせよ，リーチはこの現代の古典ともいうべき著作で，現地の社会政治的行動を理解するためには，構造分析がきわめて有効であること，また構造分析という抽象的思考が，現実の生活における人間関係で実際どのように働くかを示したのである．以下の抜粋は，母方交叉イトコ婚の政治性についてより明確に語ったものであるが，この点を例証している．

第11章　家族・親族・結婚　243

こうしたラガ村の諸事例から明らかなように，村内にはより永続的なマユ・ダマ紐帯があって，各ティンゴー・リネージ間の形式上の政治的地位関係を表す役割を果たしている．この形式的体系の下では，ダマはマユの政治的従属者とされる．だが強調すべきは，この従属関係が村内においてさえむしろ理論上のものであって現実ではない，ということである．いかなる名目上の劣位性も，村外との戦略的婚姻によって実際上ほぼ打ち消すことができる（関本照夫訳『高地ビルマの政治体系』p. 93）．

結婚後の住居

　結婚後，若い二人がどこに住むかについては，特定の社会の習慣や現実の政治経済的考慮によってほぼ決まる．人類学には，結婚後のさまざまな住居形態を示す用語がある．たとえば，花婿が花嫁の家族または共同体に移り住む場合，それを（次世代から見て）**母方居住**（matrilocal），または**妻方居住**（uxorilocal）と言う．反対に，花嫁が花婿側に移動する場合は，**父方居住**（patrilocal）または**夫方居住**（virilocal）と言う．二人がまったく新しい住居を築くときは，**新拠居住**（neolocal または独立居住）と言う．

　こうした要因は，夫婦の将来を大きく作用するばかりでなく，当該民族の政治体系全体に影響を及ぼす可能性がある．概して，父系出自と父方居住婚の制度を持つ社会では，強力で安定度の高い出自集団が形成され，それがヌアー族のように政治体系の基盤となる．日本の平安時代には，藤原家と呼ばれる貴族が登場し，天皇家と母方居住婚を繰り返すことによって，政治を独占するに至った．彼らは天皇の嫡子を代々藤原家で育てるように仕組んだのである．その結果，将来の天皇は幼少の頃から藤原家の祖父母の感化を受け，成人後は藤原家の娘と結婚を繰り返した．そして天皇即位後も，外戚である藤原家と密接な関係を持ち続けた．このようにして，藤原家は宮廷で重要な役職を独占したのであるが，結婚を通じて彼らが及ぼした影響力は，今日歴史家が認めるところである．[13]

単婚と複婚

　これまで，複数の配偶者がいる結婚形態については，ほとんど触れてこなかった．一人の男子が一人の女子と結婚している場合，それを**単婚**（monogamy）と言う．英語ではモノガミーであるが，「モノ」（mono）は

「単」を意味する．法律で単婚が定められている社会で，配偶者以外の人間との結婚を望むときは，まず現在の配偶者と離婚しなければならない．複数の時点で別々の配偶者を持つ場合は「連続的単婚」(serial monogamy) と言う．しかし，同一時点における一人の男子と複数の女子の結婚や，一人の女子と複数の男子の結婚を公認する社会もある．前者を**一夫多妻婚** (polygyny)，後者を**一妻多夫婚** (polyandry) と呼ぶが，いずれも**複婚** (polygamy) の例である［英語のポリガミーの「ポリ」は「複」「多」を意味する］．

　法律で複数の配偶者を持つことが禁止されている単婚社会でも，一人の男性が正妻の他に妾と家 (household) を持つことが許され，それがほぼ制度化している社会もある．中南米で「カサ・チカ」(casa chica) と呼ばれる「小さな家」(small house) はその一例だし，日本の妾制度もよく知られている．こうした現象は，一夫多妻制の社会と同じで，男性の経済能力がその決定要因となる．また，複数の妻を持つことによって，男性の地位が向上するという側面もある．実際，第10章「政治の技法」で見たように，熱帯雨林地域で妻をたくさん獲得することは，政治的に非常に有利なことと考えられている．一夫多妻婚にあっては，女性は子供を連れてそれぞれ別の家に住んでいるので，本章の冒頭で述べたシングル・ペアラントの家族と類似性がある．

　いっぽう，インドのナヤール (Nayar 南部のケーララ地域 Kerala に分布するカースト) とアンデリ (Anderi) は，一妻多夫婚の例として知られている．ナヤールの女性は成人後も自分の兄弟と実家に残り，そこに「夫」が夜通う[*14]．一人の夫の訪問中は，他の夫に邪魔されないように，ドアに矢を置いてそれとなく知らせる．アンデリの場合は，一人の女性が兄弟集団の面倒を一手にみる．この習慣は，子供の数を制限することによって，一家の土地の分散を防ぐメカニズムと考えられている．

　以上，本章では「親族」に関する膨大な人類学的研究を，ほんの僅か紹介したにすぎない．ニーダムは『親族結婚再考』で，この問題にまつわる世界のさまざまな習慣は，それぞれの地域の文脈で理解すべきだと主張した．それ以降，親族研究には多少かげりが見え，最新の技術が家族や生殖に与える影響に関心が移りつつある．そのため，本章では人類学のより伝統的な研究を理解するための概念的枠組みを，読者に提供するように努めた．次章では，経済に対する人類学的アプローチを，現在と過去の両方から扱う．

第11章 家族・親族・結婚 245

《参考文献》

Beattie, John (1964) *Other Cultures : Aims, Methods and Achievements in Social Anthropology* (London : Routledge & Kegan Paul). 蒲生正雄・村武精一訳『社会人類学——異なる文化の論理』(社会思想社, 1968年).

Leach, E. R. (1954) *Political Systems of Highland Burma : A Study of Kachin Social Structure* (London : Athlone). 関本照夫訳『高地ビルマの政治体系』(弘文堂, 1987年).

Needham, Rodney (ed.) (1971) *Rethinking Kinship and Marriage* (London : Tavistock).

Reynell, Josephine (1991) "Women and the Reproduction of the Jain Community." In Michael Carrithers and Caroline Humphrey (eds.), *The Assembly of Listeners : Jains in Society* (Cambridge : Cambridge University Press).

Rivière, P. G. (1971) "Marriage : A Reassessment." In Rodney Needham (ed.), *Rethinking Kinship and Marriage* (London : Tavistock), pp. 57-74.

Rivière, P. G. (1985) "Unscrambling Parenthood : The Warnock Report." *Anthropology Today* 1(4) : 2-7.

Shaw, Alison (1988) *A Pakistani Community in Britain* (Oxford : Blackwell).

Wilson, Monica (1963) *Good Company : A Study of Nyakyusa Age-Villages* (Boston : Beacon).

《読書案内》

Bremen, Jan van (1998) "Death Rites in Japan in the Twentieth Century." In Joy Hendry (ed.), *Interpreting Japanese Society : Anthropological Approaches*, 2nd edition (London : Routledge), pp. 131-144.

Franklin, Sarah (1997) *Embodied Progress : A Cultural Account of Assisted Conception* (London : Routledge).

Goody, Jack and Stanley J. Tambiah (1973) *Bridewealth and Dowry* (Cambridge : Cambridge University Press).

Holy, Ladislav (1996) *Anthropological Perspectives on Kinship* (London : Pluto Press).

Shore, Cris (1992) "Virgin Births and Sterile Debates : Anthropology and the New Reproductive Technologies." *Current Anthropology* 33 : 259-314 (including comments).

Simpson, Bob (1994) "Bringing the 'Unclear' Family into Focus : Divorce and Remarriage in Contemporary Britain." *Man* 29 : 831-851.

Strathern, Marilyn (1992) *Reproducing the Future : Anthropology, Kinship and the New Reproductive Technologies* (Manchester : Manchester University Press).

《小説その他》

Achebe, Chinua, *Things Fall Apart* (London : Heinemann, 1962). 古川博巳訳『崩れゆく絆——アフリカの悲劇的叙事詩』(門土社, 1977年).

Ariyoshi, Sawako, *The River Ki* (translated by Mildred Tahara, Tokyo : Kodansha International, 1981). 原題は『紀ノ川』. 数世代にわたる日本の家族を感動的に描いた小説.

Jung Chang, *Wild Swans* (London : Harper Collins, 1991). 土屋京子訳『ワイルド・スワン』(講談社・講談社文庫, 1998年), 激動の文化大革命を力強く生き抜いた中国人女性を三世代にわたって描き, 高い評価を受けた小説.

Tanizaki, Junichiro, *The Makioka Sisters* (London : Mandarin, 1993). 原題は『細雪』. 四人姉妹の結婚話で揺れる日本の家族を克明に描いた小説.

《映画／フィルム》

Life Chances : Four Families in a Greek Cypriot Village (Peter Loizos, 1974). 社会変化がキプロスのギリシャ人家族に与えた影響を主題とした古典的映画.

Secrets and Lives (Mike Leigh, 1995). 養親の家庭で育った人が, 生みの親に接触を図ろうとして起こした問題を描いた作品.

Strangers Abroad : Everything is Relatives (André Singer, 1985). 第1章で取り上げた人類学者リヴァーズ (W. H. R. Rivers) が, さまざまな民族の親族や系譜を研究した様子を描いた映画.

Under the Sun : The Dragon Bride (Joanna Head, 1993). 16歳になるネパールのニンバ族 (Nynba) の少女と, 隣の村に住む4人の兄弟の結婚風景を描いたもの. 兄弟との一妻多夫婚 (fraternal polyandry) という珍しい例を, 個人的なインタヴューを通じて明らかにした.

《訳注》

1 ニーダムの見解には異論もある. たとえば, ナショナリズム研究で知られるゲルナー (Ernest Gellner) は, 部分的にせよ親族の概念は血縁と関係があると説いている. 両者の論争は1960年代に起きたが, 現在でも, 親族 (kinship) と生物学的絆 (biology) の関係をどのように把握するかによって, 研究者の立場は異なると言ってよい. 親族の研究は, かつては社会人類学の中心的課題であったが, 1970年代以降は停滞していた. しかし, 本章の冒頭にもあるような問題, たとえば代理母やシングル・ペアラント家族を視野に入れると, 突如として現代的な分野として浮上する. この二つの問題以外にも, 日本における夫婦別姓論, 家庭内暴力, 高齢期の家族関係, 国際結婚などを扱った概説書として, 中川淳編『家族論を学ぶ人のために』(世界思想社, 1999年) がある. 英語では専門的だが Linda Stone, ed., *New Directions in Anthropological Kinship* (Lanham, Maryland : Rowman & Littlefield Publishers, 2001) などがある.

2 親族はイギリス社会人類学の中心概念だが，英語の kinship という言葉は一種の専門用語であって，一般にはあまり使われない．また kin は家族と親戚の両方を表し，kith and kin は友人も含むようである．共に格式ばった古い用法である．厳密に言うと，人類学における kinship は配偶者と姻族を含まないので，kin とは異なる．しかし，日本語で両者を明確に区別することは難しいので，本訳書では「親族」という言葉を双方に当てはめた．また relative も「親族」と訳したところがある．なお本文には登場しないが，kindred（キンドレッド）という概念もある．これは個人を中心として，親族を双方的に（つまり父方と母方の両方を）辿ったもので，集団というよりは範囲を表す．日本の「親戚」「親類」はキンドレッドに相当する．

3 著者に問い合わせたところ，ここでいう「連続的結婚」とは，複婚による一夫多妻などを念頭に置いている．たとえば，妻が2人いる場合には，○＝△＝○という図になる．イギリスの法律では複婚を認めてないので，連続的結婚には「連続的単婚」(serial monogamy) の可能性しかない．これは，生涯に何回結婚して家族を持とうとも自由だが，1回につき1人の配偶者しか正式に認めない制度である．

4 日本では「核家族」は聞きなれた表現であるが，英米では本文にあるように専門用語と言ってよく，一般の人にはすぐ理解できない．元来，この言葉はアメリカの人類学者マードック (George P. Murdock) が *Social Structure* (New York: Macmillan, 1949. 内藤莞爾監訳『社会構造』新泉社，1978年) の中で用いたものである．かなり高尚な内容を含んだ「核家族」が日本語に定着した背景には，戦後の急激な産業化と都市化に伴う家族の変化があるだろう．この変化は一般に「イエから核家族へ」と呼ばれる．日本の「イエ」とその階層的連合である「同族」を民族誌的に研究した古典として，有賀喜左衛門『日本家族制度と小作制度』(1943年,『有賀喜左衛門全集』未来社に収録) がある．また，中根千枝『家族の構造――社会人類学的分析』(東京大学出版会，1970年) には，貴重な理論的考察が含まれている．彼女の『タテ社会の人間関係』(講談社新書，1967年) の原点は，同書の第5章「日本同族構造の分析」にあると言ってよい．

5 lateral は collateral とも言う．「系的」と「方的」の区別は，日本語の「直系」と「傍系」に近い．しかし，人類学一般において，自己の兄弟姉妹は「系的」と理解されているが，日本の家族制度では「傍系」である．このことは戦前のイエ制度でも，現行の民法の規定（第725条）でも変わらない．「直系」と「傍系」の区別は，一般に長男を跡取りとする「本家」と，次男以下が新たに設立する「分家」の区別と結びついており，もっとも象徴的には，皇室典範（1947年制定）に定められた「皇長子」と「皇次子」の差に表れている．

6 長子相続 (primogeniture) と対置するのが末子相続 (ultimogeniture) である．前近代の日本の家族制度にはいくつかの相続の形があった．もっとも多かったのが長男子相続であるが，これは室町・戦国時代以降に普及したもので，鎌倉時代の武士階級では女子を含めた分割相続も行なわれていた．しかし，近世（江戸時代）に入ると，武士の間では長男子単独相続が制度化され，それを模範とした旧民法が1898年（明治

31年)に制定されると,全国的に普及した.旧民法で規定された家族制度を一般に「イエ制度」と呼び,戦後の1947年(昭和22年)に新民法が制定されるまで続いた.末子相続は,通例男子の末子に家督(家長の地位)を相続させる制度であるが,家産は分割相続それも均分相続のことが多く,末子による財産の単独相続はほとんど見られない.地域的には,末子相続は中部以西の西日本に多く,概して隠居分家の習慣と結びついている.長子相続と末子相続以外にも,前近代には姉家督(第一子が女子の場合,第二子以降に男子がいても彼女に相続させる制度で,実際には養子として迎えた彼女の夫が家長となる)や,まれに選定相続(複数の子供の中から親が自由意志で相続人を選定する制度)も見られた.以上の説明は『日本民俗事典』(弘文堂,縮刷版1994年)の「相続」「末子相続」「姉家督」「選定相続」「家」「家族」などの項に基づいている.詳細は竹田旦『「家」をめぐる民俗研究』(弘文堂,1970年)を参照.

7 忌避関係(avoidance)とは,「特定の社会関係にある相手との接触や会話が社会慣行の上で相互に,あるいは一方的に禁じられている場合」を示す言葉である(『文化人類学事典』「忌避関係」p. 197).もっとも典型的には,義理の母(妻の母)と義理の息子(娘の夫)との間に見られるが,義理の父(息子の父)と義理の娘(息子の妻)の間にも見られる.両者の間では会話(特に性に関する話)が禁止され,子は親に対して個人名で呼ぶことができないなど,さまざまな制限がある.また,忌避関係と対置するのが冗談関係(joking relationship)である.これは「相互に,あるいは一方的に相手をからかい中傷することや,他の場合には無礼と非難されるような行為が許され,時にそうすることが期待される人間関係」である(『文化人類学事典』「冗談関係」p. 365).

8 「記述的」と「類別的」という区別は,モルガンが『人類家族の血縁姻戚体系』(1870年)において提唱したものである.親族用語の構造と用法は,社会によって大幅に異なる.たとえば,モルガンが「マレー型」と呼んだ類型では,父とオジ,母とオバ,息子娘と甥姪には,それぞれ同じ名称が用いられる.彼はこうした事実に基づいて,同一世代内の集団婚に基づく「血縁家族」(consanguine family)の存在を類推した.そして『古代社会』において,人類家族は「古代家族(乱婚)」「血縁家族」「プナルア家族」「対偶婚家族」「家父長制家族」「一夫一婦制家族」の順に進化したと述べた.今日,この説は単なる推論として退けられているが,親族用語と社会組織の関連を探る最初の試みとして記憶されている.なお本文中の[ ]にある説明は,桑山がヘンドリーに内容を確かめた上で付け加えた.

9 こうした一見複雑怪奇な親族用語の使い方は,実は日本語にも見られる.たとえば,夫の両親と同居している女性は,自分の子供の前では義理の母を「おばあさん」と呼び,子供がいなければ「おかあさん」と呼ぶことがある.この傾向は同居の年数が短いときに著しい.前者は子供の立場から義理の母を見た用法で,後者は自分または夫の立場から見た用法である.つまり,誰を基準に見るかによって,親族用語の選択は異なるのである.こうした視点(reference point)の移動については,鈴木孝夫『ことばと文化』(岩波新書,1973年)第6章「人を表すことば」に詳しい.なお,オ

ジ・オバという言葉を，親族関係の有無と関係なく，父母と同世代の年長者に用いることは，世界的に見られる現象である．
10 自分が生まれ育った家族を「定位家族」(family of orientation) と言い，自分が配偶者とともに子供を生み育てる家族を「生殖家族」(family of procreation) と呼ぶ．
11 日本人にとって，インドのカースト内婚はけっして他人事ではない．一切の法的規制がないにもかかわらず，被差別部落の人々との結婚は今日でも難しいし，朝鮮半島出身の人々との結婚も社会的承認を得にくい．アメリカの場合は事情がさらに複雑である．たとえばヴァージニア州では，1924年，異人種間の結婚が州最高裁の命令によって禁止された．この法律は，ラヴィング夫妻（夫が白人で，妻は黒人とネイティヴ・アメリカンの血を引く）の訴えによって，1967年，連邦最高裁が違法と認めるまで続いた．この裁判を Loving versus Virginia と呼び，同様の人種隔離法を持つ15の州に影響を与えた．
12 これは機能主義の典型的な説明である．ここでは，婚資が結婚を維持するために果たす役割（つまり機能 function）が強調されている．換言すれば，契約概念がない社会的条件の下で，婚資は適合性（adaptability）の高い制度として描かれているのである．しかし，こうしたパラダイムからは，人間の感情や内面のリアルな描写は期待できない．機能主義の貢献には多大なものがあるが，その家族・親族像は概して規則づくめで静的である．この限界を打ち破るためには，ライフヒストリーなど，人間の主観や「生」に迫るアプローチの併用が望まれる．
13 近代に至るまで，日本の天皇の母親は圧倒的に藤原家出身が多い．
14 訳注4で触れたマードックは，いわゆる「核家族普遍説」を唱えた．彼の説は，複婚による複合家族（composite family）や，一世代に複数の既婚兄弟姉妹がいる合同家族（joint family）のような拡大家族（extended family）にも，親子関係を中心とする核家族は構成要素として認められるというものであった．（核家族が大きな家族の構成要素ではなく，アメリカのように独立した存在である場合，マードックはそれを独立核家族 independent nuclear family と呼んだ）．この説に対しては異論が続出したが，本文にある南インドのナヤールの例は，マードックに対する反証としてよく知られている．

第12章
経済と環境

結論に向けて

　第10章と第11章では,人類学の専門的問題について考察した.そして,より一般的な問題の理解にも,人類学的アプローチが貢献することを確認した.終章となる本章では,特に経済と環境の関連でこのテーマを取り上げたい.同時に,これまで検討してきた人類学的研究を総ざらいして,本書の最初に述べた分類体系や交換システムの理解が,社会生活のみならず,経済生活の理解にもつながることを明らかにしたい.[*1]

　まず,人間社会のもっとも基本的な部分から出発して,生業 (subsistence) 手段を指標に社会集団を大雑把に分類してみよう.どの民族の社会生活でも,経済基盤や自然環境の影響は非常に大きいので,人類学の古典的研究のほとんどが,その記述から始まっている.しかし,生業というもっとも基本的なレベルでも,環境は社会的に構築されている.環境問題がグローバル化している今日,環境構築の民族差の理解はきわめて重要である.このテーマを最後まで取っておいたのは,経済や環境がいかに社会生活に根ざしているかを示すためである.

　社会生活に関する人類学的知識は,長年にわたる小集団の研究から得られたものである.実際,経済的にもっとも単純な民族でも,複雑な多文化世界に住む人間にとって,なんらかの意味のある情報を提供してくれる.そもそも,人間が社会的に活動できるのは家族,友人,同僚といった限られた範囲であって,マクロ・レベルの集団にも小集団に見られる一定の行動律が存在する.その一例として,第3章で述べたサーリンズの一般的互酬性 (generalized reciprocity) があげられよう.これはもっとも親密な人間関係で見られるものだが,同様のことは第9章で検討した社会統制の手段や,第11章で

見たパキスタン系のビラーダリにもいえる．情報技術の発達とともに，地理的に隔絶された集団が容易に連絡を取り合えるようになったことは，既に述べた通りである．

　人類学的アプローチは，生業手段が単純であろうと複雑であろうと，①人間には自己と環境を分類して秩序立てる手段が必要であり，②みずからの身を守り子孫を残す道を模索せねばならず，③各々の民族には独自の世界観がある，ということを教えてくれる．最後の点について付言すれば，民族には世界を見る集合的な方法，つまり**集合表象**（collective representation）が備わっているのである．隔絶された共同体では，人々の物の見方は画一的になりやすいが，多文化社会ではいくつもの世界観が並存する傾向にある．そのため，後者では個人は複数の世界観によって影響を受けるという差がある．しかし，人類学が社会生活の理解に貢献することに変わりはない．

　結論に向かう本章の最後で，私は社会生活の要素と環境を具体的に関連づけ，分類体系についても結語を述べる予定である．本書を読み終えても，読者の皆さんは社会人類学の基本を学んだにすぎないが，21世紀の世界を理解する上で，この分野には貴重なものがあることを分かっていただけると思う．そして，より深い知識を身につける基礎ができたことを著者として望みたい．近年，人類学者はさまざまなテーマについて精力的に書いているので，参考文献が少なくて困るということはないであろう．

生業と生存

　経済（economics）とは何よりも「生存」（survival）手段の問題であり，生存はいかにして可能かを問う．それは食物の生産，家屋の提供，および生活に不可欠なその他の日常的営みを問題とする．交換，とりわけ市場は，生業が確保されている状態で，経済生活がいっそう発展した結果である．初期の人類学者（たとえばForde 1934）は，みずからの観察を基に小規模社会を次の三つに分類した．この分類は，現代の辺境民族や考古学者が復元した昔の人間の経済生活を表すのに，今日でも用いられている．ただし，その進化論的な意味合いや社会関係の一般化は，厳しい批判にさらされてきた．

　（1）　狩猟採集民（hunter-gatherer）

（2）　牧畜民（pastoralist）
（3）　農耕民（agriculturalist）

狩猟採集民

　狩猟採集民（採集狩猟民 gatherer-hunter とも言う）は，まわりの環境から食物をかき集める．そのため，彼らは一度に食べられるだけの量を捕獲採集し，食物の保管や運搬にまつわる問題を回避するのが特徴である．また，彼らは食料の枯渇を避けるために動き回り，旬の食べ物を求めて移動するので，これまで放浪（nomadic）生活を送っていると言われてきた．さらに，役割の特殊化もほとんど見られないため，分業は年齢やジェンダーに基づいて行なわれ，健康で能力のある者が子供，年寄り，病人の面倒をみると言われてきた．概して，狩猟は男に，採集は女に任されている．

　経済学者は狩猟採集生活を苦渋に満ちたものと考えてきた．しかし民族誌的研究によれば，狩猟採集民の多くは生活ができる程度に「働く」だけで，その他の時間は悠長に仲間と寛いでいることが分かった．こうしたことから，サーリンズは狩猟採集民を「原始豊潤社会」(original affluent society) と名づけ，次のように述べている．

> 狩猟＝採集民の生活は，その情況にせまられて，やむなく客観的に低い生活水準にとどまっている．しかし，それが彼らの目標なのであり，しかも適切な生産手段もあたえられているので，すべての人々の物質的欲求は，ふつうたやすく充足されている（サーリンズによれば，これが通常の「豊潤」の意味である——原注）．（中略）世界でもっとも未開の人々は，ほとんど何も占有してはいない．が，彼らは貧乏ではない．貧乏とは，ある量の財の少なさのいみでもなければ，手段と目的とのあいだの関係でもない．何よりもそれは，人々のあいだの関係であり，貧困は，一つの社会的ステイタスなのだ．だから，文明の発明したものにほかならない（山内昶訳『石器時代の経済学』pp. 52-53）．

　サーリンズの見解は一考に値しよう．特に興味深いのは，狩猟採集民が食物以外のものを望まず，そしてそこに食物があるのなら，彼らは欲しいものすべてを持っているという議論である．換言すれば，狩猟採集民は［一部の

現代人のように]，資本主義における財産所有という人間の競争心をあおる麻薬的な罠にはまって堕落した，ということはありえないのである．もっとも，こうした見方は，カラハリ砂漠のクン族（!Kung）やサン族（San）を古典的モデルとしており，彼らは温暖で豊かな地域に住み生活も比較的楽なので，多少ロマン化されているようだ．実際，章末に掲げた『神々の狂乱』という映像誌には，こうした批判を裏付けるシーンがある．ある日，小さな飛行機の窓から放り投げられたコカコーラの空瓶が，ブッシュマンのキャンプに運び込まれると，[その珍品の所有をめぐって]牧歌的で幸福な人々の生活が，たちまち乱されてしまったのである．

　狩猟採集民と一口に言っても，実際には数多くの異なった民族が，世界各地で狩猟採集技術を駆使して生活を営んでいる．また，彼らの経済の基礎は女性が提供する採集であり，狩猟による肉は特別な機会など稀に食卓を賑わすだけなので，フェミニストが主張するように「採集狩猟」と呼ぶべきかもしれない．いずれにせよ，狩猟採集民の中には財産を所有して食物を貯蔵する人々もいるし，アフリカと違って太陽の恵みがない地域で過酷な生活を強いられている人々もいる．さらに，狩猟採集民には権力関係やイデオロギーも認められ，高度な技術を使った芸術や物質文化も存在する．

　狩猟採集民（または採集狩猟民）を研究している人類学者は，研究対象の多様性にもかかわらず，よく共同で会議を開いて調査結果を比較検討している．それには次のような考えが基礎にある．

> 狩猟採集社会の研究は，社会人類学の他の分野とは独自に発展した節がある．だが，それは単に社会人類学一般と関連するばかりでなく，人類学という学問の中枢と言ってもよい．人間の本質とは何かという問いに対して，狩猟採集社会の研究ほど的確に答えられる分野は他にないからだ（Barnard and Woodburn 1988）．

　現存の狩猟採集民として，よく知られた南アフリカのクン・ブッシュマン（!Kung Bushman）や，ムブティ・ピグミー（Mbuti Pygmy）の他に，ヨルング族（Yolngu）のようなオーストラリアのアボリジニー（彼らの芸術については第6章で論じた），および北極圏のイヌイット（Inuit またはエスキモー，第9章で彼らの社会統制について述べた）がいる．また，北アメリカにも狩猟

採集民は多少存在するが，彼らは定住することもあるので，狩猟採集の定義はさらに吟味する必要があるだろう．たとえば，第3章で検討したポトラッチという交換システムを持つクワキュトル族（Kwakiutl），トリンギット族（Tlingit），およびハイダ族（Haida）は，毎年一時的に定住生活を営み，漁猟に食物の多くを頼っている．彼らは同時に狩猟も行なうので，定義の問題が常につきまとう．

遙か昔には，より多くの民族が狩猟採集で暮らしていた．彼らは（サーリンズが示唆したように）技術的にもっとも原始的な人間と考えられていたが，現代狩猟採集民の専門家によると，狩猟採集という生業手段は，社会的にも文化的にも相当複雑である．また，今日の狩猟採集社会から太古の人類社会を推測することは，必ずしも可能ではないという．外部の世界とまったく接触のない社会は現在ないし，技術変化への適応を差し引いても，狩猟採集社会は時間とともに変化しているからだ．詳細は以下の著作を参照してほしい（Ingold, Riches, and Woodburn 1988）．

牧畜民

牧畜民（pastoralist）とは，牛（cattle），羊，ヤギなどの群れから得た産物で生活する人々を示す用語である．新鮮な牧草を求めて移動する必要があるので，**遊牧**（nomadism）する場合もあるが，ヌアー族（Nuer）のように，複数の決まった場所を移動する**移牧**（transhumance）を行なうこともある．[*2]
ユルタ［*yurt* ロシア語，モンゴル語でゲル，チュルク語でクイ，中国語でパオ］と呼ばれる中央アジアの遊牧民のテントは非常に美しく，世界中の民族学博物館で展示されている．この事実は，彼らの「モービルホーム」がきわめて堅固に作られており，装飾的にも美しいことを物語っている．今日，彼らの中には街に家を所有している者もいるが，季節によってはユルタに住み，砂漠から離れているときには，家の裏庭に小さなユルタを作ることもある．

牧畜民の中には，食料，家屋，衣服，燃料など，ほとんどすべての生活必需品を家畜から得ている者もいる．また，ヌアー族やディンカ族（Dinka）に代表されるナイル川流域の牧畜民のように，家畜を審美的鑑賞の対象とすることもある（第6章のクーティの議論を参照）．さらに，自家製のチーズと引き換えに牧草地の借用権を得るなど，隣接定住民族と半恒久的な交換関係を築くことも稀ではない．

ギリシャの羊飼いサラカツァニ人（Sarakatsani）を描いたキャンベル（John Campbell）の民族誌には，こうした牧畜民の生活がよく表れている．サラカツァニ人は，人間の信頼関係を中心に世界を分類しており，彼らの社会関係にはサーリンズの互酬性のモデル（第3章参照）を彷彿とさせるものがある．サラカツァニ人がもっとも信頼する相手は家族であるが，羊の牧草を提供する「パトロン」（patron）とも適度な信頼関係がある．そして両者の周縁に位置するのがヨソ者であり，彼らは家族ともパトロンとも区別されている．キャンベルは次のように述べている．

> サラカツァニ人の関心事項は羊，子供（特に息子），名誉の三つである．単純な物質文化を持つ多くの牧畜民に共通の特徴は，自然環境への依存度が高く，動物の世話や共同体の構造および社会的価値が，ひとつの一貫した行動と感情のパターンを形成して，矛盾が少ないということである．実際，上に掲げたサラカツァニ人の三つの関心事項は，相互に関連している．羊は家族の生活と威信を守り，息子は羊の群れの世話と両親および姉妹の面倒をみる．そして名誉の概念は，羊飼いという困難で危険な仕事にふさわしい肉体的精神的能力を前提としている（Campbell 1964：19）．

キャンベルによれば，サラカツァニ人の羊飼いの生活は，社会的にも精神的にも，すべて羊を中心に構成されており，羊は彼らの経済生活の基盤である．また，第9章で述べたギリシャの村落のように，サラカツァニ人の社会統制システムの根底には名誉と恥という価値観があり，ゴシップと嘲笑の恐れが同調行動への強いサンクションとなる．

農耕民

一昔前の進化論的経済観に従えば，農耕の発展は定住生活を促し，土地への長期的投資は人口の増加を可能にした．その結果，分業と専門化が進み，複雑な政治制度の下で，一部の人々は生存の脅威から解放され，支配者，軍人，裁判官となった．年齢や性による差異は依然存在したが，地位獲得の可能性は広がり，弁士や占い師など特殊な能力を生かす道も開かれたのである．

さらに，定住民族は余剰の蓄積に長けているため，**交換**（exchange）体系

は一層の発展を遂げ，それが地域共同体の枠を越えたとき，**市場経済**（market economy）が誕生したと考えられていた．社会の複雑化とともに，個人が生存に必要なものを自力で獲得することは難しくなり，人々は交換と専門化によって生計を立てるようになった．彼らは食物を購入し，必要な資金は専門職を通じて得ていた．経済学の理論を応用駆使して，経済人類学（economic anthropology）という分野が登場したのは，以上のような農耕生活の複雑さを想定してのことであった（たとえば Firth 1967を参照）．

だが，実際には農耕に従事する人々も移動するのであり，このことは南米の熱帯雨林地域における焼畑（slash and burn）のような循環式農耕や，主として移牧を営むヌアー族の雑穀栽培を想起すれば理解できよう．こうした生業システムの社会的意味については，第8章と第10章で見た通りである．また財産や交換についても，それが狩猟採集や牧畜といった比較的単純な経済の特徴であることは既に述べた．以上のことから，進化論的経済観には限界があることが理解できよう．ただし，第9章で検討したように，ある種の社会的制裁の力は，移動率の高い共同体より，住民の和を重視する稲作共同体のほうが強い，ということは言える．以下の2節では，民族誌の経済理論に対する貢献について論じる．

財産と土地保有

経済生活には，**財産**（property）と**土地保有**（land tenure）という重要な側面があり，人類学者はこのテーマについて興味深い資料を収集してきた．土地の所有（ownership）に関する考えは世界各地で異なり，僅かな差が周辺民族や植民者と長期的な大問題を生むこともある．狩猟採集民は自由な土地の使用に生活を依存しているが，使用可能な土地がある限り問題は起こらない．牧畜民も家畜用の土地を必要とするが，牧草地が不足している場合は，土地使用の権利（grazing right）を得なければならない．また焼畑を営む農耕民は，必要に応じて土地の移動を迫られるが，現代世界にあっては自由な移動は難しくなっている．

土地不足は，土地の使用を望む人々の間に規則を生じさせるが，需要が増すにつれて規則は複雑になる．アフリカや北米の一部では，人類学者が**使用権**（usufruct）と名づけた制度がある．これは土地の全面的な所有権を認め

ずに，土地を使用する権利だけを与えるものである．この場合，土地を所有するのは部族，リネージ，王などであり，誰も使ってなければ共同目的のためにプールされる．また，特定の家族が使用している場合は，世代間で土地の使用権を譲渡できるが，一家に恒久的な所有権はない．北米に入植したヨーロッパ人が原住民と起こした諍いは，この使用権をめぐる誤解に最大の原因があった．原住民は土地の使用を認めただけだと思っていたが，白人の入植者は土地を購入したものだと思い込んでいた．

　こうした問題が旧植民地社会で政治化したのは，特に1993年の国連による「先住民の年」以降である．先住民（indigenous people）の意識が，各地で高まりを見せている今日，人類学者には政府関係者が理解できる言葉で，先住民の主張を伝える役割がある．たとえば，ブラジルのシングー川流域に住むカヤポ族（Kayapo）は，第10章で見たように人類学者による援助を受けた．また，土地の権利をめぐるトラブルの多発で国際的に知られるオーストラリアでは，政府と先住民の困難な仲介役を人類学者が務めている．

　第11章の親族の項では，土地の相続（inheritance）に関する規則について触れたが，結婚の取り決めに際しても，家族で土地を所有し続けるための規則がある．また複数の子供が土地を相続すると，土地の細分化が必然的に起こるので，そうした事態を避けるために一定の制度が存在する．稀なケースであるが，兄弟による共同労働と妻の共有を特徴とするアンデリ人（Anderi）は，その一例である．同様に，［前近代の］日本では土地の所有権はイエにあり，第二次世界大戦後の民法改正以前は，一人の子供が家長の地位と家財を相続した．後継者以外の子供は分家するか，婚出または養子に出たのである．さらにメキシコでは，所有権の認められる土地（ウェルタ *huerta*）と，特定の家族に貸し出す村の土地（エヒド *ejido*）の双方から成る制度がある．耕作が行なわれない場合，後者の土地は村に返還される．

　一方，動産（movable property）については交換や移譲が可能で，前章で述べたような別個の相続の規則がある．動産がリーダーに**貢物**（tribute）として渡され，中央集権的な政治体系を強化することは，第10章で見た通りである．貨幣または公認の通貨がない社会では，将来に備えた「保険」として，生鮮食品が分配されることもある．これは受け取った側に余裕がでたら，なんらかの見返りがあることを期待した行為である．首長への貢物も，同じように一種の投資として考えられよう．事実，首長は「原始銀行家」（primitive banker) とも呼ばれている．こうした交換には経済的側面もあるが，その多くは社会的なものであり，両者の間に明確な境界線を引くのは難しい．

市場経済

　単純な**市場経済**（market economy）の社会的側面については，第3章でメキシコとグアテマラの村落を引き合いに出して，各々の村がパン，鉢，毛織物，花，花火など，一つの特定のモノを生産している様子を紹介した．こうした社会では，市場が広範囲にわたってコミュニケーションの機能を維持し，必需品や娯楽を提供しているのである．それを可能にしているのが，村人は共同体内で**内婚**（endogamy）を繰り返し，特殊な技術を代々継承しているという事実である．彼らの市場経済を理解するには，社会編成の通時的検討が必要とされる．

　中南米の内婚村落と対照的なのが，**外婚**（exogamy）によって文化圏のコミュニケーションを図っているアフリカの村落である．かつて，この地域の女性は交換の対象として商品化されているという説があったが，それは第11章で見たように，ヨーロッパの宣教師や植民地行政官が，婚資（bridewealth）を誤解した結果であった．アフリカでは，婚資の取引は男女の結合を結婚と認め，生まれた子供を嫡子として承認し，親子の安全を保証する重要な社会慣行である．

　人類学者による市場および経済の研究は，経済学者が見過ごしがちな社会的要因に目を向けるので，分析の仕方にもその差は現れてくる．経済学の理論で興味深いのは，「需要と供給」（supply and demand）という大原則に関連した「価値」（value）の概念である．通常，それは稀少性（scarcity）と結びついているが，資源（resource）へのアクセスとも関係している．たとえば，砂漠で水がなくて死にかけている人に，金（ゴールド）を差し出しても無意味だが，世界的に金は水より稀少なので，どこでも交換価値があると認められている．同様に，必要物資に不足を来さない場合，食物にも価値の格差が現れる．卑近な例をあげると，アボカドはイギリスでは大変高価な贅沢品だが，メキシコでは至る所に腐るほどある．逆に，リンゴはイギリスにごまんとあるが，日本では重宝されている．さらに，日本では大して価値のないナスは，イギリスではちょっとしたご馳走である．

この意味における「高価な」食物の提供は，地位獲得の方法となる．新大陸の発見（もちろん西洋にとっての発見）と大航海の時代に，ヨーロッパの君主が築いた豪華な宮殿を訪れてみれば，[稀少価値のある外国の食物を獲得するために] 莫大な費用を造船につぎ込んだ理由が分かるだろう．また上述の金（ゴールド）の例は，審美的価値（aesthetic value）についても物語っている．宝飾品類の作成に金が用いられることを考えれば，その象徴的価値も理解できるだろう．既に述べたように，結婚指輪にはさまざまな意味を含んだ社会関係が反映されており，金や銀は通過儀礼用の贈答品としても用いられる．こうした象徴的なモノの喪失は，富の喪失以上のものを意味する．

　第3章で論じたポトラッチ（potlatch）の饗宴は，いかに富が地位に変換されるかを示している．しかしメキシコの例を見ると，こうしたやりとりには別の要素も働いていることが分かる．メキシコでは，祭り（fiesta）の費用はマヨルドモ（*mayordomo*）と呼ばれる人が，一人で全部支払うことになっていて，彼はそのことにより共同体で尊敬され，かつ権力の座を得るのである．富を築きながら何もしない人間には非難が集中するので，自分の番が来そうなときには，しばらく意図的に自己破産することさえある．[メキシコの農村を研究した] フォスター（George Foster）は，かつて「有限的幸福論」(the image of limited good) という説を唱えたことがあるが（Foster 1965），それは「一人が得をすれば他の人は損をする」という農民の意識を指摘したものであった．*3 このように，祭りの費用の負担は富の再配分を可能にするばかりでなく，恨みや妬みを未然に防ぐ効果もある．

　金銭（money）にまつわる社会観念は，既に第3章で現金と贈答の変換を例にとって説明したが，通貨はいずれもその価値に関するなんらかの合意を必要としている．その価値が特定の地域でのみ象徴として機能することは，海外旅行から持ち帰った外国のコインを見れば一目瞭然であろう．貨幣は国内でどんなに有用であっても，国外では石ころ同然である．同様に，クレジットカードもそれ自身に価値はないが，近年ではグローバルな象徴性を帯びるようになった．結局，金銭のグローバルな価値は国際市場で決定され，そのシステムは経済学者が「原始的」と呼んだ物々交換と酷似している．第3章で述べたように，この物々交換には道徳性（morality）が付与されているが，グローバル経済はこうした道徳を共有していないので，批判を受けやすいのである．

サーリンズのモデルに従えば、一般的互酬性はもっとも社会的道徳的意味合いに富む領域である。利益の最大化（maximization）という、西欧経済学が依拠する大前提の限界は、こうした意味合いを考慮していない点にあるといえよう。たとえ物質的利益の他に、名声、権力、地位、神仏の加護といった利益が得られようとも、そうしたことには換算されない身近な集団成員間の個人的絆がある。それは文化によって愛、友情、忠誠といった表現をとることもあるし、単に分類体系の共有として現れることもある。いずれにせよ、すべての経済的営みの背後には社会的要因が潜んでおり、日本を訪れた外国のビジネスマンが歓待を受けるのも、日本人にとってビジネスは一つの社会関係だからである。

　このように、人類学者は「人間の経済活動の普遍性」という経済学者の前提に異議を申し立ててきた。だが、最近では**商品**（commodity）や**消費**（consumption）といった言葉が、人類学者自身の議論にもよく聞かれるようになった。たとえば、アパデュライ（Arjun Appadurai）の『モノの社会的生命――商品の文化観』（1986年）は、贈答、物々交換、商取引といった交換や互酬性の問題から、モノそのものに焦点を移して、モノが異文化でどのように理解・流用され、異なった価値や解釈を与えられるかを検証している。同様の研究は、第3章「不可譲なモノ・もつれたモノ・包まれたモノ」の節でも取り上げた。

　実は、こうしたアプローチに先鞭をつけたのが、『儀礼としての消費――財と消費の経済人類学』（原著1979年）であった。この本は、人類学者のダグラス（Mary Douglas）と、経済学者のアイシャウッド（Baron Isherwood）が協力して、モノの購入や獲得に関わる問題を論じたものである。社会行動を理解する手段としての消費という視点は、近年人類学者の間でも非常に注目されている。ここでいう消費とは、スーパーマーケットや小売店での買い物だけでなく、以前は儀礼象徴論で扱われていたもの（たとえば結婚など）も含む。実際、日本では花嫁衣裳、髪飾り、結婚式、披露宴、新婚旅行など、結婚に必要なありとあらゆるものがパックで売り出されており、それを購入して消費するという行動は、ある学者によれば、世界市場における日本人らしさ（Japaneseness）の表現なのである（Goldstein-Gidoni 1997）。

環境の社会観

　終章も終わりに近づいたが，ここで分類の問題を今一度取り上げてみよう．19世紀の西欧の人類学者は，みずからを文明の頂点に位置づけ，非西欧世界の人々を「原始的」と蔑んだ．しかし，**環境**（environment）破壊が深刻な問題となった今日，かつての「原始人」はその環境保全の技術によって尊敬されつつある．その一方で，環境観の相違による問題も噴出しており，民族間の摩擦解消に向けて人類学者が果たす役割は大きい．今後，経済発展を推進するにあたって，政策決定機関に求められるのは，関係者すべてに配慮した計画であろう．
　ミルトン（Kay Milton）が編集した『環境主義──人類学的視点』（1993年）には，環境問題を扱ったさまざまな論文が集められている．小規模な社会では，環境保全対策はけっして新しいものではないとミルトンは指摘し，次のように述べている．

> 聖なる土地における狩猟を避け，食料を提供する動物の存続を祈って儀礼を営むオーストラリアのアボリジニーは，グリーンピースのように，環境に対する責任を果たしているのである．同様に，アマゾンでゴムの木の樹液を採取して生活している人々，ボルネオ［の森林に居住する狩猟採集民］プナン族（Penan），北インドおよびその他諸々の地域で単純農耕を営んでいる人々は，みずからの伝統的な資源利用法を，大規模な商業開発の壊滅的打撃から守ろうとしている（Milton 1993：3）．

　さらにミルトンは，政府やNGOのような国際機構が環境政策を立てる際，現地の人々の意見や解釈に耳を傾けることの重要性について論じている．グローバルな変化を地域社会に導入するにあたって，双方の考えを承知しておくことは当然必要だが，現地の世界観に通じていれば，より効果的な環境保全対策を打ち出せるかもしれない．ミルトンが指摘するように，環境とは言説（discourse）を通じて構成されるものであり，環境をどのように見るかによって，言説構築に用いる情報も異なるのである．だから，アボリジニーの習慣が環境政策立案者の考えと一致していれば，彼らは賞賛を受け，逆に食

い違う場合は批判にさらされる．この問題を追及する前に，環境観の民族差について見ておこう．

産業社会イギリスでは，大雪，洪水，強風などの天候不順を除いて，環境の限界を大方乗り越えることができる．それでも，人は天気予報が外れて酷い目にあったとか，電車のダイアが乱れたと言って騒ぎ立てる．イギリス人がそこまで「天気」を気にするのは，イギリスの気候が不安定で，突如として計画中止に追い込まれることがあるからだ．しかし，概してそれはちょっとした自然環境の「いたずら」に対する苛立ちであり，過酷な悪条件のもとで人間のひ弱さを肌身に感じない限り，毎日の生活のリズムを大自然に合わせることはない．

イギリス人が天災を目のあたりにするのは，普通テレビを通じてである．それも外国の報道が多く，1998年にアメリカのフロリダ州で起きた竜巻の大惨事は，「のどかな静養地フロリダ」というイメージしかないイギリス人にとって，驚愕的な出来事であった．他の地域では，地震や火山の噴火による被害も多く，普段そうした災害に慣れてないイギリス政府は，モントセラ島（Montserrat 英領西インド諸島の一つ）で1995年に火山が爆発したとき，ただ右往左往するばかりであった．また，同年1月に日本の神戸を襲った大地震に際して，イギリス人は一瞬にして文明を破壊する自然の力を，ただ愕然とした思いで見ていた．

産業化が進んでいない社会では，人間と自然の接触がはるかに密接である．それは彼らの世界観にも表されている．たとえば，一年の大部分を雪と氷に囲まれて過ごすイヌイットは，寒さの対処法ばかりでなく，異なった形状の雪を表す語彙も豊富に備えている．同様に，サハラ砂漠に居住するベドウィン（Bedouin）は，砂の理解に秀でていると言われる．こうした民族を調査する人類学者は，まず環境的要因を重視しなければならないが，現代の甘やかされた都会人に，まったく異質な生活の実態を伝えるには，人類学より小説や映画の方が向いていることもある．たとえば，デンマークの作家ホォ（Peter Høeg）の小説『スミラの雪の感覚』（原著1994年）には，グリーンランド在住の主人公が雪に寄せる思いが描かれているし，オンダーチェ（Michael Ondaatje）の『イギリス人の患者』（原著1992年）には，砂漠で風を見分けることの重要性が書かれている．両作家の小説は映画化され，極限の環境における人間の生活を巧みに描き出した．なお，章末に掲げた『北極のナ

ヌーカ族』は，イヌイットの家族の厳しい生活を紹介した古典的な映像民族誌である．

　人類学者はあらゆるフィールドの環境条件を考慮しなければならない．しかし，異民族にとって「環境」とは何かという問題もあり，彼らの世界観と西欧的分類が一致するとは限らない．環境観の文化差を調査するのは人類学者の仕事だが，この問題が非常に厄介であることは，第6章で検討した景観（landscape）に対する認識の差が示す通りである．実際，西洋（果ては東洋）の芸術とは，似ても似つかない芸術が存在するのだ．さらに，人間と自然の関係のとらえ方にも文化差があり，環境意識の発達した現代世界にあって，それはイデオロギーの実践という問題とも関連してくる．

　『日本人の自然観』(1997年) という本の冒頭で，アスクウィス（Pamela Asquith）とカーランド（Arne Kalland）は，次のように述べている．

　　日本人は非常に自然を愛し，日本の芸術や物質文化はその反映と言われる．しかし今日，その日本人が国内外で引き起こした環境破壊に注目が集まっている．こうした相反する現象を，どのように理解したらよいのだろうか．本書の目的は，日本における自然と人間の関係を徹底的に分析して，この問題を解くことにある（Asquith and Kalland 1997：1）．

この本の力点は，英語に nature と訳されている日本語の「自然」という概念にある．それは言葉の定義にまつわる問題だけでなく，人間が人間以外の世界とどのように関わるかという問題を含んでいる．

　こうした点に関連して，インゴルド（Tim Ingold）は，近年話題の「地球現象としての環境」(environment as a global phenomenon) という考えについて考察している．彼によれば，人間が自分の住む世界を「地球」(globe) と呼ぶことは，人間を生活の場から切り離して世界の外に置き，そこから遠くを眺めるようにして自己を見つめる視点である．これに対して，西欧の伝統的視点は，人間をみずからの活動をとりまく幾層もの「圏域」(sphere) の中心に位置づけて，そこから外縁に向かって世界を眺めるものである．インゴルドによれば，「地球」として環境をイメージすることは，宇宙観に対する技術の勝利であるという．

伝統的な宇宙観は，人間を秩序ある関係の中心に据える．［それは圏域としての環境という視点と一致する．］そして，そうした関係を十分理解した上で，環境に対して適切に振る舞うように指示する．対照的に，近代技術は，人間社会とその利益を「自然界」（physical world）として理解された外部に置く．そして，人間が自然を征服するための手段を提供するのである．［伝統的］宇宙観が世界の内部で行動するように指示したとすれば，［近代］技術は人間が世界に対して働きかける指針を提供する（Ingold 1993：41）．

もっとも，インゴルドも指摘するように，圏域と地球という環境観は相互排他的なものではない[*4]．こうした相反する志向の共存は，日本にも当てはまるだろう．アスクウィスとカーランドによれば，日本人は自然との一体感を強調して，自然を支配しようとする西洋人と一線を画す一方，［江戸時代には朱子学の影響で天然資源を開発して，当時の人口増加に対処したように（Asquith and Kalland 1997：6）］，実際には自然を支配しようとしているのである[*5]．

また，インドに固有の思想体系では，人間は宇宙と一体化していると言われる．この点はタンバイアの説明に詳しい．

> 我々の知るアーユルベーダ（Ayurvedic）体系は，自然を構成するものと人間を構成するものは同じであり，食物や薬の摂取および不要物の対外への排出の過程は，人間と自然との間［に流れる］エネルギーや力［の一環である］と想定している．なんらかの不均衡は身体的病を引き起こすが，それは，さまざまな段階における交換によって，たとえば適切なものや食事を採ったり，ある気候条件に身をさらしたり，逆にそこから隠れたり，あるいは家族や親族といった他の人々や神々とのふさわしい関係を維持することによって，正すことができる（多和田裕司訳『呪術・科学・宗教』p. 228）．

ただし，すべての社会生活や政治生活を，環境という観点から説明してはならない．たとえば，日本人に特有な性格の原因を，山の険しい風景や稲作の発展に求めることがあるが，山間の国は日本だけではないし，稲作に従事する民族も多い．**環境決定論**（environmental determinism）は避けるべきで

ある．確かに，自然環境は人間の社会に一定の枠をはめるが，決定するとまでは言えない．もし決定するなら，同一の環境には同一の社会体系が常に存在するはずだが，それは事実と異なる．このことは，メキシコの民族誌を見ればすぐ理解できるだろう．かつて，メキシコには高度に中央集権化した，技術的にも芸術的にも先進的な民族がいたが，今日そこに見いだされる社会は政治組織の統一を欠き，技術的にも遅れをとっている．

　同一の環境的要因や問題に対する解決策はさまざまであり，そこには文化差が反映されている．人間の生存には水が不可欠で，水の貯蓄はどこでも切実な問題であるが，前節で検討した狩猟採集民や牧畜民は，この問題を移動によって解決している．つまり，彼らは水源を探し当てて欲求を充足させるわけで，環境問題への対策は遊牧，またはヌアー族のような移牧である．後者は前者より移動率が低い．一方，農耕民は灌漑制度を作って，この問題に長期的解決を図っている．灌漑制度はその維持管理ばかりでなく，余剰農作物の共有も可能にする社会組織を要求する．その結果，経済生活は土地所有をめぐる規則を特徴とし，水の採取にも規制が加えられるのが普通である．リーチの『プル・エリヤ』(1961年) は，スリランカの農村における土地所有を研究したもので，灌漑制度の社会的結果が詳細に描かれている（章末の読書案内を参照）．

　このように，環境に客観的現実があるわけではなく，環境が社会体系を決定するとは言えない．むしろ，環境とはその中に住み利用する人間が，自分の世界観に従って分類したものである．最後に，世界観の相違を示す例として，国際的に大きな議論を呼んだ問題を取り上げてみよう．それは「鯨の保護」(whale conservation) をめぐる西洋と日本の認識の差である．日本は独自の調査に基づいて，現在の生息数なら捕鯨は可能であると主張しており，ノルウェーやアイスランドも日本に同調している．実際，［鯨は大量の食料を必要とするので］数を適度に制限しないと，日本人の漁業資源が枯渇する可能性がある．また，鯨の肉は貴重なタンパク源であり，捕鯨は代々伝承された特殊な生業である，というのが日本の立場である．

　しかし西洋では，鯨は絶滅の危機に瀕しており，このまま日本人（や他の民族）が取り続ければ，いずれ地球から姿を消すだろうという考えが圧倒的である．こうした見解の支持者には，モービー・ディック (Moby Dick) 的な柔和な鯨の物語や，聖書に登場するヨナ (Jonah 海上の嵐の責任を問われて

写真12.1 捕獲した鯨をさばくインドネシアのラマレラ村（Lamalera）の住民．鯨は良質なタンパク源である（写真提供 R. H. and R. Barnes）．

海に放り出されたが，大魚に呑まれて陸上に吐き出されたヘブライの預言者）の話を聞いて育った人が多い．彼らには鯨の肉を食べるなどということは，考えられないのだ．ある日本の評論家は，鯨を「牛」（cow）に言い換えれば問題はなくなるだろうと述べ，西洋人は感情的すぎると批判した．同様の（しかし慎重な）見解は，人類学者のアイナソン（Niels Einarsson）も提示しており，彼はアイスランドの漁民が，地元からすればとうてい納得できない理由で，生活の糧を一切合財奪われた様子を報告している．また，前述のノルウェーの人類学者カーランドは，国際捕鯨委員会に列席を求めて，より客観的な視点の提供に努めた．

　鯨の生息数に関して，私にはどの数字が正しいのか判断できないし，それはここで論じるべき問題ではない．私が具体的に示したかったのは，認識の相違が存在するということである．鯨の問題は，①環境はそこに住む人間により分類され，②環境観は言説を通じて形成される，ということを物語っている．グリーンピースの環境保護に対する姿勢には頭が下がるが，「歌う聡明な鯨」というロマンを利用して，否「食い物」にして，支持を集めている

ということは否定できない．読者の中には，こうした物言いに怒りを覚える人もいるだろうが，世界には鯨など海洋動物に依拠して生活している人がいる．同じ人間として，彼らの苦境に思いを馳せてほしいものである（写真12.1および Barnes 1996を参照）．

環境が社会生活に及ぼす影響

　世界のほとんどの地域で，環境は当然のことながら経済生活，政治生活，宗教生活に影響を及ぼす．しかし，産業社会では両者の因果関係が明確でないので，この事実は忘れられがちである．また，既に捕鯨との関連で述べたように，すべての経済資源（と思われているもの）に対して，同一の認識が存在するわけではない．たとえば，牛は客観的に見れば食べられるが，ヒンドゥー教徒にとっては聖なる動物であり，食卓に出すことは現地の習慣で禁止されている．そのため，インドの一部では牛が自由に動き回って，農作物への被害はもちろん，交通妨害も起こしている．1995年には，鉄道の線路の上を歩いていた牛が原因で大惨事が起きた．さらに，限られた資源を求めて人間と牛が競合することさえある．

　また，環境には政治構造との関係もあることを指摘しておきたい．本章の第1節で述べたように，どのような経済活動を営むかによって，政治形態の可能性に変化が出る．狩猟採集民と牧畜民の集団の大きさは，それぞれ調達可能な食料と牛の数によって影響される．定住する農耕民の場合は大集団に発展する可能性があり，政治体系もそれだけ複雑になる．移牧を営むヌアー族の政治は「分裂と融合の政治」(fission/fusion politics) と呼ばれる．それは［第10章「無頭社会」の節で説明したように，ヌアー族は雨季と乾季の合間に移動するので］，政治再編の機会が定期的に存在するからである．

　『環境と文化行動』(1969年) という本に収録されたリーズ (Anthony Leeds) の論文には，ベネズエラのヤルロ族 (Yaruro) が住む地域の生態 (ecology) と，彼らの首長制 (chieftainship) の関係が述べられている．これは第10章で見たように，南米の熱帯雨林地域におけるリーダーシップの一例である．また，ピドック (Stuart Piddocke) の論文には，第3章で検討したポトラッチの実践が，生態学的視点から取り上げられている．さまざまな社会で環境が政治構造に及ぼす影響を研究した著作は，枚挙にいとまがない．

地図12.1　南半球から見た地球

　儀礼や宗教活動も当然環境の影響を受ける。たとえば、祭りは季節の変化、植え付けと収穫、夏と冬の長さなどと関連している。スーパーマーケットに行けば、季節と無関係に食料を調達できる今日でも、カボチャ、イチゴ、モヤシなど、旬の野菜や果物は儀礼用として重宝されている。国土の7割方が山の日本では、山間地に神社仏閣が鎮座して巡礼が行なわれ、山に神聖性が付与されていることもある。また、灌漑が重要な地域には水の祭りがあり、旱魃時には雨乞いの踊り（rain-making dance）も見られる。

　人間と環境の関わりを理解しなければ、宇宙観も理解できない。ここでいう「環境」とは、環境がもたらす限界や、ある環境のもとで発達した連想などを含む。一例をあげると、ヨーロッパと北米ではクリスマスは冬の雪と結びついているが、オーストラリアでは夏の最中にその時期が来る。だが、こうした気候的条件でも、クリスマスとの象徴的連想が維持されることもあり、寒くなってくると「季節のクリスマス」（seasonal Christmas）という催しが開かれる。この催しは大体が商業的なものだが、暖炉の火や雪だるまといった北国の象徴を、一定の時期に思い起こさせる。

　地球の反対側や気候がまったく違う場所に行けば、言語と環境の密接な関係を理解できるだろう。オーストラリアやニュージーランドなど、南半球で生まれ育ったヨーロッパ系の住民の言語には、彼らの生地の生態系と無関係な言葉が日常的に用いられている。そうした語彙は、彼らの祖先がヨーロッパから持ち込んだものである。またオーストラリアの四季は、ヨーロッパから入植した白人が植えた落葉樹や、ヨーロッパ式の農耕サイクルによって表されるので、季語が逆になる（オーストラリア原産の樹木は、北部では気候が

温暖な冬に開花する）．南半球から世界を眺めれば，おそらく地図12.1のようになるであろう．

　地球を表す言葉にも，元来は方向を指示するだけなのに，今日では不適切な意味を帯びるようになったものがある．たとえば，「極東」(the Far East) という表現は，ヨーロッパを起点とした見方であり，同地域はアメリカから見れば西に，オーストラリアやニュージーランドから見れば北に位置する．同様のことは「中東」(the Middle East) にもいえる．また，「西洋」(the West) という表現は，東洋 (the East) 以外の諸国を漠然と示すが，さまざまな国が含まれているので，あまり実体があるとはいえない．ただし，「極東」や「中東」といった用語を用いている点では，西洋諸国に一定の共通性があるといえよう．本書は，こうした「地名誤記」をそもそも広めた旧大英帝国で書かれたものであるが，異民族の研究をより一層進める一助となれば幸いである．

結　語

　終章の本章では，できるだけ前章までの議論に立ち戻って，これまで別個に検討してきた事柄を，一つの全体として提示するように努めた．結論として言えば，経済的環境的要因はどこでも社会文化体系の一部である．前者は後者に影響を与えるが，同時に後者によって影響され具体的な姿形を現す．分析上，本書では特定のテーマを各章に振り分けたが，それは人工的な区分であって，現実の社会ではすべてが関連しあう．

　社会人類学をより深く勉強してみたい読者は，各章末に掲げた文献を実際に手にとって読んでいただきたい．この分野を理解する一番の方法は，特定の民族に関する民族誌を何冊も繰り返し読むことである．そして民族誌から得られた知見を，本書で概観した一般原理 (general principle) に結びつけることである．そのような努力の中から，原著者が思いもよらなかったアプローチに気づくであろうし，原著とは異なった社会生活の諸相が明らかになるかもしれない．民族誌の書かれた場所に実際に行き，新たな問題を追求するあなた自身の姿を想像してみよう．

《参考文献》

Appadurai, Arjun (1986) *The Social Life of Things : Commodities in Cultural Perspective* (Cambridge : Cambridge University Press).

Asquith, Pamela, and Arne Kalland (1997) *Japanese Images of Nature : Cultural Perspectives* (London : Curzon).

Barnard, Alan, and James Woodburn (1988) "Property, Power and Ideology in Hunter-Gathering Societies : An Introduction." In Tim Ingold et al., *Hunter-Gatherers* (Oxford : Berg) pp. 4-31.

Barnes, R. H. (1996) *Sea Hunters of Indonesia : Fishers and Weavers of Lamalera* (Oxford : Clarendon).

Campbell, J. K. (1964) *Honour, Family and Patronage* (Oxford : Clarendon).

Douglas, Mary, and Baron Isherwood (1979) *The World of Goods : Towards an Anthropology of Consumption* (London and New York : Routledge). 浅田彰・佐和隆光訳『儀礼としての消費――財と消費の経済人類学』(新曜社, 1984年).

Einarrson, Niels (1993) "All Animals Are Equal, but Some Are Cetaceans : Conservation and Culture Conflict." In Kay Milton (ed.), *Environmentalism : The View from Anthropology* (London : Routledge).

Foster, George (1965) "Peasant Society and the Image of Limited Good." *American Anthropologist* 67 : 293-315.

Goldstein-Gidoni, Ofra (1997) *Packaged Japaneseness : Weddings, Business and Brides* (London : Curzon).

Ingold, Tim (1993) "Globes and Spheres : The Topology of Environmentalism." In Kay Milton (ed.), *Environmentalism : The View from Anthropology* (London : Routledge) pp. 31-42.

Leeds, Anthony (1969) "Ecological Determinants of Chieftainship among the Yaruro Indians of Venezuela." In Andrew P. Vayada (ed.), *Environment and Cultural Behavior : Ecological Studies in Cultural Anthropology* (Garden City, New York : The Natural History Press).

Milton, Kay (ed.) (1993) *Environmentalism : The View from Anthropology* (London : Routledge).

Sahlins, Marshall (1974) *Stone Age Economics* (London : Tavistock). 山内昶訳『石器時代の経済学』(法政大学出版局, 1984年).

Tambiah, Stanley J. (1990) *Magic, Science, Religion and the Scope of Rationality* (Cambridge : Cambridge University Press). 多和田裕司訳『呪術・科学・宗教――人類学における「普遍」と「相対」』(思文閣出版, 1996年).

《読書案内》

Firth, Raymond (ed.) (1976) *Themes in Economic Anthropology* (London : Tavis-

tock).
Forde, Daryll (1934) *Habitat, Economy and Society* (London : Methuen).
Humphrey, Caroline, and Stephen Hugh-Jones (1992) *Barter, Exchange and Value : An Anthropological Approach* (Cambridge : Cambridge University Press).
Leach, Edmund (1961) *Pul Eliya* (Cambridge : Cambridge University Press).
Mauss, Marcel (1979) *Seasonal Variations of the Eskimo* (London : Routledge & Kegan Paul).
Piddocke, Stuart (1969) "The Potlatch System of the Southern Kwakiutl : A New Perspective." In Andrew P. Vayada (ed.), *Environment and Cultural Behavior : Ecological Studies in Cultural Anthropology* (Garden City, New York : The Natural History Press) pp. 130-156.
Vayada, Andrew P. (ed.) (1969) *Environment and Cultural Behavior : Ecological Studies in Cultural Anthropology* (Garden City, New York : The Natural History Press).

《小説》
Høeg, Peter, *Miss Smilla's Feelings for Snow* (London : Fontana, 1964). 染田屋茂訳『スミラの雪の感覚』(新潮社, 1996年).
Ondaatje, Michael, *The English Patient* (London : Picador, 1992). 土屋政雄訳『イギリス人の患者』(新潮社・現代世界の文学, 1996年).

《映画／フィルム》
Bushman of the Kalahari (John Marshall and Robert Young, 1974).『ナショナル・ジオグラフィック』(*National Geographic*) 作成. 人類学者ローナ・マーシャル (Lorna Marshall) を母に持つ映画製作者ジョン・マーシャル (John Marshall) が, 20年前に生活を共にしたカラハリ砂漠のブッシュマンを再訪した時の様子を記録したもの. マーシャルはブッシュマンに関する映画を数本作製している.
The Emerald Forest (John Boorman, 1986). アマゾンの熱帯雨林に住む想像上の原住民の生活に, 産業社会が与える脅威を描いた長篇特作映画. 主任エンジニアの子供が原住民に捕えられ, 彼らに育てられる.
The Gods Must Be Crazy. 同じカラハリ砂漠のブッシュマンを, きわめてドラマチックに描いた長篇特作映画. 仲間の一人が隣接する部族の戦争に巻き込まれる様子を描いた.
Nanooka of the North (Robert Flaherty). 映像民族誌の先駆け的存在で, 一人のイヌイットの男性と彼の家族の生活を描き出した.

《訳注》
1 アメリカでは, 環境や生態と人間の生活の関係を研究する分野は, 新進化主義および

文化生態学と結びついている。19世紀の社会進化論を代表するモルガンが,『古代社会』で提示した「野蛮」「未開」「文明」という人類社会「進歩」の段階は,文化相対主義を唱えたボアズと彼の弟子によって否定された。しかし,その後も進化論的思考は根強く残り,第二次世界大戦後は新進化主義（neo-evolutionism）として登場した。中心人物はミシガン大学のホワイト（Leslie A. White）である。当時のアメリカは,マッカーシズムが吹き荒れ,モルガンがマルクスやエンゲルスに影響を与えたことから,社会進化論を共産主義と結びつけて考える風潮があった。また,主流のボアズ学派は,社会進化論を徹底的に攻撃した。こうした環境でホワイトは孤軍奮闘し,1959年 *The Evolution of Culture* (New York : McGraw-Hill) を著した。彼の理論は,年間一人当たりのエネルギー使用量によって,社会の進化が測れるという単純なものだったが,インパクトは強かった。そして,ホワイトの進化論は,弟子のサーリンズとサーヴィスに受け継がれた。二人は『進化と文化』（山田隆治訳,新泉社,1976年）という編著で,「一般進化」（general evolution）と「特殊進化」（specific evolution）という対概念を提唱し,単純から複雑への変化（つまり一般進化）を普遍的と想定する一方で,個々の文化が環境に適応しながら独自の発展（つまり特殊進化）を遂げる過程を重視した。前者はモルガンの伝統を,後者はボアズの伝統を汲むものと言ってよい。その後,サーヴィスは独自に「バンド」,「部族」,「首長制」,「国家」という社会進化の図式を打ち出した。この点については,第10章の訳注1で述べた通りである。

　また,文化生態学（cultural ecology）の創始者として知られるスチュワード（Julian Steward）は,主著『文化変化の理論』（米山俊直・石田紀子訳,弘文堂,1979年）において,モルガンの理論を「単系進化論」（unilinear evolution），ホワイトの理論を「普遍進化論」（universal evolution）と呼び,みずからの「多系進化論」（multilinear evolution）と区別した。多系進化論とは,19世紀的な社会進化論を否定しつつも,文化相対主義に基づく個別主義を退け,複数の文化間に見られる限定的な類似性を比較検討して,進化の法則を探ろうという試みである。スチュワードによれば,文化生態学は多系進化論の実践であり,その目的は環境への適応が文化にもたらす変化を実証的に調査することにある（"Cultural ecology has been described as a methodological tool for ascertaining how the adaptation of a culture to its environment may entail certain changes." *Theory of Culture Change*, p. 42）。これを噛み砕いて言えば,人類文化の進化が「多系」なのは,各々の文化が異なった生態系に「適応」して発展するからである。そして,スチュワードは文化を唯一無比の存在としてとらえたボアズ学派の個別主義を退けながらも,ホワイトの理論では解決できない個々の文化の進化が示す独自の特徴も考慮したのである。

　新進化主義と文化生態学については,綾部恒雄編『文化人類学15の理論』（中公新書,1984年）の第7章「新進化主義」,第8章「マルクス主義と人類学」,第10章「生態人類学」などを参照してほしい。

2　移牧の特徴は,「平地の家畜群を夏の酷暑期には高山の牧場で飼い,冬が近づけば山

から下りるといった定期的な移動を，毎年くり返す」ことにある（祖父江孝男『文化人類学入門』（増補版）中公新書，1990年，p. 74）。ヨーロッパで移牧が発達したのは，広大な山腹があるからである。なお，単系進化論的な見方をすれば，牧畜は狩猟採集から進化したもので，農耕以前の生業形態である。しかし，動物の家畜化は概して植物の栽培以降のことなので，元来は農耕地域で家畜を飼育していた人々が，牧草地を求めて周辺にどんどん移動した結果，農耕民から独立したという可能性も考えられる。ゴールドシュミット（Walter Goldschmidt）によれば，この場合は進化ではなく「退化」(devolution) である（*Man's Way: A Preface to the Understanding of Human Society*. New York : Henry Holt, 1959）。同様の例は，北米の平原インディアン（Plains Indian）にも見られる。元来，平原東部の部族は，バッファロー狩の他に，トウモロコシなどの農耕にも従事していた。しかし，16世紀初頭，スペイン人によってメキシコに持ち込まれた馬が伝播すると，彼らの生活様式は馬を中心に変化したのである。今日西部劇で見るインディアンの姿の起源はここにある。

3　フォスターが調査したのはメキシコのツィンツンツァン（Tzintzuntzan）という農村である（*Tzintzuntzan : Mexican Peasants in a Changing World* (revised ed.). New York : Elsevier, 1979）。彼の農村のイメージは，レッドフィールドの牧歌的農村像を批判したルイスのイメージ（第1章を参照）に近い。アメリカにおける農村研究は1960年代に頂点に達したが，その後は世界的な産業化の影響を受けて不調である。農村研究に関する日本語の概説は少ないが，吉田禎吾（編）『文化人類学読本』（東洋経済新報社，1975年）に収録された第5章「農民社会」が有益である。余裕があれば，ウルフ（Eric R. Wolf）の『農民』（佐藤信行・黒田悦子訳，鹿島出版会，1972年）も見てほしい。

4　この部分の原文は煩雑で読みにくいので，桑山がインゴルドの論文を参考にしながら大幅に編集して言い換えた。なお原文には，「地球的観点から世界を見るように学校では教わるが，ほとんどの人は写真でしかソトから見た地球の環境を知らない。また，国民国家の領土を示した白地図も勉強するが，それは大航海と植民地主義の名残であろう」という文章が含まれている。

5　日本人の自然との一体感（sense/feeling of oneness）について，よく日本庭園が引き合いに出される。しかし，日本庭園に見られる自然と人間の融合は，人為的に作り出されたものであり，その維持管理には多くの手間暇が必要とされることを見逃してはならない。『「縮み」志向の日本人』（学生社，1982年）を著した韓国の李御寧（イー・オリョン）は，借景としての自然と人工の調和が美しいことで知られるソウルの秘苑と比較して，日本の庭園は「人間の手の内に収まった自然」(p. 112) にすぎないと述べている。彼によれば，大自然を小さな空間に再現する日本庭園は，事物を縮小するという日本人の「縮み」志向の一表現である。

第 13 章

「つながりあった世界」のアイデンティティ
——観光・トランスナショナリズム・グローバリゼーション

はじめに

　ここ数十年の新たな技術の進歩は，世界の人々の視野を拡大した．そして，遠く離れた地域の生活慣習も，外部の詮索から自由ではなくなった．事実，本章の執筆中にも，ノーベル賞受賞者がロンドンの大学の名誉職を失った．訪問先の韓国で，私的なディナーの場でスピーチを行った際，性差別的な発言をしたことがその理由だ．冗談のつもりで言ったひとことが一人の聴衆の女性の気分を害し，その女性がツイートしたところ，一瞬にして何百万人もの支持を世界中から集めたのだ．この冗談はネット上で急速に広まり，当のノーベル賞受賞者の生活や評判は大きな痛手を負うこととなった．現代の人類学は，こうした「つながりあった世界」(connected world 連接する世界) の研究を射程に入れている．最終章となる次章では，それに伴う調査法の変化について考察するが，本章では，コミュニケーションの進歩により，どのようなテーマが新たに提起され，どのように人々の生活やアイデンティティが影響されたかについて考察する．

　最初に指摘すべきは，高速で安価な交通手段が整備されたことで，個人がこれまでになく速く，かつ頻繁に長距離の旅をできるようになったという事実である．そして，背景を異にする民族が出会い，面と向かって話し合い，共に過ごすことも可能となった．その一方で，自らのアイデンティティに疑問を抱くようになり，かつての世界における位置に不満を持つ者も現れてきた．本章では三つの観点からこの現象について考察する．まず，飲食，エンターテイメント，観光といった肯定的な側面から始めて，文化的多様性がど

のように人々の生活を潤したかについて考える．次に，移動が容易になったという事実が，移動する人と移動しない人の双方に与える否定的側面について考察する．そして最後に，地球をあたかも眼前に広がる商機の束のように捉えて，懐を肥やしてきた人々について考える．

いずれの局面においても，人類学者は現場に身を置いて，移住者と定住者の双方を調査して，人々の行為やその背後に隠された理由を理解しようと努めてきた．何よりも大きな変化は，移動した人が後に残された人と，遠く離れていても瞬時に，かつ安価にコミュニケーションできるようになったことである．インターネットや携帯電話の技術は，新たな人類学的調査の対象となるコミュニケーションや文化共有の形態を生んだ．調査対象のコミュニティー（共同体）は，特定の環境下にある一つの場所に限定されなくなったのである．今日，人々は対面交渉なしにコミュニティーを形成し，そこで世界観を共有する仲間と接触するようになっている．

こうした変化は，現代を生きるグローバル市民に，どのような影響を与えているだろうか．グローバル化によって世界の差異は失われているのだろうか．それとも，人々は新たなアイデンティティを構築しようとしているのだろうか，あるいは，かつてのアイデンティティを再構築しようとしているのだろうか．果ては，ツイートやチャットで際限なく広がる世界にあって，自分の領域を必死に守ろうとしているのだろうか．本章では，この変幻自在な新しい世界を対象とする現代人類学の実践について考察し，今を生きる人々の営みに迫る．中心テーマはアイデンティティ，つまり「自分は何者か」という問いである．

娯楽としての文化的差異

文化的差異に娯楽を見出す「文化観光」（cultural tourism）の一例は「食」（food）である．普通の日から特別の日まで，中華，インド，メキシカン，イタリアンといった外国料理を食べに行くことは，今日，世界中で日常的な風景となっている．それは異国情緒を安価に味わう手っ取り早い方法なのである．もちろん，今や「イギリス」料理として人気のインド発のティッカ・マサラ（tikka masala）のように，イギリス人の好みに合わせて作られた料理もある．こうした海外向けの料理は，本場の人々にとっては奇妙に映るだ

ろうが，実は彼らも異国の料理を自国で楽しんでいる．その一例が，「マクドナルド」というスコットランド系の名前が付いたアメリカのファストフードである．このレストランは世界中どこにでもあるが，それでも地域によって味やメニューを変えており，人類学的に考察した論集が出ているほどである（Watson 1998）．

今や，数日の時間とお金さえあれば，外国に足を運ぶことも可能だ．観光業が発達してグローバル化するなかで，旅にかかる費用は少なくなり，ヨーロッパでは外国旅行も大衆化している．しかし，天気の良いところに行きたい，海を見てみたいと言って大挙して旅に出ても，それは渡航先の地域の人々に必然的に影響を与えるわけで，その肯定的側面と否定的側面について注意しなければいけない．通常，観光客は渡航先の文化に何らかの関心を抱き，彼らが落とすお金で現地の人々も潤う．しかし問題も生じる．とりわけ，現地の人々が商品のように「展示された」（on display）とき，彼らはどのように感じるだろうか．そして，彼らが観光客に提示する自己像に，どれほどの「真正性」（authenticity）があるだろうか．人類学者が関心を寄せるのは，そうした問題である．

若い旅行者が荷物をバックパックに詰めこみ，一定期間，世界を歩くというのはよくあるが，こうした「ギャップ・イヤー」（gap year 進学するまでの期間）が制度化されたのは，つい最近のことである．私的なことになるが，1960年代末に私が数か国の旅に出たとき，周りの友人は非常に驚いていた．両親も，私が身を固められなくなってしまうのではないかと心配していた．だが，旅先で出会ったオーストラリア人やニュージーランド人は，私の先を行っていた．当時，「大陸」（ヨーロッパ）への旅は既に若者に人気があり，旅の費用を工面するために海外で働く人もいた．私と同世代のなかには，ペルシャやアフガニスタンといった，現在は戦火に引き裂かれた国を巡る「ヒッピー・トレイル」（hippie trail ヨーロッパから南アジアへの陸路の旅）に参加した者もいた．今日のトレンドをつくったのは彼らだと言ってよい．

旅から戻った学生の話を聞くと，バックパッカー同士で張り合って珍しい場所を探したり，「本物の人間」を「本物の家」で見ようとしたりするらしい．だが，このような行動は，本人が考えているほど現地では歓迎されていない．以前，いわゆる「楽園の島」バリを擁するインドネシアで開催された国際観光の学会に参加したところ，身なりも行動も現地の基準では不適切な

旅行者が，村や田畑に遠慮なく入ってくるという報告をいくつか聞いた (Hitchcock, King, and Parnwell 1993; Nuryanti 1997)．バックパッカーは素晴らしい体験をしていると思っているだろうが，現地で彼らがどのように見られているかは別問題であって，普段着の出会いが窃盗，殺人，逮捕といった恐ろしい結果を招くこともある．

旅と観光の研究

　言うまでもないが，娯楽旅行は新しい現象ではない．世界中どこでも，実際の旅の理由はともあれ，人々は旅を楽しむ術を見出してきた．文学にしばしば旅の物語が登場することからも，太古の昔から人は旅先で新たな出会いを楽しんできたことがわかるし，無文字社会で語り継がれた物語にも旅をめぐる話はある．イギリスではチョーサーの『カンタベリー物語』(*Canterbury Tales*)，日本では芭蕉の『おくのほそ道』(*The Long Narrow Road to the Far North*) が有名である．ただ，昔と今で違うのは，旅をする人の数である．観光客を啓発するための娯楽提供も積極的に行われるが，人気が出すぎると現地が困惑することもある．その一例が，かつて日本から［世界の名所を目指して押し寄せた］観光客グループで，よく規律はとれていたものの，とにかく規模が大きすぎた．日本の人類学者の山下晋司は，バリにおける観光の影響に焦点を当てて日英両語で考察しており，他地域との比較研究も行っている (Yamashita 2003)．

　観光にまつわる行為は，複数の分野の研究者の注目を浴びている．「観光学」という巨大で新たな学術分野は，往々にしてビジネス・マーケティング学部のなかに置かれているが，それは観光業のグローバル化や経済的可能性を反映している．一方，人類学者のなかには，ものを知らない旅行者に自分のフィールドが「荒らされる」(invaded) ことに，困惑を覚える者もいた．人里離れた場所に到着した初期の人類学者は，現地の家に迎え入れられ，ご馳走になったり泊めてもらったりしていた．訪れる人が少なく，訪問の回数も少なかった時代には，そうしたことも決して珍しいことではなかった．人類学者は旅先で出会った人々の生活に適応し，相手の厚意に応える方法を徐々に学んでいったが，一方の観光客は地球の反対側から来ても，自国で慣れた便利さを手放せない人が多い．

写真13.1　観光客数の増加にともない，写真のイタリア・ヴェネツィアのパリア橋（Ponte della Paglia）のような人気観光リゾートでは，身動きが取れなくなるほどの混雑が見られる（写真提供：Robert Davis と Garry Marvin）．

　スミス（Valene Smith）が編集した論集『ホストとゲスト——観光の人類学』（日本語訳は『観光・リゾート開発の人類学——ホスト＆ゲスト論でみる地域文化の対応』）は，その題名が示す通り，観光という現象を通じて接触するようになった「ホスト」と「ゲスト」の関係と，かつて両者の間に見られた期待の喪失を考察した，観光に関する初期の人類学的業績である（Smith 1977）．観光客は自らの期待を満たすように資金を持ち込むが，スミスらが注目したのは，客（ゲスト）と現地の人々（ホスト）との間には巨大な収入格差があり，その関係性に潜む政治的・倫理的な側面であった．この本が出版された1977年の時点で，スミスは観光業が推定800億米ドルの経済効果を生む巨大産業に成長していたと指摘しており，当時から経済学者や地理学者も観光の影響に関する研究に積極的に取り組んでいた．

　『ホストとゲスト』の初版では，著者らが関わってきた人々の生活に，観光がもたらした変化を考察した研究が豊富に紹介されており，観光から生じる異文化間接触の影響についても多くの問題提起がなされた．地域経済が崩壊したという報告もあれば，地域の美術工芸品生産の再生につながったとの報告もある．同書には，観光の影響を受けた側の現地の人々の見方が提示さ

れることもあれば,観光客側の意図を分析する試みもあった.10年ほど後に出版された第2版（Smith 1989）には長期的評価も加わり,初版の資料がより広いグローバルな文脈に置かれている.

　人類学における観光研究は充実してきており,特定の地域に焦点を当てた本も複数出版されている.たとえば,ボワセヴェン（Jeremy Boissevain）編集の『観光客への対処——ヨーロッパ人の大衆観光に対する反応』（1996年）には,ヨーロッパの観光地でフィールド調査を行った人類学者の論考が収められている.ボワセヴェン自身にとっても,マルタにおける長期調査は,急成長中の観光業を考慮に入れないことには成り立たないものであった.

> マルタ諸島は,貧しい僻地の島から栄える近代的な観光地に発展し,現地住民も多くが観光客となりつつあった.1960年代には,現地の人々の誇りとその土地ならではの歓待に観光客が迎えられたが,1990年代初頭までには,歓迎モードは一段落しつつあった（Boissevain 1996：vii）.

マルタ諸島については,ブラック（Annabel Black）による詳細な分析も同書に収録されている（Black 1996）.ヨーロッパでは観光は新しい現象ではなく,観光客自身,自分の故郷では観光客を迎えていることも多い.しかし,観光客の増加による変化は大きい.こうした変化に対処するため,ヨーロッパではどのような戦略が講じられてきたかについて,ボワセヴェンらは論じているのである.

エコツーリズムと聖地

　娯楽と巡礼を目的とした旅がそうであるように,観光客は必ずしも現地の人々に興味を抱くわけではなく,グラバーン（Nelson Graburn）が指摘したように,日常を離れた旅は精神的・肉体的再生をもたらす.世界の大都市で多忙な生活に追われている人々にとっては,青空が広がる人のいない空間が理想的な行き先になるかもしれない.人間がいなくても動物なら旅行者の興味をそそるだろうし,彼らを惹きつけてお金を落としてもらうために,特定の地域を娯楽用の公園地帯と定める国もある.しかし,何らかの故郷として認識されていない土地は世界でも非常に限られており,残念なことに,元来

の住人である先住民が観光から利益を得ることはあまりない．その地域に生存する動物を観光客が見たり写真を撮ったりする案内をするために，自らの土地に立ち入りを禁じられることさえあるのだ．

　この点に関わる例を二つ挙げよう．第一の例は，オックスフォード・ブルックス大学で人類学の授業を履修していた学生が語ったことである．その学生はボツワナで白人として育ち，学校が休みのときは「大型動物を狩りにきた金持ちの観光客」のガイドとして働いていた．その狩猟地は，ブッシュマンのサン族（San）や，その下位集団のジュホアン族（Ju/'hoan）がかつて生活していた場所だが，彼らはボツワナ政府に追い出されてしまった．名目上は大型動物保護のためとされたが，実際には観光や（賄賂が出れば）銃による狩猟のためであった．サン族の窮状にまつわる情報の広報を定期的に行っているサバイバル・インターナショナル（Survival International）によれば，政府がサン族を収容した再定住キャンプでは多くの死者が出ている．2006 年には，ボツワナの高等裁判所で，政府のブッシュマン立ち退き令は「違法かつ違憲であり，ブッシュマンは先祖の地で暮らす権利を有している」との判決が出た．残念なことに，状況改善への障壁は多く残っている（www.survivalinternational.org/tribes/bushmen）．

　二例目は，たまたま私が訪れたマレーシアの広大な公園である．その公園は国の天然資源を誇示するために作られた場所で，マレーシア国内で栽培・耕作されたさまざまな作物が展示されていた．訪問者は広い敷地を歩き回ったり，観光用の特別展示から別の特別展示へと園内バスで回れたりするようになっている．道の両側の木には猿が自由にぶら下がり，たまに降りてきてはぼんやりした観光客から食べ物を奪っている．観光客にとっては楽しい公園であろうが，公園の地図にあるオラン・アスリ（Orang Asli）という地区に気づいた人なら，以前はこの一帯で生活を営んでいた先住民のオラン・アスリが，隣の小さな村に閉じ込められていることが分かるだろう．

　こうした例は極端に思われるかもしれない．だが，より難しい議論を呼ぶ問題は，観光客が自然や野生動物に親しむいわゆる「霊的な」（spiritual）な経験が，直接的であれ間接的であれ，旅先の地域の人々の精神生活と衝突してしまうことである．ジョンストン（Alison Johnston）は，著書『聖なるものは売り物か——観光と先住民』（2006 年）のなかで，**エコツーリズム**（ecotourism）という概念について考察している．エコツーリズムは，理論上，

持続可能性（sustainability）や敬意を連想させる概念で，好印象を与える言葉であるが，実際には，その目玉とされる先住民の人々の土地や生活を破壊してしまうことが多い．

> 先住民の証言を辿れば，エコツーリズムの概念は過大評価されていることが分かる．エコツーリズムの事業案が，他産業のベンチャーと本質は変わりないという人は多い．先住民の経験では，エコツーリズム産業は，先住民の文化から暴利を貪る偽善者集団である（Johnston 2006：15）．

世界の数多くの例を取り上げながら，ジョンストンは，国連や NGO など大規模な国際機関の政策や指針はもとより，貴重な収入源でもある観光客の利益・関心を抑制しようとする現地の必死の試みまで，さまざまな問題を考察している．

『聖なるものは売り物か』で，詳しく取り上げられた有名な聖地（sacred place）の一つはマチュピチュ（Machu Picchu）である．マチュピチュは，古来ペルーのケチュア語族（Quechua）の聖地であるが，今や国連の世界遺産に登録され，ペルー政府により考古学上のインカ（Inca）遺跡としても登録されている．ジョンストンによれば，年間約 600 万ドルにも及ぶ入場料収入は，この観光スポットからペルーが得た利益全体のごく一部にすぎない．その一方で，ケチュア族の多くは 20 ドルの入場料を払う余裕さえなく，入場無料の日曜日は人でごった返していて，その地に眠る先祖に黙禱を捧げることさえできないという（Johnston 2006：127）．もう一つ取り上げられている聖地は，オーストラリアのウルル（Uluru），すなわちエアーズロック（Ayers Rock）である．ウルルは，この地で約 6 万年暮らしてきたアナング族（Anangu）の聖地だとされ，現在，アナング族は共同でこの世界遺産登録地の運営に正式に関わっている．残念ながら，訪れる人の多くは，アナング族の「岩に登ってはならない」という教えを無視しているようだ（Johnston：129-30）．

こうした搾取の状況が徐々に改善されている地域もあり，私が 2011 年にウルルを訪れたときには，クライマーの数は減ってきていると聞いた．また以前，北米太平洋地域で調査したときには，現地の人々が自らの土地の利用と共に自文化や歴史を表象する権利を取り戻しつつあるという話を聞いた

写真13.2 ニュージーランド，ロトルア (Rotorua) サーマル渓谷 (Thermal Valley) にあるマオリ美術工芸研究所 (Māori Arts and Crafts Institute)（写真提供：Joy Hendry, ニュージーランド・マオリ美術工芸研究所の厚意により掲載）．

(Hendry 2005)．たとえば，ニュージーランドでは，マオリ (Māori) 文化の表象がすべてマオリ族によって担われている地域もあり，彼ら自身がルールを決めている．観光客にマオリ流の歓待や挨拶をして，地域への一部立ち入り禁止を守らせるなどして，十分な生計を立てているツアー業者もいるほどである（写真13.2）．かつて外部の人類学者の立ち入りを一時禁止し，現在は地元のフィールドワーカーに生活習慣を記録させている独立国ヴァヌアツでも，ヴァヌアツ人 (ni-Vanuatu) の意向に沿った提示を，観光客が学べるように始められたツアーが行われている．

しかし，先住民が観光で生計を立てられるところは少ない．敬意をもって自分たちの土地を守り，聖地を持続させるという先住民の気持ちと，彼らが守ろうとしているものについて知りたいという外部の欲求は一致しないからである．あるとき私は，カナダのバンクーバーにあるグラウス・マウンテン (Grouse Mountain) 山頂で開かれた，コースト・サリッシュ族 (Coast Salish) のディナーに参加した．それは素晴らしい踊りと物語のショーだったが，観

客はまばらで，その後，取りやめになったと聞いた．オンタリオのブラントフォード（Brantford）では，先住民観光局が現地のオンタリオ当局と見どころの宣伝に当たっていたが，私が出会った先住民で，ブラントフォードで観光業に従事していた人は十分に生計を立てることができず，その仕事を辞めてしまったようだ．

　先住民が聖地をほぼ閉鎖し，イベントも中止したというケースもある．大勢の観光客がカメラを手に訪れ，台無しにしてしまうからである．たとえば，精霊の力強さを象徴するカチナドール（Kachina doll）で有名な北米のホピ族（Hopi）は，精霊が現れる瞬間の踊りを見る許可を観光客に与えることがあっても，写真は禁止していた．だが，上掲書『聖なるものは売り物か』には，「我が部族［ホピ族］の掟に従わなかったため」，「外部者の白人の訪問者」をホピ族の村から立ち入り禁止とする，という標識が掲載されている（Johnston 2006：251）．ジョンストンが指摘したように，先住民の多くにとっては，「聖なる」という言葉は「持続可能性」という概念と本質的に同義である．創造者たる神とその霊的な力に敬意を表することは，地球を持続させることでもあるからだ．

パフォーマンス・アイデンティティ・オーセンティシティ

　観光という文脈で人類学者が提起した問題のなかには，短期間の娯楽旅行を越えるものもあり，いわゆる観光客が異郷で一時的に住人となるという状況の検証も含まれる．観光客が旅先に住みついたり，仕事目的に滞在したりすることもあるからだ．アブラム（Simone Abram）ほか編『観光客と観光——人と場所との一体化』（1997 年）には，こうした営みとその意味に関する考察が収録されている（Abram, Waldren, and Macleod 1997）．何人かの著者は，観光客や一時滞在者が訪れる「コミュニティー」について検討しており，土地の人が観光客用に文化的差異を演出する（perform）姿を描いている．この演出（パフォーマンス）の問題は，コールマン（Simon Coleman）とクラング（Mike Crang）が編集した『観光——場所とパフォーマンスの間』（2002 年）でも取り上げられていて，観光の場における大きな問題は**アイデンティティ**，つまり自己がどのように構築され，他者との差異化が図られるかにあるとされている（Coleman and Crang 2002）．

前節では，ヴァヌアツを訪れる観光客が，ヴァヌアツ人の自己像を学ぶ機会があると述べた．その一例を垣間見れば，本節で扱うさまざまなテーマが見えてくる．ポート・ヴィラ（Port Vila）では，観光客はエカスプ文化村（Ekasup Cultural Village）という施設に有料で入ることができる．所定の時間にバスに乗り，近くの森の端まで行くと，あとは歩いていくように指示される．施設に近づくと，肌もあらわな服をまとった一人の男が飛び出してきて，観光客一行に名乗るように求める．彼の服装は，かつてこの地に暮らしていた人々のそれで，挨拶は植民地化以前に外来者に対して行われたものと同じだ．引率者が求めに応じて名乗り，それが「承認」されると，一行は再現された「村」に通されて，そこで森の生活の実演を見ながら詳しい説明を受ける．

　エカスプ文化村には，案内のガイドの他に過去の生活を再現する人がいて，彼らは電気と携帯電話という産業社会と接触がなかった時代の人間のように振る舞う．家族がいる場合は，このようにして観光客をもてなしながら，伝統を継承していくのである．これは世界各地の「遺産」（heritage）の展示に比することができるだろう．観光客にとっては，かつて秘境の地であったヴァヌアツの生活の一端に触れることで，実りある訪問となるであろうが，後で「村人」がジーンズとTシャツというありふれた格好で街を歩いているのを見たら，こうした娯楽（recreation）／再現（re-creation）に「真正性」（authenticity）を見出すかどうかは分からない．だが，ヨーロッパの植民者が到来する以前の暮らしを再現することで，ヴァヌアツ人は自らのアイデンティティを再確認しているとも考えられる．そうだとしたら，当時の植民者は今日の見物に訪れた観光客と似ていなくもない．

　この場合，ヴァヌアツの人々は観光客のために自らの過去を「演出」すると同時に，演じることで自らのアイデンティティを確認しているのである．このパフォーマンスは，必ずしも観光客が求めている純粋な過去と一致するわけではないが，そもそも脱植民地時代への変化がなければ，そうした過去を知ることもなかっただろう．重要なことは，演じている側が自らの選択で演じているということだ．これに対して，世界各地では巨大な多国籍企業がホテルや観光客向けの施設を建設して利益を貪っており，現地の人々がそうした場で自分たちの文化の展示活動を行っても——よく見かけるのは，ダンスショーやホテルのロビーにある手工芸品のワゴンである——，収益のごく

一部しか受け取れず，何を見せるかも厳しく制限されている．一方の観光客は，居心地が良く安全な環境でリラックスできるため，資金繰りがつけばこうした形を好むようだ．

　前述の『観光客と観光』（1997年）に収録された論文で，編者のアブラムは，フランスの農村地帯オーヴェルニュ（Auvergne）における歴史の「パフォーマンス」について，観光客と現地の関係を含むさまざまな状況を踏まえて考察している．よく行われるのはやはり音楽と踊りであり，日常生活では見かけない服装を演者がまとっているのは，その土地ならではの特徴を表現するためである．アブラムは，「明確な行事の名称と枠組み」を必要とするまったくの観光客への見せ方と，知識や経験をある程度共有している現地の人々や，近隣地域の人々を対象にした見せ方とでは，違いがあると述べている．ただし，いずれの場合も，伝統のパフォーマンス（演出）はアイデンティティを表す機会となっていて，絵葉書や土産物を観光客や訪問者に販売することで，貴重な習慣や過去とのつながりを維持している．

　こうした事例から読み取れるのは，以前から言われてきたように，観光客の存在が地域のアイデンティティを破壊するというより，むしろアイデンティティの定義・再定義づけを強化するという現実である．上記『観光客と観光』に収録されたコーン（Tamara Kohn）の論文には，スコットランドのインナー・ヘブリディーズ（Inner Hebrides）の島における活動に，観光客が夏の間だけ何年も参加しているうちに，地域のアイデンティティを次第に身につけていく様子が描かれている．これは，その土地に生まれ，その土地の言葉を話すといった，もっとも「自然に」地域のアイデンティティを身につけている人が，故郷を離れて都市で何年も仕事しているのと対照的である．似たような事例としては，作曲家のショパンが恋人のジョルジュ・サンド（Georges Sand）と（僅か数か月間だけ）滞在したとされるマヨルカ島（Mallorca）の神秘的スポットを題材としたウォルドレン（Jacqueline Waldren）の研究がある（Abram, Waldren, and Macleod 1997に収録）．彼女には『内部者と外部者——マヨルカ島のパラダイスと現実』（1996年）という素晴らしい観光民族誌がある．

　以上の事例が示すのは，アイデンティティが柔軟でダイナミックな性質を有しているということである．アイデンティティは，常に差異を通じて何か別のものとの対照で規定されるが，その差異は，観光客や差異に関心を寄せ

る他者の存在によって，無意識に具現化されている．だが，もし観光客が[大航海時代の探検家を装って]，自分が到着して異民族を「発見」する前には，手垢にまみれていない「真正な」文化が存在したと考えるのなら，それは文化的差異に関する傲慢な見方である．観光地の人々を立腹させるのは，彼らの文化は時間と共に変化したがゆえに真正性に欠ける（inauthentic）という非難である．だが，文化が変化するのは当然で，彼らは疑いもなく常に変化してきた．新参者がハイテクの道具や玩具を大量に持ちこんだからといって，自分が相手の文化を変えたのだなどと主張するのは，何千年にもわたるローカルな知と経験の蓄積を見誤り，かつ過小評価する残念な考え方である．

こうした問題について，マクドナルド（Sharon Macdonald）は，スコットランド沖にあるスカイ島のアロス（Aros）に，遺産センターを設立した二人の若者の経験を検討している．ゲール語（Gaelic）話者の彼らによれば，センター設立の目的は，地元の人々が「自らの文化遺産」を守ると同時に，それを観光客に提示することにある．二人の取り組みは，上述の事例と大差ないように思われるかもしれないが，当該地域では必ずしも評判が良いわけではなく，実は多少の反対も受けてきた．しかし，マクドナルドが述べたように，この取り組みの成果として重要なのは，若者が都会に出て仕事を探す必要がなくなったため，地元に残れるようになったことである．つまり，観光客を呼び込む可能性が，自らの遺産の保護と維持につながっているのである（Macdonald 1997a）．

文化遺産の展示（putting cultural heritage on display）という概念は，新しいものではない．たとえば，博物館では長い間そうした営みが続けられてきたし，それは遠方から収集されたモノを，航海や遠征および帝国の権威の証しとして使う試みでもあった．一方，帝国に編入された国にとっては，失われた先祖の土地の物質文化を展示する博物館の建設は，重要な意味をもっていた．歴史的に見れば，産業革命の成果が世界中に浸透して，革命以前の手工業の生産手段が不要となったため，博物館展示には「保護保全」（conservation）という側面があった．同時に，それは排除され消滅を宣言された民族の記録ともなった．同様の理由で，植民地のモノが帝国に持ち去られて，民族学博物館で保存されたり展示されたりすることもあった．

今日，抑圧された民族の子孫は生きながらえ，（自らの手で）過去のアイデンティティを強調し，表象する道を選びつつある．彼らにとって，博物館は

民族の消滅という不快な予測を立てた，いまだに否定的な存在かもしれないが，そうした現実に対応して，世界中により活発で積極的な文化展示（cultural display）が登場しつつある．博物館という名称はついていても，古物と一緒に近代的なモノを展示したり，野外に家屋を展示したりするところも出てきている．また，「文化センター」や「遺産センター」と呼ばれる施設は，地域の人々が自ら選んだアイデンティティを復活し祝うと同時に，観光客用に文化的特徴をコンパクトに展示している．さらに，自文化というより異文化を展示する場として，いわゆるテーマパーク（theme park）がある．

　私は，拙著『オリエントの反撃——グローバルな視点でみる文化展示』（2000年）において，ヨーロッパの民族学博物館をはじめ，世界各地で開催された万国博覧会や世界展はもちろん，ディズニーランドや他のタイプのテーマパーク（アメリカ発で世界に普及したもの）まで，さまざまな文化展示について考察した（Hendry 2000）．この問題に関心を抱いた理由は，日本に散在するテーマパークにあった．そこには，［本物はなくても］外国の観光スポットのレプリカが置いてあるので，実際にわざわざ行かなくても1日や2日で海外に行ったような気分になれる．さらに，日本以外の東アジアを調査してみると，アメリカ型のテーマパークよりはるかに洗練されたやり方で，文化的差異を展示していることに気づいた．ヨーロッパの博物館では許されないレプリカや復元という文化表象の在り方を，私は見出したのである．

　社会学者のマッカネル（Dean MacCannell）は，観光研究の古典とされる『ザ・ツーリスト——高度近代社会の構造分析』（原著1976年）において，文化的モノ（artifact）が元来の文脈を離れて，その表象に他者が関心を抱いて訪れるという現象は，近代（modernity）の大きな特徴であると指摘している．マッカネルによれば，前近代を人工的に保護して再構築するのは，近代に特徴的な営みである．また，伝統文化の喪失を嘆く人が，伝統を維持していると思われる他者に関心を寄せることは，「真正性」が急速に失われつつある世界において，それを探し求める行為だという．「舞台裏」の生活に対する関心に辟易している現地の人々も，観光客を満足させて，できることなら利益を得ようと考え始めた結果，観光地は「真正性を演じる」（stage authenticity）空間になったとマッカネルは述べている．

　モノの複製を作ったり，（ディズニーランドのジャングル・クルーズのように）もし現実なら危険な旅を再現したりすることは，ポストモダン（postmodern

脱近代）と解釈されてきた．事実，マッカネルもそのように捉えたのだが，後に彼自身が述べたように，彼が1970年代半ばに『ザ・ツーリスト』で描いた社会状況は，1990年代後半には時代遅れとなってしまった（MacCannell 1999：1）．先に私が真正性との関連で述べたように，世界の人々の行動を，西洋の時代区分に沿って，西洋のように「発展」することこそ「近代」であり，さらに「ポストモダン」であるとみなすことは，西洋中心の傲慢にすぎない．第1章で，「原始的」(primitive) とか「前論理的」(pre-logical) といった表現は，初期の人類学者に特徴的な思考様式であると説明したが，いずれ「近代」も「ポストモダン」も学説史に仲間入りするだろう．

　人類学者は，ローカルな状況をその地域の文脈で捉え，彼らの世界観に沿って理解しなければならない．私の日本のテーマパークに関する研究は，「テーマパーク」という外来語の使用を含むグローバルな状況とともに，展示や学習に対する日本の伝統的概念について論じたものである．日本では，模倣（copying）が技術を学び伝える方法として，また消滅しかねない伝統を受け継ぐ方法として，非常に高く評価されている．過去の復元も肯定的に評価されており，日本のテーマパークには歴史的に重要な時期を表象したものがある（それは今や他の国でも見られるようになった）．たとえば，とある日本のテーマパークには，イギリスの文豪シェイクスピアの生家が復元されている（写真13.3）．このテーマパークは，ストラットフォード・アポン・エイヴォン（Stratford-upon-Avon）にある「本物」の「複製」であると認めているが，現存の生家よりシェイクスピア自身が住んでいたときに近いとして，本物より「真正」であると主張している．

　博物館や物質文化のコレクションはもちろん，ちょっとした土産物などは，過去数世紀にわたって，旅行者，探検家，植民者，そして人類学者が世界を歩き回り，各地で遭遇した奇妙な「他者」に高い関心を示したことを物語っている（土産物に関する論集として Hitchcock and Teague 2000 がある）．近年では，工芸センター（craft center）が観光客のために特産品を作る場を設け，増大する一方の好奇心に満ちた観光客を相手に，店や市場や商店街が何マイルも乱立しているところもある（もっとも，諸経費は外部企業に徴収されている）．新設の文化センターでは，地域の人々が自分たちの考えで設計して提示することができるが，時として外国人観光客が驚愕するような方法が用いられる．それは文化を「消費する」というより「共有する」ための新たな仕

写真13.3 日本版「ニュー・プレイス」(シェイクスピア晩年の住処) は、千葉県丸山町にある。当時のイギリスの建築技術の歴史的記録に基づき作られた (写真提供：Joy Hendry). 2012年に閉園.

掛けなのかもしれない。このように，ホストとゲストが文化を共有するなら，どこを旅しても異文化の出会いは満足のいくものとなるだろう．

国境を越えたつながり

　今日のように移動が激しい世界では，娯楽以外の理由でも人々は動くようになった．たとえば，移動者の多くは経済移民 (economic migrant) であり，彼らは生活水準や生活全般の向上を求めて，生まれ故郷を捨てて新たな場に住処を築く．こうした現象自体は新しいものではなく，人間は太古の昔からそのように移動してきた．だがここ数十年で，移民が故郷とのつながりを維持することが容易になったため，若者はまず自国より給料の高い職を求めて飛び出し (当初は短期間のつもりだろうが)，新たに築いた富 (移住先の基準では少額だとしても) の多くを本国の家族に送金する．彼らの中には定住して新たな生活を始める者もいる．

　別の移動集団として，侵略，戦争，飢饉，地震や津波などの自然災害のために故郷を追われた人々がいる．こうした出来事が人間の移動を生むのは必然で，生まれ故郷から離れて新生活を望む人々の中には，異郷での受け入れ

を期待するあまり，国を転々とする亡命希望者のようになる者もいる．本書執筆の時点でも，新天地を目指して僅かばかりの財産をはたいて小舟に乗った多くの人が，世界各地で見捨てられている．彼らの窮状はあらゆるメディアで映像化され報道されている．それは，彼らに受入れ先と名指された国が，逆に驚いて動揺したからだが，移動中に志半ばで命を落とす人が，かなりの数に上るからでもある．こうした移民の数は，ここ10年で倍増したと言われている．

　オーストラリアに向かった人の中には，海に置き去りにされたり，刑務所のような島に送られたりした人もいる．アフリカからヨーロッパを目指した人の方が救助される可能性は高いが，上陸先のギリシャやイタリアの港での対応は困難を極め，ヨーロッパ全体ではいかに移動を思いとどませるかに議論の焦点が当てられている．この問題に注目したスウェーデンの人類学者アンデション（Ruben Andersson）は，2015年に『株式会社・違法――極秘移住とヨーロッパの国境をめぐるビジネス』という民族誌を書いて，とある賞を受賞した．書名そのものが移住プロセスの不正を示している．アンデションは，マリ（Mali）などのサハラ以南のアフリカから逃れる難民について詳述しており，彼らの道のりは海にたどり着くだけでも長く，生存可能性はあまり高くない．しかし，それでも国を逃れたいという思いには抑えがたいものがあるのだ．

　難民および彼らの定住にまつわる問題は，長い間，人類学的研究の焦点の一つであった．近年ヨーロッパで拡大しているのは，かつての宗主国から植民地へという流れの逆で，旧植民地の人々が大量に旧宗主国へと移住するという現象である．それゆえ，特定の民族を人類学的に調査しようとすると，アフリカからフランスへ，インドからイギリスへ，インドネシアからオランダへというように，焦点を移さなければならない．実際，（戦乱のさなかにある）南スーダンのディンカ族（Dinka）は，今や私の暮らすオックスフォードにも住んでいる．最近出版された論集『人間であること，移住者であること――自己と幸福の意識』（2013年）は，こうした移民の個人的な経験に焦点を当てている（Grønseth 2013）．

　既に述べたように，今日，技術の発展によって移住者間の連絡が可能となり，故郷から遠く離れた地で新たなコミュニティーを築いた人々も，故郷との関係を再構築できるようになった．人間の移動に伴う商品や資産の移動に，

経済学者が関心を寄せるのは当然だが，人類学者も**国境を越えたつながり**（transnational connection）という新たなテーマに取り組んでいる．スウェーデンのハナーツ（Ulf Hannerz）の『トランスナショナルなつながり——文化・人・場所』(1996年)は，このテーマに関する優れた概論である（Hannerz 1996）．同書には著者のパイオニア的論考が収録されており，ストックホルム在住の外国人特派員と人類学者の比較も含まれている．

人類学者が関心を寄せるもう一つの現象は，世界各地に離散した民族が共有する文化的アイデンティティである．こうした民族は**ディアスポラ**（diaspora ギリシャ語に由来）と呼ばれるが，ユダヤ人のように宗教的に結ばれている集団もある．今日，ある国に生まれても，別の国のアイデンティティを部分的に持っていたり，別の国を構成する別の民族のアイデンティティを持っていたりする人は多い．新たな地におけるアイデンティティの維持と変化は，興味深い研究テーマである．ヴァートヴェック（Steven Vertovec）の『ヒンドゥー・ディアスポラ——比較パターン』(2000年)は，ディアスポラという言葉に込められた多様な意味について，古の時代から存在するヒンドゥー教徒のディアスポラを例に考察している（Vertovec 2000）．

よりローカルで，かつ皮肉なことに悲劇的なことは，生物多様性（biodiversity）の保全というグローバルな政策によって，人間が強制的に退去させられている現実である．チャッティ（Dawn Chatty）とコルチェスター（Marcus Colchester）の編著『保護と移動する先住民』(2002年)には，このテーマに関する研究成果が数多く収められている（Chatty and Colchester 2002）．ひとことで言えば，前述のエコツーリズムの事例と同様に，かつては移動する先住民の生活手段であった土地が，野生動物の保護や環境保護の理念のもとに奪われているのである．先住民は常に周辺化されてきたが，今や先祖代々の土地からも締め出されるようになった．こうした人間と野生生物の衝突は新たな人類学的研究の対象であり，自然（形質）人類学者や社会人類学者だけでなく，霊長類学者も参加して研究が進められている．

実は，先住民自身も移動集団の一つとして注目に値する．NGOおよび先住民の権利に関わる常設委員会を有する国連のような国際機関の支援を得て，土地やその他の権利の奪還を図る先住民の巨大でグローバルな移動がある．先住民が相互に訪問したり，相互に支援したり，相互の状況を比較したり，「文化交流」（cultural exchange）を行ったり，彼らの活動は実に多彩である

(Hendry 2005 特に第5章を参照)．そのためか，カナダで私が出会った**ファースト・ネーション**（First Nations カナダ先住民族会議）の多くのメンバーは，同じく先住民のアイヌについて詳しく知っていても，日本の他のことについてはあまり知らなかった．日本政府が2011年まで正式にアイヌを先住民と認めなかったことを踏まえると，これは皮肉である．その一方で，日本政府の「文化保存」（cultural preservation）に対する財政援助により，多くのアイヌが踊り手やアーティストとして海外に旅立つことが可能になった．

グローバル化するビジネス・モノ・思想

　技術の進歩によって，より早く，より簡単に，遠く離れた地域間のコミュニケーションがとれるようになったので，実際に会って仕事をする必要さえなくなってきた．私の一冊の本を例にとると，この本の契約，マーケティング，表紙のデザインはニューヨークで行われ，図柄はカナダで作られた．執筆は主にスコットランドで行われたが，内容はカナダや日本など多くの国で私が実施した調査に基づいている．さらに，編集作業と本の制作は非常に手際よくインドで行われた．最後に，完成した本はアメリカのヴァージニア州から配本された．作業中，ゲラをスコットランドからアメリカに送る途中で小さな問題が生じたが，それもすぐに修復された．この一連の過程で，私は誰とも顔を合わせることがなかったのである．

　こうした散在型のビジネスは，今日**グローバリゼーション**（globalization）または「グローバル化」と呼ばれる現象の経済的基盤となっている．人，モノ，思想，符号化されたメッセージが絶えず世界を飛び交う時代には，うってつけの表現と言えよう．グローバリゼーションという概念は，究極的には，第12章でインゴルド（Tim Ingold）が述べた「地球現象としての環境」という考えの副産物である．地域によってコストや賃金には大きな差があるので，前述の観光と同様，グローバルに考える人々には大金が転がり込んでくる．ただ，グローバリゼーションは，交通やコミュニケーションの速度を除けば，新しい現象ではない．ヨーロッパの植民地拡大の歴史が土台となっており，かつての植民地主義を補強，またはそれに反発する形で進行している．ここでは，インダ（Jonathan Inda）とロサルド（Renato Rosaldo）に従って，とりあえずグローバリゼーションを「グローバルな相互関連の強化」（intensifica-

tion of global interconnectedness）と定義しておこう（Inda and Rosaldo 2002）．
　彼らは『グローバリゼーションの人類学』（2002年）という編著で，このテーマについてより深く論じているのだが，「グローバルな相互関連の強化」は，人やモノが迅速に接触できるようになり，その結果，実際に移動するかどうかは別にして，世界の社会的構築が「縮小」したことによってもたらされた現象であると論じている．

> たしかに，空間は縮小している．そして，生活のペースも早まっている．物事をするのにかかる時間は，格段に少なくなっている．ひとことで言えば，世界は時間と空間の圧縮（compression of time and space）を目の当たりにしているのである（Inda and Rosaldo 2002：7）．

つまり，かつて「面と向かって」（face-to-face 対面）と呼ばれた人間関係を，今日では地理的に遠く離れていても保つことができ，パソコンやスマートフォンを使えば，相手の顔を見て話すこともできるという事実によって，我々の時空間の概念は大きく影響されているのである．全員が全員この新しいグローバル世界を飛び回っているわけではないが，移動しない人も他者の動きによって影響されるようになっている．彼らの世界は1000マイルも離れたところで使われている消費財によって侵略されているのである．
　しかし，グローバルに展開するチェーン・レストランとの関連で述べたように，同じモノなら置かれた場所が違ってもどこでも同じように機能して扱われる，と考えるのは誤りである（Howes 1996参照）．人類学以外の分野では，グローバリゼーションを大雑把に捉えて，文化的差異の縮小によって世界はアメリカ化し，アメリカがその経済力によって植民地時代の宗主国の役割を果たすと予測する研究者もいる．対照的に，人類学者はローカルな差異を理解することの重要性を強調し，グローバリゼーションのまったく異なる側面を指摘してきた．人類学的研究の焦点はあくまで人間にあり，技術の高度化が進む現代にあっても，思考や行動は実に多様であることを銘記してほしい．『下からのグローバリゼーション――世界のもう一つの経済』（2012年）という論集には，中国，インド，メキシコ，ブラジルといったさまざまな国の庶民の生活が，グローバリゼーションによって変化した様子が描かれている（Mathews, Ribeiro, and Alba Vega 2012）．

人類学者のセジウィック（Mitch Sedgwick）は，長年，日本の企業組織について研究してきたが，彼はタイやフランスでも大規模なフィールドワークを行っている．セジウィックの研究は，アメリカ化理論（theory of Americanization）から逸脱したグローバリゼーションの現実を示唆している．セジウィックが仔細に描いたのは，アメリカに追従してグローバル市場に進出したかに見える日本企業が，実は独自の労働パターンを展開してきた姿である．さらに，タイやフランスでは，ローカルな差異に合わせて，こうした労働パターンを変えなければならなかった状況も描いている．日本の企業に対するタイ人やフランス人の従業員の反応は，セジウィックのグローバル・ビジネス研究の理解をおおいに促進した（Sedgewick 2007）．なお，グローバル化した世界における日本全体の位置については，『現代日本のグローバリゼーションと社会変化』（Befu, Eades, and Gill 2000）を参照されたい．

　日本は，大衆文化（popular culture）の消費はもとより，発信という点で世界の主導的役割を果たしてきた．世界中の若者が，さまざまなビデオ・ゲームやゲームのキャラクター商品はもちろん，宮崎駿とスタジオジブリが作った漫画やアニメを楽しみ，そうした経験を共有している．私の元学生のエーバン（Stephanie Oeben）は，日本とヨーロッパにおけるビデオ・ゲームの遊び方を比較した民族誌的調査を行った．今や当たり前になりつつあるが，移動しながらエンターテイメントや情報に触れたり，友人や家族や仕事仲間とコミュニケーションをとったりすることは，往々にして日本が先駆けだった．私の別の元学生によれば，こうした携帯性（portability）の発展は，日本の物質文化の伝統に支えられたものである．博士論文で携帯電話の使用を取り上げたソーキンズ（Phil Sawkins）は，こうした道具の使い方は文化集団によって大きな差があると論じている（Sawkins 2007）．

　一つだけ例を挙げると，人前で携帯電話の通話機能をどの程度使うかは，国によって大きな差がある．レストランや車両全体に響くように，仕事のことや個人的な悩みまで大声で話す国もあれば，通話を控える国もある．日本では，多くの人が電車の中で携帯電話を使用しているが，声を出して話すことはなく，無言でメールやメッセージなどのやりとりをしている．車内で電話を受けた人は，他の乗客からジロジロ見られないよう，車両の端に急いで移動する（写真13.4）．ソーキンズは，こうした文化的差異の影響が技術開発にもあると論じている．彼によれば，日本は携帯電話の画面の利用を優先

第13章 「つながりあった世界」のアイデンティティ　295

写真13.4　日本では特に電車内で通話よりメールを中心に携帯電話が使われている．このステッカーは通話を控えるよう利用者に促している（写真提供：Phil Sawkins）．

することにおいて先駆的であり，日本での携帯メッセージの賢い使い方は，簡潔さを特徴とする俳句や短歌といった日本の詩（poetry）の伝統と無関係ではない（Sawkins 2007）．

アイデンティティの選択？

にもかかわらず，大衆文化の普及は，世界中どの都市も表面的には同じであるという感を抱かせてしまう．実際，どの都市に行っても，おなじみのブランド名を冠した巨大広告が目に入り，ホテルやレストランのスピーカーからは聞き覚えのある曲が流れてくる．旅行者の間では，ファッション，ワールドミュージック，スポーツ，ダンスなどを通じてすぐに仲間意識が芽生え，それが長期間の友情に発展することもある．第5章で論じたように，人間は服装や行動によって自らを象徴する．とりわけ，身を固める前に世界を飛び回っている若者の間では，グローバルな文化形態（cultural form）が常に出現している．こうした旅の経験が，彼らのアイデンティティ形成に大きく影

響することもあるだろう．

　旅やコミュニケーションが容易になったことで，人々が自分たちの親とは異なるアイデンティティを「選択する」（choose）機会も増えてきた（補遺「一人称の語り　その5」を参照）．仕事で海外に派遣されると，特に短期間の場合，人は自分の文化的背景やアイデンティティに基づいて，いつも以上に自己を他者から差異化しようとする．興味深いことに，モノ・人・思考がグローバルに拡散することで，さまざまな局面で自分のアイデンティティを見直そうとする動きが見られるようになった．境界が揺れ動くこの世界において，彼らは自らの居場所を探そうとして文化的な絆（association）を求めるのだ．マシューズ（Gordon Mathews）の『グローバルな文化，個人のアイデンティティ——文化のスーパーマーケットで故郷を探す』（2000年）には，まさにこの問題が取り上げられており，一例として，日本に生まれ日本で暮らすジャズ・ミュージシャンたちが，日本人としてのアイデンティティを強調するか，演奏する音楽の文化を優先するか，人によって異なる選択をする様が描かれている（Mathews 2000）．

　私自身の先住民研究も，こうしたアイデンティティをめぐる現象に関わっている．アイヌであれ，モホーク（Mohawk）であれ，親や祖父母の出自を辿ったファースト・ネーション（First Nations）であれ，先住民として自己表現すべきか，あるいは一般社会に同化すべきか，その選択を迫られた人は多い．本人や先祖が酷い差別を受けてきたために，植民地政府や元植民地政府による同化政策を甘んじて受け入れたほうが，次世代の子供たちが育つ環境としては良い選択だと考える人も多い．しかし，今日では世界中で先住民に対する支援が広がっており，特にアーティストであれば，拙著『文化の奪還——先住民と自己表象』（2005年）で論じたように，先住民というアイデンティティを強調したほうが，キャリアにつながるようだ（Hendry 2005; Mark Watson 2014 も参照）．

　カナダで私は，ファースト・ネーションという先住民のアイデンティティを選択するほうが，カナダ人としてのアイデンティティを選ぶより充実していると感じている若者に出会った．自分たちの先祖について学び，親世代が喪失した言語を学ぶことに，生きがいを見出しているようだった．普通の高校に通う同級生について，勉強に身が入っていないと批判する者もいた．言語復興（language revival）に関する学会で，高校を出たばかりの17歳くら

いの若者が,ほぼゼロから部族のことばを学ぶ決心をしたというスピーチを(英語で)して,私もいたく感動したことがある.英語を使う学校でも優秀な成績を収めてきた彼らは,自分が何者であり,次世代に伝えたいものは何か,をよく理解していると雄弁に語っていた.他の国でも,先住を意味する「ファースト」(first)であることを主張する民族が,同様の心情を吐露する場面に出くわしたことがある.

　自分の力が及ばない状況下で国家に吸収され,マイノリティとして苦悩を重ねてきた先住民やエスニック・グループ(ethnic group)は,グローバリゼーションの恩恵を大きく受けてきた.居住地の彼方から発信された知識が迅速に広まることによって,自分たちが置かれた状況の共通認識が高まり,さらに旅の利便性が増したことで相互訪問や会議開催も可能となり,協力・支援関係が先住民の間に生まれたのである.世界には固定電話より携帯電話が普及している地域もあり,かつては孤立していた民族間にもインターネットが広く普及してきた.検索エンジンに部族名を入力すれば,彼らに関する大量の情報が得られる.こうした情報には人類学者が書いたものもあるが,部族の人々自身が書いたものも多い.

　先住民の政治運動は,時として非常にドラマチックである.1993年の大晦日に頂点に達したメキシコのチアパス(Chiapas)におけるサパティスタ(Zapatista)運動,および2012年12月の「世界の終焉」(the end of a world)宣言は,世界中で大きく報道された.メキシコでの調査経験が豊富な人類学者ナッシュ(June Nash)の『マヤの展望――グローバル化時代における自律の探求』(2001年)は,サパティスタ運動とその全体的意義に関する卓越した人類学的研究である.この本の中で,ナッシュは自ら「複文化的」(pluricultural)と名付けた未来について語り,「国境を越えた市民社会が……多文化共生(multicultural coexistence)を育む」と述べた(Nash 2001：254).2006年初頭,ボリビアで先住民の大統領が選ばれたことは,存続が脅かされ続けた先住民の再生というビジョン(展望)にとって,一つの大きな支えとなっただろう.

おわりに

　本章では,新たに展開しつつある人類学の諸分野を紹介した.技術の発展

により，かつては想像すらできなかったコミュニケーションが生まれ，それに応じて人類学も変化を遂げている．若い読者の皆さんは，幼い頃からこうした技術に慣れ親しんでいるので，著者の私や長いキャリアを持つ人類学者の目に，なぜ今の状況が特異に映るのか理解に苦しむかもしれない．だが，私が研究を始めた頃には，修正がとにかく面倒くさい昔ながらのタイプライターで執筆し，コピーをするにはカーボン紙を使い，何を読むにも図書館か書店に足を運ばなければならなかった，ということを覚えていてほしい．次章では，人類学的調査法について詳しく述べるが，ここ数十年の世界の劇的な変化にもかかわらず，綿密なフィールドワークを中心とする人類学の原則に変わりはない．その原点に立ち返ることで，本章で取り上げたさまざまなテーマに関する人類学のアプローチと，他分野のそれとの違いが理解できるようになるだろう．

《参考文献》

Abram, Simone, Jaqueline Waldren, and Donald V. L. Macleod (eds.) (1997) *Tourists and Tourism: Identifying with People and Places* (Oxford and New York: Berg).

Andersson, Ruben (2014) *Illegality, Inc.: Clandestine Migration and the Business of Bordering Europe* (Oakland, CA: University of California Press).

Black, Annabel (1996) "Negotiating the Tourist Gaze: The Example of Malta." In Jeremy Boissevain (ed.), *Coping with Tourists: European Reactions to Mass Tourism* (Oxford: Berghahn), pp. 112-42.

Boissevain, Jeremy (ed.) (1996) *Coping with Tourists: European Reactions to Mass Tourism* (Oxford: Berghahn).

Chatty, Dawn, and Marcus Colchester (eds.) (2002) *Construction and Mobile Indigenous People* (Oxford: Berghahn).

Coleman, Simon, and Mike Crang (eds.) (2002) *Tourism: Between Place and Performance* (Oxford: Berghahn).

J. S. Eades, Tom Gill, and Harumi Befu (eds.) (2000) *Globalization and Social Change in Contemporary Japan* (Melbourne: Trans Pacific Press).

Grønseth, Anne Sigfrid (ed.) (2013) *Being Human, Being Migrant: Senses of Self and Well-Being* (Oxford and New York: Berghahn Books).

Hannerz, Ulf (1996) *Transnational Connections: Culture, People, Places* (London and New York: Routledge).

Hendry, Joy (2000) *The Orient Strikes Back: A Global View of Cultural Display*

(Oxford: Berg).
Hendry, Joy (2005) *Reclaiming Culture: Indigenous People and Self Representation* (New York: Palgrave).
Hitchcock, Michael, Victor T. King, and Michael J. G. Parnwell (eds.) (1993) *Tourism in Southeast Asia* (London: Routledge).
Hitchcock, Michael, and Ken Teague (eds.) (2002) *Souvenirs: The Material Culture of Tourism* (Aldershot: Ashgate).
Inda, Jonathan Xavier, and Renato Rosaldo (eds.) (2003) *The Anthropology of Globalization: A Reader* (Oxford: Blackwell Publishing).
Johnston, Alison M. (2006) *Is the Sacred for Sale?: Tourism and Indigenous Peoples* (London: Earthscan).
Kohn, Tamara (1997) "Island Involvement and the Evolving Tourist." In Simone Abram, Jacqueline Waldren, and Donald V. L. Macleod (eds.), *Tourists and Tourism: Identifying with People and Places* (Oxford: Berg), pp. 13-28.
Macdonald, Sharon (1997a) "A People's Story: Heritage, Identity, and Authenticity." In Chris Rojek and John Urry (eds.) *Touring Cultures* (London and New York: Routledge), pp. 155-175.
Mathews, Gordon (2000) *Global Culture, Individual Identity: Searching for Home in the Cultural Supermarket* (London and New York: Routledge).
Mathews, Gordon, Gustavo Lins Ribeiro, and Carlos Alba Vega (2012) *Globalization from Below: The World's Other Economy* (London and New York: Routledge).
MacCannell, Dean (1976) *The Tourist: A New Theory of the Leisure Class* (New York: Schocken Books; 2nd edition, Berkeley, Los Angeles and London: University of California Press, 1999). 安村克己ほか訳『ザ・ツーリスト——高度近代社会の構造分析』(学文社, 2012年).
Nash, June (2001) *Mayan Visions: The Quest for Autonomy in the Age of Globalization* (London and New York: Routledge).
Nuryanti, Wiendu (1997) *Tourism and Heritage Management* (Yogyakarta: Gadjah Mada University Press).
Sawkins, Phil (2007) "(Not) only Connect: Investigating the Place of the Mobile Phone in Japanese Lives." Ph.D. thesis, Oxford Brookes University.
Sedgwick, Mitchell W. (2007) *Globalisation and Japanese Organisational Culture: An Ethnography of a Japanese Corporation in France* (London: Routledge Curzon).
Smith, Valene L. (1977/1989) *Hosts and Guests: The Anthropology of Tourism.* (Philadelphia: University of Pennsylvania Press; also Oxford: Blackwell, 1978; and 2nd edition, Philadelphia: University of Pennsylvania Press, 1989). 三村浩史監訳『観光・リゾート開発の人類学——ホスト＆ゲスト論でみる地域文化の対応』(勁草書房, 1991年).

Vertovec, Steven (2000) *The Hindu Diaspora: Comparative Patterns* (London: Routledge).
Waldren, Jacqueline (1996) *Insiders and Outsiders: Paradise and Reality in Mallorca* (Oxford: Berghahn Books).
Watson, James L. (ed.) (1998) *Golden Arches East: McDonald's East Asia* (Stanford: Stanford University Press). 前川啓治・竹内惠行・岡部陽子訳『マクドナルドはグローバルか——東アジアのファストフード』（新曜社，2003年）．
Watson, Mark (2014) *Japan's Ainu Minority in Tokyo: Diasporic Indigeneity and Urban Politics* (London and New York: Routledge).
Yamashita, Shinji (2003) *Bali and Beyond: Explorations in the Anthropology of Tourism* (translated by J. S. Eades) (Oxford: Berghahn Books). 山下晋司『バリ　観光人類学のレッスン』（東京大学出版会，1999年）．

《読書案内》

Adler, Judith (1985) "Youth on the Road: Reflections on the History of Tramping." *Annals of Tourism Research* 12: 335-54.
Anthropology and Tourism Special Issue (2004) *Anthropology Today* 20 (3).
Archambault, Julie (2012) " 'Travelling While Sitting Down': Mobile Phones, Mobility and the Communication Landscape in Inhambane, Mozambique." *Africa* 82 (3): 393-412.
Davis, Robert, and Gary Marvin (2004) *Venice, the Tourist Maze* (Berkeley, Los Angeles and London: University of California Press).
Edelman, Marc, and Angelique Hangerud (2005) *The Anthropology of Development and Globalization* (Oxford: Blackwell).
Eindhoven, Myrna, Laurens Bakker, and Gerard A. Persoon (2007) "Intruders in Sacred Territory: How Dutch Anthropologists Deal with Popular Mediation of Their Science." *Anthropology Today* 23 (1): 8-12.
Eriksen, Thomas Hylland (ed.) (2003) *Globalisation: Studies in Anthropology* (London and Sterling, VA: Pluto Press).
Friedman, Jonathan (1994) *Cultural Identity and Global Process* (London: Sage).
Friedman, Kajsa Ekholm, and Jonathan Friedman (2005) *Global Anthropology* (Oxford: Altamira Press).
Guichard-Anguis, Sylvie, and Okpyo Moon (2009) *Japanese Tourism and Travel Culture in Japan* (London and New York: Routledge).
Hannerz, Ulf (2003) "Several Sites in One." In Thomas Hylland Eriksen (ed.) *Globalisation* (London and Sterling, VA: Pluto Press), pp. 18-38.
Harrison, Julia (2003) *Being a Tourist: Finding Meaning in Pleasure Travel* (Vancouver: University of British Columbia Press).

Howes, David (ed.) (1996) *Cross-Cultural Consumption: Global Markets, Local Realities* (London: Routledge).

Macdonald, Sharon (1997b) *Reimagining Culture: Histories, Identities, and the Gaelic Renaissance* (Oxford: Berg).

Macdonald, Sharon (2013) *Memorylands: Heritage and Identity in Europe Today* (London and New York: Routledge).

Moore, Alexander (1980) "Walt Disney World: Bounded Ritual, Space, and the Playful Pilgrimage Center." *Anthropological Quarterly* 53 (4): 207-18.

Peers, Laura (2003) *Museums and Source Communities: A Reader* (London: Routledge).

Pellow, Deborah (1986) "An American Teachers' Strike in China: Misreading Cultural Codes." *Anthropology Today* 2 (4), 3-5.

Rapport, Nigel, and Andrew Dawson (1998) *Migrants of Identity: Perceptions of Home in the World of Movement* (Oxford: Berg).

Royal, C. (2002) *Indigenous Worldviews: A Comparative Study* (a Report on Research in Progress, prepared 21st February 2002).

Russell, Andrew (1997) "Miss World Comes to India." *Anthropology Today* 13 (4): 12-14.

Selwyn, Tom (2001) "Bosnia-Hercegovina, Tourists, Anthropologists." *Anthropology Today* 17 (5): 1-2.

Shirres, Michael P. (1997) *Te Tangata: The Human Person* (Auckland: Accent Publications).

Urry, John (1990) *The Tourist Gaze: Leisure and Travel in Contemporary Societies* (London: Sage). 加太宏邦訳『観光のまなざし――現代社会におけるレジャーと旅行』（法政大学出版局，1995年）．

Wilk, Richard (2006) *Home Cooking in the Global Village: Caribbean Food from Buccaneers to Ecotourists* (Oxford: Berg).

Yang, Li (2010) "Managerial Perceptions of an Ethnic Theme Park: Yunnan Ethnic Folk Villages, China." *International Journal of Tourism Anthropology* 1 (1): 35-54.

《小説など》

Bryson, Bill (1996) *Notes from a Small Island* (London: Black Swan). 古川修訳『ビル・ブライソンのイギリス見て歩き』（中央公論社，1998年）．アメリカ人作家がイギリスを巡る旅について面白おかしく，愛情をこめて描いた作品．

Garland, Alex (1997) *The Beach* (London: Penguin Books, 1997). 村井智之訳『ビーチ』（アーティストハウス，1998年）．タイを旅行している若者を主人公としたミステリー小説で，読み始めたらやめられない．

Heldke, Lisa (2003) *Exotic Appetites: Ruminations of a Food Adventurer* (New York and London: Routledge). コスモポリタンな現代世界で享受される多様な食を，楽しく描

いた作品.

Levy, Andrea (2004) *Small Island* (London: Headline Review).

《映画／フィルム》

The Beach. レオナルド・ディカプリオ (Leonardo DiCaprio) 主演の映画. 上記アレックス・ガーランド (Alex Garland) の小説が原作.

BirdWatchers (Marco Bechis 2008). ブラジルのグアラニ族 (Guarani) が, 先祖代々の土地を取り戻そうとする試みと, その行方が描かれている. この作品は, 伝統的な衣装をまとって出陣化粧をしたグアラニ族の人々が, ジャングルで (バード・ウォッチャーの) エコ観光客に, 偽の矢を射る場面から始まる. その後の場面では, ジーンズとTシャツを着たグアラニ族の人々が, 都市に戻るトラックに乗りこみ, 都市で生き抜く姿を披露する.

Calcutta Calling (André Hörmann, 2006). 主人公のヴィクヒー・ウッパル (Vikhee Uppal) は, 欧米企業とその顧客をつなぐインドのコール・センターで働く約35万人の一人である. こうしたアウトソーシング (外注) は, 世界で急成長を遂げている産業だと言われる. カルカッタのオフィスで働くウッパルは, 仕事中, イーサン・リード (Ethan Reed) の偽名を使って, 電話の主の顧客の風貌を知るため, 毎晩イギリスのサッカーの試合を観ている.

Cannibal Tours (Dennis O'Rourke, 1988). この作品は, パプア・ニューギニアのセピック川 (Sepik River) 沿いの地域一帯を, 村から村へと旅する多くの欧米人を追っている. 現地の手工芸品を大幅に値切り, 神聖な儀式を一目見ようと札束を切り, 「原始」生活のあらゆる場面を写真に収める欧米人の姿が描かれている. 観光客が無意識のうちに露呈する醜いエスノセントリズムを, 監督のカメラがとらえている.

Condors and Bulls Brought on Stage (Anne Affentranger, 2003). 南ペルーのアンデス山脈で, 雄牛の背にコンドルをくくって行われる闘牛には, 毎年, 世界中から写真家や映像チームが訪れて記録している. 2年間の人類学的フィールドワークの最中に撮影されたこの作品は, こうした海外からの訪問客に焦点を当てて, 市場戦略 (market strategy) としての異文化の理念化を, 視覚的植民地支配 (visual colonization) の一形態と解釈している.

Culture Show (Rong Li, 2003). 人里離れたサニ族 (Sani) のある村では, 地域の指導者や村人が人類学者, 報道ジャーナリスト, 他のサニ族集団などと相談しながら, 観光客にとって魅力的な伝統的生活のイメージをつくっている.

80 Days, Pole to Pole, Himalaya, Sahara and *Full Circle* は, イギリス人コメディアンのマイケル・ペイリン (Michael Palin) による, 世界中の人々との文化的邂逅を描いている (下記ウェブサイト参照).

Global Villages (Tamar Gordon, 2004). 「世界村」(global village) は, 中国や日本にあるテーマパークのことで, 想像上の文化を展示している (王立人類学協会映画祭2005年出展作品).

Harpoons and Heartache（Bessie Morris, 1998）．ギリシャのクレタ島（Crete）にあるハニア（Hania）観光リゾートで働く，ヴァッシリス（Vassilis）という名の若いバーテンダーに焦点を当てて，女性観光客と地元の男性の関係を探った作品（グラナダ映像人類学センターの学生が制作）．こうした関係は搾取的（exploitative）と言われるが，問題は誰が誰を搾取しているかである．

Hippie Masala（Damaris Luethi and Ulrich Grossenbacher, 2006）．1960年代半ば以降，何千人もの欧米のヒッピーや「フラワー・チルドレン」（flower children）がインドを訪れ，新たなライフスタイル（alternative lifestyle）や精神的覚醒を求め，麻薬に手を出した．たいていは数か月や数年で帰国したが，中にはインドに残った者もいた．

Holy Man and Fools（Michael Yorke, 2005）．ウマ・ギリ（Uma Giri）というスウェーデン人女性は，ヒンドゥー教の聖職者になった．禁欲的ヒンドゥー教徒のもっとも急進的な位階に受け入れられた，数少ない欧米人女性の一人である．本作品には，彼女が29歳のヨーガ行者（yogi）のヴァシディット・ギリ（Vasidhit giri）とともに，ヒマラヤ高地で18日間の巡礼をする様子が描かれている．

A Kalahari Family: Part 5, Death by Myth（John Marshall, 2001）．ある観光プロジェクトが，ナミビアのカラハリ・ブッシュマン（Kalahari Bushmen）に及ぼした影響について描いた作品．

Lost in Translation（Sofia Coppola, 2003）．東京を舞台にした長編作品で，別の理由で日本に滞在していた二人のアメリカ人が，共同で物事にあたるようになった姿を描いた．外国人には好評だったが，日本ではまったくの失敗作であった．なぜこうした違いが出たのか，考えてみるのも良い勉強になるだろう．

Uncanny Strangers（David Picard, 2009）．マダガスカル南西の漁村で撮影されたこの作品は，村人とさまざまな「外来者」（stranger）——先祖の霊やトロンバ（tromba）の霊，欧米のNGOスタッフ，エコツーリスト，魚類収集家，牛泥棒，および本民族誌映画の監督など——との関係を描き，歓待の実践，環境保護運動における軋轢，国境を越えた連携などにまつわる問題を提起している．

Unravel（Meghna Gupta, 2012）．欧米では引き取り手のない服が，北インドを経て市場町パーニーパット（Panipat）まで渡る様子を追った作品．レシュマ（Reshma）という名の頭脳明晰で好奇心旺盛な女性が，不要な服を織り糸にリサイクルする工場で働きながら，服が辿った長い道のりを自分も旅できたら，と夢見ている．

Walking Pilgrims: Arukihenro（Tommi Mendel, 2006）．千年以上の歴史を持つ四国のお遍路は，日本第4の大きさの島にある88の聖地（sacred place 霊場）を環状につなぐ875マイルの巡礼である．9ヶ月間の撮影と民族誌的サーベイを基に作られた本作品（学生による制作）は，この仏教的巡礼を行う現代日本人の動機，目的，望みを微細に描き出した．

《ウェブサイト》

www.bbc.co.uk/tribe　BBCシリーズ番組 *Tribe* のウェブサイト．番組で取り上げられた

民族に関する情報が掲載されている．

www.palinstravels.co.uk　上記マイケル・ペイリンの旅行映像の一覧と，その詳細および新番組などへのリンク．

http://freddymacha.blogspot.com/2007/08/and-now_13.html　オックスフォードで生計を立てているディンカ族（Dinka）のミュージシャンを取り上げたウェブサイトにリンク．

本章の全ウェブサイトの最終アクセス日は2015年12月9日［本増補版では2017年4月15日］である．

第14章
現代世界と人類学

はじめに

　この最終章では，これまで論じた人類学のさまざまな側面を整理して，人類学的研究の実際をより詳しく説明したうえで，人類学を身につけた者がいかに世界に貢献できるかという問題について，その無数の可能性を念頭に置いて探っていきたい．第13章で明らかにしたように，今日私たちが生きている世界は，人類学が確立した時代とはまったく異なる．だが，人類学者が果たす役割はむしろ大きくなっており，重要性も増している．国境を越えたグローバルな世界に生き，多くの選択肢から自らのアイデンティティを選べるようになった時代にあって，個々人はあらゆる形の生に敬意を払うことが大切である．そして各国政府は，言語を含む多種多様な新知識や能力を携えて到来する異邦人を，いかに尊重して受け入れるかという問題に取り組む必要がある．

フィールドワークとその効用

　人類学的知と，社会学や歴史学などの隣接分野のそれとの違いは，主として研究方法にある．読者の皆さんは，本書を通じて人類学的業績の一端に触れたが，職業として人類学者を目指すのであれば，世界のどこかで**フィールドワーク**（fieldwork）と呼び慣らわされているものを行わなければならない．特定の地域に居を構え，十分な時間をかけて研究するのである．そして，特定の集団と知り合い，彼らが日常的に行っている活動に参加し，さまざまな社会成員の世界に思いきって飛び込むのである．前章まで述べてきた通り，人類学者は現地の許可を得たうえで儀礼に参加し，儀礼のもっとも私的な部

分をつぶさに観察して，その象徴的意味を探る．

　初めての国や地域を訪れる場合は，慎重を期さねばならない．ある場所で許されていることが，別の場所では禁止されていることもあるからだ．たとえば，アンデス地方ではコカの葉を軽い興奮剤として嚙んだり（健康上の問題はない），高山病に効能のある茶葉として煎じたりすることもあるが，「コカイン」という名の薬物に加工処理されると，それははるかに強力で危険なものとなってしまう．人類学者にとって大切なのは，現地社会の一員として生きるとはどういうことなのか，それを体験することである．さもなければ，彼らの生活感覚を知る糸口さえつかめないであろう（南米におけるタバコの見方と使用については，Russell and Rahman 2015 を参照）．

　フィールドワークで大切なのは現地語の習得である．外世界との接触が限られていた民族を調査するときは特にそうだが，第1章で述べたように，どの言語も世界の見方や分類法と密接に関わっているので，実際に使われる言葉の意味合いは，辞書の直訳とかなり違うことが多い．研究者が自ら現地語を学ばない限り，研究対象に深く迫ることはできない．また，通訳を介した調査は，通訳自身の人間関係に作用されることがあるので，注意が必要である．たとえば，インドでフィールドワークを行ったベレマン（Gerald Berreman）は，イスラム教徒の通訳をヒンドゥー教のバラモンの言葉を操る通訳に変えたところ，得られた情報にかなりの差があったと述懐している（Berreman 1962）．さらに，母語を同じくする社会で調査する場合も，言語をめぐる問題には十分注意しないといけない．同じ国でも，民族，地域，階層，職業，世代などが違えば，使う言葉や価値観も違ってくるからだ．また，英語を第一言語とする国は複数あるが，イギリスとアメリカとオーストラリアでは，たとえばユーモアのセンスが違う．聴衆を笑わせようとして，イギリス人の私がアメリカ人類学会（American Anthropological Association）で飛ばしたジョークはほとんど通じなかったが，オーストラリアでは受けたようだ．

　言語以外にも，現地社会に溶け込むのに苦労することは多い．調査とはいえ，他人の生活に首を突っ込むようなよそ者に対して，警戒心を抱く人は少なくないだろうし，本当に生活を妨害されたら憤慨するのは当然である．フィールドワークに同行したことがある私の息子は，イギリス人や日本人の客に向かって，人類学者を一言で説明すれば「詮索好き」（nosey parker）だと言って笑っていた（これはイギリス的ユーモアである）．人類学者にとって大

切なことは，こうした一般社会の見方に配慮し，調査の意図を相手に十分説明して，もし調査で知り得たことを丸々発表しないでほしいと言われたら，それを尊重することである．情報をどのように使うかを本人と話すことは，礼儀上も倫理上も必須であり，近年では彼らに報告書をチェックしてもらうことが一般化している（この点については Cooper 2007 の指摘を参照）．

　前章で述べたように，今日，外世界と接触のない場所は珍しくなっている．世界でもっとも隔絶された地域にも，コミュニケーション技術は浸透しつつあるが，残念なことに，よそ者は道路，鉱山，伐採，建設工事など，現地の生活環境を破壊する侵入者，いわば招かざる客とみなされがちである．こうした状況下で，かつて見られた異邦人への歓待がなくなっているとしても，驚くには値しない．また，人類学者の仕事は，税務調査官，福音伝道者，政治活動家など，あまり現地で歓迎されない訪問者の仕事と混同されがちである．こうした誤解を解消してくれるのは，長期間にわたる人類学者の現地滞在であり，我が物顔に振る舞うよそ者と怯える現地の人々との間を，人類学者がとりもつこともある．

　フィールドで関わる人々の信頼を勝ち取るためには，それなりに戦略を練ることが大切である．たとえば，家族連れでフィールドワークを行えば，ジェンダーや年齢による境界線を越えやすくなる．理由は男女で生活が大きく異なる社会が少なくないからで，子供を通してさまざまな年齢の人とも関係を築ける．未婚の女性が一人で調査する場合には，現地の男性に気軽に話しかけて同性の嫉妬を買ったり，逆に男性から不本意な接近を受けたりすることがあるので，注意が必要である．序章でも述べたが，日本の田舎で集会を開くときには，男女が別々に，しかも年齢順に坐るので，私は一番若い男性と一番高齢の女性との間に坐るようにしていた．意図的に曖昧なポジション取りをしたのである．

　従来，人類学者はフィールドにおける情報提供者を，「インフォーマント」と呼び慣らわしてきたが，近年は**調査協力者**（collaborator）と呼ぶようになってきた．その背景には，先祖と生活を共にした人類学者が，フィールドワークの終了とともに姿を消し，先祖伝来の知識を勝手に公表するというケースが相次いだため，現地から抗議を受けるようになったという事実がある．特に先住民の間では，旧宗主国の人類学者に対する否定的感情が根強い．交通手段や技術の発達によって，調査地の再訪や遠隔地コミュニケーションが

一般的になった現在，研究者と研究対象の関係は協力的なものとならざるを得ないし，実際そのようになりつつある．

フィールドワークの報告をする際には，想定された読者に応じてスタイルを変える必要がある．一般には，人類学者が研究対象の人々について書いたものを「民族誌」またはエスノグラフィ（ethnography）と呼ぶ（序章を参照）．記述としての民族誌は，複数の民族誌の比較によって抽出された理論と対比されるが，人類学者の文章には概して記述と理論が組み合わされており，民族誌には著者の理論的志向が反映される一方で，新たな理論の提示には民族誌的裏付けが必要とされる．スペインにおけるロマ（ジプシー）を調査したゲイ・イ・ブラスコ（Paloma Gay y Blasco）と，ジャマイカの都市を調査したウォードル（Huon Wardle）が編集した『民族誌の読み方』（2006 年）には，人類学的民族誌の記述に関する有益な分析が収められており，民族誌の読み方のヒントも散りばめられている．古典的民族誌から最近のものまで，さまざまな事例が紹介されているので，スタイルの幅について知ることができる．民族誌を書くということは翻訳，すなわち比較の実践であるが，著者がどのような背景を持っているのか，そして，経験的比較，抽象的表象，理論的モデルのどこに焦点があるのかを見極めることが大切である（Gay y Blasco and Wardle 2006）．

民族誌の傍ら，個人的経験について書くことも，人類学では珍しいことではなく，そうした著作も特定の読み手を想定している．ビーティ（Andrew Beatty）のインドネシアの共同体生活に関する物語は，当地の劇的かつ悲劇的な時代を，シェイクスピアを彷彿とさせる文章で描き出したもので，「調査協力者」に対する尊敬の念を読者が抱くように，巧みに仕上げられている（Beatty 2015）．私が学生時代に好んで読んだ本は，第 10 章で取り上げたメイベリー・ルイスのアマゾン調査の手記であった（Maybury-Lewis 1965）．子連れでのフィールドワークの意義を論じた私自身の著作も，同様の試みであったと言えよう（Hendry 1999）．人類学の黎明期には，こうした「暴露話」は認められることがなく，死後に刊行された『マリノフスキーの日記』には抗議が殺到したものだが，今日では複数の版が出ているほどである．ボハナン（Laura Bohannen）の著作も，第 9 章で取り上げたティヴ族（Tiv）の事情に詳しい夫のポール（Paul Bohannan）とナイジェリアで行った調査の内幕について，ペンネームで刊行したものである（Smith-Bowen 1954）．

フィールドワーク終了後，数年してから人類学者が調査地を再訪することは，人類学者と調査協力者の双方にとって有益であろう．調査協力者は，自分たちの貢献を本や映像や論文といった目に見える形で確かめることができるし，さらにその当否について意見を述べて，長期的文脈に研究成果を位置付けることもできる（好例として章末に掲げた映画 *Can't Go Native?* がある）．人類学者は長期間にわたって変化を目の当たりに観察しているので，社会予測や一般の見込みに対して物申すこともできる．私自身，35年間調査を行っている日本の村を再訪したところ，統計に基づいた社会学的予測には問題があるという，かつて抱いた直感が正しかったことが分かり，なぜ予測が外れたのかを説明することもできた（Hendry 2015）．調査でお世話になった方々は，私が顔を出すといつも笑顔で迎えてくれるし，直近の7回目の訪問では，改装したばかりの村役場で歓迎会を開いてくれた．32年前にBBCが制作した村の映像を一緒に見て，若者は故郷の昔の姿に目を丸くし，私を含む年寄り連は昔話に花が咲いた．こうした長期的研究（時としてチーム調査を含む）の多様なありかたについては，章末に掲げた『文化の年代記――人類学的長期フィールドワーク』（Kemper and Royce 2002）を参照されたい．

グローバルな文脈における研究――「グローボグラフィ」（Globography）

以上のようなフィールドワークは，トロブリアンド諸島におけるマリノフスキーの長期調査以降，約100年の時を経て発展してきたものである．それは今日でも人類学的調査の基本であって，序章から第12章まで述べてきたように，どの社会を研究するにあたっても，複数の異なる課題に関する人類学的理解は，究極的には，それらが社会的にどのように関連しているかを見出すことにある．さらに第13章では，新技術の導入によって，世界の人々の交流に変化が生じていることを考察した．時代の変化に応じて人類学者も視野を広げて，新たな社会形態を説明するための方法論の開発を迫られている．しかし，研究対象の人々を深く理解するために，人類学者が用いてきた基本的アプローチに変わりはない．

高速で安価な交通網の整備によって観光産業は巨大化し，それに伴って文化的差異への娯楽的関心も広がりを見せている．こうした変化により，観光目的以外の移動も頻繁となり，増加する一方の移動者の営みと背景を理解す

べく，人類学者も彼らの軌跡を辿り始めた．こうした研究は**マルチサイテッド・エスノグラフィ**（multi-sited ethnography）と呼ばれ，この用語を提唱したマーカス（George Marcus）は，つながり（connection）と関連（association）について論じている（Marcus 1995）．彼によれば，追跡にはさまざまな方法があり，その対象となるのは，人やモノはもちろん，メタファー，プロット，ストーリー，生活，伝記，果ては葛藤などである．マルチサイテッド，つまり複数の場で行う調査研究は，場所の連鎖（chain），軌跡（path），脈略（thread），結合（conjunction），並列（juxtaposition）といった概念を中心に設計される．調査者はそこに文字通り身を置いて，場と場をつなぐ論理を明らかにしながら，民族誌的に描いていくのである（Marcus 1995：5）．

おそらく，研究プロジェクトとしては，人間の追跡（following people）がもっとも多いだろう．前章で論じたような国境を越えるつながりは，人類学者にとって格好の追跡対象である．グローバル化した世界では，出生地や出身地と仕事や生活の場を異にする人が多く見られる．彼らは家族と共に最低二つの場所を行き来しているので，彼らの生活を理解しようと思ったら人類学者も動く必要がある．マーカスが挙げた初期の例は，アメリカの国境を定期的に越えては戻ってくるメキシコ人の研究である．数年前，メキシコのオアハカ州（Oaxaca）で聞いた話では，同州の収入の半分がアメリカのカリフォルニア州経由とのことだった．こうした移動を考慮しない研究は，不完全と言わざるを得ない．マルチサイテッド・エスノグラフィとして魅力的な作品に，ベイリー（John Baily）のアフガニスタン音楽に関する民族誌的・歴史的研究がある．1970年代のアフガニスタンから始まり，その後の混迷と大変動を経て，パキスタン，イラン，アメリカ，オーストラリア，そしてヨーロッパ各地に移動したアフガニスタン人を追った著作で，映像作品4本が付属DVDに収められている（Baily 2015）．

モノの追跡（following a "thing"）もまた興味深い．とある場所で，とある目的のために作られたモノが，予想外の人の手に渡って，別の場所でまったく違う価値を帯びることがある．博物館にはそうしたモノが溢れているが，なかには盗難品やだまし取られたものもあると言われ，本国に返還するように要請されているケースもある．オックスフォードにあるピット・リヴァーズ博物館（Pitt Rivers Museum）のピアーズ（Laura Peers）は，カナダの先住民との協働でそうした任務に当たっている．私の元学生のレイリア（Leonor

写真14.1　16世紀に日本から持ち込まれ，現在はポルトガルのアロウカ修道院（Mosteiro de Arouca）所蔵の漆細工の収納箱（写真提供 Leonor Leiria，アロウカ修道院の許可による）．

Leiria）は，ヨーロッパの博物館でフィールドワークを行い，16世紀に日本からもたらされた貴重な漆細工の箱が丁重に保存され，何世紀もの時を経るうちに，その役割と価値が変化した様子について考察している（写真14.1）．こうした箱のなかには人骨が収められたものもあったが，価値がないと思われて処分されたようだ（Leiria 2006）．

　今日，多国籍企業の発展に伴うモノの移動により，コーラ，寿司，ブランド品のスニーカーなどがあらゆる地域で手に入るようになり，世界共通の文化が各地に浸透しているかのように見える．しかし，ローカルな文脈では，このグローバルな消費文化も，それぞれ独自に解釈されたり利用されたりしており，人類学的研究のテーマとなっている．この問題については，アパデュライ（Arjun Appadurai）の編著『モノの社会的生命――文化的観点から見た商品』（1986年）に詳しい（Appadurai 1986）．

　第13章で述べたテーマパークを研究するにあたって，私は，文化的差異を表象するそうした施設が，本来の研究課題であった日本の公園（パーク）に及ぼす影響や，日本というローカルな文脈でテーマパークが持つ意味について考えていた．また，世界を股に掛けて，一つの場所から別の場所へと移るような調査を，果たして人類学と呼べるのかどうか，もし呼べるとしても，

どういう意味においてか，等々について自問自答を重ねていた（Hendry 2003）．結局思い至ったのは，同じモノでもローカルな場では認識と理解が違うという事実を，深く追求するところに人類学の強みがあるということだ．これは，第1章で土産物や分類システムを論じる際に取り上げたハンカチの事例と同じ見方である．こうした考察を可能にするのは，調査地を熟知している現地の人々との良好な関係であって，その意味でも調査協力者とのネットワークを広げる必要がある．今日の人類学者が書くものは，「グロボグラフィ」（globography）と呼べるかもしれない．

　エリクセン（Thomas Hylland Eriksen）の『グローバリゼーション——人類学的研究』（2003年）に収録された論文には，手軽かつ迅速な接触が可能になった現代世界に人類学がどのように対応して，さまざまな調査法を開発してきたかが例示されている．まず，序論でエリクセン自身が指摘したように，人類学者が移動の問題に関わるようになったのは，端的に言えば調査対象の人々が移動するからである．オルウィグ（Karen Fog Olwig）は，カリブ海のネイビス島（Nevis）出身の移住者が，遠く離れたアメリカやヨーロッパで居場所を探す様子を描いたが，それは必ずしも彼女が移動そのものに関心があったからではなく，ネイビス島の人々を対象とした長期的な民族誌的プロジェクトにコミットしているからである．彼らの社会的世界は，既に島という物理的境界で区切られるものではなくなっているのだ（Olwig 2003：5）．一方，第13章で紹介したハナーツ（Ulf Hannerz）は，たとえば都市のように，多くの異なった集団やネットワークの代表が集まっている所では，同一の場所でマルチサイテッド・エスノグラフィを行うことも，理にかなっていると指摘している．彼のストックホルム在住の外国人記者に関する研究は，その最たる例である．その他にもハナーツは，場所を越えたトランスローカル（translocal）な研究を数点取り上げている（Hannerz 2003）．

　『グローバリゼーション——人類学的研究』には，もう一つの興味深い論文が収録されている．それは，カリブ海のトリニダード島（Trinidad）で行われた調査に基づいているという意味でローカルだが，インターネットの利用に焦点を当てているという点で，極めてグローバルなものである．こうした場所を越えた研究（research beyond place）について，著者は次のように問うている．「インターネット研究は，実際どこに向かっているのだろうか」，「一つの場所に坐ったまま，地球の裏側で作られたサイトを見て回るような

研究は，シングルサイテッド（single-sited）研究の一種か，それともマルチサイテッド研究の一種か」（Miller and Slater 2003：51）．いずれにせよ，40もの国にいるトリニダード人が，インターネット上でコミュニケーションしているという著者の報告は，伝統を共有している人同士であれば，一定の共通理解のもとにネット上で意見を述べ合い，グローバルな舞台で伝統を継承していくこともできる，ということを示したのである（Christine Hine, *Virtual Ethnography*, 2000 も参照）．

　第13章で紹介した日本人の携帯電話の使い方を調査したソーキンズ（Phil Sawkins）も，方法論について悩んだ一人である．曰く，「携帯電話が横行する（phone-infested）日本という国の何を調査すれば，フィールドワークになるのだろうか」．結局，何をやっても（どこにいても）フィールドワークになる，というのが彼の答えであった．それというのも，彼の行く先々で周りの日本人は携帯電話を使っていたからで，DoCoMoという会社の名前が言い当てているように，スイッチ・オンにしておけば，一年中いつでもどこでも連絡が取れたからである．実は，ソーキングがイギリスに帰国した後も，携帯電話が鳴りやむことはなく，彼のフィールド（field）ワークは，博士論文執筆の時期になっても延々と続いたのである．このように，もはや人類学者がホーム（home）に帰還したからといって，現地の人々とコミュニケーションが途絶えることはないし，ソーキンズの優れた論点のいくつかは，ヨーロッパ在住の日本人とのやりとりにヒントを得たものであったという．コリンズ（Samuel Collins）とデュリントン（Matthew Durington）の『ネットワーク人類学』（*Networked Anthropology*）には，こうした新たな現象が取り上げられており，ソーシャルメディアなどのメディア・プラットフォームが民族誌的研究に果たす役割や，それにまつわる倫理の問題が論じられている（Collins and Durington 2015）．

　コンピューターなどの新技術の発展によって浮上した新しいテーマの一つは，逆説的ではあるが，人類学の創始者たちが抱いていた関心に連なるものである．それは『宗教性のモード——宗教的伝達の認知理論』（2004年）という本のなかで，ホワイトハウス（Harvey Whitehouse）が論じた問題，つまり社会進化の様式（mode），特に宗教思想の進化である．彼は次のように述べている．

コンピューターの発明により，20世紀半ばには情報処理のまったく新しいモデルが誕生し，生物学や神経科学の発展と合わせて，急速に人間の心脳（mind-brain）とその進化の歴史に新たな境地が開かれた．認知科学が新たに登場したことにより，かつて人類学を学問として成立させた大きな問いに，これまでにない説得力をもって取り組めるようになった（Hendry 2008 : 292 より引用）．

実は，「人間の思考や行動のいかなる特性が普遍的なのか．またその理由は何か」，「文化的変異（cultural variation）を生むものは何か」，「なぜ時として歴史は繰り返しているように見えるのか」といったホワイトハウスの問いは，フレーザー（James Frazer），タイラー（Edward Tylor），スペンサー（Herbert Spencer），マルクス（Karl Marx），デュルケム（Emile Durkheim）らの人類学の祖によって，かつて立てられたものである．今日だからこそ，こうした問いにより良く答えることができる，というのがホワイトハウスの立場である（Whitehouse 2004; Whitehouse and Lanham 2014）．

世界はなぜ人類学者を必要としているか

　異文化間の接触が進み，情報が瞬時に伝わる世界にあって，人類学者には多くの貴重な役割があり，また責任もある．事実，世界の平和や持続可能性を維持するために，人類学は不可欠であると説く人は多い．異文化間接触（intercultural encounter）は日常化したものの，相変わらず面倒な問題も多く，文化的差異をきちんと理解して説明できる研究者が，経験と知識を活かして権力者に問題回避のための注意を喚起すべきだろう．こうした取り組みは，出自を異にする人々が共存するために，まずローカルなレベルで必要とされるし，新技術の発展が人類の滅亡を招きかねない今日，グローバルなレベルでも不可欠である．世界各国の政府は定期的に経済学者の助言を仰いでいるが，残念ながら人類学者が大きな政策決定に影響力を持つことは極めて稀である．たとえば，ニューヨークの世界貿易センターのツインタワーが破壊されたとき，テロ行為やその後の活動の背後にあるものに関する理解不足を嘆く人は多かったが，公的なコメントを求められた人類学者はほとんどいなかった．事件の数年後に，カプフェレ（Bruce Kapferer）が著した『世界貿易

センターとグローバルな危機』(2004年)を読めば,この問題の一端に触れることができるだろう.

　国際応用人類学会（International Society of Applied Anthropology）は,こうした問題に正面から取り組んでいる組織である.本節のタイトル「世界はなぜ人類学者を必要としているか」は,同学会の第3回研究大会（2015年11月開催）のタイトルを借用したものである.その時には,気候変動に関わる現在進行形の議論に,人類学者として何が貢献できるかが話し合われた.また,前年の大会の成果報告を掲載した *Anthropology in Action* 誌（『行動する人類学』）には,世界に大きく貢献している複数の人類学者の論考が掲載された.一例を挙げると,パルミサーノ（Antonio Luigi Palmisano）は,アフリカ,ラテン・アメリカ,およびアジアを舞台として,国際的な民間レベルの使節の顧問を務めたときの経験を踏まえて,紛争地帯において,人類学者は政府当局と独自の法体系を持つ民族集団の仲裁役を務められると指摘した.彼が2年間滞在したアフガニスタンでは,民族間の武力紛争が何十年にもわたって続いていたが,政府と少数派の和解に向けて,パルミサーノは仲裁役を買って出たのであった.ただ活動中には,弁護士団体のロビー活動を受けた「より高度な」資本主義的目論見に,幾度となく妨害されたという（Gorup and Podjed 2015：50）.

　もう一つの事例は,アントロポロゲルネ（Antropologerne）という名前のデンマーク企業のCEOを務めるウルク（Rikke Ulk）の経験である.この会社は,医療,教育,技術,雇用,エネルギー,食といった分野で,数多くの国内外の組織を対象にコンサルタント事業を展開してきた.ウルクは,人類学徒として学んだ知識とスキルを実際のビジネスに応用する過程で,「世界は人類学者を必要としている」と痛感したという.その理由は,「私たちの学問は真っ当で,ビジョンがあり,人間を大切にして,人々を惹きつける」からである.ウルクには,企業は人間の生活を改善する力があるという信念があるが,それは「企業の問題意識が利潤という欲望を超えた場合に限られる」のであって,「人類学者こそが正しい問いを立てることができる」（Gorup and Podjed 2015：50）と主張した.

　このように,綿密な人類学的研究は多くの領域で有益である,という認識が徐々に広がりつつあり,人類学者もようやく影響力を発揮し始めたようだ.第12章で述べたように,経済や金融の分野では,世界は収斂してグローバ

ルな同質化 (homogenization) が起きるという前提があったため，人類学者が説く文化相対主義に耳を貸す人は少なかったが，アジアのいわゆる「タイガー経済諸国」の成功は，文化的差異を温存しながら世界経済に貢献することは可能であることを示した．同様に，中東の石油王は独自の世界観をもって莫大な富を築いている．人類学者は，企業の海外進出の支援だけでなく，企業文化そのものの理解を促進する仕事を請われるようになった（第13章で紹介したセジウィックの研究を参照）．

　企業は常に顧客の動向を気にかけているが，際限なくサーベイ調査を行って数字をとっても，必要な情報を得られるわけではないことに気づき始めた．オックスフォードのとあるコンサルタント会社は，顧客を知るためのアドバイスを大小さまざまな企業に提供しているが，そこで取締役を務めているブレーク (Helen Blake) は，私に面白い記事を紹介してくれた．それは「人類学者，バーに足を踏み入れる」という題の『ハーヴァード・ビジネス・レビュー』誌に掲載された記事で，著者のマスビェア (Christian Madsbjerg) とラスムセン (Mikkel B. Rasmussen) は，人類学の長期的かつ徹底的な調査こそ，企業が必要としているものだと説いている (Madsbjerg and Rasumussen 2014a; 2014b)．この記事の副題は，「消費者の行動を理解するためには，彼らのありのままの姿を観察しなければならない」となっていて，冒頭には，あるヨーロッパの醸造会社が，社会人類学者に頼んでイギリスとフィンランドのバーを10件ほど調べてもらったところ，なんと業績が回復したというエピソードが紹介されている．

　　人類学者たちは，ボルネオ島の見知らぬ部族を研究するかのように，本プロジェクトに取り組んだ．バーで繰り広げられる生活にどっぷり漬かり，事前に仮説を立てることなく，オーナーやスタッフ，常連などをひたすら観察していた．

　記事の続きでは，人類学者がどのように調査結果を分析して，醸造会社が顧客に対するアプローチをどのように変えたか（たとえばパブの種類によって客を区別する）といった内容が紹介されている．このプロジェクトには2年という時間が費やされたが，成果は極めて優れたものであった．ブレーク自身の専門は経営戦略と心理学だが，現在，彼女の会社では他に人類学が役立

つ方法を模索しているという．

　2014年，イギリスの王立人類学協会（Royal Anthropological Institute）は，新たに設立された「世界における人類学のためのマーシュ賞」（Marsh Award for Anthropology in the World）の初の受賞者に，ファイナンシャル・タイムズ紙（*Financial Times*）の編集主任テット（Gillian Tett）を選出した．テットはケンブリッジ大学で社会人類学の博士号を取得したが，自分は学問には不向きだと悟りジャーナリズムに転向した．長年にわたって，彼女はいくつかの賞を授与されており，最近では，金融危機が実際に起きる2年ほど前に，その到来を予測した功績が評価されている（同僚は彼女の警告に気づくのに時間を要したという）．インタビューを受けると，テットはよく人類学を修めたことについて触れ，銀行家や投資家が蔑ろにしがちな，広く全体的な文脈に物事を位置づけることを，人類学を通じて学んだと述べている．テットは英国報道賞（British Press Awards）の年間最優秀コラムニスト賞（Columnist of the Year）も受賞し，審査員は彼女の業績を評して「刺激的で，啓示的で，常識破り」と述べた．既に2冊のベストセラーを出しており，日本語に翻訳された『サイロ・エフェクト——高度専門化社会の罠』（原著2015年）は，文化人類学の視点から世界経済と金融システムを考察した著作である．

　人類学者は別の重要な役割も果たしている．それは，「植民地主義的ルーツ」を批判された学問としては一見矛盾しているようだが，調査協力者の土地を大小の企業による収奪から守ることである．第13章で取り上げた観光業や，第10章で触れた南米の熱帯雨林における油層探鉱などの事例から明らかなように，彼らの生活を何世紀にもわたって支えてきた土地や農産物は，今日，企業によって奪われつつある．先住民の政治運動の高まりは，しばしば領土問題と結びついているが，時として知的所有権や，適切な対価を払わずに製薬会社が求める貴重な知識の保護とも結びついている．人類学者は彼らに寄り添って自己表象／代弁（representation）を援助したこともあるが，こうした活動で大きな足跡を残したポージー（Darrell Posey）は，学者としての最盛期に悲劇的な死を遂げてしまった．彼の主要な研究は，『先住民の知識と倫理』（2004年）に収録されている．

　人類学を学んだ人材が重要な役割を担うようになってきたのは，グローバリゼーションの副産物である．国や民族の違う子供が，同じ学校で学ぶこと

が珍しくなくなった今日，児童や生徒の多様な文化的背景を理解できる教師に対する需要は，世界中で増えている．イギリスで教員職に就きたいと思うなら，教育学と人類学を組み合わせたプログラムで学位をとるといいだろう．イングランドの学校では，2010年に人類学がAレベル（中等教育卒業資格）科目に導入されたが，非常に人気があり勉強になるとの評判である．しかし，本章執筆時点［原書の刊行は2016年］で，Aレベルの人類学の存続が危ぶまれている．それは，イングランドの教育界で決定権を有する人々が，まだ人類学の価値を十分理解していないからだが，逆にスコットランドでは，資格導入の提言に対して熱い反応がある．

　教育と同様に，医療や福祉やカウンセリングの分野でも，患者やクライアントの多様化に対応することが喫緊の課題となっている．急成長を遂げている医療人類学（medical anthropology）は，この分野で大いに役立つだろう．現在，世界の多くの大学の医学部や看護学校で人類学の講義が行われているが，注目に値するのは，先住民の知識が現場で活用されるようになっていることである．たとえば，ニュージーランドでは，マオリ族の健康観が厚生省のウェブサイトに掲載されている（2015年12月10日現在）．また，人類学者は保健や衛生の分野でも大きく貢献してきた．いわゆる「先進国」では当たり前に思われている予防接種も，ローカルな文化的価値にそぐわないという理由から，国や地域によっては抵抗がある．HIV／AIDSのような性感染症の治療にも同じことが言える．こうした状況下でのコミュニケーションの難しさについては，インドを事例としたランバート（Helen Lambert）の論考に詳しい（Lambert 2001）．

　今日，開発プロジェクトの実現にも，人類学者は助言を請われるようになった．どんなに高価なプロジェクトでも，現地の住民の協力がなければ水泡に帰してしまうので，当事者の世界観や価値観に精通している人類学者の協力が必要とされるのである．概して，第三世界における開発プロジェクトの失敗の原因は，援助する側の善意に満ちた一方的な押しつけや政治的思惑と，それに対する援助される側の反発や巧みな政治利用に求められることが多い．ローカルな知見や先住民の知識を，計画段階から組み込むことの重要性については，近年多くの本が出版されているが，そうした取り組みが特に功を奏するのは，植民地化以前の古いやり方のほうが，現地の状況にうまく対応できる場合である．このテーマに関する分かりやすい解説は，ビッカー（Alan

Bicker) らの論集にある (Bicker et al. 2003). サルミエント＝バルレッティ (J. P. Sarmiento-Barletti) の論文は，現地の人々の価値観や健康観が，開発側 (developer) と大幅に異なっているケースを検討している (Sarmiento-Barletti 2015).

応用人類学——最近では「実践人類学」(practical anthropology) とも呼ばれる——の分野で非常に有益な本は，ピンク (Sarah Pink) 編集の『人類学の応用—— 21 世紀における専門的人類学』(2006 年) である．この本は，応用人類学に向けられた疑念を，学術と現場における実践という二つのレベルで考察しており，ベテラン研究者を含む多くの実践家による論文が収録されている．応用人類学の歴史と展開のセクションから始まり，産業界における人類学の応用に注目したうえで，人類学と公共部門の関係について考察している．最後のセクションでは，テレビ界での人類学の存在感の変化を含めて，メディアにおける人類学の役割の評価と，法律における人類学の有用性が検討されている．メディアや法律といった分野では，これまで多くの人類学者が実績を残してきた．調査地を扱ったテレビ番組の制作に助言を求められたり，フィールドワークで出会った人々に関わる訴訟に，専門的観点から助言したりする役割が人類学者にはある．

本書初版の各章の最後に掲載した映画／フィルムは，ほとんど人類学者が制作したものである．少なくとも，人類学者のアドバイスのもとに作られたものであった．大体は教育映画で，中には学校で上映されたものもあるが，テレビのゴールデンタイムに人類学の作品が放映された素晴らしい時代もあった．今のイギリスでは，リアリティ番組 (reality television) や，家や庭の模様替えを扱った番組が主力となっているが，異文化を扱ったものも僅かながら復活しつつある．ただ，以前より娯楽的志向が強くなっていて，一人のイギリス人の若い男性が隔絶された民族の家を訪ね歩く『部族』(Tribe) は，その一例である．この番組は，BBC 版のエスニック・ツーリズム番組といったところだが，［日本の人類学者が『世界ウルルン滞在記』を複雑な思いで見ていたように］，イギリスの人類学者も『部族』をどのように評価したらよいのか考えあぐねている (Anthropology Today 誌に掲載された Caplan 2005 と，それ以降の議論を参照). このことは，コメディアンのペイリン (Michael Palin) が，行く先々で土地の人と触れ合う BBC の人気旅行番組や，世界中に配信されているディスカバリー・チャンネル (Discovery Channel) も同じ

である.

おわりに

このように,人類学者はさまざまな分野に貢献してきた.しかし,より積極的に人類学を社会一般に広めていくべきだという意見もある.代表格のエリクセン(Thomas Hylland Eriksen)(2006)は,『エンゲージメントの人類学——公的存在への申し立て』(2006年)の冒頭で,次のように述べている.

> 人類学には世界を変える力があるのに,学術界を除くと公的領域ではほぼ見えざる存在である.社会的に重要なさまざまな喫緊の課題に,人類学者が独創的かつ権威をもって取り組んできたことを考えると,こうした状況は不可解だ.人類学者は,多文化主義やナショナリズム,情報技術の人的側面,貧困と経済のグローバル化,人権問題,欧米社会における個人と集団のアイデンティティなど,さまざまな問題に関する国民的議論の先頭に立ってしかるべきである.しかし,人類学者はなぜか自らのメッセージを伝えそこなっている(Eriksen 2006:1).

エリクセンは知識人のなかでも人類学者の地位が高いノルウェーを拠点としており,彼の指摘は正論として受け取るべきだろう.イギリスでは人類学者の地位向上に向けて努力する余地がまだあるようだ(この点で日本の人類学者はイギリスの先を行っている).とりわけ,民族間の関係が崩壊していたり,現地の世界観に疎い政治家の決定が,豊かで誇り高い歴史のある国の分断をもたらしたりする状況下では,人類学者が力を発揮できるし,また発揮しなければならない.もちろん,私たちが魔法の杖を持っているわけではないし,相互理解さえすれば紛争が解決するというほど単純なものでもない.だが,声を上げることによって失うものはない.本章で紹介した人類学者の積極的役割が今後さらに大きくなり,人類学の価値が一段と高く認められるように著者の私は願っている.いずれ読者のあなたも貢献する日が来ることだろう.

《参考文献》

Appadurai, Arjun (1986) *The Social Life of Things: Commodities in Cultural Perspective* (Cambridge: Cambridge University Press).

Baily, John (2015) *War, Exile, and the Music of Afghanistan: The Ethnographer's Tale* (Farnham, Surrey: Ashgate).

Beatty, Andrew (2015) *After the Ancestors: An Anthropologist's Story* (Cambridge: Cambridge University Press).

Berreman, Gerald (1962) *Behind Many Masks: Ethnography and Impression Management in a Himalayan Village*, the Society for Applied Anthropology, Monograph No. 4.

Bicker, Alan, Paul Sillitoe, and Johan Pottier (2003) *Development and Local Knowledge* (London and New York: Routledge).

Caplan, Pat (2005) "In Search of the Exotic: A Discussion of the BBC2 Series *Tribe*." *Anthropology Today* 21 (2): 3-7. *Anthropology Today* 誌 22 (4) や 23 (2) などの後続号における議論も参照。

Collins, Samuel Gerald, and Matthew Slover Durington (2015) *Networked Anthropology: A Primer for Ethnographers* (London and New York: Routledge).

Cooper, M. (2007) "Sharing Data and Results in Ethnographic Research: Why This Should Not be an Ethical Imperative." *Journal of Empirical Research on Human Research Ethics* 2 (1): 3-19.

Eriksen, Thomas Hylland (2006) *Engaging Anthropology: The Case for a Public Presence* (Oxford and New York: Berg).

Eriksen, Thomas Hylland (ed.) (2003) *Globalisation: Studies in Anthropology* (London and Sterling, VA: Pluto Press).

Gay y Blasco, Paloma, and Huon Wardle (2006) *How to Read Ethnography* (London and New York: Routledge).

Gorup, Meta, and Dan Podjed (2015) "Expulsion of the Anthropological Demons from the Ivory Tower: Report on the Second International Applied Anthropology Symposium in Padua, Italy." *Anthropology in Action* 22 (2): 49-51.

Hannerz, Ulf (2003) "Several Sites in One: On Multisited Fieldwork," in Thomas Hylland Eriksen (ed.) *Globalisation: Studies in Anthropology* (London and Sterling, VA: Pluto Press).

Hendry, Joy (1999) *An Anthropologist in Japan* (London: Routledge).

Hendry, Joy (2003) "An Ethnographer in the Global Arena: Globography Perhaps?" *Global Networks*, 3 (4).

Hendry, Joy (2008) *An Introduction to Social Anthropology: Sharing Our Worlds*, 2nd edition (Basingstoke: Palgrave Macmillan).

Hendry, Joy (2015) "The State of Anthropology in and of Japan: A Review Essay." *Japan Forum* 22 (2): 121-33.

Hine, Christine (2000) *Virtual Ethnography* (London, Thousand Oaks and New Delhi: Sage Publications).

Kapferer, Bruce (2004) *The World Trade Center and Global Crisis* (Oxford: Berghahn).

Kemper, Robert V., and Anya Peterson Royce (2002) *Chronicling Cultures: Long-term Field Research in Anthropology* (Lanham, Maryland: Altamira Press).

Lambert, Helen (2001) "Not Talking about Sex in India: Indirection and the Communication of Bodily Intention," in Joy Hendry and C. W. Watson (eds.), *An Anthropology of Indirect Communication* (London and New York: Routledge), pp. 51-67.

Leiria, Leonor (2006) "Time Signature in Namban Lacquerware: Tangible Forms of Storing Remembrance." *Bulletin of Portuguese/Japanese Studies* 12: 21-38.

Madsbjerg, Christian, and Mikkel B. Rasmussen (2014a) *The Moment of Clarity: Using the Human Sciences to Solve Your Toughest Business Problems* (Harvard Business Review Press). 田沢恭子訳『なぜデータ主義は失敗するのか？——人文科学的思考のすすめ』(早川書房, 2015年).

Madsbjerg, Christian, and Mikkel B. Rasmussen (2014b) "An Anthropologist Walks into a Bar." *Harvard Business Review* (March 2014): 2-10.

Marcus, George E. (1995) "Ethnography in/of the World System: The Emergence of Multisited Ethnography." *Annual Review of Anthropology* 24: 95-117.

Maybury-Lewis, David (1965) *The Savage and the Innocent* (London: Evans Bros.).

Miller, Daniel, and Don Slater (2003) "Ethnography and the Extreme Internet." In Thomas Hylland Eriksen (ed.), *Globalisation: Studies in Anthropology* (London and Sterling, VA: Pluto Press), pp. 39-57.

Pink, Sarah (ed.) (2006) *Applications of Anthropology: Professional Anthropology in the Twenty-first Century* (Oxford: Berghahn Books).

Posey, Darrell (2004) *Indigenous Knowledge and Ethics: A Darrell Posey Reader*, edited by Kristina Plenderleith (New York and London: Routledge).

Russell, Andrew, and Elizabeth Rahman (eds.) (2015) *The Master Plant: Tobacco in Lowland South America* (London: Bloomsbury).

Sarmiento-Barletti, J. P. (2015) " 'It Makes Me Sad When They Say We Are Poor. We Are Rich!' : Of Wealth and Public Wealth in Indigenous Amazonia." In F. Santos-Granero (ed.), *Images of Public Wealth in Tropical America or the Anatomy of Well-being in Indigenous Amazonia* (Tucson: University of Arizona Press), pp. 139-160.

Smith-Bowen, Elenore (1954) *Return to Laughter* (London: Victor Gollancz).

Tett, Gillian (2015) *The Silo Effect: The Perils of Expertise and the Promise of Breaking Down Barriers* (New York: Simon & Schuster). 土方奈美訳『サイロ・エフェクト——高度専門化社会の罠』(文藝春秋, 2016年).

Whitehouse, Harvey (2004) *Modes of Religiosity: A Cognitive Theory of Religious*

Transmission (Walnut Creek, CA: AltaMira Press).

Whitehouse, Harvey, and Jonathan A. Lanman (2014) "The Ties That Bind Us: Ritual, Fusion, and Identification." *Current Anthropology* 55 (6): 674-95.

《読書案内》

Anthropology Matters 誌は，大学院生や若手の人類学者が始めたオンラインのオープン・アクセス・ジャーナルで，人類学における研究・教育に関する議論の活発化を目的としている．特集「フィールドワーク・アイデンティティ」（第11巻，第1号，2009年）と，特集「研究方法の境界を模索し拡大する」（第12巻，第1号，2010年）は，ともに興味深い内容が満載である．

Angrosino, Michael V. (2007) *Doing Cultural Anthropology: Projects in Ethnographic Data Collection* (Long Grove: Waveland Press).

Bourdieu, Pierre (2003) "Participant Objectivation." *Journal of the Royal Anthropological Institute* (n. s.) 9: 281-294.

Davies, Charlotte (1999) *Reflexive Ethnography* (London: Routledge).

Dresch, Paul, Wendy James, and David Parkin (eds.) (2000) *Anthropologists in a Wider World: Essays on Field Research* (New York and Oxford: Berghahn).

Eriksen, Thomas Hylland (2005) "Nothing to Lose But Our Aitches." *Anthropology Today* 21 (2): 1-2.

Fish, Adam, and Sarah Evershed (2006) "Anthropologist Responding to Anthropological Television: A Response to Caplan, Hughes-Freeland and Singer." *Anthropology Today* 22 (4): 22-5.

Gay y Blasco, Paloma (1999) *Gypsies in Madrid: Sex, Gender and the Performance of Identity* (Oxford and New York: Berg).

Hart, Keith (2004) "What Anthropologists Really Do." *Anthropology Today* 20 (1): 3-5.

Holtorf, Cornelius (2007) "What Does What I'm Doing Mean to You: A Response to the Recent Discussion on *Tribe*." *Anthropology Today* 23 (2): 18-20.

Konopinski, Natalie (2014) *Doing Anthropological Research: A Practical Guide* (London: Routledge).

MacClancy, Jeremy (ed.) (2002) *Exotic No More: Anthropology on the Front Lines* (Chicago: University of Chicago Press).

Malinowski, Bronislaw (1989[1967]) *A Diary in the Strict Sense of the Term* (Stanford: Stanford University Press). 谷口桂子訳『マリノフスキー日記』（平凡社，1987年）．

Miller, Daniel, and Don Slater (2004) *The Internet: An Ethnographic Approach* (Oxford: Berg).

Okely, Judith (2012) *Anthropological Practice: Fieldwork and the Ethnographic Method* (London and New York: Berg).

Olwig, Karen Fog (2003) "Global Places and Place-identities: Lessons from Caribbean

Research." In Thomas Hylland Eriksen (ed.), *Globalisation: Studies in Anthropology* (London and Sterling, VA; Pluto Press), pp. 58-77.

Strang, Veronica (2009) *What Anthropologists Do* (Oxford and New York: Berg).

Tuhiwai-Smith, Linda (1999) *Decolonizing Methodologies: Research and Indigenous Peoples* (New York: Zed Books).

van Willigen, John (1993) *Applied Anthropology: An Introduction* (Westport, CT and London: Bergin and Garvey).

《映画／フィルム》

Can't Go Native? (2010, David Plath and Chet Kinkaid) 東北地方の水沢の農村で，アメリカの人類学者キース・ブラウン（Keith Brown）が，50年という長期にわたって行った研究を取り上げた作品．

The Ethnographer (Ulises Rosell, 86分, 2012) 人類学者のジョン・パルマー（John Palmer）が，30年前にアルゼンチンの先住民ウィチ（Wichi）のコミュニティーを訪ね，その後，現地の女性と結婚して5人の息子をもうけた様子を描いた作品である．パルマー（2009年 Lucy Mair Medal 受賞者）は，このコミュニティーの法律顧問であり，彼が関わっている特定の事例や家族生活の詳細も，この作品に描かれている．

Tribe やや物議を醸しているBBCの映画シリーズで，人類学的志向を持った調査者を制作スタッフに加えているが，焦点はホストのブルース・パリー（Bruce Parry）の姿に，訪問先の異民族と同じくらい当てられている．このシリーズに関する人類学者の論考は，上記《参考文献》の Caplan（2005）に掲げられている．

補遺　一人称の語り

　原書 *An Introduction to Social Anthropology* の第3版には，新たな試みとして各章に first-hand accounts（直接体験による報告）が1篇または2篇ついている．本増補版のために新たに訳出した最終章でも説明されているが，近年，人類学や隣接分野では，フィールドで出会う人々を「インフォーマント」と呼ばずに，「調査協力者」(collaborator)と呼ぶようになった．これは単なる言い換えではなく，彼らは協働の対象つまりパートナーであって，ただの情報提供者ではないという調査者側の意識の変化を反映したものである．当然，この変化の背後には，1980年代半ばから2000年代にかけて人類学を席巻した「ライティング・カルチャー・ショック」の影響があるが，概説書で調査協力者の声を目に見える形で反映させるのは難しい．そこで，原著者のヘンドリーは工夫を凝らして，各章の主題を体現する人々に自らの体験を first-hand accounts として書いてもらった．紙幅の都合で，そのすべてを本増補版に掲載する余裕はないので，ヘンドリーに代表的なものを5篇選んでもらって，「一人称の語り」として訳出することにした．筆者には専門家でない者も含まれているので，内容やスタイルに一貫性は認めがたいが，原著者の意図は十分に伝わるであろう．なお，各篇に対応する章は冒頭に示してある．

　　　　　　　　　　　　　　　　　　　　　　　　　　　　　（桑山）

【一人称の語り　その1】

(第3章　贈答・交換・互酬性)

ハウについて——寛大性と贈答の霊性

マヌカ・ヘナレ（Mānuka Hēnare）
マオリ族（Māori）

マオリのビジネス・リーダーや文化的指導者がもっとも大切にしているのは，ティカンガ・ハウ（*Tikanga hau*）と呼ばれる「贈答の霊」(spirit of gift exchange)，すなわち寛大性（ethic of generosity）と，それに関連した価値観であることが，私の研究から分かっています．これは経済をみれば明らかですし，社会関係における政治的駆け引きにも顕著に現れています．人類学，特にンガティ・ラウカワ（Ngāti Raukawa）部族のタマティ・ラナピリ（Tamati Ranapiri）からマオリの思考を学んだモース（Marcel Mauss）の研究では，交換と贈答の理論は次のように説明されています．①交換は基本的な社会制度である．②贈答は経済制度に先行したものである．③贈答経済はハウ（*hau*）という贈物の霊によって命を吹き込まれる．④贈物の霊は贈答に携わる人々の間に固い絆を作り出す．⑤人とモノの分離が進んだのは，欧米社会の影響である．(1)

アオテアロア（Aotearoa 白く長い雲のたなびく地），すなわちニュージーランドのマオリの観点からすれば，贈答や寛大さの形而上学的な側面（metaphysics）や，ワイ・ルアタンガ（*wai'ruatanga*）と呼ばれる霊性（spirituality）を考慮することなく，ただモノや認識に焦点を当てて人類学的に考察するだけでは不十分です．1907年のラナピリの手紙を私が分析したところでは，モースはラナピリの形而上学的アプローチに忠実で，実際ラナピリから多く

---

(1) 1999年，そして2000年，ニュージーランドで，これらの点について指摘してくださったケンブリッジ大学人類学部のサルモンド（Amiria Salmond）博士に感謝したい．

の知識を得ていました．しかし，モース以外の研究者は贈答の物質的側面や社会的側面にのみ関心を払い，形而上学的説明を排除しようとしました．たとえば，ファース（Raymond Firth），レヴィ＝ストロース（Claude Lévi-Strauss），サーリンズ（Marshall Sahlins）らは，モースによる解釈学とハウの扱いを手厳しく批判していますが，それはモースというフランス人研究者が理解したマオリの形而上学を，功利主義的，唯物論的，世俗主義的，そして心理学的な西洋的合理主義の立場から批判したものでした．ラナピリの手紙について，原本から研究した唯一の民族誌家は，ニュージーランド生まれの白人ベスト（Elsdon Best, 1856-1931）だけで，この二人の間には手紙のやりとりがありました．私の知る限りでは，上記の研究者たちは，マオリ語で書かれたラナピリの手紙を，原文で読んだり入手したりした形跡はありません．つまり，モースを批判した論客は，ベストが正確に複写して翻訳した，という前提に立っているのです．

　しかし，私の調査によって，ベストが自著『マオリの森の言い伝え』（1909年）の刊行に向けて，ラナピリの手紙を複写したり抜粋したりしているうちに，大切な言葉を大きく変更していたことが分かりました．この変更によって，マオリの形而上学に関するラナピリの解釈は，世俗的で唯物論的な説明へと変わり，ラナピリの見解よりベストの見解を反映するものになってしまいました．モースは直観的にベストの誤りを部分的に修正しましたが，ファース，レヴィ＝ストロース，サーリンズらは，ベストの編集・翻訳によるラナピリの手紙と，ベストの現象学的アプローチに依拠したのです．ワイナー（Annette Weiner）やパリー（Jonathan Parry）など，数多くの論者もファースらに続きました．ベストの見解に従って，ファース，レヴィ＝ストロース，サーリンズらは，モースによる解釈や贈物の霊という考えそのものに異議を唱えました．ファースは，「モースが贈答に『魂の絆』（bond of soul）と称する人格の交換を見出すとき，彼はネイティヴの考え方ではなく，自身の知的解釈に従っているのだ」（1972 [1929]：418）と言っています．

　また，レヴィ＝ストロースは次のように書いています．

　　ハウは贈答の究極的な説明とはならない．ある社会で贈答が特に重要性を帯びたとき，その社会の人間が無意識のうちに贈答の必要性を感知したことを意識化したものが贈答であって，そうした必要性の説明は他に

求められる（Schrift 1997 : 55-6 より引用）．

最後に，サーリンズは合理主義・功利主義の立場を貫いています．

> モース以来，［中略］人類学はより一貫して交換を合理的なものとして捉えるようになった．互酬性は純粋な契約（contract pure）で，主として世俗的なものであって，慎重に計算された自己利益を含めて，さまざまな配慮を重ねた結果，是認される（Schrift 1997: 93 より引用）．

ラナピリは，タオンガ（*taonga*）つまり贈物には，2つの異なるハウがあると書いています．第1は，タオンガに本来備わっているハウであり，タオンガの創生に際して吹き込まれるものです．第2は，元の贈与者のハウであり，その人のタオンガの所持や所有権にまつわるものです．したがって，マオリの世界観では，交換とその霊的・道徳的基盤は，現代の社会関係や経済の中核を成しているのです．ここで問題になるのは，交換や交換にまつわる人間の行為の道徳的基盤についてのマオリの見方です．ティカンガ・ハウ——交換，寛大性，精神性，道徳性——は，およそ13の関連した倫理規範の一部であり，それは倫理の複数性という原理に基づく道徳体系を構成しています．ベストは，ラナピリのハウに関する説明を翻訳するにあたって，誤りを犯してしまいましたが，モースのハウの意味や意義についての直感的説明は一貫して正確であり，ラナピリの「主要テクスト」（text capitale）の精神を捉えていました．

［著者紹介］マヌカ・ヘナレ博士は，オークランド大学ビジネススクールのマオリ・太平洋開発部の副学部長（associate dean）である．

《参考文献》

Firth, Raymond (1972 [1929]) *Economies of the New Zealand Māori*, 2nd edition (Wellington: A. R. Shearer, Government Printer).

Schrift, Alan D. (ed.) (1997) *The Logic of the Gift: Toward an Ethic of Generosity* (New York: Routledge).

【一人称の語り　その２】

（第5章　象徴体系としての社会）

イニシエーション儀礼について

レシカール・オレ・ンギラ（Lesikar Ole Ngila）
マサイ族（Maasai）

　私が友人と割礼を受けた翌日，イシポリオ（*isipolio*）と呼ばれる通過儀礼を終えたイニシエート（initiate 新参者）仲間が私たちを迎えに来て，傷の周りの布の巻き方を教えてくれました．髪飾りにダチョウの羽も持ってきてくれました．私たちは，女性用のエスルティエイ（*esurutiei*）という首飾りや，少女用の革ベルトも身につけて，大人の男が使う棒を持ち運びしなければなりませんでした．これらのモノは数ヶ月に渡って保管しました．マサイ族にとって，通過儀礼を終えたイニシエートは，男と女，若者と老人，人間と環境といった社会のさまざまな存在を統合する象徴的役割を担っているので，「1即4」（four in one）という服装でした．エスルティエイの首飾りを身につけるということは，女性と同じタブーに縛られるということでもあって，一人前の戦士が食べる肉を見ることも許されませんでした．

　新世代の戦士として，イシポリオは将来地域を守る存在とされていて，割礼後の数週間は，私たちも地域で大きな尊敬を集めていました．イシポリオの黒服を身にまとっていれば，観光客のように，行きたいところにはどこにでも行くことができて，誰も妨害する人はいないのです．イシポリオは，空腹のまま床につくことは許されていませんが，血を自分で扱うことも許されていないので，私たちに代わって戦士や長老が雄羊やヤギを畜殺しました．エンデュロト（*enduroto*）という白チョークを水に混ぜたペイントで顔に複雑な模様を施すのですが，それはさまざまな鳥を象徴しています．また，羊脂と炭を混ぜたものを体中に塗りつけ，体をいつもより黒くしました．そして，伝統的な革サンダルを履きました．マサイ族の遊牧経済が強く，ゴム底

の靴を履く人がいなかった時代のことを思い出させてくれるからです．

　割礼から4ヶ月経ってから，私は父に髪を剃り落とすように頼みました．イニシエーションを受けたばかりの戦士は，普通，アルマシ（almasi）と呼ばれる，髪の毛がもじゃもじゃ状態になるまで丸1年伸ばし続け，洗髪してはいけないとされています．しかし以前，汚く見えるという理由で私は学校で殴られたので，父親は規則を曲げて髪の毛を洗わせてくれたのです．すると今度は先生が，伝統的なマサイ教育は時代遅れだから，さっさと捨て去るべきだという考えの持ち主だったので，家で剃髪することにしました．この先生の口癖は，「こういう古い慣習に無駄な時間を割いていたら，勉強に集中できなくなってしまう」というものでした．それで，学校ではハサミを振りかざし，イシポリオの生徒たちを並ばせて長い髪を切り落とし，長老からお祝いにもらった黒い宝石を取り上げて，すべて便所に投げ捨ててしまいました．

　ある日，別の学校に通うイシポリオの同期生（age mate）たちが私の学校に来て，その教師に向かって次のように歌いました．「ジョージ先生，あなたは，自分の無礼が原因で，イシポリオのアルマシの呪いに，一生苛まれるでしょう！　私たちの友人の髪を，聖なるオレテティの木のように，冷たくて安全な場所に置かずに，便所に捨てるなんて，よくそんなことができましたね」．ジョージ先生が呪われたかどうかは定かでありませんが，正しい慣習に従わずに，ハサミの犠牲にでもなったら大惨事だと私は友達と考えました．他の生徒が列に並ばされているのを見かけると，私たちはいつも逃げ出していました．私の父親は，他の長老と同じように，この教師をとことん嫌っていて，息子をこんな憂き目に遭わせたくないと考えたようです．それで，時期的には早すぎたのですが，家で伸びた髪を剃り落としてくれました．

[著者紹介] レシカール・オレ・ンギラは，タンザニアのヌーンコディン中学校（Noonkodin Secondary School）の共同設立者である．この学校では異文化教育が行われていて，先住民の知識を記録・研究するプロジェクトも継続的に行われている．ヌーンコディン中学校を支援しているイギリスの公認慈善団体 Serian UK のウェブサイトは，以下の通りである．http://www.serianuk.org.uk

【一人称の語り　その3】

(第11章　家族・親族・結婚)

同性婚カップルの子育てについて

メアリー・マーサ・ビートン（Mary Martha Beaton）
アメリカ人

　アメリカでは，同性愛は新しいものではありません．その証拠に，19世紀ヴィクトリア朝当時の「ボストン婚」(Boston marriage) という表現があります．この言葉は，2人の女性が生活を共にしている様を指していますが，2人の関係の本質については，さりげなく言及を避けています．

　女性間や男性間の同性愛について，オープンに議論するようになり，カップルとして認められるようになったのは，近代になってからのことです．それに子供が加わってくると，もっと物議を醸します．私たちは，リベラルな気風で知られるカリフォルニア州のサンフランシスコで，レズビアン・カップルとして暮らしていて，アメリカの他の地域で見られるような偏見や誤解に直面することはありません．

　私たちには2人の女の子がいます．ジェシーとサラという名前で，5つ年が離れています．2人とも2歳半のとき養子に迎えました．私たちは，この子たちが必要としている支援があり，寛容な社会で育つことが大切だと考えました．悪口を言われたり，偏見に満ちた呼び方をされたりするような環境に，彼女たちを置きたくはなかったので，ボストンからリベラルな西海岸に引っ越しました．実際は，どこで生活してもよかったのですが，この子たちにとって居心地の良い所にしたかったのです．伝統的な結婚をしたことがないので，直接比較はできませんが，私たちは，どんな伝統的な親子関係とも変わらない，普通で，健康的で，機能的（functional）な家族を築いたと感じていて，今もそうだと思っています．共に笑い，共に泣き，共に成長し，お決まりの母娘の確執を経験しました．母親は2人いましたが，娘たちはどち

らに訴えれば望みを叶えられるのか，いつもよく分かっているようでした．どうすれば親のどちらが自分に都合の良いように動いてくれるか，それをすぐに理解して，「ダメ」という答えが返ってくると分かっているときには，「そのお母さん」に聞こうとはしませんでした．彼女たちにとって，母親が2人いることは自然なことでした．2人とも家族に誇りを持つように育てられ，愛されていることも分かっていたので，また学校も理解があったので，母親が2人いることは特に問題になりませんでした．ただ，ジェシーとサラを育てるのに，何も苦労がなかったというわけではありません．

　門限，ボーイフレンド，パジャマ・パーティー（slumber party），パーティー通い，学校の成績，部屋の掃除，聖歌隊などについて，どこにでもあるような親子喧嘩や口論はありましたし，親ならば誰でも抱える悩みもありました．同性の親がいるという点について，より具体的に言うと，次女のサラは長女のジェシーより，人に打ち明けるのに不安を感じていました．彼女は思い悩んでいましたし，私たちも時が熟すのを待ちました．しかし，成長するにつれて，2人の母親がいることを「楽しそう」だと考える友人が出てきて，サラのことを「ラッキーだ」とまで言ってくれたので，彼女も我が家のありかたを受け入れるようになったのです．

　いま，娘たちは21歳と25歳になりましたが，自尊心は損なわれていませんし，自活して男性と健全な（healthy）関係を築いています．他者の尊重，他者の受容，差異に対する寛容，そして，精神性，家族愛，伝統などを大事にすること等々，どの家族でも重視する価値観をもって，私たちは子供を育てました．親ならば誰でもが払う犠牲を払い，同じ責任をもち，同じ決断をして，そして同じように家族への献身を果たしたのです．

【一人称の語り　その4】

(第12章　経済と環境)

空間－場－場所と聖性について

ラアラ・フィッズノア（Laara Fitznor）
ドイツ／スコットランド系クリー族（Cree）のファースト・ネーション

　タートル・アイランド（Turtle Island「アメリカ大陸（The Americas）」の意）の先住民は，岩，木，川，草の葉の一つ一つに生命が吹き込まれていると考え，その聖性を尊びます．私は，クリー（Cree）族としてカナダ北方林（Northern Boreal Forest）に育った少女時代，常に周囲のエコシステムの生命力を心に留めていました．生命を維持して，健康で元気でいるための繋がり（inter-connection）について，両親，叔母，叔父から多くのことを教わりました．植物の命は，根から葉に至るまで，人間の食べ物や医療・健康に必要なものを差し出してくれます．そして，動物は人間のために命を捧げてくれます．私たち人間は，聖なる交換として神にタバコを供え，動植物に栄誉を与えます．村の長老によれば，タバコは神が授けてくださった神聖な植物で，地球や大地の恵みに対して感謝の念を捧げるために使うものです．現在のように乱用されて，喫煙が依存症になるために授かったのではありません．

　大人になって自分の伝統について学ぶようになり，タバコを供え物として使うという営みが，先住民の生活様式に特有のものだと気づきました．それは植民地時代に脅かされた習慣の一つなので，多くの人が既に放棄していますが，供えるという行為によって環境に対する意識が高まり，地球や土地の豊かさと健やかさに対して，感謝することを思い出させてくれるのです．私は，あらゆる空間－場－場所（space-place-location）において，すべての生命体のエコ・バランスに活力を与える関係を築くことが，現在から未来につながる持続可能性（sustainability）にとって重要である，ということを学びました．長老の教えでは，神はすべてのものを地球上に配置されました．そし

て，私たちの聖地は，現在の生と関わり，未来の世代と恩恵を共有するために地球を守るという，英知の「守り人」が残した見取り図だということです．日常生活で使うために残されたものを「世話する」責任が，私たちにはあるのです．そして，私たちはすべての生命を保つ役割を担っているのです．カヘテ（Greg Cajete）という名高いアメリカ人先住民研究者は，次のように述べています．

> 我々が暮らしていた土地と場所は完璧な状態にあった……我々の生に課せられた試練は，自然という完璧なものと調和的関係を築くことであった．それは自然を理解し，自然を我々の生命と生活の根源とみなし，自然を絶対の幸福の起源と考えることである……こうした自然中心志向（nature-centered orientation）を抱くことで，人間は自らの環境との全体的（holistic）折衝を学んだのである（Cajete 1994：75）．

こうしたエコロジカルな思考は，私たちが家族やコミュニティーのために使う空間を尊重するという相互責任を理解する一端として，空間－場－場所における人々の包括的関係に注意することの重要性を教えてくれます．

私たちは母なる大地の恵みの受取人であるにもかかわらず，近年の植民地主義的計略によって土地との関係性が希薄になり，土地領有の猛威が人間と土地との連続的関係を破壊していると長老は言います．土地にまつわる私たち先住民の空間－場－場所という理解から，どれだけ多くのことが奪われたかを知るには，今日聖地として使われている土地がいかに少ないかを見れば明らかでしょう．私たちの土地の多くは，縁もゆかりもない人が利用する行楽地となってしまいました．土地には霊性や聖性が宿るという感覚が，他の目的で土地を使用する変化の過程で失われる傾向にあります．それは「科学技術による世界の急速な変化と，そこに登場したエコロジーの危機」（Cajete 1994：81）により，加速しているのです．

たとえば，過去数世紀にわたる聖地の悪用や領有によって，環境に破滅的な影響が出ています．観光が私たち先住民の地域経済を持続する手段であるとしたら，空間－場－場所がエコロジーの核となり，「霊的に統合された自然観」（Cajete 1994：81）を反映したものとなるように，私たちが責任を負わねばならないことは明らかです．このようなエコロジカルな思考によって，

私たちは,これ以上環境を破壊することなく,生活の場を維持する不可欠な一部となることでしょう.

[著者紹介] ラアラ・フィッズノアは,カナダのマニトバ州ワボウデン (Wabowden) の出身で,トロント大学で教育博士号を取得し,現在はマニトバ大学で先住民教育に携わっている.「環境教育とアボリジニ文化研究」によって表彰された.

《参考文献》

Cajete, Greg (1994) *Look to the Mountain: An Ecology of Indigenous Education* (Durango, Colorado: Kivaki Press).

【一人称の語り　その5】

(第13章「つながりあった世界」のアイデンティティ)

国境を越えたアイデンティティについて

ウォング・シ・ラム（Wong Si Lam）

　私の名前は Wong Si Lam（ウォング・シ・ラム）です．Wong が姓で，Si Lam が名です．私の中国名をポルトガル語で表記したのが Wong Si Lam です．12歳の時に英語を使うカトリックの中学校に入ってから，Si Lam より英語名の Selina（セリナ）として知られるようになりました．

　私は旧ポルトガル領マカオで生まれました．祖母はインドネシア系なので，純粋な中国人ではありません．1996年に中学を卒業し，家族でカナダのバンクーバーに移住しました．マカオが中国に返還されたらどうなるのか，不安があったためです．カナダ国籍を取得してから，しばらくして私はイギリスに渡り，日本に関する社会人類学の勉強をしました．

　私はいつも自分が何者であるかを人に伝えるのに苦労しています．マカオ人であることは間違いないです．エスニシティから考えると中国人です．国籍からみたら，ポルトガル人であり，カナダ人でもあります．

　私たちマカオ人は，中国ともポルトガルとも違う，混ぜ合わせたような独自の文化を持っています．何百年もの間，中国系のお寺とキリスト教の教会

が並立していて，中国風の要素が入った西洋式の家もあります．2005年に数多くの建築や史跡が世界遺産となりました．ポルトガル料理を中国風に調理したマカオ料理もあります．クリスマスは旧正月と同じくらい大切なお祝いです．香港の人々の血（blood）に，イギリス文化と中国文化の両方が入っているように，私たちの血には，ポルトガル文化と中国文化

が入っています．香港返還後，彼らは「中国人」(Chinese)，「中国系香港人」(Chinese Hong Konger)，「香港人」(Hong Konger) というアイデンティティのどれを選択するのか，毎年調査が行われています．返還後17年を経ても，香港の人々が「中国人」ではなく「香港人」であると意識していることを，中国政府は気にかけているようです．私からみると，それは政治的というより文化的理由によるものだと思います．香港やマカオでは，その歴史的背景から，基本的価値観や考え方，実践などを含め，中国本土の文化とは大きく異なる独自の文化が育まれてきました．違いがあまりに大きいので，「中国人」として知られる集団と同じ集団に属しているとは考えない人が多いのです．多くの人は次のように説明します．「私はどの文化に自分が所属しているのかによって，自分が何者かを決めたいのです．そして，私たちの地域文化が消えてしまったり，本土の文化に統合されたりするようなことは許しません」．

映像誌

以下に掲げた映画／フィルムは，「連絡先」にある機関（ローマ字の略字で示してある）から購入可能である。上映時間はタイトルの後の（　）で示した．

Granada "Disappearing World" Series 『消滅する世界』シリーズ (GL, NLA, PMI, RAI-H)
 Azande, The (52")
 Dervishes of Kurdistan, The (52")
 Kalasha : Rites of Spring, The (60")
 Kataragama, A God for All Seasons (50")
 Kawelka : Ongka's Big Moka, The (52")
 Kayapo : Out of the Forest, The (55")
 Kirghiz of Afghanistan, The (51")
 Lau of Malaita, The (52")
 Masai Manhood (DER) (53")
 Masai Woman (DER) (53")
 Mehinacu, The (52")
 Mursi : Relations with the Kwegu, The (50")
 Mursi : War with the Bodi, The (52")
 Some Women of Marrakesh (53")
 Trobriand Islanders, The (50")
 Wodaabe, The (51")

"Strangers Abroad" Series 『海外の異人』シリーズ (RAI-S)
 Everything is Relatives (55")
 Fieldwork (50")

Off the Verandah (55")
Strange Beliefs (55")

その他一般

Bushmen of the Kalahari (National Geographic film) (DER) (50")
Caste at Birth (Sered film made for British television) (50")
Emerald Forest, The (commercial feature film) (113")
Feast, The (DER, NLA, RAI-H) (28")
Gods Must Be Crazy, The (commercial feature film)
Life Chances : Four Families in a Greek Cypriot Village (NLA, RAI-H, RAI-S) (43")
Nanook of the North (NLA, RAI-H)
Osōshiki (『お葬式』) (commercial feature film) (NLA)
Secrets and Lies (commercial feature film)
Trobriand Cricket (EMC, NLA, RAI-H)
Under the Sun : The Dragon Bride (National Geographic film) (55")

連絡先

DER (Documentary Educational Resources)
101 Morse Street
Watertown
Massachusetts, MA 02171
USA
Tel. 617-926-0491
Fax. 617-926-9519
E-mail: cclose@delphi.com
Website: http://der.org/docued

EMC (Extension Media Center)
2176 Shattuck Avenue
University of California
Berkeley, CA 94720

USA

GL (Granada Learning)
1 Broadbent Road
Watersheddings
Oldham OL1 4LB
UK
Tel. 0161-627-4469

NLA (National Library of Australia)
Film and Video Lending Service
c/o Cinemedia
222 Park Street
South Melbourne
Victoria 3205
Australia
Tel. 03-9929-7044
Fax. 03-9929-7027
E-mail: nfvlsbookings@cinemedia.net
Website: www.cinemedia.net/NLA

PMI (Public Media Incorporated)
5547 North Ravenswood Avenue
Chicago
Illinois IL 60640
USA
Tel. 773-878-2600
Fax. 773-878-2895

RAI-H (Royal Anthropological Institute)
RAI-S (Royal Anthropological Institute)
50 Fitzroy Street

London W1P 5HS
UK
Tel. 44-171-387-0455
Fax. 44-171-383-4235
E-mail: rai@cix.compulink.co.uk

旧版　訳者あとがき

　本書は Joy Hendry, *An Introduction to Social Anthropology : Other People's Worlds* 旧版　訳者あとがき　)99) の全訳である（以下 *An Introduction* と略す）。イギリス人による久しぶりの本格的な社会人類学の概説書である同書は，アメリカでは従来の英米の差を反映して *Other People's Worlds : An Introduction to Cultural and Social Anthropology* (New York : New York University Press, 1999.『異民族の世界――文化・社会人類学入門』）として出版された．

An Introduction との出あい

　私が *An Introduction* と出あったいきさつは，次の通りである．1998年春，韓国での調査から帰国して間もなく，東京大学名誉教授の吉田禎吾先生から電話があり，原著者のヘンドリー教授が教えているオックスフォード・ブルックス大学で，先生は2カ月ほど客員講師として日本文化を講義する予定であったが，都合で行けなくなったので，私に代わりに行ってもらえないかという打診があった．突然のことで即答はできなかったが，ヘンドリー教授とは1992年以来面識があり，勤務先の大学の好意的な配慮も受けたので，ピンチヒッターとして急きょ訪英することになった．4月下旬のことである．
　6年ぶりのオックスフォードに到着してから1週間あまり経った頃，私はヘンドリー教授に連れられて，芦屋市の女人舞楽「原笙会」による催し物を，近隣のセンターに見に行った．そこで私は生まれて初めて十二単なるものを見た．イギリスの地で日本の宮中貴族の伝統に接したことに感激するとともに，人類学者に特有な「ひねくれ心」で，あの催し物はオリエンタリズムの極みだとも思った．そして，この思いで深い日の晩に，私はヘンドリー教授とパブに寄りいろいろ話した．11年間住んだアメリカでは，パブのような雰囲気の場所で，研究者が同僚と多少のプライバシーをさらしながら，和気あいあいと話し合うことは少なかったように思う．そうした英米の学問文化の相違に，体で触れる機会を得たことに私は感謝した．ふとした拍子で，ヘン

ドリー教授は私に対して，社会人類学の入門書を最近書いたから，読んでみないかと言われた．まだ原稿の段階とのことであったが，私は二つ返事で引き受けた．それが *An Introduction* である．

An Introduction を翻訳した理由

　一読して好印象を受けた．非常に読みやすいスタイルで書いてあることも，その一因だが，何にもまして日本の例がふんだんに使われていることに，私は興味をそそられた．ヘンドリー教授（以下，敬称略）は，イギリスを中心とする Japan Anthropology Workshop (JAWS) の創立者の一人で，日本に関する多くの著作は国際的な評価を受けている．その彼女が社会人類学の概説書を書けば，日本の民族誌的事例が多用されるのは当然のことだが，海外で使われている概説書には，日本はもちろん，概して東アジアへの言及が圧倒的に少ない．特にイギリス人の書いたものは，事例の多くを大英帝国の植民地であったアフリカが占め，この地域と歴史的に接触が少なかった日本人には，一部の人を除いてあまりピンと来ないのが普通である．その点 *An Introduction* は例外的である．

　また，日本では1960年代以降，海外での調査が普及するにつれ，人類学者の眼はソトに向くようになり，自文化の研究は停滞しているのが現状である．1946年に出版されたベネディクトの『菊と刀』以降，海外の人類学的日本研究は着実に発展して，今日では隆盛を極めているのに，お膝元の日本では anthropology at home（自文化の人類学）は，単なる掛け声に終わっている．こうした状態を憂慮するのは，私一人ではないだろう．そこで *An Introduction* を日本語に翻訳すれば，日本の人類学者および学生に刺激を与え，この問題の解決に少しでも貢献できるのではないかと考えたのである．

An Introduction の特徴

　次に，以上に述べたことと重複を避けつつ，*An Introduction* の主な特徴を列挙したい．

（1）　理論と民族誌のバランスが良い

　日本で使われている概説書の多くは，限られたスペースで理論に焦点を当てて説明しているので，人類学の生命線である民族誌に十分な注意が払われ

てない．その結果，読者に「異文化の香り」を伝えにくい．*An Introduction* は理論と民族誌のバランスがよく，独学でも人類学の世界に飛び込める．

（2） 社会人類学に重点が置かれている

イギリスで発達した社会人類学は，アメリカの文化人類学の隆盛により，近年では影が薄くなった．また，社会人類学と文化人類学の境界線も，以前ほど明確ではない．しかし，イギリスの学問的伝統にはアメリカに見られない良さがあり，原著者のヘンドリーはそれを十分意識しながら書いている．*An Introduction* にはイギリス人類学の最新の研究成果が盛り込まれているので，アメリカ人類学に傾きがちな日本の人類学教育に，一石を投じるであろう．

（3） 異文化として日本を見る眼を提供する

海外の日本研究は，日本人による日本研究とは違う．その第一の理由は，日本人にとって日本は自己だが，外国人にとって日本は他者だからだ．第二の理由は，日本人は日本人に向かって日本語で書くが，外国人は自分の国の人間に向かって自分の言葉で書くからである．つまり聴衆（audience）が違うのである．第一の理由からは視点の違いが，第二の理由からは説明の仕方の相違が生じる．ヘンドリーの日本の表象をみると，このことがよく理解できる．*An Introduction* は日本の読者に対して，異文化としての日本，他者としての自己について考える機会を与えてくれる．

（4） 「欧米」の多様性を認識できる

アメリカが西洋を代表してきた戦後の日本では，アメリカと西欧を一緒くたにして「欧米」と呼んできた．しかし，両者の間にはかなりの差があり，「欧米」という同一範疇でとらえるのは危険である．ヘンドリーはアメリカを他者として認識しているので，彼女の文化観は日本人が見落としがちな「欧米」の多様性について注意を喚起し，バランスの取れた世界観を提供するだろう．また，近年ポストモダニズムの影響で，一国内の多様性に関心が集まっているが，この点でも *An Introduction* は優れている．スコットランド系のヘンドリーは，イングランドとの相違に幼い頃から敏感で，イギリス文化の多様性を肌で認識しているからだ．

訳注について

　私は本書を単なる翻訳ではなく，*An Introduction* の日本語版であると考えている．そして，この日本語版の各章末には，かなり多くの訳注がついている．その理由は，上に掲げた第二の特徴と第三の特徴と正反対の関係にある．まず，前者について述べると，ヘンドリーがイギリスの社会人類学について，本格的な概説書を書いたことは評価できるが，その裏返しとして，今日世界的に影響力を持っているアメリカの文化人類学を，多少ないがしろにする結果になったことは残念である．たとえば，*An Introduction* の中心テーマでもある分類範疇について，ヘンドリーはリーチ，ニーダム，ダグラスといった，イギリスの主要な人類学者に依拠して説明している．しかし，アプローチはまったく違うものの，同様の問題を扱ったアメリカの認識人類学については一言もない．もちろん，*An Introduction* は社会人類学の概説書なので文化人類学は扱わない，と正当化することもできるが，それはあまりに偏狭であろう．特に，日本の大学で教えている人類学者の多くは，私を含めてアメリカ的な訓練を受けているので，多少なりともアメリカの伝統に触れておかないと，教育の現場で支障をきたすことになる．そこで，イギリスとアメリカでは明らかに差があると思われる箇所には訳注をつけ，日本の読者の便宜を図った．なお，こうした英米の相違については，拙稿「アメリカの文化人類学教科書の内容分析」(『国立民族学博物館研究報告』25巻3号，2001年) を参照されたい．

　次に，前節で述べた第三の特徴，つまり異文化としての日本については，翻訳の過程で処理不可能な問題が出てくる．それは，せっかくヘンドリーがイギリス人に日本文化が分かるように英語で説明しても，それを日本語に直した瞬間，原文に含まれるさまざまな工夫や努力が消え，原文が持っていた文化社会的意義が失われてしまうということである．のみならず，ネイティヴとしての常識を備えた日本の読者が，日本語に訳されたヘンドリーの日本の記述を読むと，あまりに単純化していて「軽い」という印象さえ受けるかもしれない．これまで多くの日本の学者が，海外の日本文化論を翻訳で読んで，「学問的常識」の域を出ないとして退けてきたのは，こうしたメカニズムを理解していないからである (もし原語で読んだとしても，日本の文脈で読んでいれば結果は同じになる)．そこで本書では，「標準的な日本の読者」を念頭に置きながら，ヘンドリーの記述が日本人にも意味を持つように，訳注と

いう形で敷衍しておいた．彼女の日本文化観をより詳しく知りたい方は，*Understanding Japanese Society* (2nd ed.) (London: Routledge, 1995) を参照されたい．

訳文について

　訳文の作成については以下の点に注意した．まず，本書は学生および一般人を読者として想定した概説書であるから，分かりやすい日本語にするように心がけた．その際，訳者としてもっとも苦労したのは，イギリスの読者を対象にイギリスの学者がイギリスの英語で書いたものを，日本の読者を対象に日本の学者が日本の日本語で，どのように伝えるかということであった．「日本の日本語」というのは，日本語は日本人の独占物ではないので，日本以外の日本語もありうるからである．言語はその文化社会的文脈と分かちがたい関係にあるから，翻訳は単なる言葉の転換ではなく，その背後にあるすべてのものの変換である．この変換の難易度は場合によって異なるが，非常に難しいときには，原著者を「裏切る」ことが訳者に要求される．そのため，訳者は罪悪感を覚えざるをえない．特に原著者と既知の関係にあるときは．

　そこで，私は「原文」を実際に使われた言葉の群としてとらえるのではなく，著者による読者に対するメッセージとして理解した．そして，そのメッセージを，原著とは異なる言語文化的背景を持つ読者に伝達することを，翻訳だと解釈した．そうすることで，私はある程度の異国の香り（他者性）を残しつつ，なるべく自然な日本語で訳文を作成することができたように思う．本書は，いずれ日本語の達者なヘンドリー教授の目にも触れるだろうから，「裏切り者」扱いされないように，今から断っておかなければならない．訳し終えて強く感じるのは，外国語 (foreign language) を自国語 (one's own language) に直す翻訳という作業は，異文化を自文化の人間に伝える民族誌を書く作業と似ているということだ．人類学の営みを「文化的翻訳」と先学が呼んだのは，単なる比喩ではない．

英語の専門用語について

　An Introduction には，重要な専門用語は太字または引用符を使って示してある．本書では，それぞれ太字と「　」を使って示した．そして，煩雑になるのを承知で（　）の中に英語を挿入した．日本語で専門用語を覚えると

同時に，英語でも覚えてほしいからである．

　日本は幼稚園から大学院まで，ほぼすべての分野にわたって，自国語だけで教育ができる数少ない非西欧国家ではないかと思う．それは，おそらく近代西欧による植民地化を逃れたからであろうが，この幸運は一歩国外に出ると不幸に変わる．なぜなら，現在のところ高度な日本語が通じるのは，基本的に日本国内だけであって，ソトに出て意思疎通を図るためには，国際語の地位を不動なものにした英語を使わなければならないからだ．この現実は，日本と韓国のように，言語的にも文化的にも非常に近い隣国の関係でも，一部の専門家を除けば当てはまる．しかし日本には，旧植民地国のエリートのように，かつての宗主国の有名大学で教育を受けるという伝統がない．そのため，西欧（特に英米）を基準とした国際的尺度で測ると，日本人は言語的ハンデがある分，どうしても見劣りする．この問題を解決するためには，個人の努力で長期留学を果たすしかないだろうが，少なくとも基本的な英語力を身につけ，さらに専門用語を英語で覚えておけば，まったく歯が立たないというものではない．本書はこうした考えに基づいて，専門用語を日本語と英語で同時表記することにした．

謝　　辞

　本書の刊行にあたり，まず原著者のヘンドリー教授に感謝したい．2年間にわたる翻訳期間中，教授とは数え切れないほどのEメールをやりとりし，不明な点を説明していただいた．ときには激しい意見の交換もあったが，私は非常に多くのことを学んだ．また，ヘンドリー教授の日本における先生であり，私をオックスフォード・ブルックス大学の客員講師として推薦してくださった上に，法政大学出版局にも紹介してくださった吉田禎吾教授に，深く感謝したい．同出版局理事・編集代表の平川俊彦氏と編集部の秋田公士氏には，大変お世話になった．最後に，遅筆で怠惰な私にあきれ返りながら，完成まで見守ってくれた妻と二人の子供に，「ありがとう」の言葉を贈りたい．

2002年春　東京にて

桑山敬己

人名索引

A
阿部謹也 194
Abram, Simone 283, 285
Ahmed, Akbar 197, 211
網野善彦 216
Anderson, R. L. 123
Andersson, Ruben 290
Appadurai, Arjun 260, 311
Ardener, Edwin 30-31
Ardener, Shirley 34
有賀喜左衛門 247
Asquith, Pamela 263
綾部恒雄 113, 215, 272

B
Baizerman, Suzanne 101
Baily, John 310
Balandier, Georges 197
Banks, Marcus 6
Barnard, Alan 253
Barnes, R. H. 267
Barth, Fredrik 197, 211
Baumann, Gerd 15, 56
Beaton, Mary Martha 331-332
Beattie, John 110, 167, 239
Beatty, Andrew 308
Beauvoir, Simone de 34
Benedict, Ruth 14
Best, Elsdon 327-328
Bicker, Alan 318-319
Black, Annabel 279
Blacker, Carmen 167
Bloch, Maurice 68, 197
Boas, Franz 10
Bohannan, Laura 308
Bohannan, Paul 189
Boissevain, Jeremy 279
Boulay, Juliet du 184
Bowden, Ross 119
Brandes, Stanley 191-192

Brenneis, Donald van 212
Brown, Peter 164

C
Cajete, Gregory 334
Callaway, Helen 32
Campbell, John 255
Caplan, Pat 34, 190-191, 319
Chagnon, Napoleon 65
Charsley, Simon 110-111
Chatty, Dawn 291
Chaucer, Geoffrey 277
Clifford, James 32
Cohen, Anthony 14, 107-108
Colchester, Marcus 291
Coleman, Simon 283
Collins, Samuel Gerald 313
Colson, Audrey 165
Comte, Auguste 9
Condorcet, M. J. A. N. C. 9
Cook, Captain 41, 115
Cooper, Matthew 307
Coote, Jeremy 117, 126, 254
Coppet, Daniel de 78
Cornwall, Andrea 35
Crang, Mike 283
Cushing, Frank Hamilton 29

D
Darwin, Charles 9, 142
Davis, Robert 278
土居健郎 76
Douglas, Mary 47-48, 158, 164, 260
Dumont, Louis 46, 61
Durington, Matthew Slover 313
Durkheim, Emile 10-11, 24, 28-31, 112, 137-141, 314

E
Edwards, Walter 88

Einarsson, Niels 266
Eliade, Mircea 175
Eriksen, Thomas Hylland 312, 320
Evans-Pritchard, Edward 11-12, 139, 140, 155-162, 166, 196-197, 205-209, 211

F
Faris, J. C. 115
Ferguson, Adam 8
Ferguson, R. B. 200
Firth, Raymond 103, 166, 256, 327
Fitznor, Laara 333-335
Forde, Daryll 251
Forge, Anthony 122
Fortes, Meyer 196
Foster, George 259
Franklin, Sarah 220
Frazer, Sir James 135-137, 143, 314
Freed, Morton 215
Fukuzawa, Yukichi（福沢諭吉） 49

G
Gaetz, Stephen 190
Gay y Blasco, Paloma 308
Geertz, Clifford 113
Gell, Alfred 103, 127
Gellner, Ernest 246
Gellner, David 167, 171
Gennep, Arnold van 80-83
Gledhill, John 197
Gluckman, Max 189
合田濤 38
Godelier, Maurice 197
Goldschmidt, Walter 273
Goldstein-Gidoni, Ofra 5, 260
Gombrich, Richard 134
Gorup, Meta 315
Gow, Peter 118
Graburn, Nelson 279
Greer, Germaine 34
Grønseth, Anne Sigfrid 290
Gullestad, Marianne 35
Gulliver, Philip 189

H
Halverson, J. 52
Hannerz, Ulf 291, 312
原ひろ子 195
Hardman, Charlotte 168
Henare, Manuka 326-328
Hendry, Joy 14, 73, 170, 213, 281-282, 287, 289, 292, 296, 308-309, 312, 314
Hirsch, Eric 118
Hirschon, Renée 34
Høeg, Peter 262
Howes, David 12
Hughes-Freeland, Felicia 92
Hume, David 8

I
今西錦司 176
Inda, Jonathan Javier 292-293
Ingold, Tim 263, 292
井上忠司 194
李御寧（イー・オリョン） 273
Isherwood, Baron 260

J
Johnston, Alison 280-281, 283
Jung, Carl G. 98

K
Kalland, Arne 263, 266
Kapferer, Bruce 314
川田稔 152
Kemper, Robert V. 309
Kluckhohn, Clyde 54, 175
Kohn, Tamara 285
Kuper, Adam 8
桑山敬己 175

L
LaFleur, William R. 166
Lambert, Helen 318
Lamphere, Louise 34
Layton, Robert 130
Leach, Edmund 50-52, 80, 92-93, 110, 145-146, 211, 241-243, 265

Leeds, Anthony 202-203, 267
Leiria, Leonor 310-311
Lévi-Strauss, Claude 12, 64, 141, 143-146, 238, 327
Lévy-Bruhl, Lucien 25, 27
Lewis, Gilbert 78
Lewis, I. M. 158, 167
Lewis, Oscar 32
Lienhardt, Godfrey 26-27
Lindisfarne, Nancy 35
Lock, Margaret 153
Luhrmann, Tanya 165, 168

M

MacClancy, Jeremy 7, 44
Macdonald, Sharon 286
Madsbjerg, Christian 316
McCannell, Dean 287-288
McLennan, J. F. 9
Mageo, Jeanette 104-105
Maine, Henry 9
Malinowski, Bronislaw 9-10, 58-59, 69, 136-137, 142-143, 146, 185, 308-309
Marcus, George 32, 310
Martin, Diana 44
Marx, Karl 35, 314
Mathews, Gordon 293, 296
松尾芭蕉 277
Mauss, Marcel 11, 24, 28-31, 57-61, 63, 65, 69, 326-328
Maybury-Lewis, David 197, 200, 203-204, 308
Middleton, John 146-147, 158, 163, 167
Millet, Kate 34
Milton, Kay 261
箕浦康子 195
宮崎駿 294
Moeran, Brian 115
Montesquieu, M. D. S. B. D. 8
Moore, Henrietta 35
Morgan, Lewis Henry 215, 248, 272
Morphy, Howard 118, 127-129
Murdock, George Peter 247, 249
Myers, Fred 212

N

中川淳 246
中根千枝 247
波平恵美子 54, 153
Nash, June 297
Needham, Rodney 24, 221, 230
Newton, Isaac 30
Nukada, Iwao（額田巌） 125

O

O'Hanlon, Michael 101-103, 118, 125-126
Ohnuki, Tierney, Emiko（大貫恵美子） 143, 153, 216
Oka, Hideyuki（岡秀行） 130
Okely, Judith 32, 49
Ole Ngila, Lesikar 329-330
Olwig, Karen Fog 312
Ondaatje, Michael 262

P

Parry, Jonathan 61-62, 68, 327
Peers, Laura 310
Piddocke, Stuart 267
Pink, Sarah 319
Pitt-Rivers, Julian 183
Posey, Darrell 317

Q

Quigley, Declan 46

R

Radcliffe-Brown, A. R. 9-12, 142, 146, 179-186, 188
Raheja, Gloria G. 61
Ranapiri, Tamati 326-328
Rasmussen, Mikkel B. 316
Redfield, Robert 32, 176
Reader, Ian 150
Reynell, Josephine 237
Rival, Laura 204-205
Rivers, W. H. R. 25-27
Rivière, Peter 163, 201, 219-220, 236
Roberts, Simon 179, 186-188
Rosaldo, Michelle 34

Rosaldo, Renato　95, 292-293
Rousseau, Jean-Jacques　115

S
Sahlins, Marshall　65-68, 250, 252, 255, 260, 327-328
Said, Edward　18
Saint-Simon, C-H de R., Comte de　9
作田啓一　194
Sapir, Edward　38, 54
佐々木宏幹　152
佐々木高明　216
Sawkins, Phil　294-295, 313
Schneider, David　113
Schrift, Alan D.　328
Scott, Paul　46, 199
Sedgwick, Mitchell　294
Service, Elman　215
Shaw, Alison　230-234
Shaw, Rosalind　171
Shelton, Anthony　117, 119, 126
Shore, Bradd　41
Shore, Cris　197, 220
Simpson, Bob　234
Slater, Don　313
Smith, Adam　8
Smith, Valene　278-279
祖父江孝男　195, 273
Spencer, Herbert　9, 138, 314
Spencer, Paul　209
Steiner, Franz　41-42
Steward, Julian　272
Stewart, Charles　170
Strathern, Andrew　197
Strathern, Marilyn　220
鈴木孝夫　113, 248

T
竹田旦　248
Tambiah, Stanley J.　135, 264
Tati, Jacques　149

Tayler, Donald　3
Tenvir, Fozia　230, 234
Tett, Gillian　317
Thomas, Keith　161-162
Thomas, Nicholas　69-70
Thompson, E. P.　183
坪井洋文　216
恒吉僚子　195
Turner, Victor　79, 108-111
Tylor, Edward B.　11, 134, 138, 237, 314

U
梅棹忠夫　176

V
Valle, Teresa del　35
Veblen, Thorstein　60
Vertovec, Steven　291

W
我妻洋　195
Waldren, Jacqueline　283, 285
Wardle, Huon　308
Weiner, Annette　69, 327
White, Leslie A.　272
Whitehouse, Harvey　313-314
Williamson, Margaret　121
Wilson, Monica　209, 239
Winter, E. H.　158, 163
Wolf, Eric R.　273
Wong, Si Lam　336-337
Woodburn, James　253
Worsley, Peter　149-150

Y
柳田國男　152
山下晋司　277
吉田憲司　132
吉田禎吾　38, 175, 273
Young, Michael　188

民族名索引

ア行
アイヌ（Ainu）　292, 296
アカワイオ（Akawaio）　165-166, 178, 192
アクウェ・シャヴァンテ（Akwe Shavante）　163, 200-203
アザンデ（Azande）　155-162, 178, 192
アナング（Anangu）　281
アベラム（Abelam）　122
アボリジニー（Aborigine オーストラリア原住民）　28, 115, 117-118, 130, 253, 261
アルンタ（Arunta）　140
アンデリ（Anderi）　244, 257
アンバ（Amba）　163, 240
イヌイット（Inuit）　187, 253, 262
インカ（Inca）　281
ヴァヌアツ（人）（Vanuatu/ Ni-Vanuatu）　282, 284

カ行
カウェルカ（Kawelka）　74
カチン（Kachin）　52, 211, 241
カヤポ（Kayapo）　205, 215, 257
カラシャ（Kalasha）　152
キルギス（Kirghiz）　194
クウェグ（Kwegu）　215
クウォマ（Kwoma）　119-121, 130
グジャー（Gujar）　61
クリー（Cree）　333-335
クワキュトル（Kwakiutl）　59, 123, 254
ケチュア（Quechua）　281

サ行
サラカツァニ（Sarakatsani）　255
ジプシー（Gypsy）　13, 49-50
ジュホアン（Ju/'hoan）　280
シルック（Shilluk）　197-198, 204
ズールー（Zulu）　209

ズニ（Zuni）　29

タ行
ダルウィーシュ（Dervish）　152
ツングース（Tungus）　165
ティヴ（Tiv）　187, 189, 308
ディンカ（Dinka）　26-27, 117, 208, 254, 290
トリオ（Trio）　163, 201-202
トリンギット（Tlingit）　59, 123, 254

ナ行
ナヤール（Nayar）　244
ナンディ（Nandi）　209
ナンビクワラ（Nambikwara）　203
ニインバ（Nyinba）　246
日本（人）（Japan/Japanese）　4-5, 14, 17, 20-22, 26, 31, 40, 45, 49, 55-56, 70-73, 77-79, 84, 88-89, 93, 103, 104, 106-107, 110, 111, 115-117, 123-125, 129-130, 134, 142, 148, 150, 166, 169-170, 178-179, 181, 185-186, 191, 198, 200, 204, 210, 212-213, 239, 243-244, 257, 258, 260, 262, 263, 265-266, 268, 277, 287-288, 294-296, 313
ニャキュサ（Nyakyusa）　239
ヌアー（Nuer）　117, 186, 197, 205-208, 219, 221, 226-227, 243, 254, 265, 267
ネイティヴ・アメリカン（Native American）　10, 60, 144-145, 257
ネワール（Newar）　167, 171

ハ行
ハイダ（Haida）　59, 123, 254
バヴェンダ（BaVenda）　167, 178
パターン（Pathan）　211
バロツェ（Barotse）　189
ピロ（Piro）　118

プエブロ（Pueblo） 29
ブッシュマン（Bushman） 253
プナン（Penan） 261
フラニ（Fulani） 101
平原インディアン（Plains Indian） 148
ベドウィン（Bedouin） 262
ベラ（Bella） 101
ボディ（Bodi） 215
ホピ（Hopi） 283

マ行
マオリ（Maori/Māori） 59, 69, 282, 318, 326-328
マサイ（Masai/Maasai） 85, 94, 103, 209, 215, 329-330
マヤ（Mayan） 297
ミンワギ（Minj-Wahgi） 186
ムブティ（Mbuti） 253
ムルシ（Mursi） 215
メヒナク（Mehinacu） 194

メンデ（Mende） 128
モホーク（Mohawk） 296

ヤ行
ヤカ（Yakha） 43
ヤノマモ（Yanomamo） 65, 200
ヤルロ（Yaruro） 202, 267
ヨルング（Yolngu） 128, 253

ラ行
ラウ（Lau） 53
ルグバラ（Lugbara） 146-147
レンディーレ（Rendille） 101
ロマ（Roma） 308

ワ行
ワギ（Wahgi） 101-103, 125, 128, 212

ン
ンデンブ（Ndembu） 85, 109-110

事項索引

あ行

アイデンティティ（identity） 274-275, 283-286, 291, 295-296, 305, 336-337
悪魔払い（exorcism） 137
アニミズム（animism） 139
アニメ（anime, cartoon） 294
姉家督 248
甘え（*amae* ; dependence） 76
雨乞い踊り（rain-making dance） 268
アンケート（questionnaire） 3
移行（transition） 81
遺産（heritage） 284, 286
遺産センター（heritage center） 286, 287
遺産の展示（heritage display） 284, 286
一妻多夫婚（polyandry） 244
一神教（monotheism） 8, 139
一般進化と特殊進化（general/specific evolution） 272
一夫多妻婚（polygyny） 244
移動（movement） 275, 289-294, 309-312
イニシエーション（initiation） 85-87, 103, 122
移牧（transhumance） 205, 254, 265, 267
医療人類学（medical anthropology） 13
刺青（tattoo） 87, 103, 116, 212
色（color） 30-31, 98, 117
陰核切除（clitoridectomy） 86
インセスト（incest） 145, 236-237
インフォーマント（informant） 5
ヴァーチャル・エスノグラフィー（virtual ethnography） 313
牛（cattle） 117, 239, 254
ウチとソト（inside/outside） 49-50
宇宙論（cosmology） 133, 165
占い師（diviner） 30, 142, 165, 255
HIV/AIDS 318
エクスタシー（ecstasy） 175
エコシステム（ecosystem） 333
エコツーリズム（ecotourism） 279-281, 291
エスニシティ（ethnicity） 336
エスノグラフィ（ethnography） 6, 308, 310, 312
NGO 281, 291
エフィビズム（ephebism） 116
王権（kingship） 198
応用人類学（applied anthropology） 7, 315, 319
王立人類学協会（Royal Anthropological Institute） 317
オクシデンタリズム（Occidentalism） 19
夫方居住（virilocal residence） 243
踊り（dance） 282, 292
オリエンタリズム（Orientalism） 18
音楽（music） 285, 296, 310

か行

カーゴ・カルト（cargo cult） 149
カースト（caste） 42, 46, 61, 234
カースト内婚（caste endogamy） 237
階級（class） 22, 127, 237
外婚（exogamy） 236-237, 258
解釈（interpretation） 107-112
解釈学（hermeneutics） 327
解釈人類学（interpretive anthropology） 113
開発プロジェクト（development project） 318
科学（science） 9, 134-136, 138, 142-143, 165, 168, 220
核家族（nuclear family） 218, 223
獲得的地位（achieved status） 210-211
家族（family） 218-226, 307, 331-332
割礼（circumcision） 86, 329-330
カルチャー・ショック（culture shock） 46
カルト（cult） 148-150

環境（environment） 261-269
環境破壊（environmental destruction） 307
環境決定論（environmental determinism） 264
観光（tourism） 16-17, 20, 100, 115, 274-289, 309, 334
観光人類学（anthropology of tourism） 16
寛大（generosity） 326-328
寛容（tolerance） 332
企業（company） 294, 315-317
記号（sign） 98
技術（technology） 202, 253-254, 264, 274-275, 288, 290, 292-293, 297-298, 307, 309, 313
記述的親族用語（descriptive kinship terminology） 228
キツネ憑き（fox possession） 175
機能（function） 153, 175, 249
機能主義（functionalism） 9-10, 141-143
規範（norm） 161, 177, 189-192
忌避（avoidance） 228
擬娩（couvade） 84
救世論（soteriology） 147
給付（prestation） 57
教育（education） 315, 318
境界（boundary） 296, 312
競合的価値（contested value） 126
儀礼（ritual） 77-93, 108-112, 210, 305
近親相姦（incest） インセストの項を参照
近代（modernity） 287
近代化（modernization） 148, 200
キンドレッド（kindred） 247
空間（space） 29, 118, 333-335
鯨の保護（whale conservation） 265
クラ（kula） 58-59, 126
クラン（clan） 氏族の項を参照
グローバリゼーション（globalization） 12-13, 292-297, 317
グローバル（global） 274-298, 314-315
グローボグラフィ（globography） 309, 312
景観（landscape） 117-119
経済（economics） 251-260, 326, 328
経済人類学（economic anthropology） 256
形而上学（metaphysics） 326-327
芸術人類学（anthropology of art） 115
継承（succession） 236, 239
携帯電話（mobile/cell phone） 275, 285, 294, 297, 313
系的親族（lineal relative） 223
系譜（genealogy） 218-219
穢れ（pollution） 40, 45-47, 77, 83, 89, 135
月経（menstruation） 45
結婚（marriage） 234-245
言語人類学（linguistic anthropology） 38
言語復興（language revival） 296
原始芸術（primitive art） 129
原始豊潤社会（original affluent society） 252
現象学（phenomenology） 327
権力（power） 42, 69-70, 101-103, 190, 197, 210-213, 260
交易（trade） 60, 65-68, 126, 203, 236
交換（exchange） 62-65, 237-243, 255
高貴な野蛮人（noble savage） 115
交叉イトコ（cross-cousin） 229
交渉（negotiation） 188-190
構造（structure） 61, 119-121, 126
構造機能主義（structural functionalism） 10, 142
構造主義（structuralism） 12, 143-147
構造的反転（structural inversion） 163
構造分析（structural analysis） 143-147
公恥と私恥（public/private shame） 194
合理性（rationality） 12, 136, 148, 165
降霊会（séance） 165-166, 178
国籍（nationality） 336
ゴーストダンス（ghos
誇示的消費（conspicu 60
互酬性（reciprocity）

185, 240, 255, 260, 328
国境を越えたつながり（transnational connection） 289-291, 305
コミュニケーション（communication） 59, 62, 237, 239, 274-275, 292, 294, 296, 298, 307, 313, 318
娯楽（entertainment; play; pleasure; recreation） 275, 277, 279, 283-284, 289, 294, 319
婚資（bridewealth） 237-239
コンピューター（computer） 313-314

さ行
財産（property） 221, 234, 256-258
裁定（umpire） 189
裁判官（judge） 189
サパティスタ運動（Zapatista movement） 297
サピアとウォーフの仮説（hypothesis of Sapir and Whorf） 38
サモア（Samoa） 59, 69, 104-105
産業社会（industrialized society） 165, 180, 189, 262, 267
サンクション（sanction） 制裁の項を参照
参与観察（participant observation） 3
ジェニター（*genitor*） 219-220, 222
ジェニトリックス（*genetrix*） 220
ジェンダー（gender） 32-36
時間（time） 30-31, 89-93, 118
嗜好（taste） 126
持参金（dowry） 237
思春期（puberty） 85-87, 109-110, 115
市場経済（market economy） 256, 258-260
自然（nature） 29, 135, 262-264, 334
自然災害（natural disaster） 289
自然崇拝（nature worship） 168
氏族（clan） 28, 101, 119, 120, 140, 142, 206, 226, 236, 242
持続可能性（sustainability） 281, 283, 314, 333

自尊心（self-esteem） 332
七五三 95
資本主義（capitalism） 68, 253
シャーマニズム（shamanism） 156, 165-167, 192
シャーマン（shaman） 170, 185, 204
社会化（socialization） 23
社会構造（social structure） 10, 141, 164
社会的事実（social fact） 11, 33, 139, 141
社会統制（social control） 177-192
邪術（sorcery） 155-158, 163-164, 188
呪医（witch doctor） 165
宗教思想の進化（evolution of religious ideas） 313
宗教と道徳体系（religion as moral system） 147-148, 185
宗教の起源（religion, origin of） 8, 138-141
宗教の説明（religion, explanations of） 141-148
宗教の定義（religion, definitions of） 134-138
集合表象（collective representation） 33, 112, 119
呪術（magic） 134-138
呪術宗教的信仰（magico-religious belief） 135
手段的（instrumental） 146
首長（chief） 42, 57, 60, 104, 199, 201-204, 257, 267
出自（descent） 206, 226, 296, 314
狩猟採集民（hunter-gatherer） 252-254
巡礼（pilgrimage） 268, 279
使用権（usufruct） 256
冗談関係（joking relationship） 248
象徴（symbol） 97-112, 329-330
象徴人類学（symbolic anthropology） 113
象徴的死（symbolic death） 81, 88
象徴的誕生（symbolic birth） 81
消費（consumption） 260, 311
商品（commodity） 114, 260

事項索引　357

情報技術（information technology）320
照葉樹林文化 216
食（food）274-275, 280, 315
植民地化（colonization）26, 117, 164, 199, 257, 268, 284, 318
植民地支配（colonial rule）14, 105, 196, 199, 205
植民地主義的過去（colonial roots）132, 317
女性学（women's studies）35
所有（ownership）58, 68-70, 122-123, 252, 256-258
進化論（evolution）8-12, 135-136, 141-143, 251, 255
新拠居住（neolocal residence）243
シンクレティズム（syncretism）167-172
神経科学（neuroscience）314
人権（human rights）320
新興宗教運動（new religious movement）148
人種（race）35, 39, 237
新進化主義（neo-evolutionism）272
心性（mentality）25, 27
新生殖技術（new reproductive technologies）218-220
真正性（authenticity）276, 284, 286-288
親族（kinship）218-234
身体芸術（bodily art）126
身体装飾（bodily decoration）115
身体変工（mutilation）86
神道（Shinto）88, 110, 134, 169-170
審美性（aesthetics）127-128
神仏習合（amalgamation of Shinto and Buddhism）176
シンボリズム（symbolism）97, 108-112
心理人類学（psychological anthropology）195
神話（myth ; mythology）142, 144-146
棲み分け（habitat segregation）176
聖（sacred; sacredness）330
生業（subsistence）251-256
制裁（sanction）57, 65, 86, 180-186, 191, 255
政治（politics）196-213
政治人類学（political anthropology）196
清浄（purity）45, 47-50
生殖家族（family of procreation）249
聖性／神聖（sanctity）45
生態（ecology）267
聖地（sacred site）279-283, 335
生得的地位（ascribed status）210-211
聖と俗（sacred/profane）41, 83, 137
聖なる牛（sacred cow）43, 47
生物学的関係（biological relationship）218-222
精霊憑依（spirit possession）158, 166
世界遺産（World Heritage Site）281, 336
世界観（worldview）3, 18
責務（obligation）57-58, 63, 66, 72-73, 231
セクシュアリティ（sexuality）34, 104
世間（reference society）194
世俗化（secularization）148
戦士（warrior）329-330
戦争（war）14-15, 29, 65, 107, 121, 145, 156, 164, 179, 186-187
先住民／民族（indigenous people/peoples）280-283, 291-292, 296-297, 307, 310, 317-318, 324, 333-335
先祖代々の土地（ancestral land）280, 291
全体的給付（total prestation）57
全体的現象（total phenomenon）57
選定相続 248
千年王国運動（millenarian movement）149
葬式（funeral）26-27, 31, 79, 89, 170
相続（inheritance）224-226
贈答／贈与（gift）56-62, 326-327
ソーシャルメディア（social media）313
租税（tribute）198
祖先崇拝（ancestor worship）140, 146-147
村外婚（village exogamy）237

た行

退化（devolution）273
大衆文化（popular culture）294-295
対人暴力（interpersonal violence）186, 189
大伝統と小伝統（great/little tradition）176
対面関係（face-to-face relation）5, 293
代理母（surrogate mother）219
タオンガ（taonga）328
託宣（oracle）160-161
多系進化論（multilinear evolution）272
多神教（polytheism）8, 139
タバコ（tobacco）306, 333
旅（travel）277-288, 295-297, 319
タブー（taboo）41-45, 47, 77, 110, 135, 145, 184, 329
多文化主義（multiculturalism）15
単系出自集団（unilineal descent group）226-230
単婚（monogamy）243
男子舎屋（men's house）119-121
血（blood）329, 336
力（power）　権力の項を参照
地球（globe）263
父方（patrilateral）229
父方居住（patrilocal residence）243
縮み志向　273
秩序（order）48, 177-192
知的所有（intellectual property）317
仲介（mediation）188, 203
仲裁（arbitration）188
長期調査（long-term study）279, 307, 309, 312, 316
超自然的攻撃（mystical attack）158, 167
長子相続（primogeniture）224
嘲笑（public mockery; ridicule）183-185
調査協力者（collaborator）307-309, 312, 317, 325
長老（elder）329-330, 333-334
通過儀礼（rite of passage）80-93, 110, 146, 259

包み（wrapping）70-73, 123-125, 212
妻方居住（uxorilocal residence）243
ディアスポラ（diaspora）15, 291
定位家族（family of orientation）249
抵抗（resistance）150
テーマパーク（theme park）93, 287-288, 311
伝播（diffusion）11
同化政策（assimilation policy）296
道具（tool）202
同性婚（same-sex marriage）331
同族　247
道徳（moral; morality）68, 76, 97, 121, 147-148, 155, 162-163, 170, 178, 185, 191, 199, 259-260, 328
同盟（alliance）236-237
トーテミズム（totemism）140, 144
トーテム（totem）140
トーテムポール（totem pole）123-124
土地（land）333-334
土地収用（land appropriation）279-280, 284, 291
土地保有（land tenure）256-258
富（wealth）59-60, 65-68, 101, 122-123, 191, 221, 259
トランス（trance）165
トランスナショナリズム（transnationalism）289-298
トランスローカル（translocal）312
トリックスター（trickster）144
取引分析（transactional analysis）211
トロブリアンド諸島（Trobriand Islands）10, 58, 69, 72, 126, 136-137, 185, 309

な行

内婚（endogamy）64, 236-237, 258
ナショナリズム（nationalism）320
難民（refugee）290
認識人類学（cognitive anthropology）38
熱帯雨林（tropical rain forest）118, 197, 200-205, 237, 244, 256, 267
年齢階梯（age grade）208-210, 226

年齢組（age set） 85, 208-210
年齢集団（age group） 216
年齢同期生（age mate） 209, 330
農耕民（agriculturalist） 255-256
脳死（brain death） 25

は行
陪審員（jury） 189
ハイパガミー（hypergamy） 237
ハイポガミー（hypogamy） 237
ハウ（hau） 326-328
博物館／美術館（museum） 17, 70, 107, 119, 129-130, 254, 286-288, 310-311 民族学博物館の項も参照
恥（shame） 183-184
花嫁代償（brideprice） 237
母方（matrilateral） 229
母方居住（matrilocal residence） 243
母方交叉イトコ婚（matrilateral cross-cousin marriage） 241
母なる大地（Mother Earth） 334
パフォーマンス（performance） 283-286
半族（moiety） 28
東アジアの医学（East Asian medicine） 143
ピット＝リヴァーズ博物館（Pitt-Rivers Museum） 124, 132, 310
秘密結社（secret society） 87
表出的（expressive） 146
表象（representation） 282, 287-288
貧困（poverty） 32, 252
ファースト・ネイション（First Nations） 292, 333
フィールドワーク（fieldwork） 3, 305-309
フェミニズム（feminism） 34-35
複婚（polygamy） 235, 244
復讐／報復（vengeance） 179, 186
服（clothing） 115-121, 125-127
復元（reconstruction） 287-288
服装（dress） 284-285, 295
服喪（mourning） 89, 142

父系出自集団（patrilineal descent group） 226
部族（tribe） 67-68, 206-208
仏教（Buddhism） 110, 134, 138, 166, 169-171
物々交換（barter） 66, 68, 260
文化観光（cultural tourism） 275
文化人類学（cultural anthropology） 10
文化生態学（cultural ecology） 272
文化相対主義（cultural relativism） 10, 316
文化展示（cultural display） 284-287
文化表象（cultural representation） 53, 281-282, 286-288, 296, 311, 317
分節（segment） 206-208
分節システム（segmentary system） 205
紛争（dispute） 186-189
分類（classification） 23-36, 45-52, 55, 89, 223-230, 263
平行イトコ（parallel-cousin） 229
ペイター（*pater*） 219
平和（peace） 314
ペーガニズム（Paganism） 168
ヘッドドレス（headdress） 101-103, 125-126
返還（repatriation） 310
偏見（prejudice） 331
方的親族（lateral relative） 223
法人類学（legal anthropology） 186
冒瀆（blasphemy） 51
法律（law） 177-192, 319
牧畜民（pastoralist） 254-255
母系出自集団（matrilineal descent group） 226
保健／健康（health） 315, 318-319
保護／保全（conservation） 280, 286-287, 291
ポストモダン（postmodern） 287-288
ボストン婚（Boston marriage） 331
ポトラッチ（potlatch） 59, 254, 259, 267
翻訳（translation） 6, 95, 133, 154, 283, 308, 327-328

ま行

末子相続（ultimogeniture） 248
祭り（festival） 89-93, 169, 191-192, 210, 259, 268
マナ（*mana*） 41, 59, 69, 104
マルチサイテッド・エスノグラフィ（multi-sited ethnography） 310, 312-313
漫画（manga） 294
未開と文明（primitive/civilized） 8, 11, 12, 25, 27, 57, 80, 138, 190, 252, 261
巫女 174
貢物（tribute） 257
土産物（souvenir） 285, 288
宮参り（visit to shrine） 84, 88, 170
民族（nation ; ethnic group） 18
冥婚（ghost marriage） 221-222, 228, 236
民芸（folk art） 115, 129
民族学博物館（ethnological museum） 286-287
民俗語彙（folk taxonomy） 38
民族誌（ethnography） エスノグラフィの項を参照
虫 174
村八分（village ostracism） 181
メイター（*mater*） 220
名誉（honor） 59, 183-184, 255
メディア（media） 290, 319
面目つぶし（shaming） 187
模倣（copying） 288

や行

焼畑（slash and burn cultivation） 202, 256
役割（role） 210
有限的幸福論（image of limited good） 259
雄弁（oratory） 203
遊牧（nomadism） 254
養子縁組（adoption） 218, 228, 331
妖術（witchcraft） 135, 155-165, 188
よそ者／外来者（stranger） 284, 306-307
呼びかけ用語（term of address） 228
嫁入り道具（trousseau） 239

ら行

リーダーシップ（leadership） 197, 200-205
リネージ（lineage） 67, 206, 226-228
リミナル（liminal） 82, 146
類別的親族用語（classificatory kinship terminology） 228
霊（spirit） 59, 121, 130, 134, 139, 185, 198, 326-327
霊魂（soul） 45, 138
霊性／精神性（spirituality） 327, 332, 334
霊媒（spirit mediumship） 167

わ行

若者宿（young men's house） 132

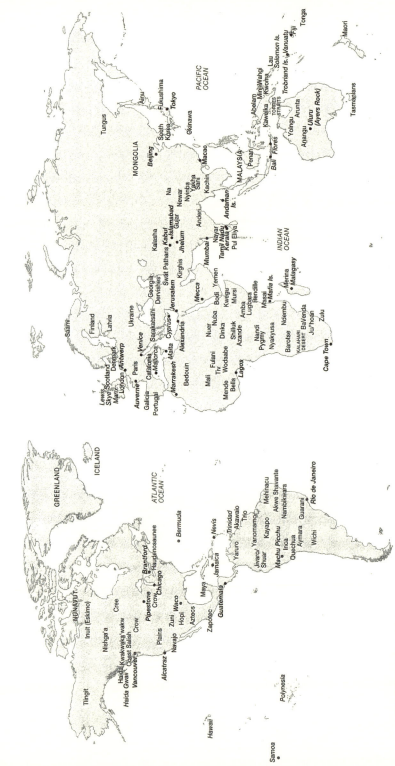

本書で言及した民族と場所

著 者

ジョイ・ヘンドリー（Joy Hendry）
英国の人類学者．現在，オックスフォード・ブルックス大学名誉教授．同大学ヨーロッパ日本研究センター初代所長．英語圏における人類学的日本研究の第一人者として知られる．本書のほか，*Reclaiming Culture, The Orient Strikes Back, An Anthropologist in Japan, Understanding Japanese Society, Wrapping Culture* 等，多数の著書がある．2017 年，旭日小綬章受章．

訳 者

桑山敬己（くわやま　たかみ）
1955 年東京生まれ．東京外国語大学英米語学科卒業．同大学大学院地域研究科修士課程修了．カリフォルニア大学ロサンゼルス校大学院人類学部博士課程修了（Ph.D.）．ヴァージニア・コモンウェルス大学助教授を経て，現在，北海道大学大学院文学研究科教授．主著に *Native Anthropology*（Trans Pacific Press, 2004），『ネイティヴの人類学と民俗学』（弘文堂，2008 年）がある．

堀口佐知子（ほりぐち　さちこ）
1976 年東京生まれ．上智大学文学部英文学科卒業．オックスフォード大学大学院社会人類学専攻博士課程修了（D.Phil.）．上智大学一般外国語教育センター講師を経て，現在，テンプル大学ジャパンキャンパス学部課程上級准教授．共編著に *Foreign Language Education in Japan: Exploring Qualitative Approaches*（Sense Publishers, 2015）がある．

〈増補新版〉社会人類学入門──多文化共生のために

2002 年 8 月 1 日　　　初版第 1 刷発行
2017 年 7 月 25 日　　増補新版第 1 刷発行

著　者　ジョイ・ヘンドリー
訳　者　桑山敬己／堀口佐知子
発行所　一般財団法人　法政大学出版局
　　　　〒102-0071 東京都千代田区富士見 2-17-1
　　　　電話 03（5214）5540　振替 00160-6-95814
製版・印刷：平文社／HUP　製本：根本製本
© 2002, 2017
Printed in Japan

ISBN978-4-588-67519-5

法政大学出版局

石器時代の経済学
M. サーリンズ／山内昶訳 　　4800円

歴史の島々
M. サーリンズ／山本真鳥訳 　　3300円

贈与の謎
M. ゴドリエ／山内昶訳 　　4200円

所有の歴史　本義にも転義にも
J. アタリ／山内昶訳 　　6200円

人類学の挑戦　旧い出会いと新たな旅立ち
R. フォックス／南塚隆夫訳 　　7500円

経済人類学の現在
F. プィヨン編／山内昶訳 　　3300円

食糧確保の人類学　フード・セキュリティー
J. ポチェ／山内彰・西川隆訳 　　4000円

肉食タブーの世界史
F. J. シムーンズ／山内昶監訳 　　7200円

震える山
R. クリッツマン／榎本真理子訳 　　4500円

太平洋　東南アジアとオセアニアの人類史
P. ベルウッド／植木武・服部研二訳 　　13000円

海洋の人類誌　初期の航海・探険・植民
T. ヘイエルダール／国分直一・木村伸義訳 　　4800円

基本の色彩語　普遍性と進化について
B. バーリン, P ケイ／日髙杏子訳 　　3500円

文化を転位させる
U. ナーラーヤン／塩原良和監訳 　　3900円

人間とは何か　その誕生からネット化社会まで
N. ボルツ, A. ミュンケル編／壽福眞美訳 　　3800円

（表示価格は税別です）